"十四五"职业教育国家规划教材

新形态

Kuaiji Xinxi Xitong Yingyong (Caiwupian)

职业教育教学改革融合创新型教材 · 会计类

会计信息系统应用（财务篇）

用友U8-V13.0版本

第五版

姜明霞 刘轶卿 胡生夕 主编 | 魏立寰 孟坤 王雪霞 副主编

思政引领　课证融通　任务典型

东北财经大学出版社 大连
Dongbei University of Finance & Economics Press

图书在版编目（CIP）数据

会计信息系统应用（财务篇）/ 姜明霞，刘轶卿，胡生夕主编．—5 版．—大连：东北财经大学出版社，2025.8.—（职业教育教学改革融合创新型教材·会计类）．—ISBN 978-7-5654-5680-0

Ⅰ. F232

中国国家版本馆 CIP 数据核字第 2025TT8141 号

会计信息系统应用（财务篇）

KUAIJI XINXI XITONG YINGYONG（CAIWUPIAN）

东北财经大学出版社出版

（大连市黑石礁尖山街217号　邮政编码　116025）

网　　址：http://www.dufep.cn

读者信箱：dufep@dufe.edu.cn

大连金华光彩色印刷有限公司印刷　东北财经大学出版社发行

幅面尺寸：185mm×260mm　　字数：432 千字　　印张：19.5

2025年8月第5版　　2025年8月第1次印刷

责任编辑：张旭凤　　责任校对：赵　楠

封面设计：原　皓　　版式设计：原　皓

书号：ISBN 978-7-5654-5680-0　　定价：48.00元

教学支持　售后服务　　联系电话：（0411）84710309

如有印装质量问题，请联系营销部：（0411）84710711

富媒体智能型教材出版说明

“财经高等职业教育富媒体智能型教材开发系统工程”是“国家文化产业资金支持媒体融合重大项目”。项目以“融通”“融合”“共建”“共享”为特色，是东北财经大学出版社积极落实国家推动传统媒体与新媒体融合发展的重要举措之一。

“财济书院”智能教学互动平台是该工程项目建设成果之一。该平台通过系统、合理的架构设计，将教学资源与教学应用集成于一体，具有教学内容多元呈现、课堂教学实时交互、测试考评个性设置、用户学情高效分析等核心功能，是高校开展信息化教学的有力支撑和应用保障。

富媒体智能型教材是该工程项目建设成果之二。该类教材是我社供给侧结构性改革探索性策划的创新型产品，是一种新形态立体化教材。富媒体智能型教材秉持严谨的教学设计思想和先进的教材设计理念，为财经职业教育教与学、课程与教材的融通奠定了基础，有助于教学质量的提高和教学效果的提升。

从教材资源的呈现形式来说，富媒体智能型教材实现了传统纸质教材与数字技术的融合，通过二维码建立链接，将VR、微课、视频、动画、音频、图文和试题库等富媒体资源丰富呈现给用户；从教材内容的选取整合来说，其实现了职业教育与产业发展的融合，不仅注重专业教学内容与职业能力培养的有效对接，而且很好地解决了部分专业课程学与训、训与评的难题；从教材的教学使用过程来说，其实现了线下自主与线上互动的融合，学生可以在有网络支持的任何地方自主完成预习、巩固、复习等，教师可以在教学中灵活使用随堂点名、作业布置及批改、自测及组卷考试、成绩统计分析等平台辅助教学工具。

富媒体智能型教材设计新颖，使用便捷。使用富媒体智能型教材的师生首先下载“财济书院”App或者进入“财济书院”（www.idufep.com）平台完成注册，然后登录“财济书院”建立或找到和教材对应的课程，就可以开启个性化教与学之旅。

“重塑教学空间，回归教学本源！”“财济书院”平台不仅仅是出版社提供教学资源和服务的平台，更是出版社为作者和广大院校创设的一个教学空间，作者和院校师生既是这个空间的使用者和消费者，也是这个空间的创造者和建设者，在这里，出版社、作者、院校共建资源，共享回报，共创未来。

东北财经大学出版社

第五版前言

本教材自出版以来，受到全国各地教材使用院校师生的一致好评，并先后入选“十三五”“十四五”职业教育国家规划教材书目。为持续适应数智化时代会计行业的技术变革，深化职业教育改革要求，培养兼具专业能力与创新思维的复合型人才，进一步提升教材的实用性和前瞻性，我们对《会计信息化实务》第四版教材进行了全面修订与优化。根据教育部2025年新版职业教育财经商贸大类专业教学标准，结合广大职业院校课程改革的设置现状，第五版更名为《会计信息系统应用（财务篇）》。此次修订在保留教材原有特色的基础上，主要作了以下调整：

1.深化价值引领，细化学习目标

本教材加强了课程思政的体系化设计，重构了“系统思话”和“案例概说”两大板块。通过“系统思话”将用友U8系统功能与职业道德、社会责任深度融合，引导学生领悟技术应用背后的价值导向；以“案例概说”为载体，将党的二十大精神、社会主义核心价值观等贯穿于教学过程，通过鲜活案例弘扬家国情怀，细化素养目标设计，助力学生厚植使命意识，争做担当实现中华民族伟大复兴大任的时代新人。

2.更新案例体系，贴近行业实践

本教材紧扣行业前沿动态，全面更新教学案例，引入了企业会计数智化操作实务中的典型应用场景。同时，依据企业实际需求的调研结果，删减了已不适应新技术的陈旧任务，优化了任务结构，确保教学内容与企业真实工作流程无缝对接，提升学生的岗位适应能力与实践创新能力。

3.升级配套资源，构建数字生态

为响应《教育强国建设规划纲要（2024—2035年）》，满足教育数字化转型需求，本次修订将配套资源全面迭代：重新录制了全部实训操作视频，以高清动态演示破解教学难点；优化了工作过程与岗位对照图等可视化资源，直观呈现复杂业务逻辑；同步开发了线上学习平台，构建了“教材+视频+工具+平台”的立体化资源体系，希冀打破时空限制，赋能学生自主学习与终身发展。

4.丰富“任务贴士”，激发创新思维

本次修订丰富了“任务贴士”部分的内容，增加了更多实用的操作技巧和管理建议，通过问题引导、工具推荐、思维拓展等形式，帮助学生跳出固化流程，培养数据分析能力与决策优化意识，为应对未来职业挑战奠定扎实基础。

本教材由姜明霞、刘轶卿、胡生夕任主编，魏立寰、孟坤、王雪霞任副主编，薛翠有（河北建投城镇化建设开发有限公司）、秦黎刚（新道科技股份有限公司）、刘蕊（石家庄华昊诚业会计师事务所）参编。全书由姜明霞总纂和审核。

虽然在编写过程中我们付出了许多努力，进行了许多探索，但由于水平有限，书中难免有疏漏和不足之处，敬请广大读者批评指正。

编　者

2025年5月

目　录

数字资源目录

导论　会计信息化概述

知识点	课前	课中	课后
会计信息化概述	教学视频0-1　会计信息化进化史		
	教学视频0-2　辨析几个概念		
	教学视频0-3　认识会计信息系统的家庭成员		

工作领域一　系统管理

技能点和知识点	课前	课中	课后
工作领域认知	工作过程与岗位对照图		同步测试及参考答案 互动课堂综合实训结果截图
	教学视频1-1　会计软件运行的管理者——系统管理概述		
任务一 增加操作员	教学视频1-2　取得登录账号和密码——用户管理	实训视频1-1　用户管理操作演示	
任务二 建立核算账套	教学视频1-3　维护我们的劳动成果——账套管理之基本理论	实训视频1-2　账套管理操作演示	
	教学视频1-4　维护我们的劳动成果——账套管理之操作讲解		
任务三 设置操作员权限	教学视频1-5　获取系统使用通行证——权限管理	实训视频1-3　权限管理操作演示	
任务四 备份与恢复数据	教学视频1-6　维护我们的劳动成果——账套管理之备份计划	实训视频1-4　备份计划设置操作演示	
		实训视频1-5　手动账套备份操作演示	
		实训视频1-6　账套数据恢复操作演示	
知识拓展 账套库的管理	教学视频1-7　我是劳动成果中的一员——账套库管理		

工作领域二 基础信息设置

技能点和知识点	课前	课中	课后
工作领域认知	工作过程与岗位对照图		同步测试及参考答案 互动课堂综合实训结果截图
	教学视频 2-1 数据为王——基础信息设置概述		
任务一 系统启用	教学视频 2-2 给数据整理制定个标准——基本信息设置	实训视频 2-1 基本信息设置操作演示	
任务二 设置机构人员档案	教学视频 2-3 数据整理的重头戏——基础档案设置（机构人员）	实训视频 2-2 机构人员设置操作演示	
任务三 设置客商信息档案	教学视频 2-4 数据整理的重头戏——基础档案设置（客商信息）	实训视频 2-3 客商信息设置操作演示	
任务四 设置存货档案	教学视频 2-5 数据整理的重头戏——基础档案设置（存货）	实训视频 2-4 存货设置操作演示	
任务五 设置财务档案	教学视频 2-6 数据整理的重头戏——基础档案设置（财务 1外币）	实训视频 2-5 外币设置操作演示	
	教学视频 2-7 数据整理的重头戏——基础档案设置（财务 2会计科目）	实训视频 2-6 会计科目设置操作演示	
	教学视频 2-8 数据整理的重头戏——基础档案设置（财务 3凭证类别）	实训视频 2-7 凭证类别设置操作演示	
	教学视频 2-9 数据整理的重头戏——基础档案设置（财务 4项目核算）	实训视频 2-8 项目核算设置操作演示	
任务六 设置收付结算档案	教学视频 2-10 数据整理的重头戏——基础档案设置（收付结算）	实训视频 2-9 收付结算设置操作演示	
任务七 设置数据权限	教学视频 2-11 不同角度不同认知——数据权限设置	实训视频 2-10 数据权限设置操作演示	

工作领域三 总账管理

技能点和知识点	课前	课中	课后
工作领域认知	工作过程与岗位对照图		同步测试及参考答案 互动课堂综合实训结果截图
	教学视频 3-1 核心模块——总账系统概述		
任务一 设置系统参数	教学视频 3-2 管理需求的体现——总账参数设置	实训视频 3-1 参数设置操作演示	
任务二 录入期初余额	教学视频 3-3 数据连续性——期初余额的录入	实训视频 3-2 录入期初余额操作演示	
任务三 填制记账凭证	教学视频 3-4 日常数据的源头——记账凭证介绍	实训视频 3-3 填制凭证操作演示	
	教学视频 3-5 日常数据的源头——软件中填制凭证的特色		
任务四 审核记账凭证	教学视频 3-6 保证数据准确性——凭证的审核	实训视频 3-4 审核凭证操作演示	
任务五 修改记账凭证	教学视频 3-7 有错就改——凭证的修改	实训视频 3-5 修改和删除凭证操作演示	
任务六 登记账簿	教学视频 3-8 为你点赞——凭证的记账	实训视频 3-6 凭证记账操作演示	
知识拓展 账表查询	教学视频 3-9 灵活多样的账簿——多栏账设置和查询		
任务七 期末自动转账	教学视频 3-10 月底好忙啊——总账期末业务介绍	实训视频 3-7 转账定义和自动生成转账凭证操作演示	
	教学视频 3-11 分类处理——期末转账定义和机制凭证		
任务八 月末结账		实训视频 3-8 对账和结账操作演示	

工作领域四　报表管理

技能点和知识点	课前	课中	课后
工作领域认知	工作过程与岗位对照图		同步测试及参考答案 互动课堂综合实训结果截图
	教学视频4-1　报表编制专家——UFO报表系统概述		
任务一 设置报表格式	教学视频4-2　一劳永逸编报表——报表格式设置	实训视频4-1　报表格式设置操作演示	
任务二 定义报表公式	教学视频4-3　报表数据的计算器——报表公式设置	实训视频4-2　报表公式设置操作演示	
任务三 应用报表模板	教学视频4-4　秒编报表——报表模板应用	实训视频4-3　报表模板应用操作演示	
任务四 处理报表数据	教学视频4-5　轻松玩转报表数据——报表数据处理	实训视频4-4　报表数据处理操作演示	

工作领域五　固定资产管理

技能点和知识点	课前	课中	课后
工作领域认知	工作过程与岗位对照图		同步测试及参考答案 互动课堂综合实训结果截图
	教学视频5-1　我是资产的保护神——固定资产管理系统概述		
任务一 建立固定资产账套	教学视频5-2　我的装修我做主——建立固定资产账套	实训视频5-1　建立固定资产账套操作演示	
任务二 设置固定资产基础档案	教学视频5-3　拿什么拯救你——固定资产选项	实训视频5-2　固定资产选项操作演示	
	教学视频5-4　适合的就是最好的——固定资产基础档案设置	实训视频5-3　固定资产基础档案设置操作演示	
任务三 录入期初固定资产卡片	教学视频5-5　数据大搬家——录入固定资产初始数据	实训视频5-4　录入固定资产初始数据操作演示	
任务四 处理固定资产增加业务	教学视频5-6　我是新来的——固定资产增加业务处理	实训视频5-5　固定资产增加业务处理操作演示	
	教学视频5-7　小选项，大不同——批量制单与查询业务	实训视频5-6　批量制单与查询业务操作演示	
任务五 计提固定资产折旧	教学视频5-8　陪你一起慢慢变老——计提固定资产折旧	实训视频5-7　计提固定资产折旧操作演示	
任务六 处理固定资产减少业务	教学视频5-9　再见了，我的主人——固定资产减少业务处理	实训视频5-8　固定资产减少业务处理操作演示	
任务七 处理固定资产变动业务	教学视频5-10　没有最好，只有更好——固定资产变动业务处理	实训视频5-9　固定资产变动业务处理操作演示	
任务八 月末结账	教学视频5-11　期末那些事儿——期末处理	实训视频5-10　期末处理操作演示	

工作领域六 薪资管理

<table>
<tr><th>技能点和知识点</th><th>课前</th><th>课中</th><th>课后</th></tr>
<tr><td rowspan="2">工作领域认知</td><td>工作过程与岗位对照图</td><td></td><td rowspan="16">同步测试及参考答案

互动课堂综合实训结果截图</td></tr>
<tr><td>教学视频6-1 谁能帮我们核算工资——薪资管理概述</td><td></td></tr>
<tr><td>任务一
建立工资核算账套</td><td>教学视频6-2 跟着向导步步走——建立工资账套</td><td>实训视频6-1 建立工资账套操作演示</td></tr>
<tr><td>任务二
设置工资类别</td><td rowspan="4">教学视频6-3 打基础，做准备——基础信息设置</td><td rowspan="4">实训视频6-2 基础信息设置操作演示</td></tr>
<tr><td>任务三
设置选项参数</td></tr>
<tr><td>任务四
设置人员附加信息</td></tr>
<tr><td>任务五
设置人员档案</td></tr>
<tr><td>任务六
设置工资项目</td><td rowspan="2">教学视频6-4 工资数据计算的基石——工资项目及公式设置</td><td>实训视频6-3 工资项目及公式设置操作演示</td></tr>
<tr><td>任务七
设置各工资类别的工资项目及计算公式</td><td>图片6-1 临时人员工资项目设置</td></tr>
<tr><td>任务八
设置计件工资方案</td><td>教学视频6-5 如何设置计件工资方案——计件工资设置</td><td>实训视频6-4 计件工资设置操作演示</td></tr>
<tr><td rowspan="2">任务九
录入员工工资数据</td><td rowspan="2">教学视频6-6 如何得到工资数据——工资数据的录入与计算</td><td>实训视频6-5 录入薪资管理系统工资数据操作演示</td></tr>
<tr><td>实训视频6-6 录入计件工资系统工资数据操作演示</td></tr>
<tr><td rowspan="3">任务十
分摊工资费用</td><td rowspan="3">教学视频6-7 账务处理大显身手——工资分摊</td><td>实训视频6-7 工资分摊操作演示</td></tr>
<tr><td>图片6-2 临时人员分摊类型设置</td></tr>
<tr><td>图片6-3 临时人员工资分摊生成记账凭证</td></tr>
<tr><td>任务十一
月末结账</td><td>教学视频6-8 本月的结束，下月的开始——月末处理与反结账</td><td>实训视频6-8 月末处理与反结账操作演示</td></tr>
</table>

工作领域七　应收款管理

技能点和知识点	课前	课中	课后
工作领域认知	工作过程与岗位对照图		同步测试及参考答案 互动课堂综合实训结果截图
	教学视频7-1　客户往来管理专家——应收款管理概述		
任务一 设置系统参数	教学视频7-2　日常工作前的准备——初始设置	实训视频7-1　参数设置操作演示	
任务二 设置基础信息		实训视频7-2　基础信息设置操作演示	
任务三 录入期初余额		实训视频7-3　期初余额录入操作演示	
任务四 处理应收业务	教学视频7-3　应收债权确认了——应收单据处理	实训视频7-4　应收业务处理操作演示	
任务五 处理收款业务	教学视频7-4　应收债权收回了——收款单据处理	实训视频7-5　收款业务处理操作演示	
任务六 核销应收款	教学视频7-5　清楚了解欠款收回情况——核销处理	实训视频7-6　核销应收款操作演示	
	教学视频7-6　应收款结清的另一种方式——转账		
任务七 处理坏账业务	教学视频7-7　赊销带来的隐患——坏账处理	实训视频7-7　坏账业务处理操作演示	
知识拓展 取消操作	教学视频7-8　错误操作更正方法——取消操作		
任务八 月末结账	教学视频7-9　站好最后一班岗——月末处理	实训视频7-8　月末结账操作演示	

工作领域八　应付款管理

技能点和知识点	课前	课中	课后
工作领域认知	工作过程与岗位对照图		同步测试及参考答案 互动课堂综合实训结果截图
	教学视频8-1　供应商往来管理专家——应付款管理概述		
任务一 设置系统参数	教学视频8-2　日常工作前的准备——初始设置	实训视频8-1　参数设置操作演示	
任务二 设置基础信息		实训视频8-2　基础信息设置操作演示	
任务三 录入期初余额		实训视频8-3　期初余额录入操作演示	
任务四 处理应付业务	教学视频8-3　发生赊购业务怎么办——应付单据处理	实训视频8-4　应付业务处理操作演示	
任务五 处理付款业务	教学视频8-4　货款已付请处理——付款单据处理	实训视频8-5　付款业务处理操作演示	
任务六 核销应付款	教学视频8-5　欠账还钱，往来两清——核销和转账	实训视频8-6　核销应付款操作演示	
任务七 月末结账	教学视频8-6　为工作画一个句号——期末处理	实训视频8-7　月末结账操作演示	

课证融通对照表

1.系统管理与“1+X”证书考核点对照表

工作领域任务	财务数字化职业技能等级证书——数据管控设置	
	考核点	操作要点
任务三 设置操作员权限	管理类角色 权限设置	1.在“动态建模平台”/“权限管理”/“角色管理”增加管理类角色 2.在“已分配职责”页签单击“分配职责”按钮，弹出“分配职责”页面，进行职责权限分配

2.基础信息设置与“1+X”证书考核点对照表

序号	工作领域任务	智能财税职业技能等级证书——代理之系统初始化设置		财务数字化职业技能等级证书——管控数据设置	
		考核点	操作要点	考核点	操作要点
1	任务二 设置机构人员档案	1.部门设置 2.人员设置	在“财天下”/“基础设置”/“辅助核算”的“部门”页签中设置部门信息，在“人员”页签中设置人员信息		
2	任务三 设置客商信息档案	往来单位设置	在“财天下”/“基础设置”/“辅助核算”的“往来单位”页签中设置客户和供应商信息（注意类型选择是客户还是供应商）		
3	任务四 设置存货档案	1.计量单位 2.存货信息设置	1.在“财天下”/“基础设置”/“计量单位”中设置计量单位 2.在“财天下”/“基础设置”/“辅助核算”的“存货”页签中设置存货信息		
4	任务五 设置财务档案	1.会计科目设置 2.外币设置 3.项目设置	1.在“财天下”/“基础设置”/“会计科目”中新增会计科目、修改会计科目 2.在“财天下”/“基础设置”/“币种”中设置外币及汇率 3.在“财天下”/“基础设置”/“辅助核算”的“项目”页签中设置项目信息	总账凭证约束规则设置	在“财务会计”/“总账”/“初始设置”/“凭证类别约束规则设置”中设置付款凭证类别约束科目
5	任务六 设置收付结算档案	结算方式设置	在“财天下”/“基础设置”/“结算方式”中设置结算方式信息		

3.总账管理与“1+X”证书考核点对照表

序号	工作领域任务	智能财税职业技能等级证书——代理之企业日常与特殊业务处理	
		考核点	操作要点
1	任务二 录入期初余额	录入科目期初	在“财天下”/“基础设置”/“科目期初”中设置录入或导入期初余额
2	任务三 填制记账凭证	根据原始凭证生成记账凭证	1.进项发票、销项发票制单：在“财天下”/“凭证”/“票据制单”中，选择制单记录，单击“生成凭证”按钮 2.费用报销单制单：在“财天下”/“凭证”/“费用报销单”中，选择制单记录，单击“生成凭证”按钮 3.其他单据制单：在“财天下”/“凭证”/“新增凭证”中，直接录入凭证信息
3	任务四 审核记账凭证	审核记账凭证	在“财天下”/“凭证”/“凭证管理”中，选择要审核的凭证记录，单击“审核”按钮
4	任务五 修改记账凭证	修改记账凭证	在“财天下”/“凭证”/“凭证管理”中，单击要修改的凭证的编号，在找开的“新增凭证”页签中直接修改
5	任务七 期末自动转账	期末会计事项处理	在“财天下”/“月末结账”/“月末结转”中，利用预置结转方案或自定义结转方案，生成期末转账凭证
6	任务八 月末结账	月末结账	在“财天下”/“月末结账”/“月末结账”中，单击“月末检查结账”按钮，完成月末结账

4.报表管理与“1+X”证书考核点对照表

工作领域任务	财务数字化职业技能等级证书——报表编制	
	考核点	操作要点
任务二 定义报表公式	1.现金流量表编制 2.资产负债表-应收票据公式设置 3.利润表-营业收入金额公式设置	1.在“企业绩效管理”/“集团报表”/“报表数据处理”/“报表数据中心”中编制现金流量表并进行计算 2.在“企业绩效管理”/“集团报表”/“集团报表基础设置”/“UFO公式编辑”/“资产负债表”中设置“应收票据”单元格公式 3.在“企业绩效管理”/“集团报表”/“集团报表基础设置”/“UFO公式编辑”/“利润表”中设置“营业收入”单元格公式

5.固定资产管理与“1+X”证书考核点对照表

序号	工作领域任务	智能财税职业技能等级证书——固定资产外包		财务数字化职业技能等级证书——管控数据设置	
		考核点	操作要点	考核点	操作要点
1	任务二 设置固定资产基础档案	固定资产基础设置	1.在“财天下”/“基础设置”/“个性化设置”中修改参数 2.在“财天下”/“基础设置”/“辅助核算”中设置部门档案 3.在“财天下”/“基础设置”/“会计科目”中设置会计科目	总账核算分摊规则设置	在“财务会计”/“总账”/“初始设置”/“分摊规则”中进行费用分摊规则设置
2	任务三 录入期初固定资产卡片	录入固定资产期初数据	在“财天下”/“资产管理”/“资产卡片”中新增或导入期初固定资产卡片（注意：“是否期初”选择“是”）		
3	任务四 处理固定资产增加业务	固定资产增加	1.在“财天下”/“资产管理”/“资产卡片”中新增固定资产卡片（注意：“是否期初”选择“否”） 2.在“资产卡片”页签，单击“生成凭证”按钮		
4	任务五 计提固定资产折旧	计提折旧	在“财天下”/“资产管理”/“折旧及摊销”中勾选计提期间，单击“折旧及摊销”按钮		
5	任务六 处理固定资产减少业务	固定资产减少	1.在“财天下”/“资产管理”/“资产卡片”中勾选要减少的固定资产卡片记录，单击“资产清理”按钮 2.在“财天下”/“资产管理”/“资产清理”中查看自动生成的记账凭证		
6	任务七 处理固定资产变动业务	固定资产原值变更	1.在“财天下”/“资产管理”/“原值变更”中，单击“新增”按钮，选择要变更正的资产卡片记录，录入“变更日期”、“变更后原值”和“对方科目”信息 2.在“原值变更”页签中勾选要制单的变更记录，单击“生成凭证”按钮		

6. 薪资管理与“1+X”证书考核点对照表

序号	工作领域任务	智能财税职业技能等级证书——薪税业务外包		财务数字化职业技能等级证书——财务业务处理	
		考核点	操作要点	考核点	操作要点
1	任务五设置人员档案	人员信息设置	1. 在“财天下”/“智能工资”/“人员信息”中，单击“同步人员”按钮，将基础设置中的人员档案同步到智能工资系统 2. 在“财天下”/“智能工资”/“人员基本信息采集”中，单击“同步人员信息”按钮，将本期需要计算工资的人员信息导入，单击“当期确认”按钮 3. 在“财天下”/“智能工资”/“人员专项信息采集”中，单击“同步”按钮，导入人员的专项附加信息		
2	任务六设置工资项目	工资设置	在“财天下”/“智能工资”/“设置”中设置工资项目		
3	任务九录入员工工资数据	编制并导入工资表	1. 在“财天下”/“智能工资”/“智能算税”中，选择“工资薪金信息导入”步骤，单击“导入”按钮，将工资数据导入 2. 在“智能算税”页签中，选择“税款计算”步骤，单击“点击计算”按钮，计算出各项工资数据	1. 薪酬计算 2. 全年一次性奖金计算	1. 在“人力资本”/“薪酬管理”/“薪资核算”/“薪资核发”中进行当月薪酬计算 2. 在“人力资本”/“薪酬管理”/“薪资核算”/“薪资核发”中进行全年一次性奖金计算
4	任务十分摊工资费用	企业承担五险一金设置	在“财天下”/“智能工资”/“五险一金”中，单击“同步人员”，勾选所有人员信息，单击“批量调整”按钮，设置五险一金的缴费基数和计提比例		
5	任务十分摊工资费用	计提工资和五险一金借方科目设置	在“财天下”/“智能工资”/“科目设置”中，设置各部门计提工资和五险一金时的借方科目		
6	任务十分摊工资费用	生成记账凭证	在“财天下”/“智能工资”/“凭证生成”中，修改入账设置，然后单击“生成凭证”按钮，生成五张记账凭证（计提工资、计提五险一金、代扣三险一金、代扣个税、发放工资）		

7. 应收款管理与"1+X"证书考核点对照表

工作领域任务	财务数字化职业技能等级证书——数据管控设置	
	考核点	操作要点
任务二 设置基础信息	1. 应收款坏账计提规则设置 2. 应收款坏账计提比率设置 3. 往来业务账龄区间设置	1. 在"财务会计"/"应收管理"/"坏账管理"/"坏账计提规则设置"中设置坏账计提规则 2. 在"财务会计"/"应收管理"/"坏账管理"/"坏账计提比率设置"中设置坏账计提比率 3. 在"财务会计"/"基础档案及规则"/"账龄区间设置"/中设置往来业务账龄区间

导论

会计信息化概述

教学视频 0-1

会计信息化进化史

当今世界，信息技术日新月异，以数字化、网络化、智能化为特征的信息化浪潮蓬勃兴起。技术的进步带来的是生产方式的变革，传统的会计核算方式、业务流程、管控要求以及审计模式等均已发生了根本性的变化。信息化不再仅仅是会计工作的工具和手段，而是成为企业会计工作的基础环境。

一、我国会计信息化的发展历程

会计信息化是一个动态演变的过程，是信息从人工处理到计算机辅助处理再到智能化处理的发展过程。它不仅仅涉及技术层面，更与基础理论、会计实务、会计教育和信息系统建设密切相关。改革开放以来，我国会计信息化的发展呈现出“前长后短”的特征，这也意味着会计信息化的变革速度越来越快。

1.会计电算化阶段（1979—1999年）

1979年财政部拨款500万元给长春第一汽车制造厂进行计算机辅助会计核算试点，开启了将现代信息技术应用于会计领域的序幕。1981年8月，在财政部、原第一机械工业部和中国会计学会的支持下，中国人民大学和长春第一汽车制造厂在长春市召开了“财务、会计、成本应用电子计算机问题讨论会”，正式把计算机在会计中的应用定名为“会计电算化”。

自1983年下半年起，全国掀起了一股应用计算机的热潮，财会部门应用计算机进行业务处理引起了人们的关注。但是，由于应用计算机的经验不足，理论准备与人才培训不够，管理水平跟不上，在会计电算化过程中出现了许多低水平重复开发现象，浪费了许多人力、物力和财力。

自1989年起，财政部、地方各级财政部门和主管部门加强了对会计电算化的管理，制定了会计软件的开发标准。我国相继出现了许多以开发经营会计核算软件为主的专业公司，逐步形成了会计软件产业，推动了财务软件在我国的广泛应用。

2.会计信息化阶段（1999年至今）

1999年4月，深圳市财政局与金蝶软件科技有限公司在深圳举办了“新形势下会计软件市场管理研讨会暨会计信息化理论专家座谈会”，会上提出了从会计电算化走向会计信息化的观点。1999年8月，上海大众汽车有限公司启用了SAP的ERP系统，并根据中国会计和报表的实际情况，对财务系统进行了二次开发，使得财务系统在一定程度上符合“中国国情”。金融企业信息系统的快速发展有效地带动了整个行业的会计信息化，尤其是银行业的报表系统所实现的实时性、自动性等功能在所有行业中名列前茅。同时，以用友、金蝶为代表的软件公司，也开始了真正的“网络财务”和ERP转型之路。

随着会计信息化的发展，中国会计理论界也开始对会计信息化理论进行深入研究。自2002年起，中国会计学会每年都定期召开会计信息化年会，对会计信息化理论进行深入的研究与探讨。同时，财政部、工信部、国资委等监管部门也积极颁布法律和政策来推进会计信息公开及软件产业的发展，起到了重要的引领作用。2002年，财政部门允许地方对各单位使用计算机替代手工记账实行备案制，不再组织验收。2004年，国家标准化管理委员会发布了《信息技术 会计核算软件数据接口》标准，从而建立了会计信息化的标准体系。2013年，财政部颁布的《企业会计信息化工作规范》成为引导企业充分合理利用信息技术、提高会计管理水平的指路灯。随着用友、金蝶等软件公司以会计信息化为核心的商业化软件更加规范化、成型化、实用化，会计信息化进入了推广应用的繁荣时期。

教学视频0-2

辨析几个概念

当前，我们已进入大智移云时代，会计信息化正在受到科技新技术的深刻影响，业财深度一体化、处理全程自动化、内外系统集成化、操作终端移动化、信息提供频道化、处理规则国际化、风险威胁扩大化都将成为会计信息化发展的趋势。

二、会计信息化的含义

会计信息化是会计与信息技术的结合，是信息社会对企业财务信息管理提出的新要求，是企业会计顺应信息化浪潮所做出的必要举措。《企业会计信息化工作规范》（财会〔2013〕20号）中提出，会计信息化是指企业利用计算机、网络通信等现代信息技术手段开展会计核算，并利用上述技术手段将会计核算与其他经营管理活动有机结合的过程。

如今，随着大数据、人工智能、区块链、云计算等新技术的广泛应用，会计信息化已从“工具辅助”阶段迈向“智能驱动”阶段，其核心是通过ERP系统构建数据中台，支持多维分析（如动态成本核算、实时预算控制）与战略洞察，助力企业实现资源优化与风险防控的双重目标。这一转型不仅依赖技术迭代，更需要重塑财务流程、强化数据治理，以应对信息安全与合规性挑战，最终推动企业向“数智化”管理迈进。

教学视频0-3

认识会计信息系统的家庭成员

什么是ERP系统？ERP（Enterprise Resource Planning）即企业资源计划，是一种主要面向制造行业进行物资资源（物流）、人力资源（人流）、财务资源（财流）、信息资源（信息流）一体化集成管理的企业信息管理系统。目前比较有代表性的ERP系统有SAP、Oracle、用友和金蝶等。

三、会计信息系统的构成

目前，国产ERP系统中的会计信息系统，已从核算型系统发展成了管理型系统，它涵盖供、产、销、人、财、物以及决策分析等企业经济活动领域，功能不断完善，子系统不断扩展，已基本上能满足各行各业会计核算和管理的要求。但是，由于企业性质、行业特点以及会计核算和管理需求的不同，各企业会计信息系统的功能也不尽相同，其子系统的划分各有差异，但大致都应包括：账务处理、职工薪酬核算、固定资产核算、成本核算、应收及应付款、存货核算、采购与销售核算、会计报表、财务分析等子系统。工业企业会计信息系统的构成如图0-1所示。

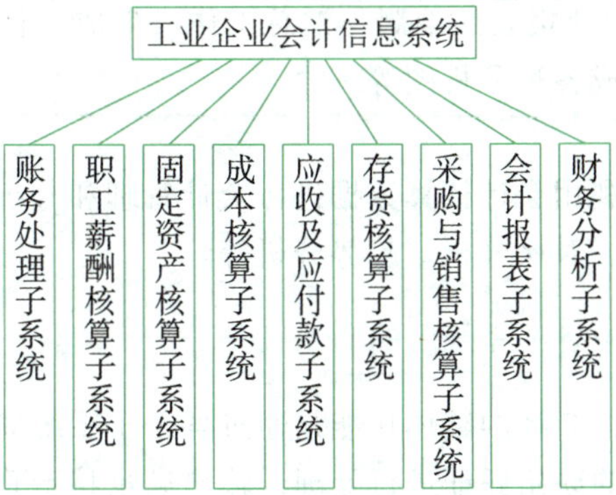

图0-1　工业企业会计信息系统构成

下面介绍各子系统的主要功能。

1.账务处理子系统

账务处理子系统以凭证为原始数据，通过凭证输入和处理，完成记账和结账工作，生成日记账、总账和除各子系统生成的明细账之外的全部明细账。大部分账务处理子系统还具有银行对账、出纳管理和往来账管理的功能，少部分账务处理子系统还具备部门核算和项目核算功能。

2.职工薪酬核算子系统

职工薪酬核算子系统以职工个人的原始工资数据为基础，完成：职工工资的计算；工资费用的汇总和分配；计算个人所得税；查询、统计和打印各种工资表；自动编制工资费用分配转账凭证，并传递给账务处理子系统。

3.固定资产核算子系统

固定资产核算子系统可实现固定资产卡片管理、固定资产增减变动核算、折旧的计提与分配工作，自动编制机制转账凭证并传递给账务处理子系统。

4.成本核算子系统

成本核算子系统根据会计核算和管理的要求，计算全部生产费用支出和产品的总成本与单位成本，自动编制机制转账凭证并传递给账务处理子系统，并将产品成本信息传递给存货核算子系统。

5.应收及应付款子系统

应收及应付款子系统完成各应收款项和应付款项的登记、冲销工作，并对其进行动态分析，生成相应的明细账、账龄分析表以及其他各种汇总表和分析表。

6.存货核算子系统

存货核算子系统可以及时、准确地反映存货的收发结存情况，根据各部门、各产品领用材料情况自动进行费用分配，根据产成品的出入库情况自动进行会计核算，并自动编制转账凭证，传递给账务处理子系统。

7.采购与销售核算子系统

采购与销售核算子系统一般与存货中的原材料、产成品核算和应收、应付款的管理相关，可实现对采购和销售完整流程的管理，并可对价格和信用进行实时监控。

8.会计报表子系统

会计报表子系统主要是根据会计核算数据（如账务处理子系统产生的总账及明细

账等数据），完成各种会计报表的编制与汇总工作，生成各种内部、外部报表及汇总报表，根据报表数据生成各种分析图等。

9.财务分析子系统

财务分析子系统是利用会计核算数据进行会计管理和分析的子系统，一般可以完成比率分析、结构分析、对比分析、趋势分析等。

四、会计信息系统中各子系统间的联系

在会计信息系统中，会计的整体功能是通过各个子系统局部功能加以实现的，各子系统一方面要对各自的原始凭证进行处理，输出满足特定管理要求的报表资料，另一方面要汇总原始数据，编制记账凭证，传输到其他子系统中。目前一个完整的会计信息系统内各个子系统间数据传递的方式大体有集中传递式、账务处理中心式和直接传递式三种。下面仅对账务处理中心式这一数据传递的方式进行介绍。

账务处理中心式是指各子系统对原始凭证进行汇总、处理后，编制出记账凭证直接传递到账务处理子系统，账务处理子系统对涉及成本、费用的凭证进行汇总后，传递到成本子系统。这种方式要求有关科目按产品设置明细科目，以便汇集直接费用，如图0-2所示。

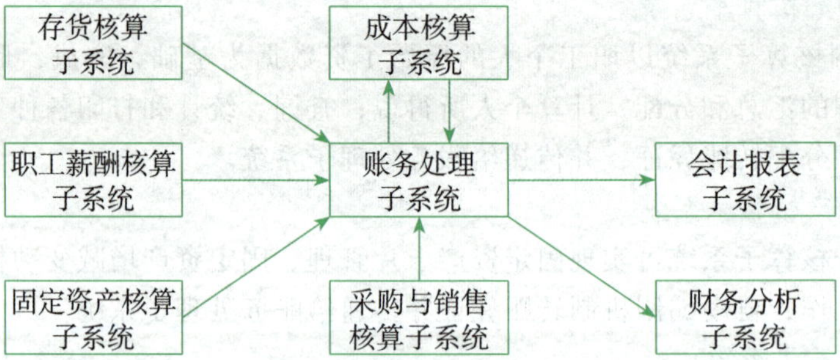

图0-2　子系统间数据传递关系——账务处理中心式

五、新技术驱动下会计信息系统的发展趋势

在新技术驱动下，会计信息系统正加速向智能化、云端化、生态化方向演进，呈现以下核心趋势：

一是人工智能（AI）与自动化技术的深度渗透。通过智能凭证生成、异常交易识别和机器人流程自动化（RPA）等技术，显著提升核算效率与精准度，减少人工干预。例如，AI可自动完成发票分类与风险预警，RPA则实现报表生成的自动化。

二是大数据与云计算的协同赋能。基于云端平台实现海量财务数据的实时存储、共享与分析，结合数据可视化工具（如Power BI）动态呈现经营洞察，支持企业从历史数据中挖掘趋势并优化决策。

三是区块链技术的安全加固。通过分布式账本确保交易记录的不可篡改性与可追溯性，应用于供应链金融与审计领域，增强数据的透明度和可信度。

四是业财深度融合与新一代ERP的集成化发展。借助微服务架构和低代码平台，

将财务系统与生产、销售等业务模块无缝对接，实现“业务发生即财务入账”，推动会计职能从核算向战略支持的转型。

五是移动化与生态化应用场景的拓展。依托5G和物联网技术，支持移动端实时审批与远程协作，构建覆盖多组织、多业态的财务共享中心，同时结合环境会计与可持续发展目标，扩展会计信息的社会价值维度。

工作领域一

系统管理

【学习目标】

教学视频1-1

会计软件运行的管理者——系统管理概述

掌握系统管理模块的主要功能；能够完成企业核算账套的建立、修改、备份和恢复等操作；能够进行操作员的设置，并根据企业岗位分工和岗位职责完成操作员权限的设置；能够对用友U8+V13.0系统使用中出现的系统运行问题进行简单维护；强化规则意识与责任感，提升团队协作与大局观。

【系统思话】

工作领域一

工作过程与岗位对照图

用友U8系统是一款功能强大的ERP软件，由多个功能模块和众多子系统组成，其中系统管理模块是软件运行的基础，为其他子系统提供公共账套、年度账及相关基础数据，并统一设置和分配各子系统操作员的权限，实现信息集中管理和权限精细控制，确保数据安全和系统稳定运行。系统管理模块的应用强化了员工的规则意识和责任感。通过精细的权限管理，每位员工都应在职责范围内行事，体现了企业的制度化管理和规范化管理。同时，它促进了信息共享和团队协作，打破了信息孤岛，有助于增强操作者的大局观念和集体主义精神。

【案例概说】

河北新华有限责任公司（以下简称新华公司），坐落于石家庄市新华区，作为通信行业的新锐力量，始终坚持以技术创新为引领，肩负起振兴民族产业的光荣使命，矢志成为通信领域的佼佼者，为国家的信息化建设贡献力量。2025年1月，为了积极响应国家关于企业数字化转型的号召，提升企业核心竞争力，新华公司毅然引进了先进的用友U8财务管理系统。这不仅是对企业管理水平的全面升级，更是对新时代发展要求的积极响应。财务部紧密结合公司实际，精心建立了符合新华特色的公司账套，并严谨设置了操作员权限，确保了财务信息的准确性和安全性。新华公司的每一步发展，都凝聚着对国家和民族未来的深切期望，展现着新时代企业的责任与担当。

任务一　增加操作员

教学视频1-2

取得登录账号和密码——用户管理

[任务内容]

新华公司财务部共有四人：账套主管王志强（01）、会计李明轩（02）和张东明（03）以及出纳孙丹丹（04）。

[任务要求]

系统管理员（admin）完成企业账套操作员的设置。

[工作示范]

实训视频 1-1

用户管理
操作演示

1.系统管理的启动与注册

操作步骤：

（1）单击“开始”/“所有程序”/“用友 U8+V13.0”/“系统服务”/“系统管理”，打开系统管理窗口，如图 1-1 所示。

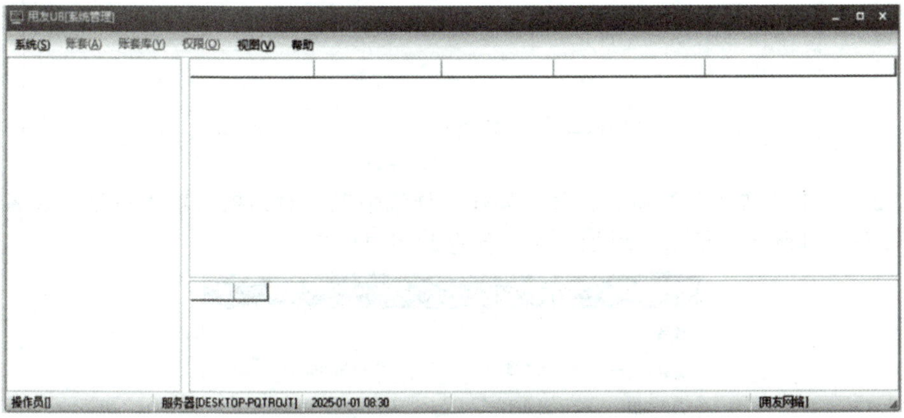

图1-1　用友U8［系统管理］

（2）单击“系统”/“注册”，打开“登录”对话框，系统管理登录页面显示用友U8默认的系统管理员“admin”，密码默认为空，如图 1-2 所示，点击“登录”后进入系统管理模块。

图1-2　系统管理登录

任务贴士：

登录信息第一项为数据服务器名称，因会计信息化系统安装时，对数据库命名不同，所以大家看到的默认数据服务器名称会不同。

2.增加操作员

操作步骤：

（1）单击“权限”/“用户”，打开“用户管理”窗口，如图1-3所示。

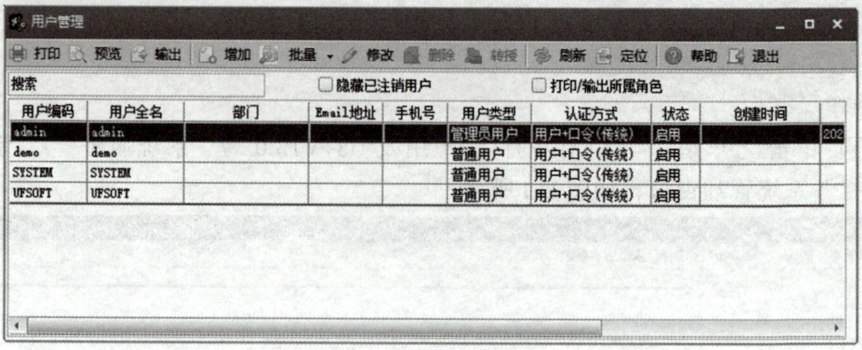

图1-3　用户管理

（2）单击“增加”按钮，打开“操作员详细情况”对话框，输入编号、姓名等信息，如图1-4所示。单击“增加”按钮保存此用户信息。

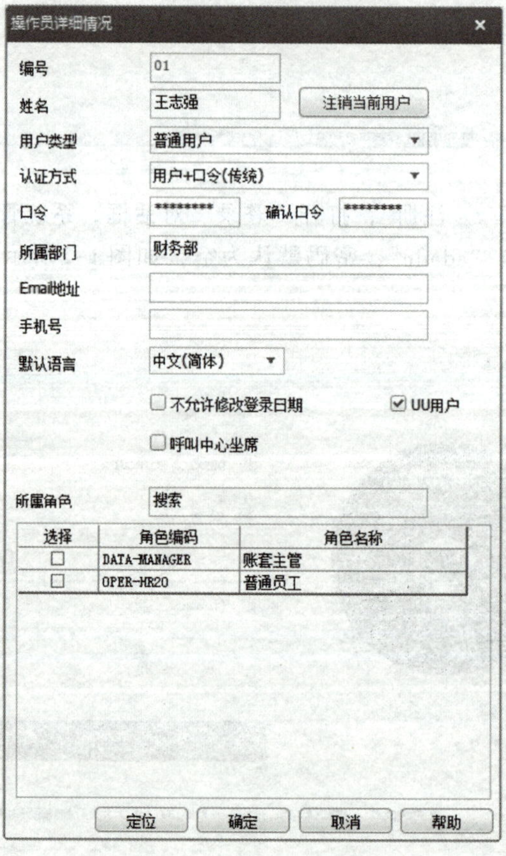

图1-4　操作员详细情况

（3）参照操作步骤（2）继续增加其他用户，结果如图1-5所示。

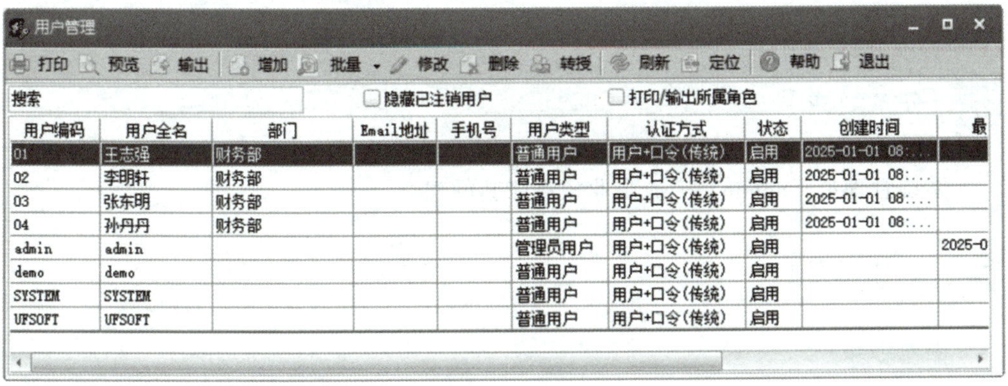

用户编码	用户全名	部门	Email地址	手机号	用户类型	认证方式	状态	创建时间	最
01	王志强	财务部			普通用户	用户+口令(传统)	启用	2025-01-01 08:...	
02	李明轩	财务部			普通用户	用户+口令(传统)	启用	2025-01-01 08:...	
03	张东明	财务部			普通用户	用户+口令(传统)	启用	2025-01-01 08:...	
04	孙丹丹	财务部			普通用户	用户+口令(传统)	启用	2025-01-01 08:...	
admin	admin				管理员用户	用户+口令(传统)	启用		2025-0
demo	demo				普通用户	用户+口令(传统)	启用		
SYSTEM	SYSTEM				普通用户	用户+口令(传统)	启用		
UFSOFT	UFSOFT				普通用户	用户+口令(传统)	启用		

图1-5　用户管理

任务贴士：

①对于操作员，用友U8系统中包括角色和用户两个不同的概念。角色是指在企业管理中拥有某一类职能的组织，这个组织可以是实际的部门，也可以是由拥有同一类职能的人构成的虚拟组织。用户是指有权登录系统，对应用系统进行操作的人员，即通常意义上的“操作员”。

②我们在设置角色后，可以定义角色的权限。如果用户被归属于此角色，那么该用户相应地拥有该角色的权限。用户和角色的设置没有严格的强制性先后顺序，但遵循“先角色后用户”的原则，能够显著提升权限管理效率和规范性。

③若要修改用户信息，可在“用户管理”对话框中，先单击选中要修改的用户，再单击“修改”按钮，进入“操作员详细情况”对话框进行修改。

④如需暂时停止使用某用户，可以单击“注销当前用户”按钮，之后该按钮变为“启用当前用户”。

⑤若要删除用户信息，可在“用户管理”对话框中，先单击选中要删除的用户，再单击“删除”按钮，但已启用的用户不能删除。

⑥要想删除已定义角色的用户，须先删除用户的角色信息。

教学视频1-3

维护我们的劳动成果——账套管理之基本理论

任务二　建立核算账套

[任务内容]

新华公司的账套号为111，启用会计期为2025年1月，结账时间为每月最后一个自然日。新华公司位于石家庄市新华区友谊大街99号，法人代表为李明刚，邮政编码为050000，税号为050011330228890，企业类型为工业，行业性质选择“2007年新会计准则科目”，选择人民币（RMB）为记账本位币，有外币业务，进行经济业务处理时，需要对存货、客户和供应商进行分类。建账时会计科目编码级次为4-2-2-2，客户分类编码级次为2-2，供应商分类编码级次为2-2，存货分类编码级

教学视频1-4

维护我们的劳动成果——账套管理之操作讲解

次为1-2-2，收发类别编码级次为1-2，其他编码项目保持默认，数据精度保持系统默认设置。

[任务要求]

系统管理员（admin）完成企业核算账套的建立。

[工作示范]

实训视频1-2

账套管理操作演示

操作步骤：

（1）单击“账套”/“建立”，打开“创建账套”对话框，建账方式为“新建空白账套”。

（2）单击“下一步”按钮，进入“账套信息”对话框，输入账套号、账套名称、启用会计期等账套信息，如图1-6所示。

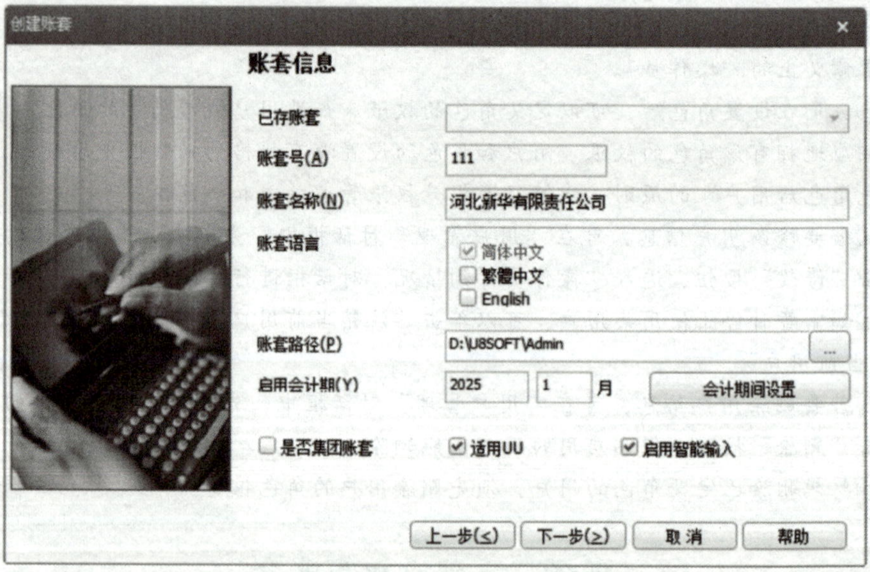

图1-6 创建账套—账套信息

任务贴士：

①账套号：必须输入项，用来确定新建账套的编号，取值范围为000～999。一般998、999为系统演示账套号，用户尽量不要选用。

②账套名称：必须输入项，用来确定新建账套的名称，一般为企业（或内部独立核算单位）名称。

③账套路径：用来确定新建账套所要被保存的位置，用户可手动修改。

④启用会计期：必须输入项，用来确定新建账套将被启用的时间，系统默认为计算机的系统时间。

（3）单击“下一步”按钮，进入“单位信息”对话框，输入单位信息，如图1-7所示。

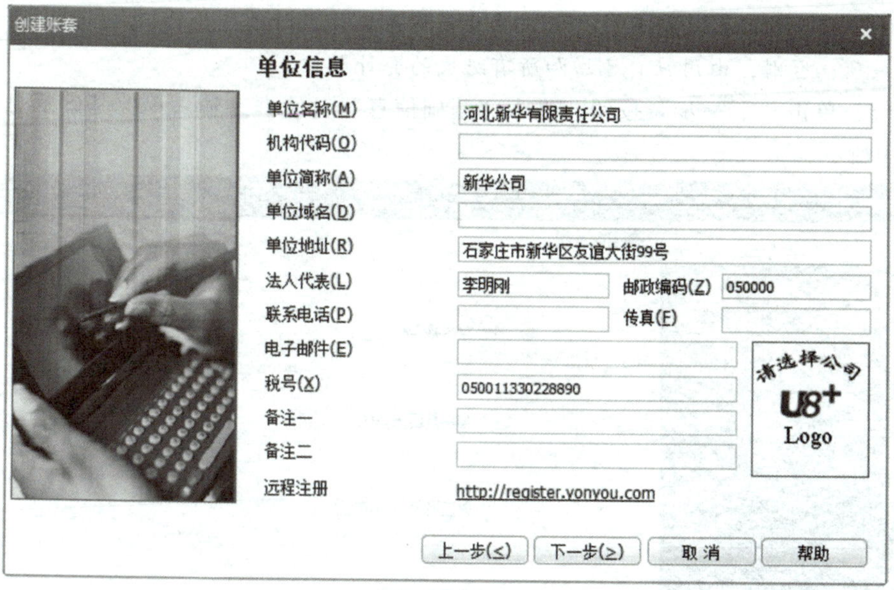

图1-7　创建账套—单位信息

任务贴士：

①单位名称：必须输入项，是用户单位的全称。单位全称只有在打印发票时使用，其他情况下全部使用简称。

②单位简称：用户单位的简称，最好输入。

（4）单击“下一步”按钮，进入“核算类型”对话框，输入单位基本核算信息，如图1-8所示。

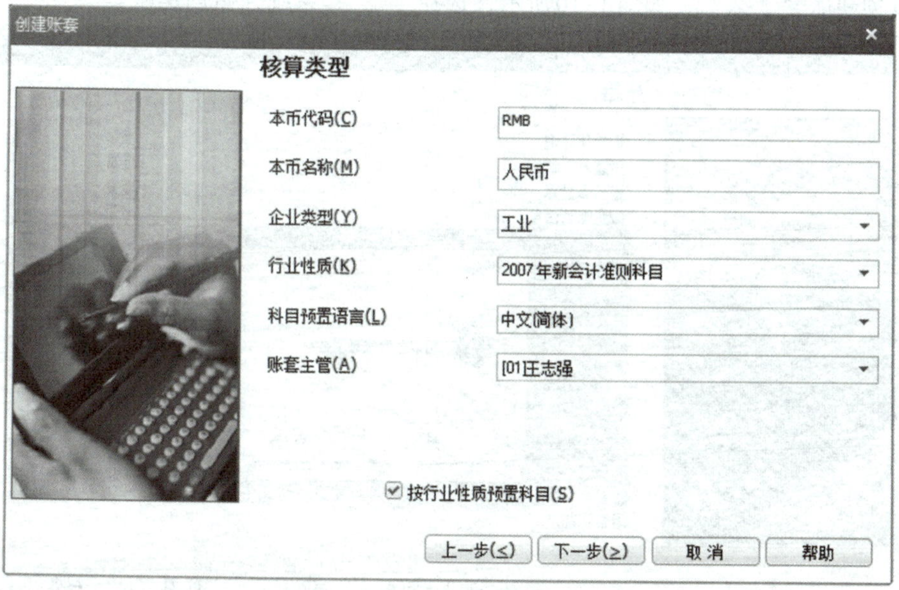

图1-8　创建账套—核算类型

任务贴士：

①账套主管：必须从下拉列表中选择。对于账套主管的设置和定义将在后面详述，此处为系统默认设置。

②按行业性质预置科目：若用户希望采用系统预置所属行业的标准一级科目，则勾选该项；否则，由用户自己增加所有级次的会计科目。

（5）单击“下一步”按钮，进入“基础信息”对话框，输入单位基础信息，如图1-9所示。

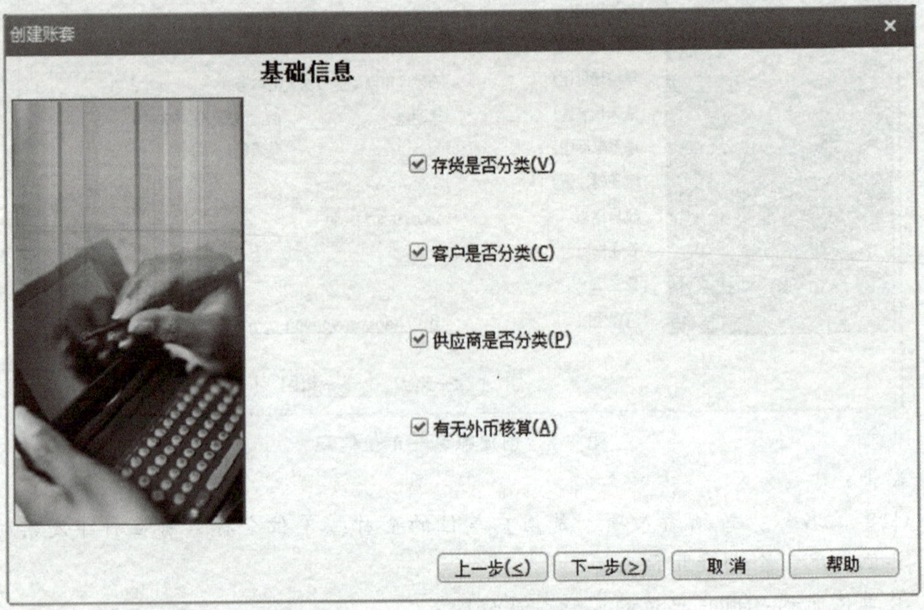

图1-9 创建账套—基础信息

（6）单击“下一步”按钮，进入“开始”对话框，单击“完成”按钮，系统提示“可以创建账套了么?”，如图1-10所示，选择“是”，系统开始创建账套。

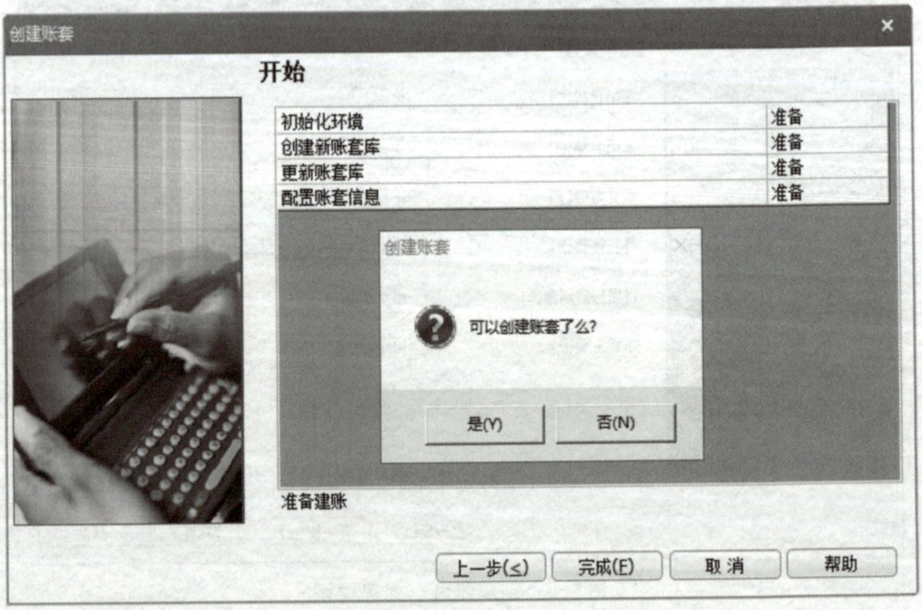

图1-10 创建账套—开始

（7）在“编码方案”对话框中，根据单位制定的编码方案进行设置，如图1-11所示。单击“确定”按钮保存，单击“取消”按钮关闭该对话框。

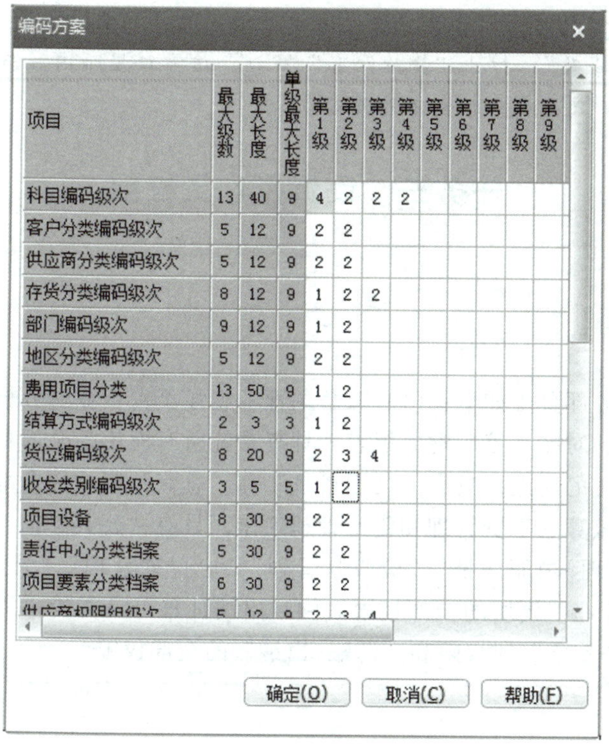

项目	最大级数	最大长度	单级最大长度	第1级	第2级	第3级	第4级	第5级	第6级	第7级	第8级	第9级
科目编码级次	13	40	9	4	2	2	2					
客户分类编码级次	5	12	9	2	2							
供应商分类编码级次	5	12	9	2	2							
存货分类编码级次	8	12	9	1	2	2						
部门编码级次	9	12	9	1	2							
地区分类编码级次	5	12	9	2	2							
费用项目分类	13	50	9	1	2							
结算方式编码级次	2	3	3	1	2							
货位编码级次	8	20	9	2	3	4						
收发类别编码级次	3	5	5	1	2							
项目设备	8	30	9	2	2							
责任中心分类档案	5	30	9	2	2							
项目要素分类档案	6	30	9	2	2							

图1-11　编码方案

（8）在“数据精度”对话框中，根据单位要求确定数据精度。此处采用系统默认设置，直接单击“确定”按钮退出。

（9）新账套创建成功后会弹出系统启用提示，如图1-12所示。此处单击“否”，暂不进行系统启用。系统会自动提示“请进入企业应用平台进行业务操作！”单击“确定”退出。

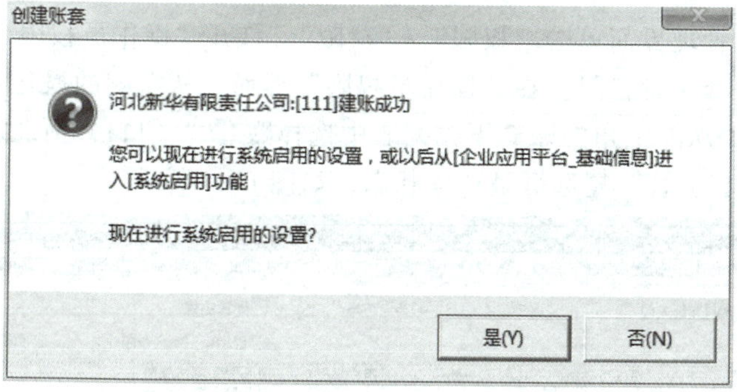

图1-12　创建账套—系统启用提示

任务贴士：

① 在上述“创建账套”成功界面，单击“是”可以立即进行系统启用的设置，也可以单击“否”先结束建账过程，之后在企业应用平台中的基础设置中再进行设置。

② 用户可以通过系统提供的修改账套功能，查看和修改账套信息。只有账套主管可以修改其具有权限的年度账套中的信息，系统管理员无权修改账套信息。

③ 修改账套信息时，以账套主管的身份登录，选择相应的账套，进入系统管理，单击“账套”/“修改”，打开“修改账套”窗口，该窗口显示内容与“创建账套”窗口显示内容一致，只是部分数据不能修改。

任务三　设置操作员权限

[任务内容]

教学视频1-5

获取系统使用通行证——权限管理

新华公司财务部分工如下：(1) 账套主管王志强负责企业财务核算全面工作，负责审核记账凭证、对账、编制财务报表，具有系统所有模块的全部权限。(2) 会计李明轩负责总账系统的使用，具有“公用目录”和“总账”模块的全部权限。(3) 会计张东明负责往来核算、工资管理和资产管理工作，具有“公共单据”“公用目录”“总账-凭证-凭证处理-填制凭证”“应收款管理”“应付款管理”“固定资产”“薪资管理”“计件工资管理”模块的全部权限。(4) 出纳孙丹丹负责货币资金的管理，具有“总账-凭证-出纳签字”的权限和“总账-出纳”的全部权限。

[任务要求]

系统管理员（admin）根据财务分工正确设置操作员权限。

[工作示范]

实训视频1-3

权限管理操作演示

操作步骤：

(1) 在系统管理界面单击“权限”/“权限”，打开“操作员权限”窗口。

(2) 设置账套主管权限。在“操作员权限”界面，从左侧的操作员列表中选择操作员“王志强”，从左上角的账套下拉列表中选择账套“[111] 河北新华有限责任公司”，确保“账套主管”复选框呈选中状态，如图1-13所示。

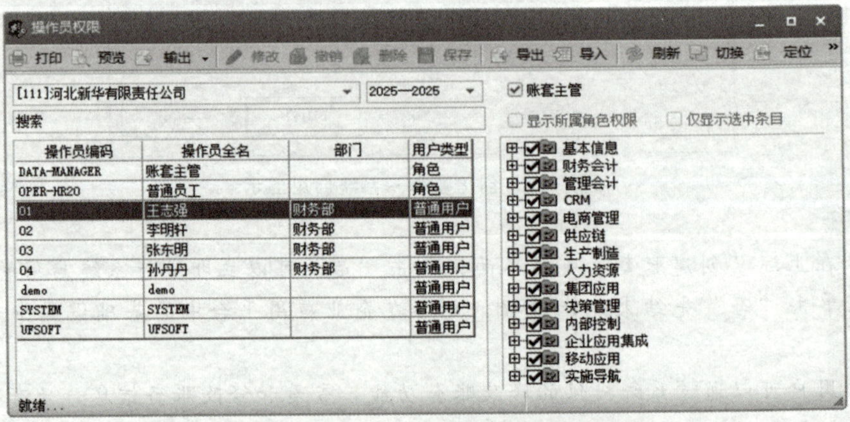

图1-13　王志强权限设置

（3）增加或修改操作员权限。在“操作员权限”界面，从左侧的操作员列表中选择操作员“李明轩”，从左上角的账套下拉列表中选择账套“［111］河北新华有限责任公司”，单击“修改”按钮，勾选“公用目录”和“总账”，单击“保存”按钮，如图1-14所示。

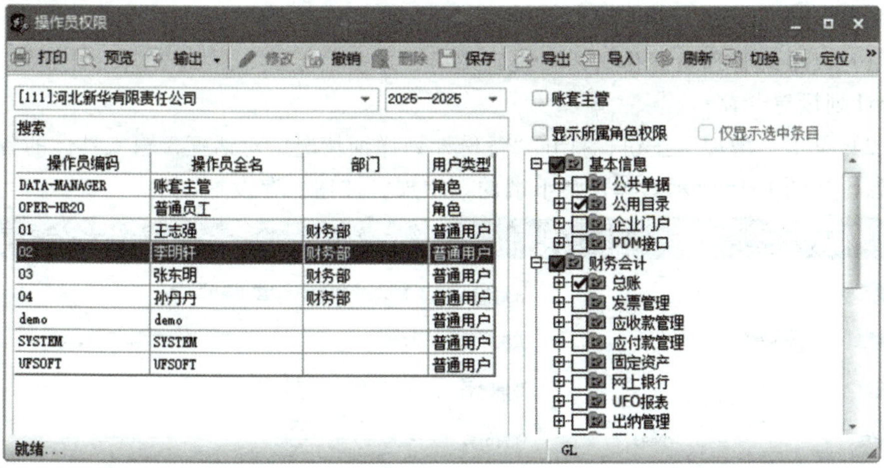

图1-14　李明轩权限设置

（4）参照操作步骤（3），授予操作员张东明和孙丹丹相应的权限。

任务贴士：

①以系统管理员（admin）的身份登录可以为所有账套设置操作员权限。如果以账套主管的身份登录，只能为所辖账套分配操作员权限。

②一个账套可以有多个账套主管。

③用友ERP-U8可以实现功能级、数据级和金额级三个层次的权限管理。在“系统管理”模块中分配的权限只是功能级权限，数据级权限和金额级权限的分配须在“企业应用平台”中进行，且这两种权限的分配必须在系统管理的功能级权限分配之后进行。

任务四　备份与恢复账套数据

[任务内容]

1. 每周日0时起新华公司自动进行账套数据备份，自动备份数据会保留2周。
2. 每月结账后将当月账套进行手工数据备份。
3. 根据工作需要将备份数据恢复到用友系统中。

教学视频1-6

维护我们的劳动成果——账套管理之备份计划

[任务要求]

系统管理员（admin）设置账套自动备份计划，并按时进行账套手动备份与恢复。

[工作示范]

实训视频 1-4

备份计划设置操作演示

1.设置自动备份计划

操作步骤：

（1）以系统管理员身份进入系统管理后，单击“系统”/“设置备份计划”，打开“备份计划设置”窗口。

（2）单击“增加”按钮，打开“备份计划详细情况”对话框，输入具体的备份计划信息，如图1-15所示。单击最下端的“增加”按钮保存设置。

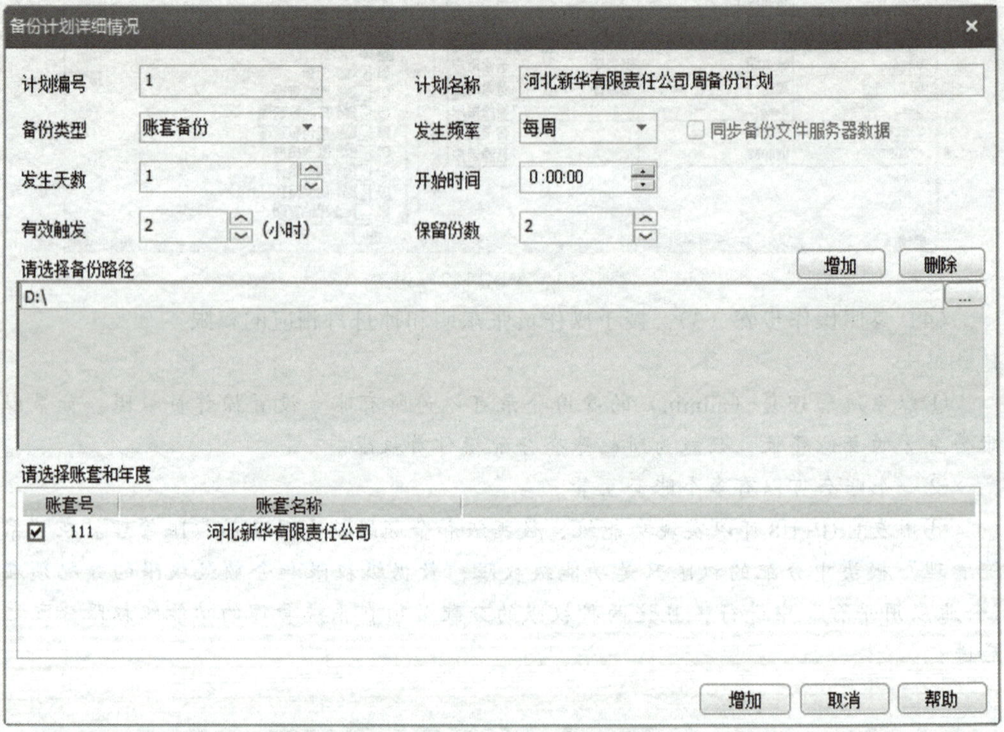

图1-15　备份计划详细情况

任务贴士：

①备份类型：系统管理员（admin）可以选择备份类型，分为账套备份、账套库备份和账套库增量备份；账套主管也可以设置备份计划，但只能进行账套库备份和账套库增量备份。

②发生频率：设置备份的周期，系统提供“每天”“每周”“每月”的选择。

③发生天数：设置执行备份计划的确切天数。选择发生频率为“每天”的，系统不允许选择发生天数；选择发生频率为“每周”的，系统允许选择的发生天数为1到7之间的数字（1代表星期日，2代表星期一，3代表星期二，4代表星期三，5代表星期四，6代表星期五，7代表星期六）；选择发生频率为“每月”的，系统允许选择的发生天数为1到31之间的数字，如果其中某月的天数不足设置的天数，系统则在该月最后一天进行备份。

④有效触发：设置尝试自动备份的时间。如遇网络故障或数据冲突无法备份，以备份开始时间为准，在有效触发时间范围内，系统将反复进行备份，直到备份成功。

⑤保留份数：设置备份文件的保留份数。系统会自动删除多于指定数值的备份文件，一旦有新的备份数据产生，则删除时间较早的多余备份文件。当保留份数为0时，系统永不删除备份。

2.手动进行账套备份

操作步骤：

实训视频1-5

手动账套备份操作演示

（1）单击“账套”/“输出”，打开“账套输出”对话框，选择需要输出的账套“111河北新华有限责任公司”，系统弹出“请选择账套备份路径”对话框，选择好备份账套的存放路径，如图1-16所示。

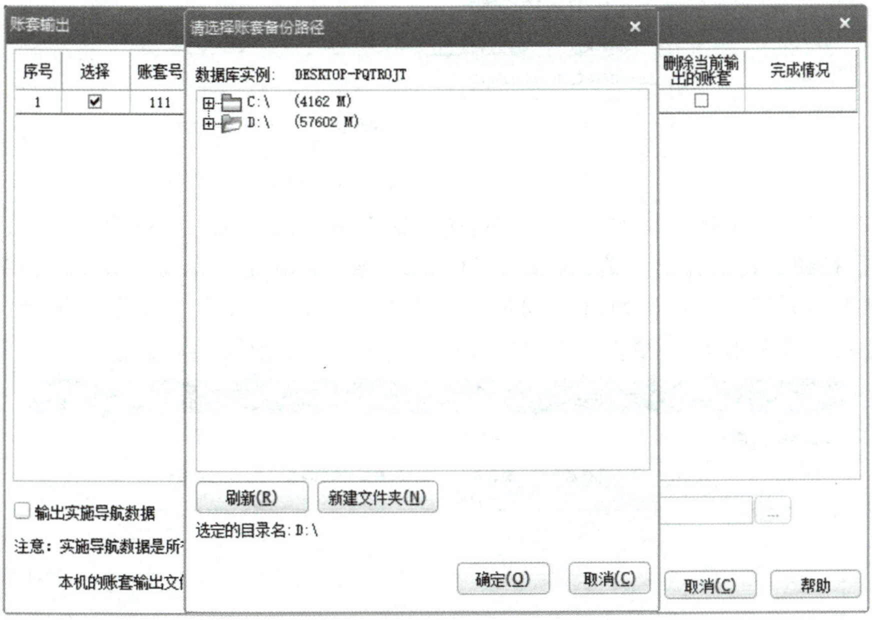

图1-16　请选择账套备份路径

（2）单击“确定”按钮，回到“账套输出”对话框，单击“确认”按钮，系统开始进行数据备份。数据拷贝完毕后，系统提示账套备份成功，单击“确定”按钮，关闭“账套输出”对话框。

任务贴士：

①只有系统管理员（admin）才有权进行账套的输出。

②若要删除账套，在图1-16中，同时勾选“选择”和“删除当前输出的账套”两个复选框，在输出完成后系统将弹出“真要删除该账套吗？”提示框，单击“是（Y）”后系统将账套数据从用友ERP-U8系统中删除。

3.账套数据的恢复

操作步骤：

实训视频1-6

账套数据恢复操作演示

（1）以系统管理员身份进入系统管理后，在系统管理界面单击“账套”/“引入”，打开“账套引入”对话框，单击“选择备份文件”按钮，打开“请选择账套备份文件”对话框，选择要引入的账套数据备份文件，如图1-17所示。

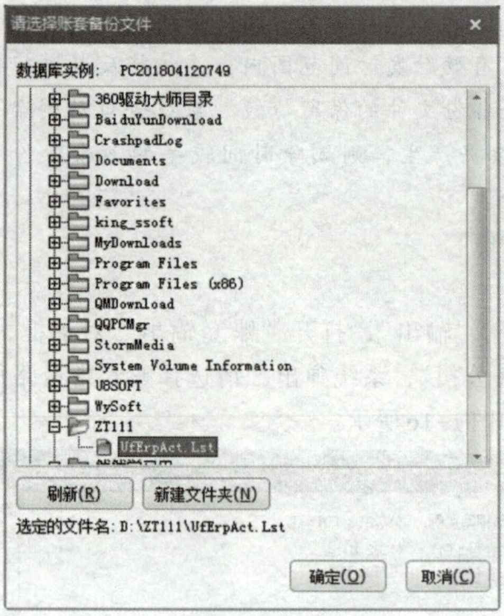

图1-17　请选择账套备份文件

（2）单击“确定”按钮，弹出“请选择账套引入的目录”系统提示信息，单击“确定”按钮，再次弹出“请选择账套引入的目录”对话框，单击“确定”按钮，返回“账套引入”对话框，如图1-18所示，单击“确认”按钮，开始引入账套，稍后系统提示“引入成功”，单击“确定”按钮，关闭“账套引入”对话框。

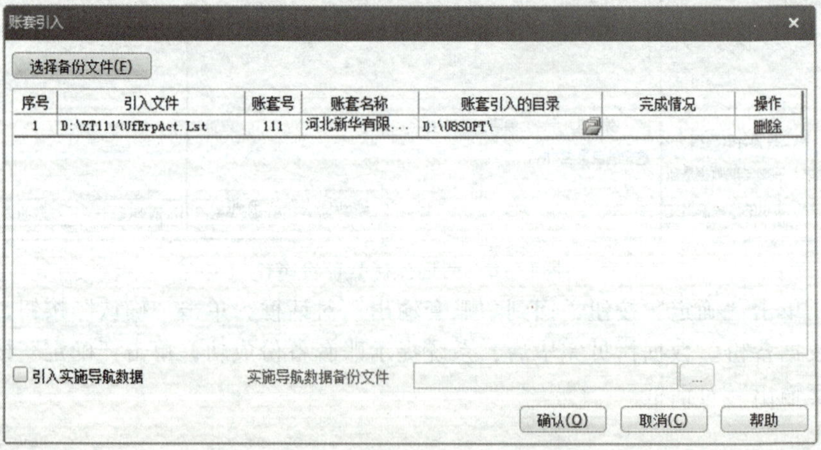

图1-18　账套引入

任务贴士：

如果拟引入账套的账套号与系统内已有的账套号重复，系统将询问是否覆盖账套当前所有的信息，单击“否”，取消账套引入操作；单击“是”，返回“账套引入”对话框。

教学视频1-7

我是劳动成果中的一员——账套库管理

[知识拓展]

账套库的管理

账套库是账套的下一级，一个账套由一个或多个账套库组成，一个账套库含有一年或多年使用数据。一个账套对应一个经营实体或核算单位，账套中的某个账套库对应这个经营实体的某年度区间内的业务数据。

账套库的管理由账套主管负责，包括建立账套库、账套库初始化、清空账套库数据、引入账套库和输出账套库等。

账套库的建立是在已有账套库的基础上，通过新建账套库，自动将老账套库的基本档案信息结转到新的账套库中，以前业务的产品余额等信息将在账套库初始化操作完成后，由老账套库自动转入新账套库的首年数据中。

账套库初始化就是将上一个账套库中相关模块的余额及其他信息结转到新账套库中。为了统计分析的规整性，每个账套库包含的数据都以年为单位，上一账套库的结束年+1就是新账套库的开始年。

有时，用户会发现某账套库中错误太多，或不希望将上年度的余额或其他信息全部转到下一年度，这时候，便可使用清空年度数据的功能。“清空”并不是将账套库的数据全部清空，而是还会保留一些基础信息、系统预置的科目、报表等。保留这些信息主要是为了方便用户使用清空后的账套库重新做账。

账套库操作中的引入和输出与账套操作中的引入和输出的含义基本一致，都是对数据的恢复与备份，不同的是账套库操作不是针对某个账套，而是针对账套中的某年度区间的账套库进行的。

同步测试

工作领域一

同步测试及参考答案

一、单项选择题

1.（　　）有权在系统管理中建立企业核算账套。

A.法定代表人　　B.系统管理员　　C.账套主管　　D.财务总监

2.（　　）有权在系统管理中修改企业核算账套。

A.企业老总　　B.系统管理员　　C.账套主管　　D.财务总监

3.清空账套库数据是指（　　）。

A.将账套库数据全部删除　　B.将账套库的发生额删除，只保留余额

C.将账套数据全部删除　　D.保留一些信息，如基础设置等

4.创建账套时，可以设置的基础信息不包括（　　）。

A.存货是否分类　　B.客户是否分类　　C.供应商是否分类　　D.人员是否分类

5.下列不属于系统管理主要功能的是（　　）。

A.对往来款项的统一管理　　B.对账套库的管理

C.对账套的统一管理　　D.对操作员及其功能权限实行统一管理

二、多项选择题

1.系统管理员可以进行的操作有（　　）。

A.创建账套　　B.修改账套　　C.增加用户　　D.进行系统启用

2.账套主管可以进行的操作有（　　）。

A.创建账套　　B.修改账套　　C.增加用户　　D.设置操作员权限

3.在系统管理模块中可以进行的操作有（　　）。

A.增加操作员　　B.设置操作员权限　　C.设置会计科目　　D.创建账套

4.关于权限设置，下列说法中正确的有（　　）。

A.如果对某角色分配了权限，设置用户的时候，如果选择其归属这一个角色，则其自动具有该角色的权限

B.功能级权限、数据级权限和金额级权限的分配均在系统管理中设置

C.对于数据级权限和金额级权限的设置，必须在系统管理的功能级权限分配之后进行

D.一个账套可以有多个账套主管

5.账套创建好后可以修改的信息有（　　）。

A.账套编号　　B.账套名称　　C.单位名称　　D.企业类型

三、判断题

1.系统管理模块只有系统管理员才可以登录，其他人都无权登录。（　　）

2.一个账套只能设置一个账套主管。（　　）

3.单位名称是区分系统内不同账套的唯一标志。（　　）

4.账套主管自动拥有所辖账套所有模块的操作权限。（　　）

5.账套输出和账套库输出的内容完全一样。（　　）

综合实训

［实训内容］

1.公司核算账套信息如下：

石家庄正道轮胎有限公司（以下简称正道轮胎）2025年1月正式启用账套，账套号888，结账时间为每月最后一个自然日。正道轮胎位于石家庄市桥西区新石中路392号，是一家以汽车轮胎产品研发制造为主的工业企业，公司法人为张朋宇，邮政编码为050000，税号为050024540227665。该企业遵循“2007年新会计准则科目”，选择人民币（RMB）为记账本位币，有外币业务，进行经济业务处理时，需要对存货、客户和供应商进行分类。建账时会计科目编码级次为4-2-2-2，客户分类编码级次为2-3，供应商分类编码级次为2-3，存货分类编码级次为2-2-3，其他编码项目保持默认，数据精度保持系统默认设置。

2.正道轮胎财务部共有四人：账套主管王强（111）、会计李华强（112）和朱军勇（113）以及出纳田甜（114）。

3.正道轮胎财务部分工如下：（1）账套主管王强负责企业财务核算全面工作，负责审核记账凭证、对账、编制财务报表，具有系统所有模块的全部权限。（2）会计李华强负责总账系统的使用，具有“公用目录设置”和“总账”模块的全部权限。（3）会计朱军勇负责往来核算、工资管理和资产管理工作，具有“公共单据”“公用目录设置”“总账-凭证-凭证处理”“应收款管理”“应付款管理”“固定资产”“薪资管理”“计件工资管理”模块的全部权限。（4）出纳田甜负责货币资金的管理，具有“总账-凭证-出纳签字”的权限和“总账-出纳”的全部权限。

4.账套数据的备份与恢复要求

每周日0时正道轮胎自动进行账套数据备份（自动备份数据要求保留2周），每月结账后将当月账套进行手工数据备份，并根据工作需要将备份数据恢复到用友系统中。

［实训要求］

系统管理员完成创建账套、增加操作员、设置操作员权限和账套数据备份工作。

【互动课堂】

请将本工作领域实训完成结果按要求上传至课程平台。

1.提交用户增加完成后的截图。

2.提交账套建立成功的截图。

3.提交孙丹丹权限设置完成后的截图。

互动课堂提示

工作领域二

基础信息设置

【学习目标】

掌握企业应用平台的主要功能；能够进行系统启用；能够完成机构人员档案、客商信息档案、存货档案、财务档案和收付结算档案的设置；能够完成数据权限的设置；能够对系统操作中出现的问题进行简单维护；厚植责任和大局意识，培养团队协作和工匠精神，增强法治观念和规则观念。

教学视频2-1

数据为王——基础信息设置概述

【系统思话】

用友U8系统是涵盖多元模块与子系统且功能全面的ERP软件，企业应用平台作为各子系统的统一登录入口，是企业管理的关键枢纽，集成多项核心功能。其中，系统启用功能，允许按需开启业务模块，并灵活设定启用时间，是使用子系统进行业务处理的前提。各部门员工应从企业整体利益出发，在统一时间协同工作，增强集体主义精神和大局意识，培养团队协作能力和对企业的责任感。设置基础档案，录入和维护多种基础信息，能够为各子系统筑牢共用数据根基。员工只有着力践行严谨细致的工作态度、精益求精的工匠精神和追求卓越的信念品质，才能助力企业实现数据标准化和一致性管理。设置数据权限，精准管控不同岗位人员的数据访问权限，能够保障数据安全。系统基础信息设置体现了企业管理的法治观念和规则观念，操作者应在权限范围内尽职尽责，强化自律意识和责任感，为企业发展贡献力量。

工作领域二

工作过程与岗位对照图

【案例概说】

新华公司始终坚守创新驱动发展理念，将推动国家科技进步视为崇高使命，积极投身奔涌而来的数智化变革浪潮，致力成为全球领先的科技解决方案提供商，为国家数字化建设全力以赴。2025年1月1日，为积极响应国家数智化转型和高质量发展号召，新华公司正式启用用友U8总账系统，这不仅是对财务数据管理的全新变革，更是对行业数字化转型趋势的积极顺应。为保证新系统顺利运行，财务部门与各业务部门协同合作，深入调研企业业务流程，结合企业发展战略，科学设置了机构人员、客商信息、存货、财务和收付结算等基础档案，确保数据既能反映企业实际运营状况，又能满足数智化管理与分析需求。同时，新华公司高度重视数据安全与内部控制，通过深入细化岗位职责，设置了精细化管理的数据权限。新华公司的每一次努力，都彰显着对国家数智化战略的坚定践行，展现出新时代企业在数智化浪潮下的使命担当 。

任务一　系统启用

[任务内容]

教学视频 2-2

给数据整理制定个标准——基本信息设置

总账系统启用时间为2025年1月1日。

[任务要求]

账套主管王志强完成总账系统启用设置。

[工作示范]

实训视频 2-1

基本信息设置操作演示

操作步骤：

（1）单击“开始”/“所有程序”/“用友 U8+V13.0”/“企业应用平台”，打开“用友 U8+”登录对话框，操作员输入“01”，密码为空，选择账套“［111］（default）河北新华有限责任公司”，操作日期修改为“2025-01-01”，如图2-1所示。单击“登录”按钮，进入“企业应用平台”窗口。

图2-1　企业应用平台登录界面

（2）单击“业务导航”下三角按钮，选择“经典树形”为当前的显示方式，单击“ ”按钮，设置为嵌入式展现方式，如图2-2所示。

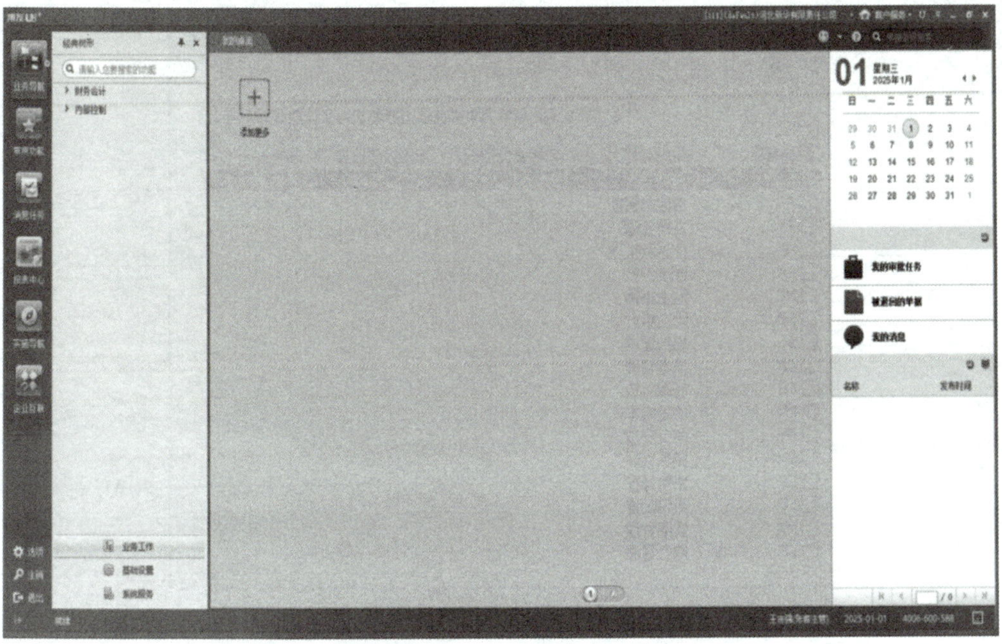

图2-2　企业应用平台“经典树形”嵌入式展示方式

（3）单击“基础设置”/“基本信息”/“系统启用”，打开“系统启用”对话框。

（4）勾选“总账”所在行“系统编码”复选框，打开“日历”对话框，设置日期为2025年01月01日，如图2-3所示。

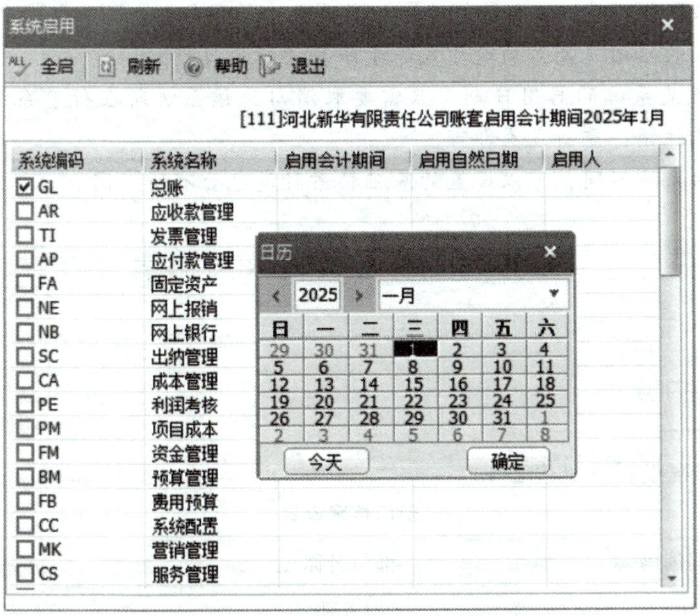

图2-3　总账系统启用日期设置

（5）单击“确定”按钮，系统提示“确实要启用当前系统吗？”单击“是”，返回“系统启用”对话框，完成总账系统启用，如图2-4所示。

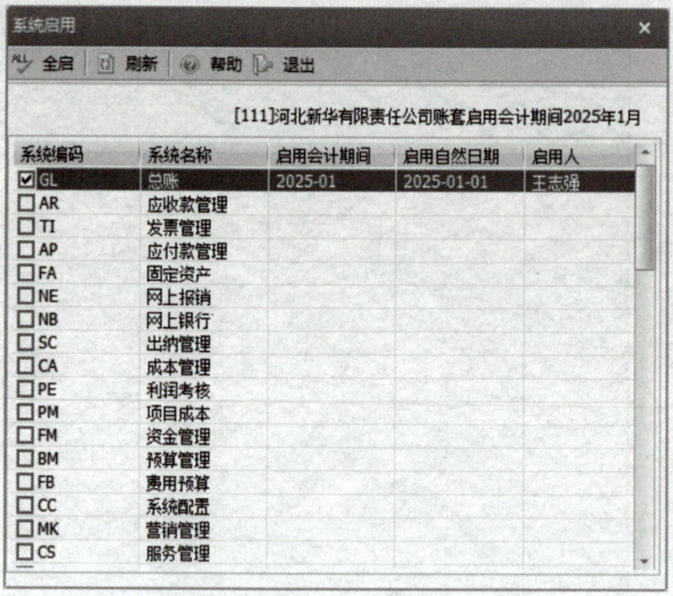

图2-4　总账系统启用完成

任务贴士：

①基本信息设置包括会计期间、系统启用、编码方案和数据精度，可以集中修改或补充已经在账套建立过程中完成的相应设置。

②使用某个系统，必须先启用此系统（UFO报表、现金流量表、公司对账等除外），启用后系统自动记录启用日期和启用人。

③只有系统管理员（在系统管理）和账套主管（在企业应用平台）才能启用系统。

④各系统的启用日期必须晚于或等于账套的启用日期。

⑤要修改某系统的启用日期，只需要取消勾选该系统所在行“系统编码”复选框，进行系统注销，重新设置即可。

⑥启用的系统不同，可以设置的基础档案种类也会有所不同。

任务二　设置机构人员档案

[任务内容]

教学视频2-3

数据整理的重头戏——基础档案设置（机构人员）

1.部门档案设置（见表2-1）。

表2-1　部门档案设置

部门编码	部门名称	负责人
1	财务部	王志强
2	办公室	李明刚
3	采购部	王思燕
4	销售部	李振东

续表

部门编码	部门名称	负责人
5	生产部	
501	组装车间	吴启天
502	调试车间	张诚

2.人员类别设置（见表2-2）。

表2-2　**人员类别设置**

档案编码	档案名称
10101	行政人员
10102	采购人员
10103	销售人员
10104	车间管理人员
10201	交换机生产人员
10202	路由器生产人员
10203	基站发射机生产人员

3.人员档案设置（见表2-3）。

表2-3　**人员档案设置**

人员编码	人员姓名	性别	雇佣状态	人员类别	行政部门	是否业务员	是否操作员	对应操作员编码
101	王志强	男	在职	行政人员	财务部	是	是	01
102	李明轩	男	在职	行政人员	财务部	是	是	02
103	张东明	男	在职	行政人员	财务部	是	是	03
104	孙丹丹	女	在职	行政人员	财务部	是	是	04
201	李明刚	男	在职	行政人员	办公室	是	否	
202	周永芳	女	在职	行政人员	办公室	是	否	
301	王思燕	女	在职	采购人员	采购部	是	否	
401	李振东	男	在职	销售人员	销售部	是	否	
501	吴启天	男	在职	车间管理人员	组装车间	是	否	
502	张诚	男	在职	车间管理人员	调试车间	是	否	
901	李彩云	女	在职	交换机生产人员	组装车间	是	否	
902	陈颖	女	在职	路由器生产人员	组装车间	是	否	
903	赵明浩	男	在职	基站发射机生产人员	组装车间	是	否	
904	李健伟	男	在职	交换机生产人员	调试车间	是	否	
905	王磊	男	在职	路由器生产人员	调试车间	是	否	
906	李志	男	在职	基站发射机生产人员	调试车间	是	否	

[任务要求]

账套主管王志强完成部门档案、人员类别、人员档案等机构人员基础档案的设置。

[工作示范]

实训视频 2-2

机构人员设置操作演示

1. 部门档案设置

操作步骤：

（1）单击“基础设置”/“基础档案”/“机构人员”/“机构”/“部门档案”，打开“部门档案”标签页。

（2）单击“增加”按钮，录入部门编码“1”，部门名称“财务部”，如图 2-5 所示。单击“保存”按钮。

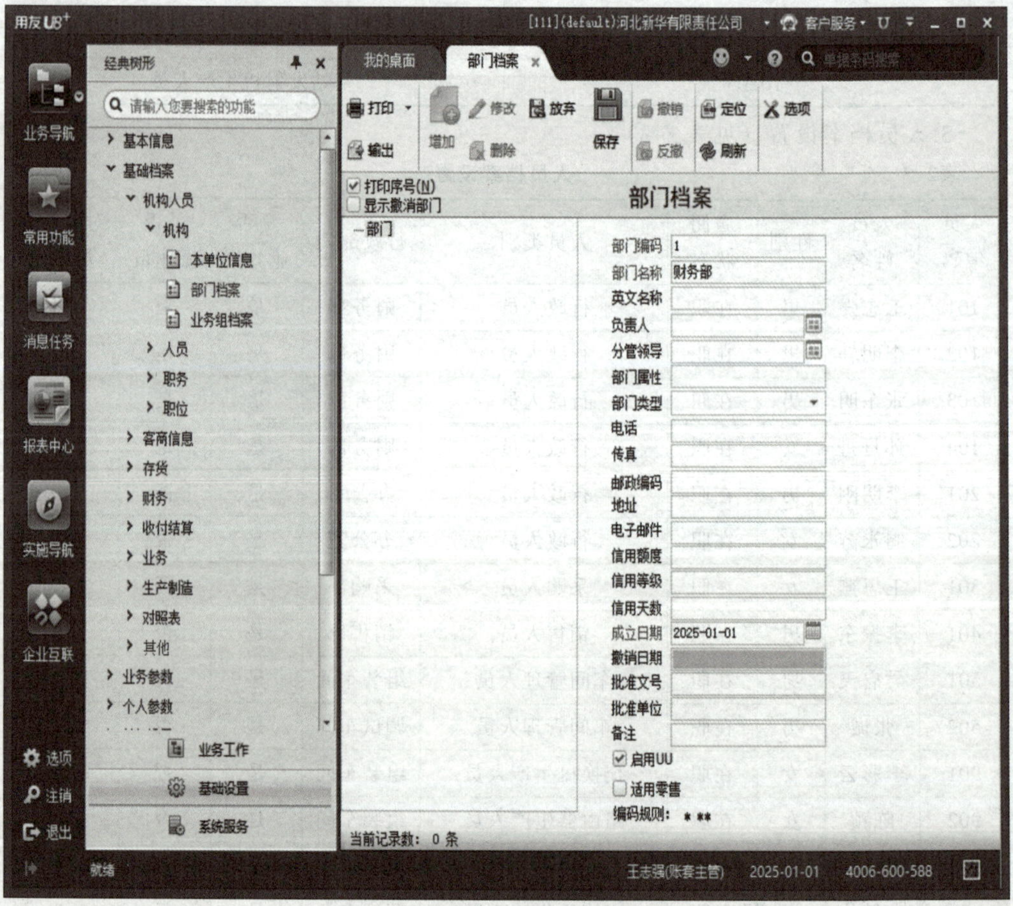

图2-5 部门档案设置

（3）参照操作步骤（2），根据表 2-1，继续增加其他部门信息。录入完成后的结果如图 2-6 所示。

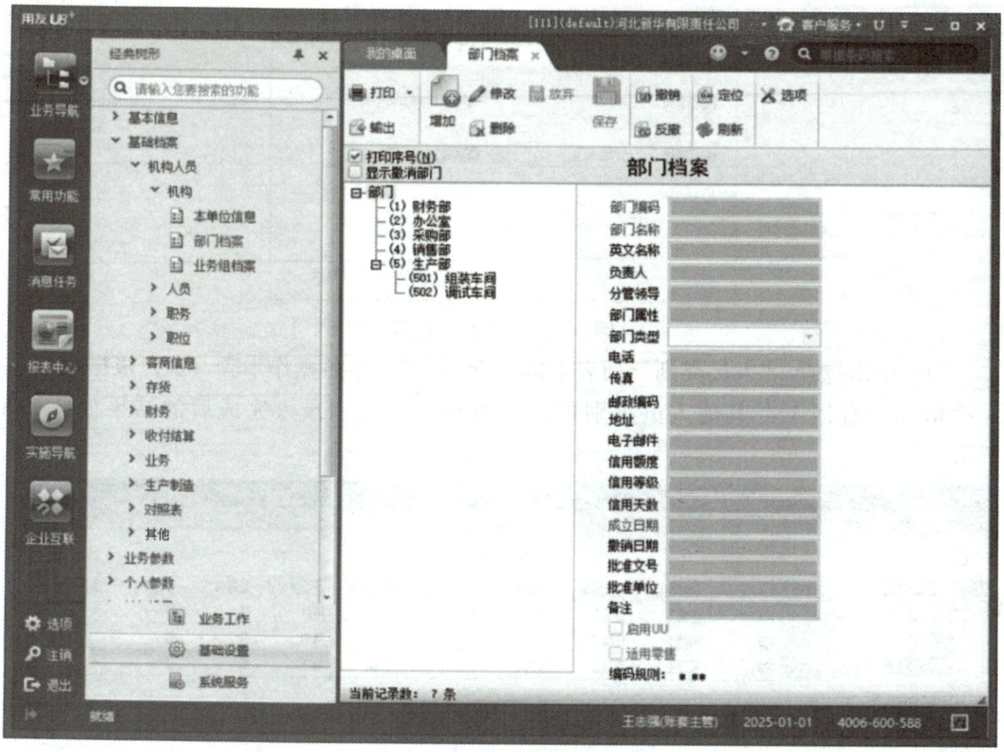

图2-6　部门档案设置完成

任务贴士：

①基础档案设置必须遵循一定的规则：编码的输入必须满足预先设定的编码规则，且不能重复。增加时必须遵循由上到下逐级进行的原则，录完上级才能录下级。删除时的顺序和录入的顺序相反，必须由下到上逐级进行，先删除下级，后删除上级。基础档案设置中的蓝色字体或带*的栏目均为必输项，其他栏目为非必输项，企业可根据实际情况选择录入。同时，还要注意相关基础档案的设置顺序以及与账套建立时相关设置的关联。

②部门档案主要设置企业各个职能部门的信息。部门指某使用单位下辖的具有分别进行财务核算或业务管理要求的单元体，可以是现实的部门机构，也可以是虚拟的核算单元。

③负责人：在人员档案设置前无法输入。

④成立日期：默认为当前登录时间，可以修改。

2.人员类别设置

操作步骤：

（1）单击“基础设置”/“基础档案”/“机构人员”/“人员”/“人员类别”，打开“人员类别”窗口。

（2）单击选择“人员类别”列表下的“正式工”，单击“增加”按钮，打开“增加档案项”对话框，录入档案编码“10101”，档案名称“行政人员”，系统自动显示档案简称和档案简拼，如图2-7所示。单击“确定”按钮。

（3）参照操作步骤（2），根据表2-2，继续增加“正式工”其他人员类别信息。

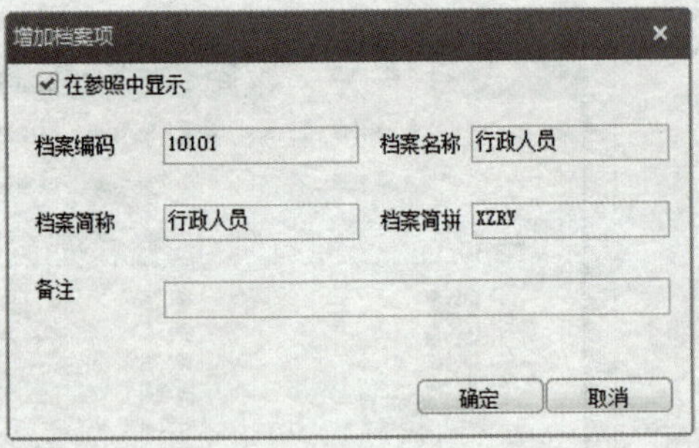

图2-7　人员类别设置

（4）单击选择“人员类别”列表下的“合同工”，参照操作步骤（2），根据表2-2，继续增加“合同工”其他人员类别信息。所有人员类别录入完成后的结果如图2-8所示。

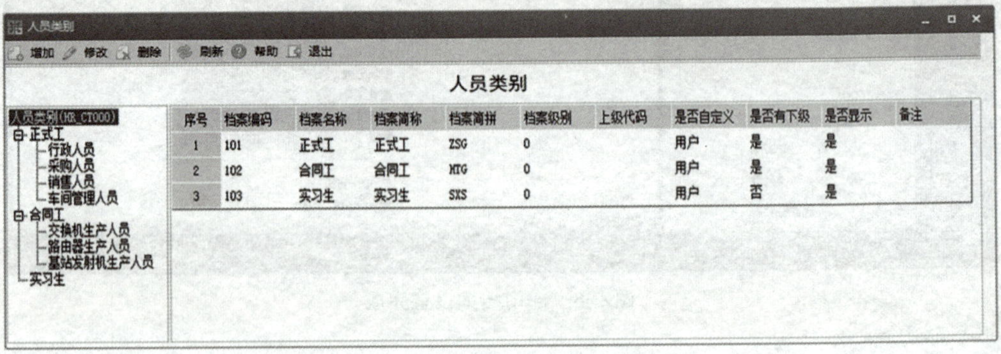

图2-8　人员类别设置完成

任务贴士：

①人员类别设置是对企业的人员进行分类设置和管理的系统。新建账套系统预置正式工、合同工、实习生三个人员类别，用户可以自定义扩充人员类别。

②档案编码：人员类别档案编码不能为空，不能重复，同级档案编码长度相同。

③档案名称：人员类别档案名称不能为空，不能重复。

3.人员档案设置

操作步骤：

（1）单击“基础设置”/“基础档案”/“机构人员”/“人员”/“人员档案”，打开“人员列表”标签页，单击“增加”按钮，打开“人员档案”标签页。

（2）录入人员编码“101”，姓名“王志强”，性别选择“（1）男”，雇佣状态选择“（10）在职”，人员类别选择“（10101）行政人员”，行政部门选择“财务部”，勾选“业务员”和“操作员”复选框，操作员名称删除系统自动显示的“王志强”，在操作员档案中参照选择“王志强”，操作员编码自动更新为“01”，如图2-9所示。单击“保存”按钮。

（3）系统提示“人员信息已改，是否同步修改操作员的相关信息？”单击“是”按钮。

（4）参照操作步骤（2）和操作步骤（3），根据表2-3，继续增加其他人员档案信息。录入完成后的结果如图2-10所示。

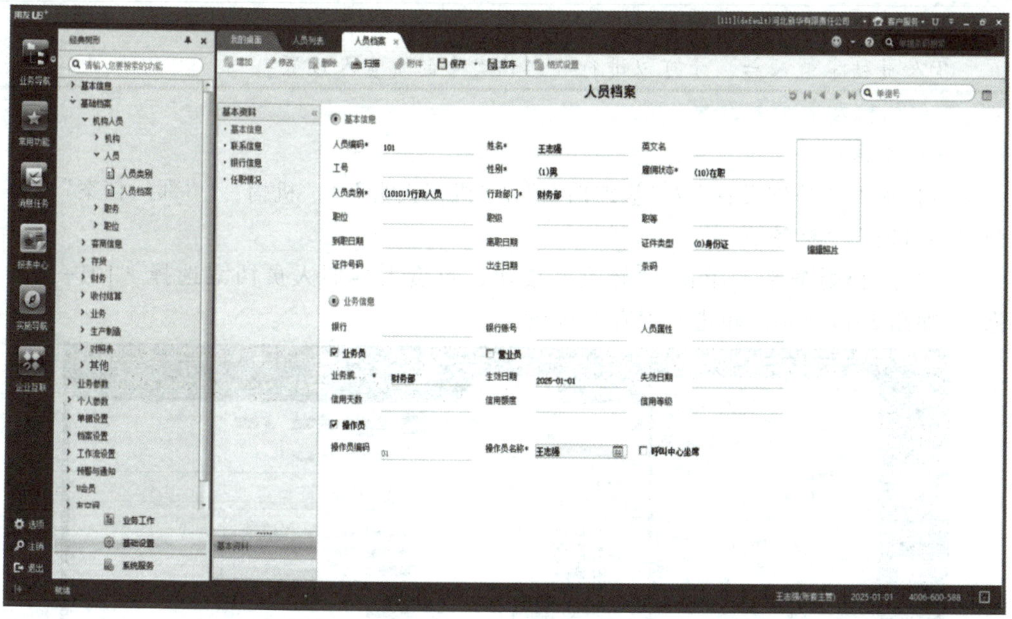

图2-9　人员档案设置

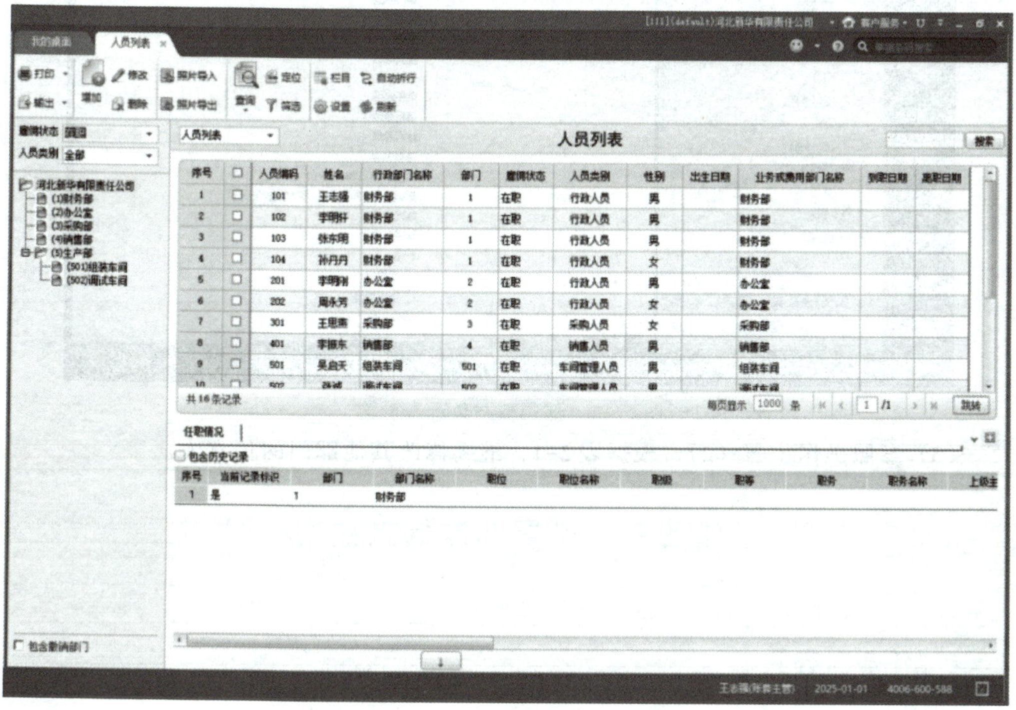

图2-10　人员档案设置完成

任务贴士：

①人员档案的主要功能是录入和维护人员的基础信息和各种子集信息。设置人员档案可以方便地进行个人往来核算和管理等操作，有些企业对职员没有核算和管理要求，可以不设人员档案。

②人员档案中的行政部门和人员类别均为必输项，所以在用友U8系统中必须先

录入部门档案和人员类别，才能录入人员档案。

③人员档案录入后，才可以进行部门档案中的负责人设置。

4.部门档案负责人设置

操作步骤：

（1）单击“基础设置”/“基础档案”/“机构人员”/“机构”/“部门档案”，打开“部门档案”标签页。

（2）选择财务部，单击“修改”按钮，负责人参照人员档案选择“101-王志强”，如图2-11所示。单击“保存”按钮。

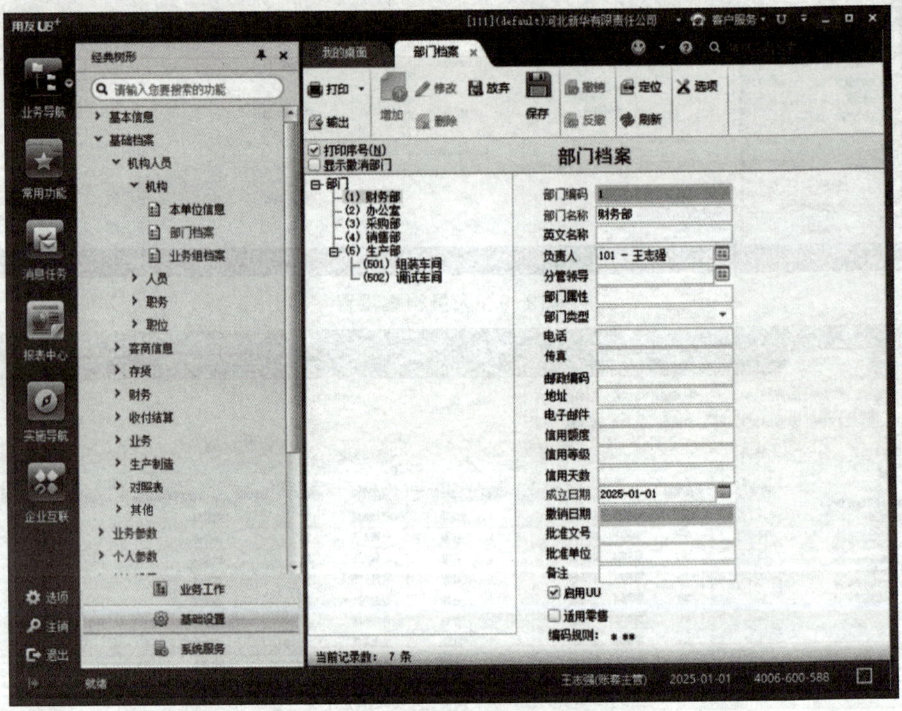

图2-11　部门档案负责人设置

（3）参照操作步骤（2），根据表2-1，继续修改其他部门的负责人。

任务三　设置客商信息档案

[任务内容]

教学视频2-4

数据整理的重头戏——基础档案设置（客商信息）

1.供应商分类设置（见表2-4）。

表2-4　供应商分类设置

分类编码	分类名称
01	原料供应商
02	成品供应商

2. 客户分类设置（见表2-5）。

表2-5　**客户分类设置**

分类编码	分类名称
01	批发客户
0101	大客户
0102	中小客户
02	零售客户

3. 供应商档案设置（见表2-6）。

表2-6　**供应商档案设置**

编码	名 称	简称	所属分类	地 址
0101	沈阳强盛有限公司	强盛	01	辽宁省沈阳市青年大街116号
0201	石家庄东成有限公司	东成	02	河北省石家庄市中山路118号

4. 客户档案设置（见表2-7）。

表2-7　**客户档案设置**

编码	名称	简称	所属分类	税号	地址	开户银行	账号	默认值
0101	北京启明有限公司	启明	0101	91110101789656653A	北京市王府井大街266号	工行光华路分理处	112589336734000465	是
0102	上海亚圣股份公司	亚圣	0102	668904500665676	上海市大沽路333号	建行大沽路支行	255677000922746609	是
0103	常州卓越有限公司	卓越	0102	911201065717178934	江苏省常州市金坛区南环二路69号	建行南环支行	622744380955256886	是

[任务要求]

账套主管王志强完成供应商分类、客户分类、供应商档案、客户档案等客商信息基础档案的设置。

[工作示范]

实训视频2-3

客商信息设置操作演示

1. 供应商分类设置

操作步骤：

（1）单击“基础设置”/“基础档案”/“客商信息”/“供应商分类”，打开“供应商分类”窗口。单击“增加”按钮，依次录入分类编码“01”和分类名称“原料供应商”，如图2-12所示。单击“保存”按钮。

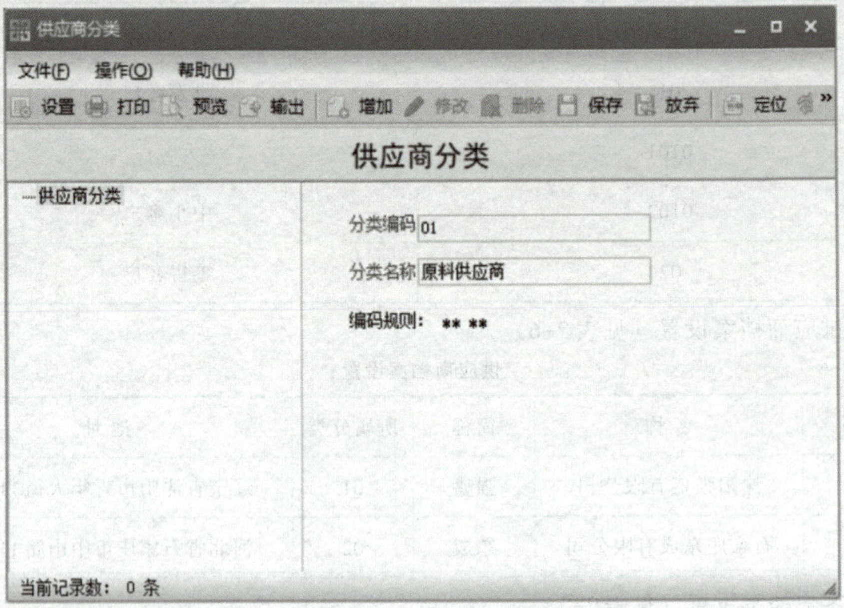

图2-12 供应商分类设置

（2）参照操作步骤（1），根据表2-4，继续增加其他供应商分类信息。录入完成后的结果如图2-13所示。

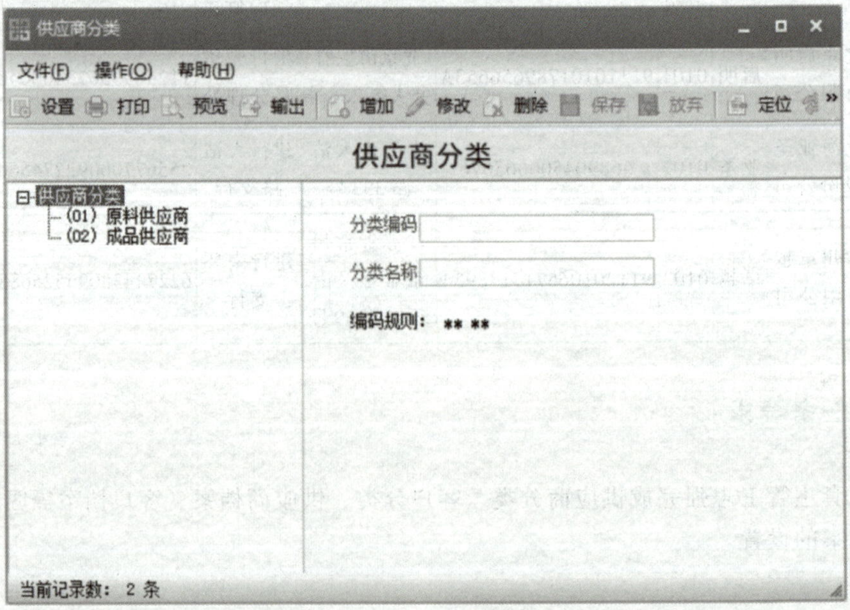

图2-13 供应商分类设置完成

任务贴士：

①企业的往来供应商较多时，可以通过建立供应商分类体系来完成分类管理。这样做有利于对供应商相关业务数据的统计与分析。

②若建立账套时勾选了供应商分类，必须先设置供应商分类才能设置供应商档

案。反之，若建立账套时没有勾选供应商分类，则无须设置供应商分类，可以直接设置供应商档案。

2.客户分类设置

操作步骤：

（1）单击“基础设置”/“基础档案”/“客商信息”/“客户分类”，打开“客户分类”窗口。单击“增加”按钮，依次录入分类编码“01”和分类名称“批发客户”，如图2-14所示。单击“保存”按钮。

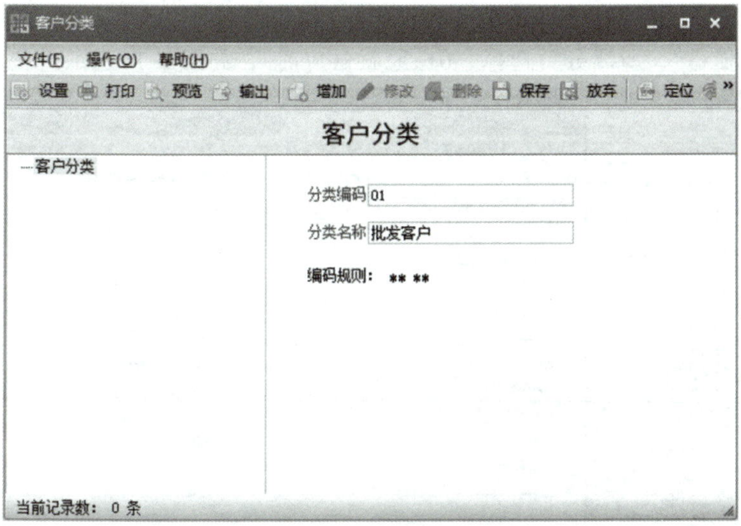

图2-14　客户分类设置

（2）参照操作步骤（1），根据表2-5，继续增加其他客户分类信息。录入完成后的结果如图2-15所示。

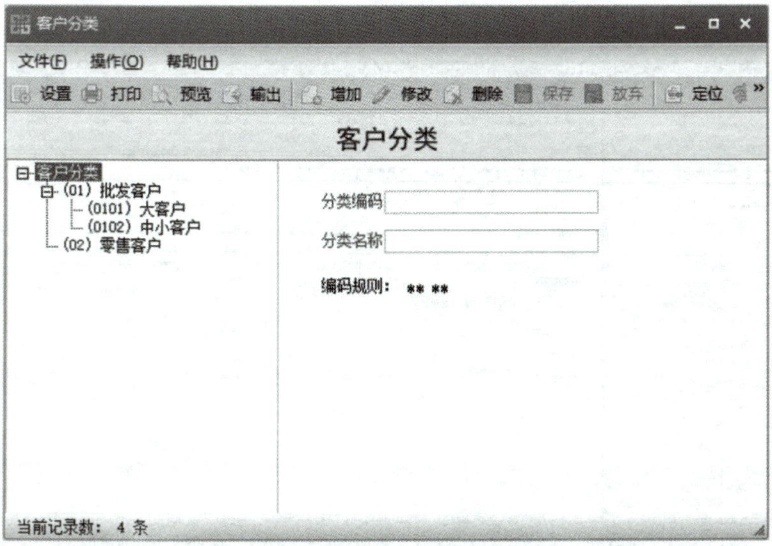

图2-15　客户分类设置完成

任务贴士：

①企业的往来客户较多时，可以通过建立客户分类体系来完成分类管理。这样做

有利于对客户相关业务数据的统计与分析。

②若建立账套时勾选了客户分类，必须先设置客户分类才能设置客户档案。反之，若建立账套时没有勾选客户分类，则无须设置客户分类，可以直接设置客户档案。

3.供应商档案设置

操作步骤：

（1）单击“基础设置”/“基础档案”/“客商信息”/“供应商档案”，打开“供应商档案”标签页。单击“增加”按钮，打开“增加供应商档案”标签页，单击“基本”页签，依次录入供应商编码“0101”，供应商名称“沈阳强盛有限公司”，供应商简称“强盛”，所属分类选择“01-原料供应商”，如图2-16所示。

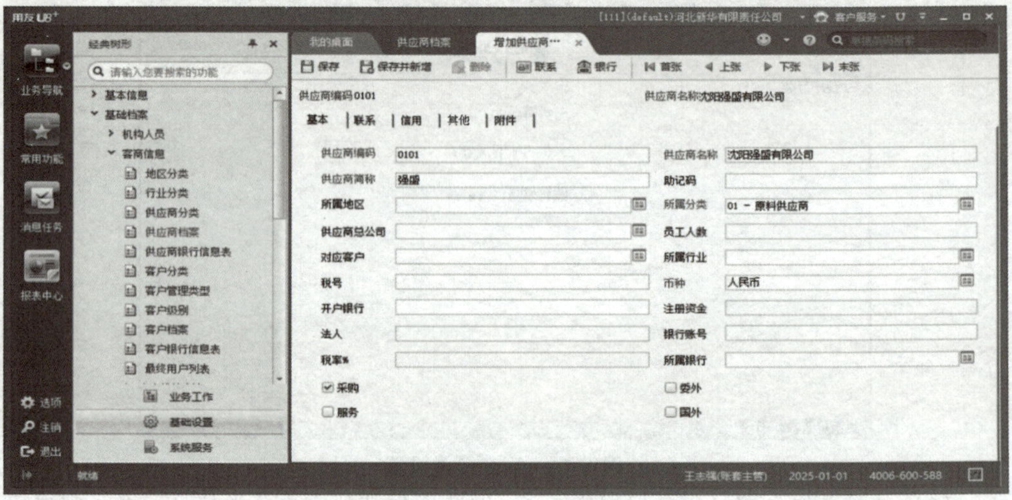

图2-16　供应商档案“基本”页签设置

（2）单击“联系”页签，录入地址“辽宁省沈阳市青年大街116号”，如图2-17所示。单击“保存并新增”按钮。

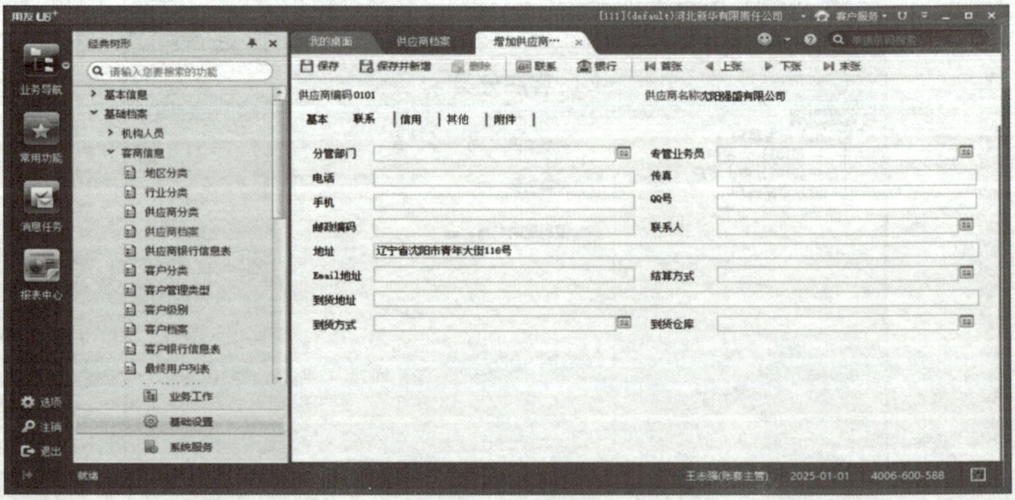

图2-17　供应商档案“联系”页签设置

（3）参照操作步骤（1）和操作步骤（2），根据表2-6，继续增加其他供应商档案信息。录入完成后的结果如图2-18所示。

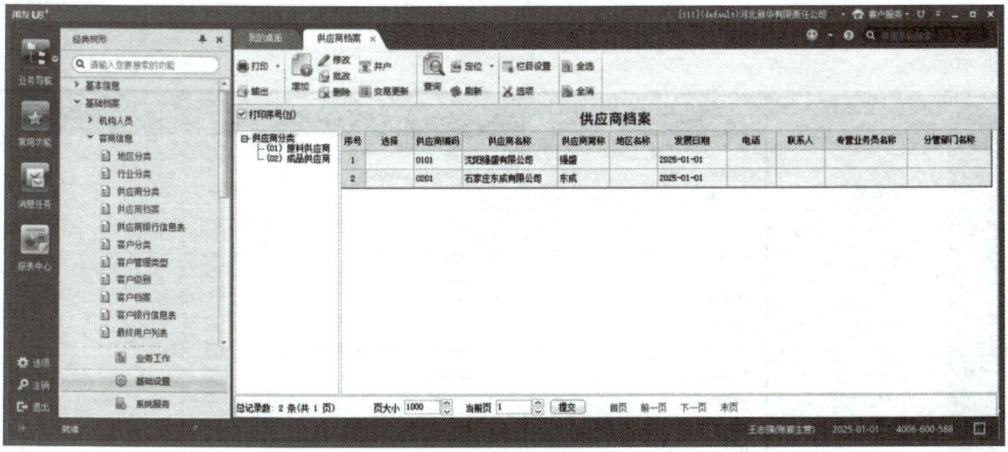

图2-18 供应商档案设置完成

任务贴士：

①对每一个被定义为供应商往来核算的会计科目，都要建立相应的供应商档案。供应商档案是为企业的采购管理、库存管理以及应付款管理服务的。

②“基本”页签中，供应商名称须录入供应商的全称，用于销售发票的打印。

③“基本”页签中，供应商简称用于业务单据和账表的屏幕显示。

④“基本”页签中，所属分类为供应商所属的类别，必须为末级类别。

⑤“基本”页签中，采购、服务、委外、国外四个复选框是为了明确供应商为企业提供的是具体货物还是技术服务，委外加工业务还是国外业务。

⑥“其他”页签中，发展日期系统默认为登录日期，一旦保存不能再修改。

4.客户档案设置

操作步骤：

(1) 单击“基础设置”/“基础档案”/“客商信息”/“客户档案”，打开“客户档案”标签页，单击 “增加”按钮，打开“增加客户档案”标签页，单击“基本”页签，依次录入客户编码“0101”，客户名称“北京启明有限公司”，客户简称“启明”，所属分类选择“0101-大客户”，录入税号“91110101789656653A”，如图2-19所示。

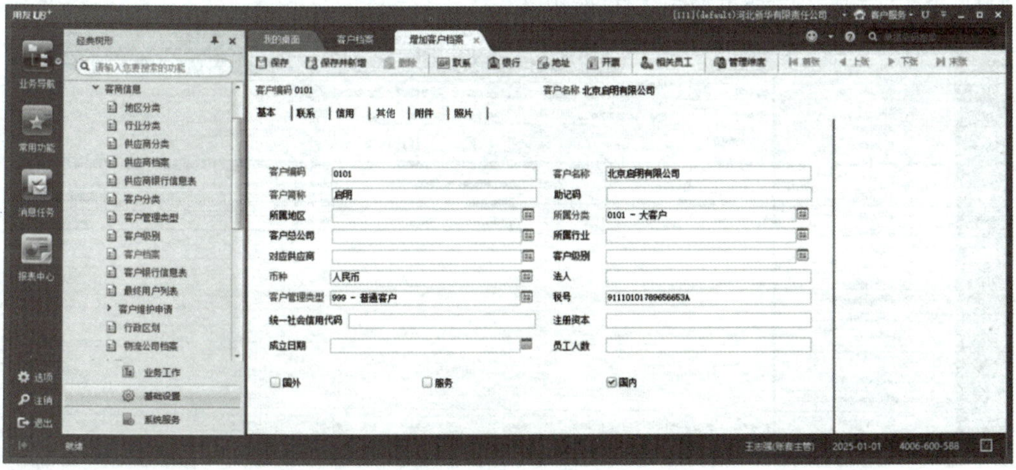

图2-19 客户档案“基本”页签设置

（2）单击“联系”页签，录入地址“北京市王府井大街266号”，如图2-20所示。

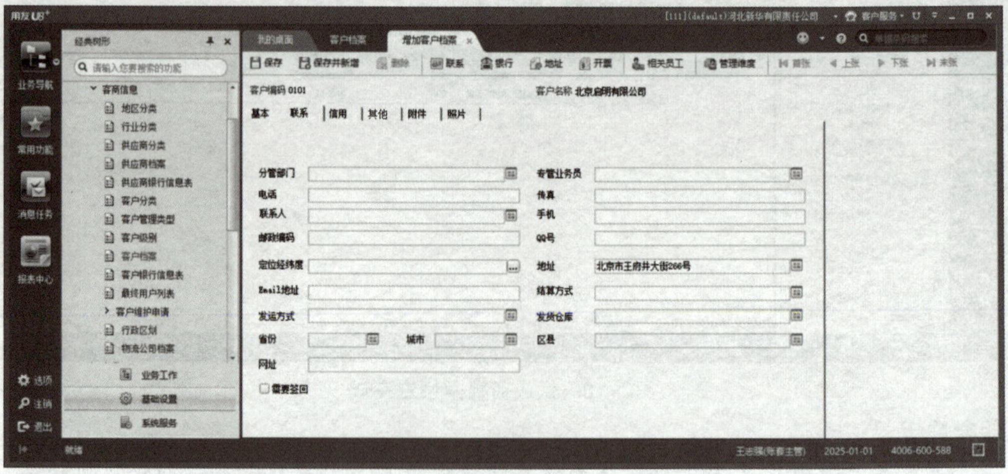

图2-20　客户档案“联系”页签设置

（3）单击工具栏中“银行”按钮，打开“客户银行档案”窗口，单击“增加”按钮，所属银行选择“中国工商银行”，依次录入开户银行“工行光华路分理处”，银行账号“112589336734000465”，默认值选择“是”，如图2-21所示。单击“保存”按钮，单击“退出”按钮，返回“增加客户档案”标签页，单击“保存并新增”按钮。

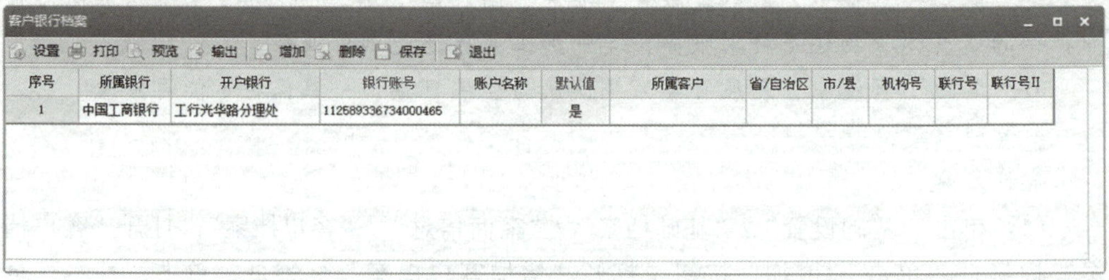

图2-21　客户档案“银行”设置

（4）参照操作步骤（1）到操作步骤（3），根据表2-7，继续增加其他客户档案信息。录入完成后的结果如图2-22所示。

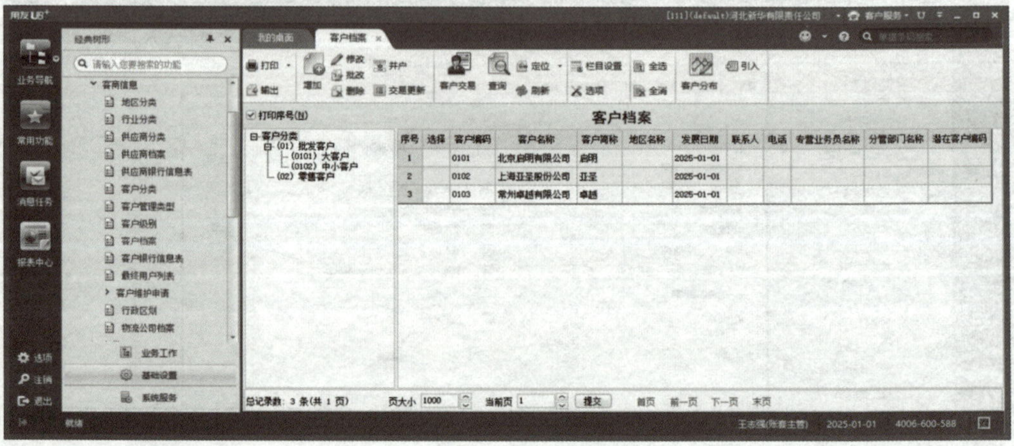

图2-22　客户档案设置完成

任务贴士：

①对每一个被划定为属于客户往来核算的会计科目，都要建立相应的客户档案。客户档案是为企业的销售管理、库存管理、应收款管理服务的。

②“其他”页签中，发展日期系统默认为登录日期，一旦保存不能再修改。

任务四　设置存货档案

[任务内容]

1.存货分类设置（见表2-8）。

教学视频2-5

数据整理的重头戏——基础档案设置（存货）

表2-8　**存货分类设置**

分类编码	分类名称
1	原材料
2	产成品
3	劳务类

2.计量单位设置（见表2-9）。

表2-9　**计量单位设置**

计量单位组	编码	1
	名称	自然单位组
	类别	无换算率
计量单位	101	片
	102	平方厘米
	103	米
	104	台
	105	个
	106	架
	107	元

3.存货档案设置（见表2-10）。

表2-10　**存货档案设置**

存货编码	存货名称	存货分类	计量单位	存货属性	税率（%）
101	芯片	1	片	采购、生产耗用	13
102	pcb电路板	1	平方厘米	采购、生产耗用	13
103	线缆	1	米	采购、生产耗用	13
201	交换机	2	台	内销、外销、自制、计件	13
202	路由器	2	个	内销、外销、自制、计件	13
203	基站发射机	2	架	内销、外销、自制、计件	13
301	运输费	3	元	应税劳务	9

[任务要求]

账套主管王志强完成存货分类、计量单位和存货档案等存货基础档案的设置。

[工作示范]

实训视频2-4

存货设置
操作演示

1.存货分类设置

操作步骤：

（1）单击“基础设置”/“基础档案”/“存货”/“存货分类”，打开“存货分类”窗口。单击“增加”按钮，录入分类编码“1”和分类名称“原材料”，如图2-23所示。单击“保存”按钮。

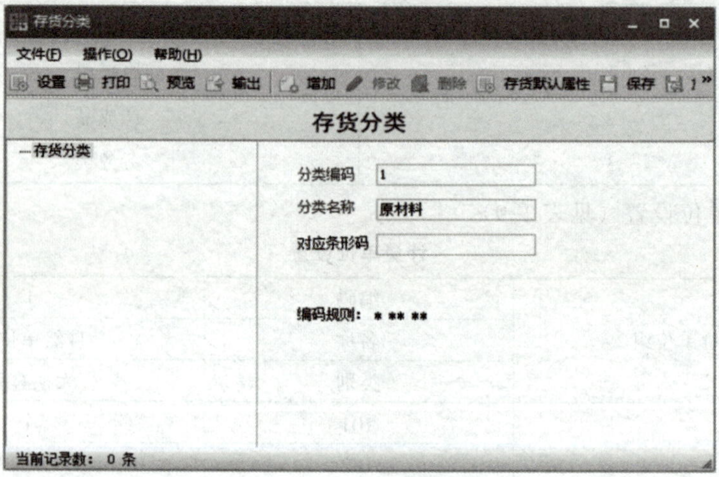

图2-23　存货分类设置

（2）参照操作步骤（1），根据表2-8，继续增加其他存货分类信息。录入完成后的结果如图2-24所示。

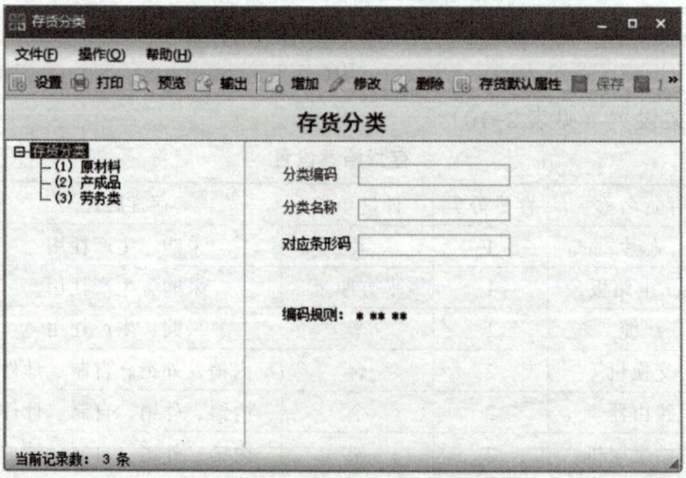

图2-24　存货分类设置完成

任务贴士：

①有些企业存货种类较多，管理起来很不方便，此时可以对存货进行分类管理，以便于企业对相关业务数据进行统计分析。

②若建立账套时勾选了存货分类，必须先设置存货分类才能设置存货档案。反之，若建立账套时没有勾选存货分类，则无须设置存货分类，就可以直接设置存货档案。

2.计量单位设置

操作步骤：

（1）单击“基础设置”/“基础档案”/“存货”/“计量单位”，打开“计量单位”窗口。单击“分组”按钮，打开“计量单位组”对话框，单击“增加”按钮，录入计量单位组编码“1”，计量单位组名称“自然单位组”，计量单位组类别选择“无换算率”，如图2-25所示。单击“保存”按钮，单击“退出”按钮，返回“计量单位”窗口。

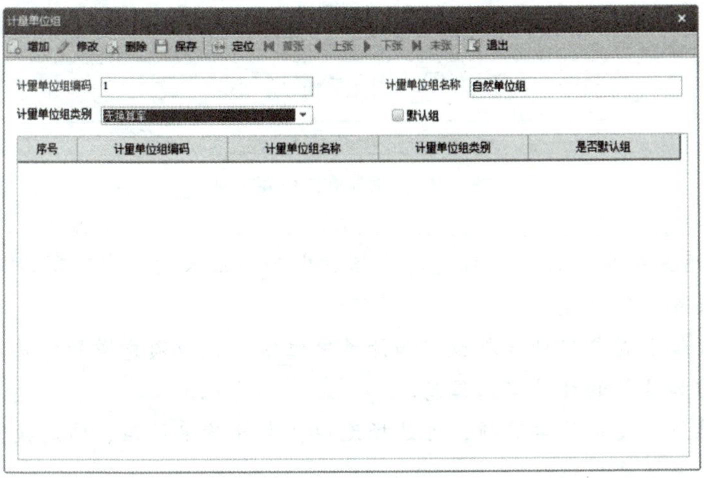

图2-25　计量单位组设置

（2）在“计量单位”窗口，单击“单位”按钮，打开“计量单位”对话框，单击“增加”按钮，录入计量单位编码“101”，计量单位名称“片”，如图2-26所示。单击“保存”按钮。

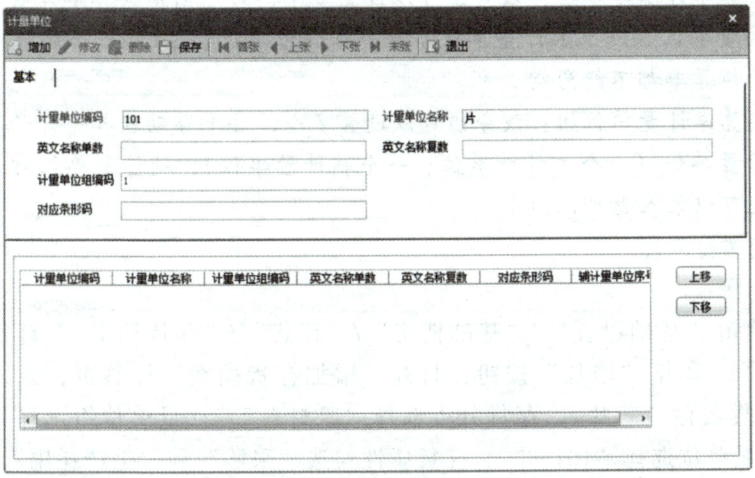

图2-26　计量单位设置

（3）参照操作步骤（2），根据表2-9，继续增加其他计量单位信息。录入完成后的结果如图2-27所示。

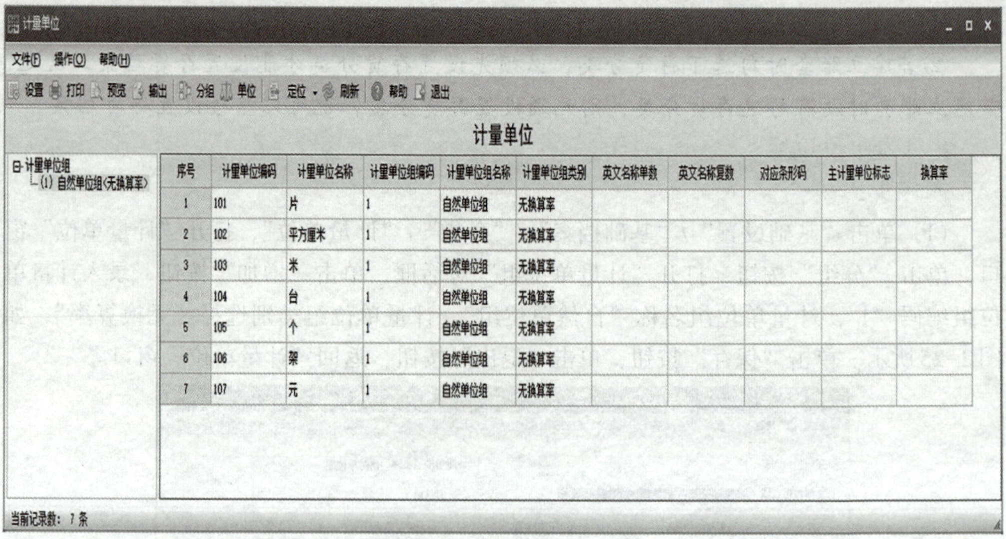

序号	计量单位编码	计量单位名称	计量单位组编码	计量单位组名称	计量单位组类别	英文名称单数	英文名称复数	对应条形码	主计量单位标志	换算率
1	101	片	1	自然单位组	无换算率					
2	102	平方厘米	1	自然单位组	无换算率					
3	103	米	1	自然单位组	无换算率					
4	104	台	1	自然单位组	无换算率					
5	105	个	1	自然单位组	无换算率					
6	106	架	1	自然单位组	无换算率					
7	107	元	1	自然单位组	无换算率					

图2-27 计量单位设置完成

任务贴士：

①用友U8系统中，计量单位是存货档案中必须录入的内容，所以必须先设置计量单位才能设置存货档案。

②计量单位设置包括计量单位组和计量单位信息。必须先增加计量单位组，才能在该分组下增加具体的计量单位信息。

③计量单位组类别为单选项，可选择无换算率计量单位组、固定换算率计量单位组或浮动换算率计量单位组。

无换算率计量单位组：该分组只能设置一个，但计量单位可以设置多个。该组下所有计量单位都以单独形式存在，各计量单位之间不需要输入换算率，系统默认为主计量单位。

固定换算率计量单位组：该分组可以设置多个，每个固定换算率计量单位组可以包含多个计量单位（一个主计量单位、多个辅计量单位），且每一个辅计量单位对主计量单位的换算率都不能为空。

浮动换算率计量单位组：该分组可以设置多个，每个浮动换算率计量单位组只能包含两个计量单位（一个主计量单位、一个辅计量单位），辅计量单位对主计量单位的换算率既可以录入也可以为空。

3.存货档案设置

操作步骤：

（1）单击“基础设置”/“基础档案”/“存货”/“存货档案”，打开“存货档案”标签页。单击“增加”按钮，打开“增加存货档案”标签页，录入存货编码“101”，存货名称“芯片”，存货分类选择“原材料”，计量单位组选择“1-自然单位组”，计量单位选择“101-片”，存货属性勾选“采购”和“生产耗用”，如图2-28所示。

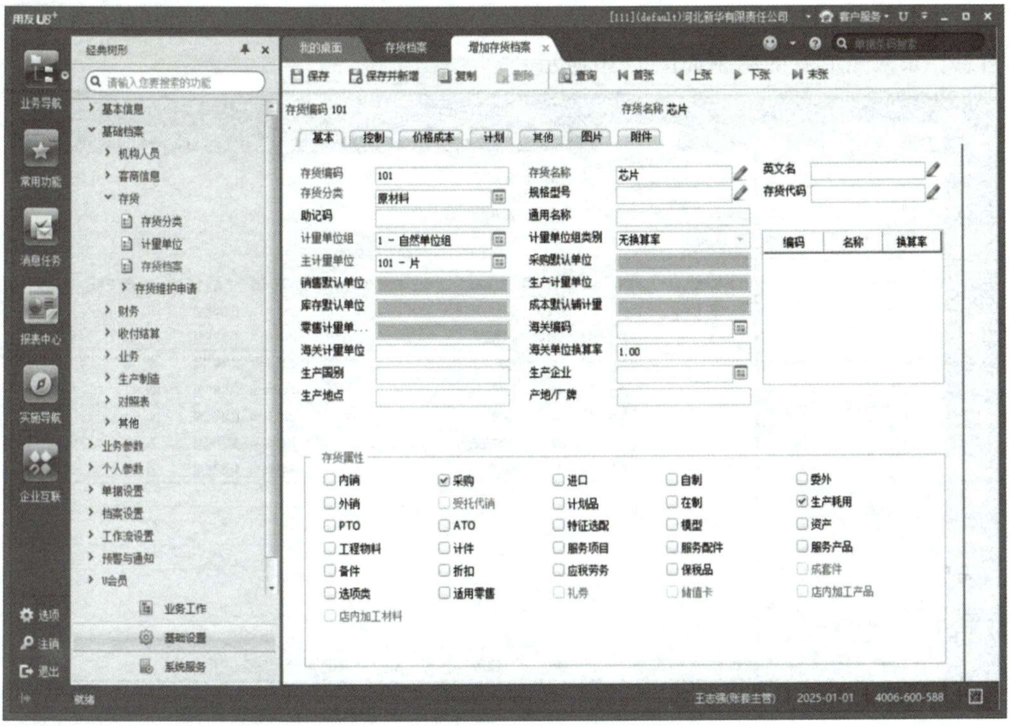

图2-28　存货档案“基本”页签设置

（2）单击“价格成本”页签，分别修改进项税率和销项税率为“13.00”，如图2-29所示。单击“保存并新增”按钮。

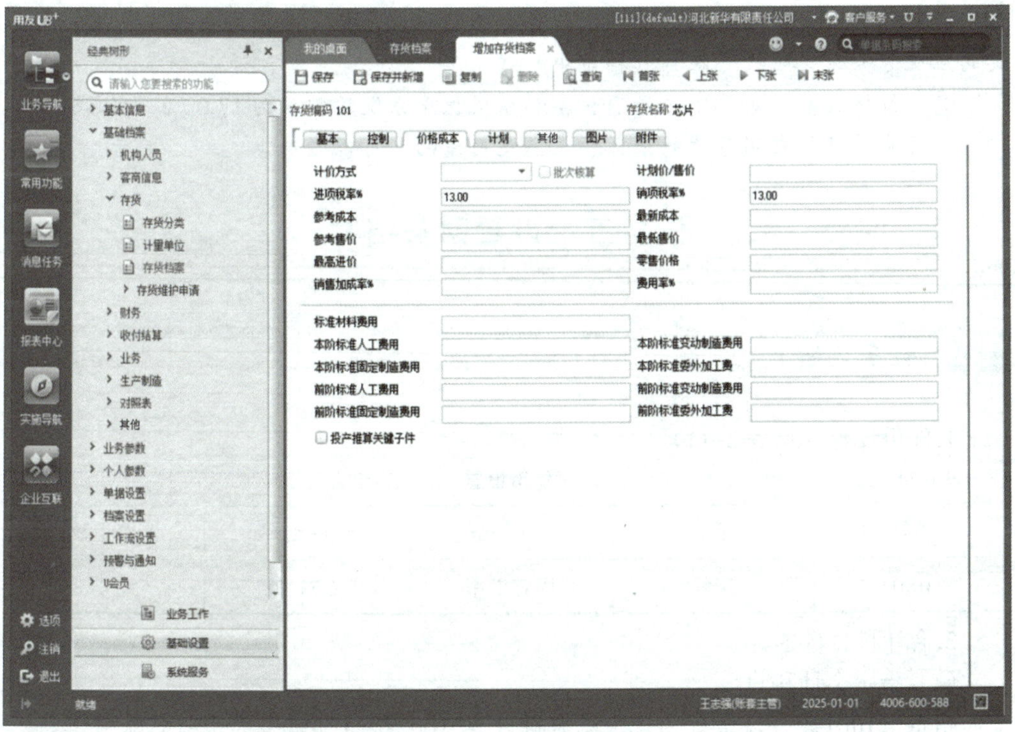

图2-29　存货档案“价格成本”页签设置

（3）参照操作步骤（1）和操作步骤（2），根据表2-10，继续增加其他存货档案信息。录入完成后的结果如图2-30所示。

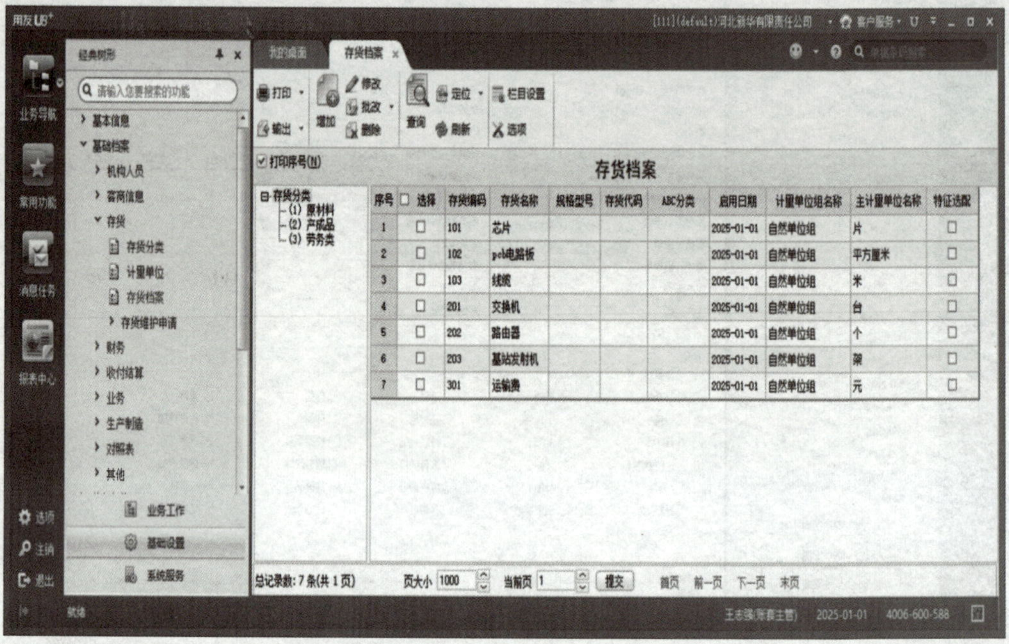

图2-30　存货档案设置完成

任务贴士：

①存货档案主要用于设置企业在生产经营过程中使用的各类存货信息，目的是对这些存货进行资料管理、实物管理及业务数据的统计分析。随同发货单或发票一起开具的应税劳务等也应设置在存货档案中。

②“价格成本”页签中，进项税率和销项税率系统均默认为17.00%，可修改。

③存货属性是表明存货的来源、状态及用途的，可以多选。

任务五　设置财务档案

[任务内容]

教学视频2-6

数据整理的重头戏——基础档案设置（财务1外币）

1.外币设置（见表2-11）。

表2-11　外币设置

币符	币名	汇率方式	记账汇率	汇率小数位
USD	美元	固定汇率	6.7112	4

2.会计科目设置。

（1）指定会计科目。

指定“1001库存现金”为现金总账科目，“1002银行存款”为银行总账科目。

（2）修改会计科目（见表2-12）。

教学视频2-7

数据整理的重头戏——基础档案设置（财务2会计科目）

表2-12　**修改会计科目**

科目编码	科目名称	辅助核算
1121	应收票据	客户往来
1122	应收账款	客户往来
1123	预付账款	供应商往来
1221	其他应收款	个人往来
1403	原材料	项目核算、数量核算（单位：单位）
1405	库存商品	项目核算、数量核算（单位：单位）
1604	在建工程	项目核算
2201	应付票据	供应商往来
2202	应付账款	供应商往来
2203	预收账款	客户往来
6001	主营业务收入	项目核算、数量核算（单位：单位）
6401	主营业务成本	项目核算、数量核算（单位：单位）

（3）增加会计科目（见表2-13）。

表2-13　**增加会计科目**

上级科目	科目编码	科目名称	科目类型	核算账类	余额方向
1002 银行存款	100201	农行存款	资产	日记账，银行账	借
	100202	中行存款	资产	外币核算，币种：美元，日记账，银行账	借
2202 应付账款	220201	应付供应商	负债	供应商往来	贷
	220202	应付暂估款	负债	供应商往来（不受控）	贷
2211 应付职工薪酬	221101	工资	负债		贷
	221102	职工福利	负债		贷
	221103	社会保险费	负债		贷
	221104	住房公积金	负债		贷
	221105	工会经费	负债		贷
	221106	职工教育经费	负债		贷
2221 应交税费	222101	应交增值税	负债		贷
	22210101	进项税额	负债		借

续表

上级科目	科目编码	科目名称	科目类型	核算账类	余额方向
2221 应交税费	22210104	转出未交增值税	负债		借
	22210107	销项税额	负债		贷
	222102	未交增值税	负债		贷
	222106	应交企业所得税	负债		贷
	222113	应交个人所得税	负债		贷
4104 利润分配	410401	提取法定盈余公积	权益		贷
	410404	应付利润	权益		贷
	410411	未分配利润	权益		贷
5001 生产成本	500101	基本生产成本	成本		借
	50010101	直接材料	成本	项目核算	借
	50010102	直接人工	成本	项目核算	借
	50010103	制造费用	成本	项目核算	借
5101 制造费用	510101	折旧费	成本类		借
	510102	工资及福利费	成本类		借
	510109	其他费用	成本类		借
6601 销售费用	660101	水电费	损益		借
	660102	办公费	损益		借
	660103	差旅费	损益		借
	660104	折旧费	损益		借
	660105	业务招待费	损益		借
	660106	工资	损益		借
	660107	工会经费	损益		借
	660108	职工福利费	损益		借
	660109	职工教育经费	损益		借
	660110	社会保险	损益		借
	660111	住房公积金	损益		借
	660199	其他	损益		借

续表

上级科目	科目编码	科目名称	科目类型	核算账类	余额方向
6602 管理费用	660201	水电费	损益	部门核算	借
	660202	办公费	损益	部门核算	借
	660203	差旅费	损益	部门核算	借
	660204	折旧费	损益	部门核算	借
	660205	业务招待费	损益	部门核算	借
	660206	工资	损益	部门核算	借
	660207	工会经费	损益	部门核算	借
	660208	职工福利费	损益	部门核算	借
	660209	职工教育经费	损益	部门核算	借
	660210	社会保险	损益	部门核算	借
	660211	住房公积金	损益	部门核算	借
	660299	其他	损益		借
6603 财务费用	660301	汇兑损益	损益		借
	660302	利息	损益		借
	66030201	利息收入	损益		借
	66030202	利息费用	损益		借
	660303	手续费	损益		借
	660399	其他	损益		借
6702 信用减值损失			损益		借

3.凭证类别设置（见表2-14）。

表2-14　**凭证类别设置**

类别字	类别名称	限制类型	限制科目
记	记账凭证	无限制	无

教学视频2-8

数据整理的重头戏——基础档案设置（财务3凭证类别）

教学视频2-9

数据整理的重头戏——基础档案设置（财务4项目核算）

4.项目大类设置。

（1）自定义项目大类设置（见表2-15）。

表2-15 自定义项目大类设置

新项目大类名称	“建造工程”，属于普通项目
项目级次	1-2
项目栏目	增加“预计完工日期”，日期型
项目结构	默认
核算科目	在建工程

（2）使用存货目录定义项目大类。

核算科目：原材料、库存商品、主营业务收入、主营业务成本、生产成本——基本生产成本——直接材料，生产成本——基本生产成本——直接人工，生产成本——基本生产成本——制造费用。

5.项目分类设置（见表2-16）。

表2-16 项目分类设置

分类编码	分类名称	分类编码	分类名称
1	建筑工程	102	自建仓库
101	自建厂房	2	设备安装

6.项目目录设置（见表2-17）。

表2-17 项目目录设置

项目编号	项目名称	是否结算	所属分类码	预计完工日期
01	1号厂房	否	101	2025-05-31
02	频谱分析仪	否	2	2025-03-18

[任务要求]

账套主管王志强完成外币、会计科目、凭证类别、项目大类、项目分类、项目目录等财务基础档案的设置。

[工作示范]

实训视频2-5

外币设置操作演示

1.外币设置

操作步骤：

（1）单击“基础设置”/“基础档案”/“财务”/“外币设置”，打开“外币设置”

对话框。

（2）录入币符“USD”，币名“美元”，汇率小数位修改为“4”，单击“确认”按钮。选择“固定汇率”，输入2025年1月份的记账汇率“6.7112”，如图2-31所示。

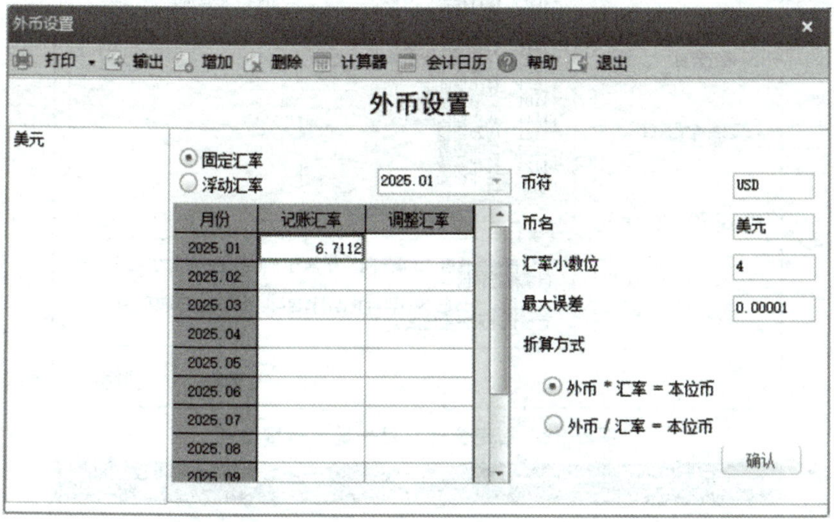

图2-31　外币设置

任务贴士：

①建立账套时若勾选了外币核算，就有必要对汇率进行设置和管理。

②外币最大误差：在记账时，如果外币*（/）汇率-本位币>最大折算误差，则系统给予提示，系统默认最大折算误差为0.00001，如果用户希望在制单时不提供最大折算误差提示，可以将最大折算误差设为一个比较大的数值。

③固定汇率与浮动汇率：选“固定汇率”即可录入各月的月初汇率，选“浮动汇率”即可录入所选月份的各日汇率。

④记账汇率：在平时制单时，系统自动显示此汇率，如果用户使用固定汇率（月初汇率），则记账汇率必须输入，否则制单时汇率为0。

⑤调整汇率：调整月末汇率。在期末计算汇兑损益时使用，平时可不输入。期末输入期末时的汇率，用于计算汇兑损益，本汇率不作其他用途。

⑥此处仅供用户录入固定汇率与浮动汇率，并不决定制单时使用固定汇率还是浮动汇率。

2.会计科目设置

（1）指定会计科目。

操作步骤：

实训视频2-6

会计科目设置操作演示

① 单击“基础设置”/“基础档案”/“财务”/“会计科目”打开“会计科目”窗口，单击工具栏“指定科目”按钮，打开“指定科目”对话框，单击选择左侧“现金科目”，在中间“待选科目”栏单击选择“1001 库存现金”，单击“ > ”按钮，“1001 库存现金”自动显示在右侧已选科目中，如图2-32所示。

② 参照操作步骤①，继续指定“银行科目”为“1002银行存款”，如图2-33所示。单击“确定”按钮。

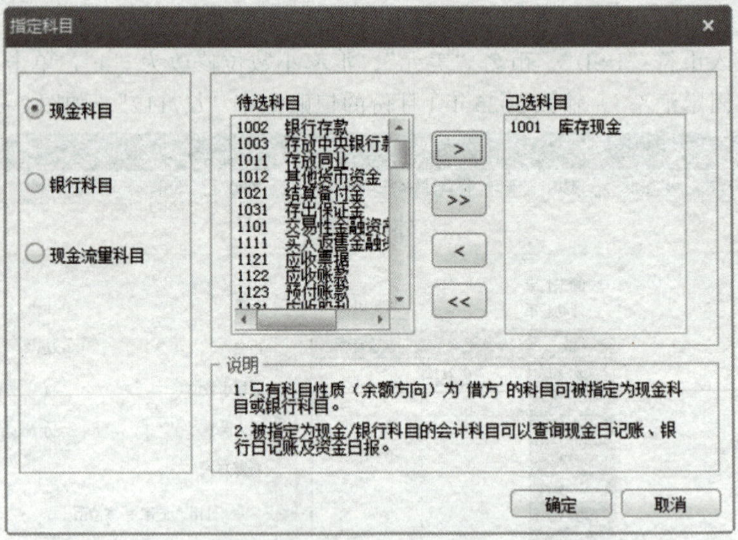

图2-32　指定会计科目—现金科目设置

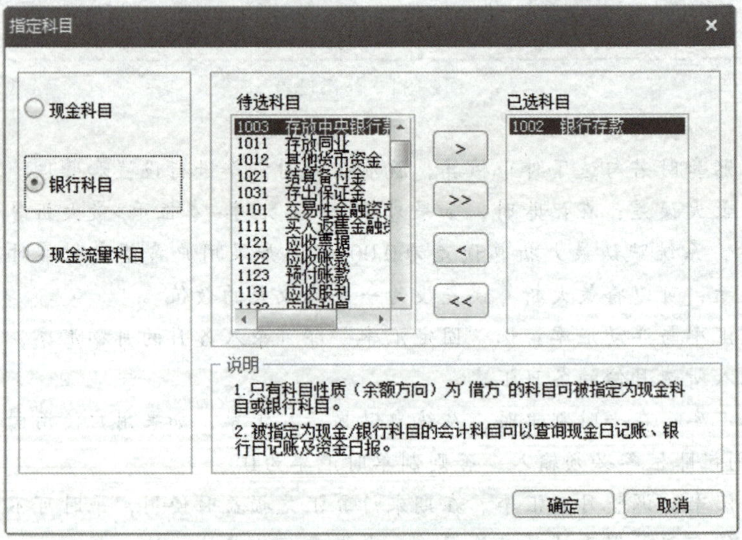

图2-33　指定会计科目—银行科目设置

任务贴士：

①指定科目是指定出纳的专管科目。

②只有指定科目后，才能执行后续的出纳签字功能，才能查看库存现金和银行存款日记账。

③指定“现金流量科目”后，填制凭证时系统会自动弹出输入现金流量项目的窗口。

④“现金科目”“银行科目”“现金流量科目”可以同时指定多个会计科目，但同一会计科目只能被“现金科目”或“银行科目”指定一次。

⑤被指定为“现金科目”的会计科目，自动更新为日记账科目；被指定为“银行科目”的会计科目，自动更新为日记账和银行账科目。后期增加或修改会计科目时，不需要再单独进行“日记账”和“银行账”的设置。

（2）修改会计科目。

操作步骤：

①单击“基础设置”/“基础档案”/“财务”/“会计科目”，打开“会计科目”窗口。选择要修改的会计科目“1121应收票据”，单击工具栏“修改”按钮，打开“会计科目_修改”对话框。

②单击“修改”按钮，勾选辅助核算中“客户往来”复选框，如图2-34所示。单击“确定”按钮，完成“1121应收票据”科目的修改。单击“返回”按钮，返回“会计科目”窗口。

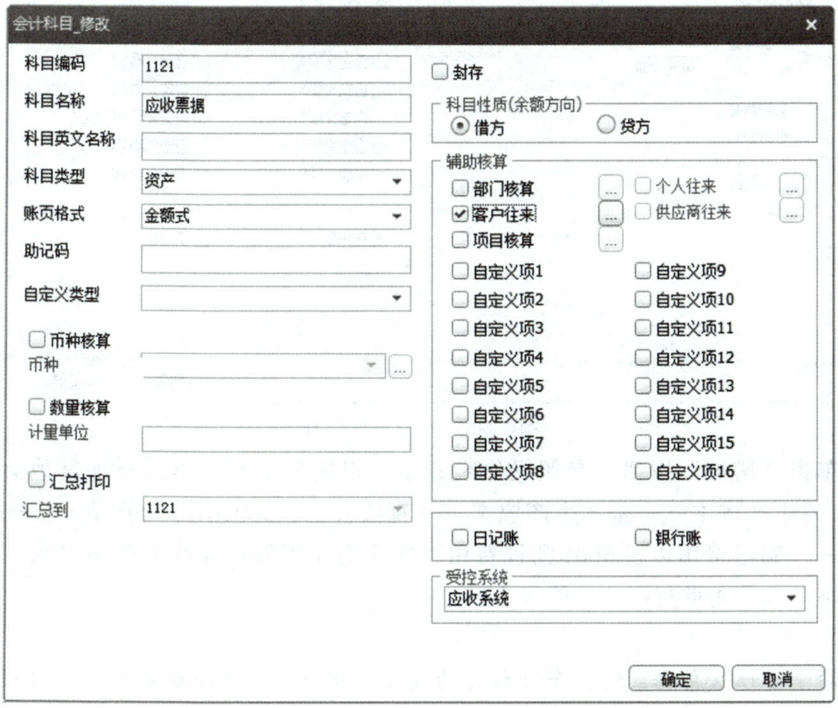

图2-34　会计科目_修改

③参照操作步骤①和操作步骤②，根据表2-12，继续修改其他会计科目。

任务贴士：

①要快速定位某科目，可使用工具栏中的“查找”功能。

②修改为客户往来辅助核算的会计科目，受控系统自动显示为应收系统；修改为供应商往来辅助核算的会计科目，受控系统自动显示为应付系统。

③将科目设置为数量核算时，需要勾选“数量核算”复选框并录入计量单位。

④“主营业务收入”“主营业务成本”“库存商品”同时设为数量核算且会计科目的结构相同时，期末可以实现对“销售成本结转”的转账定义和转账生成。

⑤会计科目可以同时设置多种辅助核算，但要注意辅助核算选择的互斥性。

（3）增加会计科目。

操作步骤：

①单击“基础设置”/“基础档案”/“财务”/“会计科目”打开“会计科目”窗口，单击“增加”按钮，打开“新增会计科目”对话框，录入科目编码“100201”，

科目名称“农行存款”，如图2-35所示。单击“确定”按钮进行保存。

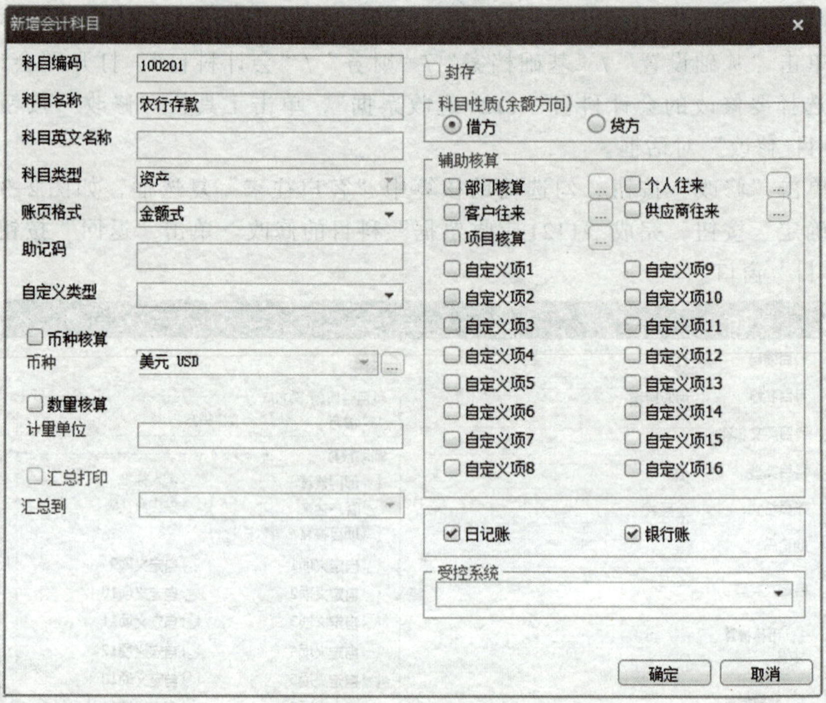

图2-35　新增会计科目

②单击“增加”按钮，参照操作步骤①，根据表2-13，继续增加其他会计科目（50010102生产成本——基本生产成本——直接人工、50010103生产成本——基本生产成本——制造费用以及6601销售费用下的所有明细科目在此处暂不录入，后续通过“复制”和“成批复制”功能录入）。

任务贴士：

①对于会计信息化系统，会计科目的设置是用户应用系统的基础。科目设置的完整性和详细程度对于整个财务信息化系统尤其重要。

②外币核算的会计科目，必须首先完成外币设置。增加时要勾选“币种核算”并选择录入对应的币种。

③有辅助核算项的科目，要选择对应的辅助核算项，并注意是否受控于某系统。本案例中，220202应付账款——应付暂估款科目，要求设置供应商往来辅助核算但不受控，增加时就需要在受控系统的下拉列表中选择“空白”项。

④系统自动根据科目性质显示余额方向，不一致时要注意进行调整。本案例中，22210101应交税费——应交增值税——进项税额和22210104应交税费——应交增值税——转出未交增值税科目的科目性质（余额方向）需要调整为借方。

⑤要提高会计科目增加的效率，可灵活使用“复制”和“成批复制”功能。

（4）复制会计科目。

操作步骤：

①在“会计科目”窗口，单击选择已经增加完成的“50010101生产成本——基本生产成本——直接材料”科目，单击工具栏中“复制”按钮的下三角按钮，选择

“复制”功能，打开“新增会计科目”对话框。

②修改科目编码为“50010102”，科目名称为“直接人工”，如图2-36所示。单击“确定”按钮，完成科目的复制。

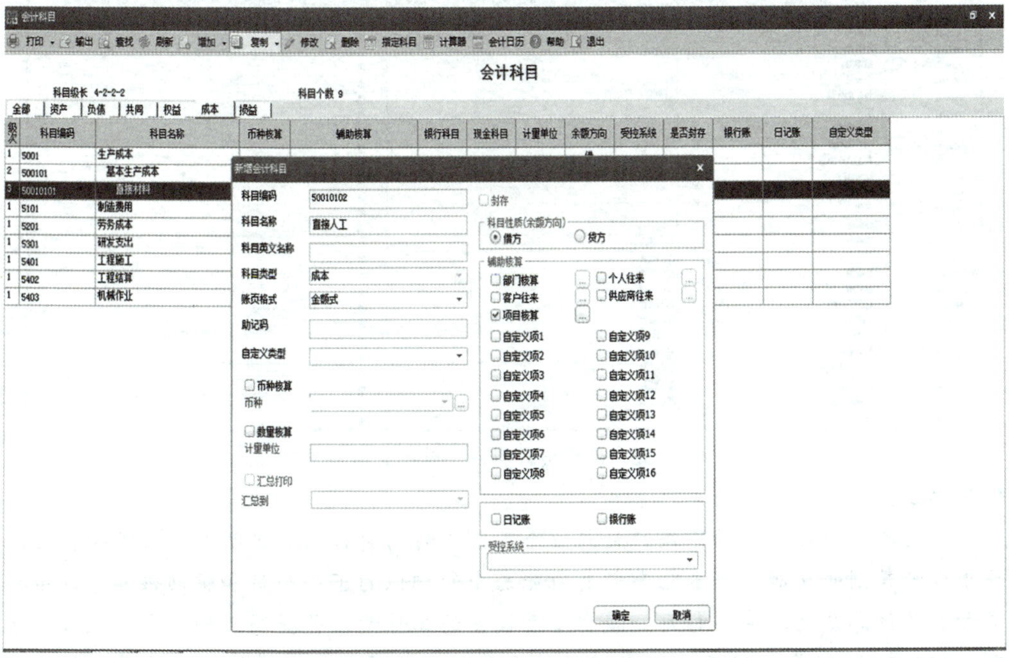

图2-36　新增会计科目—复制

③单击“关闭”按钮，参照操作步骤①和操作步骤②，完成“50010103生产成本——基本生产成本——制造费用”科目的复制。

任务贴士：

如新增会计科目与某一已设置好的会计科目的设置相似，可以使用复制功能增加新科目。若新科目有不同之处，复制后略作修改即可。

（5）成批复制会计科目。

操作步骤：

①在“会计科目”窗口，单击工具栏中“复制”按钮的下三角按钮，选择“成批复制”功能，打开“成批复制”对话框。

②依次录入原科目编码“6602”和目标科目编码“6601”，如图2-37所示。单击“确认”按钮，完成科目的成批复制，如图2-38所示。

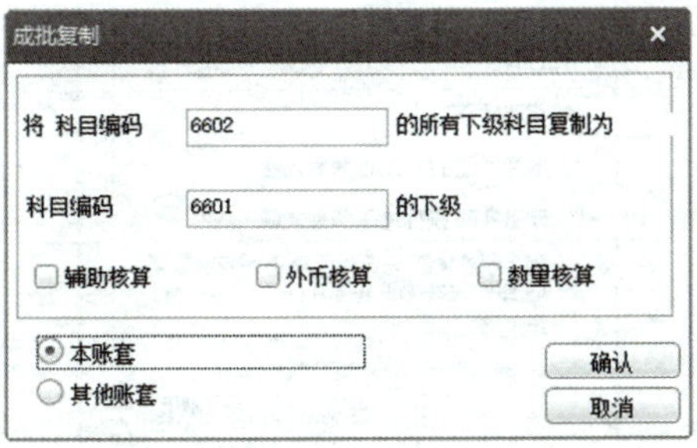

图2-37　新增会计科目—成批复制

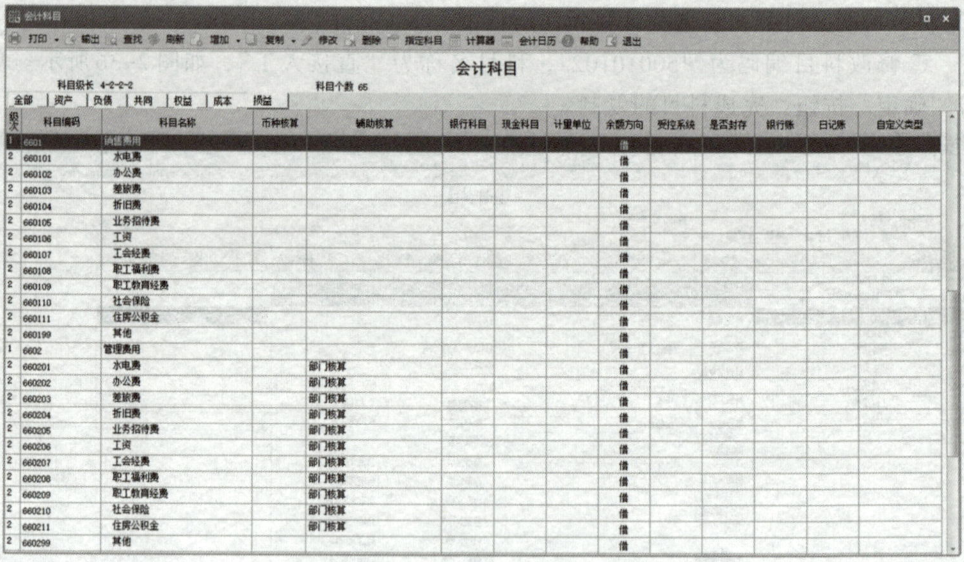

图2-38　新增会计科目—成批复制完成

任务贴士：

①当新增会计科目的下级科目与一个已设置好的科目的下级明细科目类似，可以使用成批复制的功能，将本账套或其他账套中的相似的下级科目和辅助核算、外币核算和数量核算复制给某一科目，减少重复设置的工作量，并提高正确率和一致性。本案例中，6601销售费用下的所有明细科目因均未设置部门核算的辅助核算，故不需要勾选“辅助核算”的复选框。

②原科目和需要复制科目的目标科目的级次必须相同。

③成批复制功能会同时复制原科目的余额方向，不一致时要修改目标科目的余额方向。

实训视频 2-7

凭证类别设置操作演示

3.凭证类别设置

操作步骤：

（1）单击“基础设置”/“基础档案”/“财务”/“凭证类别”，打开“凭证类别预置”对话框。

（2）单击选择“记账凭证”，如图2-39所示。单击“确定”按钮，打开“凭证类别”对话框，如图2-40所示。

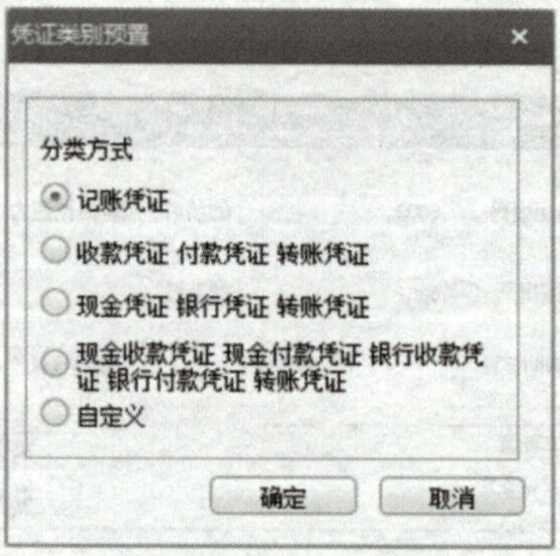

图2-39　凭证类别预置

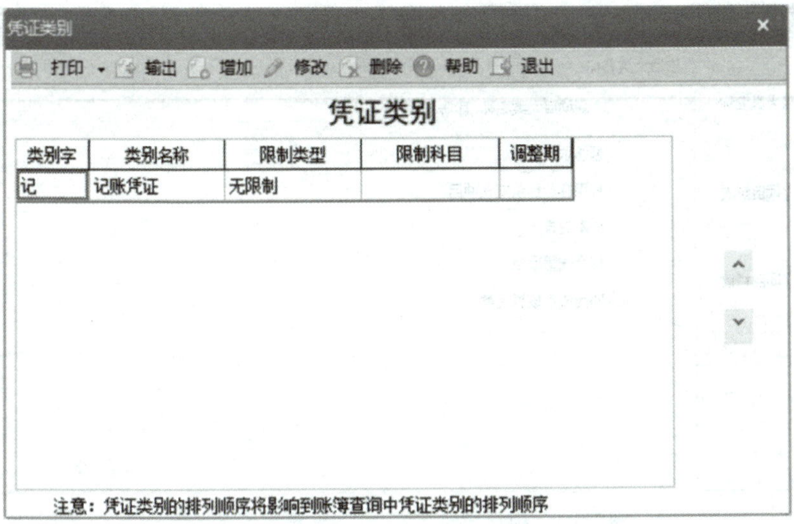

图2-40　记账凭证类别设置

任务贴士：

①系统提供了五种分类方式，不同的分类方式对会计科目的限制不同，但都不会影响企业记账结果。企业可以根据自己的实际情况，选择其中之一使用。

②系统共有七种限制类型供选择：无限制、借方必有、贷方必有、凭证必无、凭证必有、借方必无、贷方必无。

③限制科目由用户输入，可以是任意级次的科目，科目之间用逗号分隔，数量不限，也可参照输入，但不能重复录入。若限制科目为非末级科目，则在制单时，其所有下级科目都将受到同样的限制。

④对凭证类别的限制类型和限制科目进行设置，目的是让系统提供自动纠错功能，一旦凭证录入时凭证类别选择错误，系统会给出相应提示信息。

⑤若选择了记账凭证的凭证类别，则不需要设置限制类型和限制科目。

⑥已使用的凭证类别不能删除，也不能修改类别字。

⑦右侧的上下箭头按钮可以调整凭证类别的前后顺序，它将决定明细账中凭证的排列顺序。

实训视频2-8
项目核算设置操作演示

4.项目大类设置

（1）自定义项目大类设置。

操作步骤：

①单击“基础设置”/“基础档案”/“财务”/“项目大类”，打开“项目大类”标签页。单击工具栏中“增加”按钮，打开“项目大类定义_增加”对话框。

②录入新项目大类名称“建造工程”，属性为系统默认的“普通项目”，如图2-41所示。单击“下一步”按钮。

③修改项目级次二级的级长为“2”，如图2-42所示。单击“下一步”按钮。

④单击“增加”按钮，标题录入“预计完工日期”，类型选择“日期”，采用系统默认长度“10”，如图2-43所示。单击“完成”按钮，返回“项目大类”标签页。

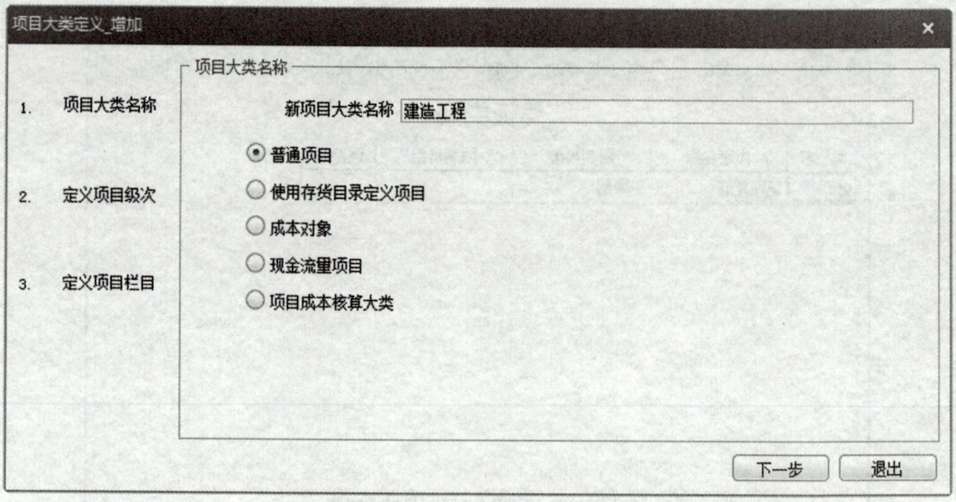

图2-41　项目大类定义_增加—项目大类名称

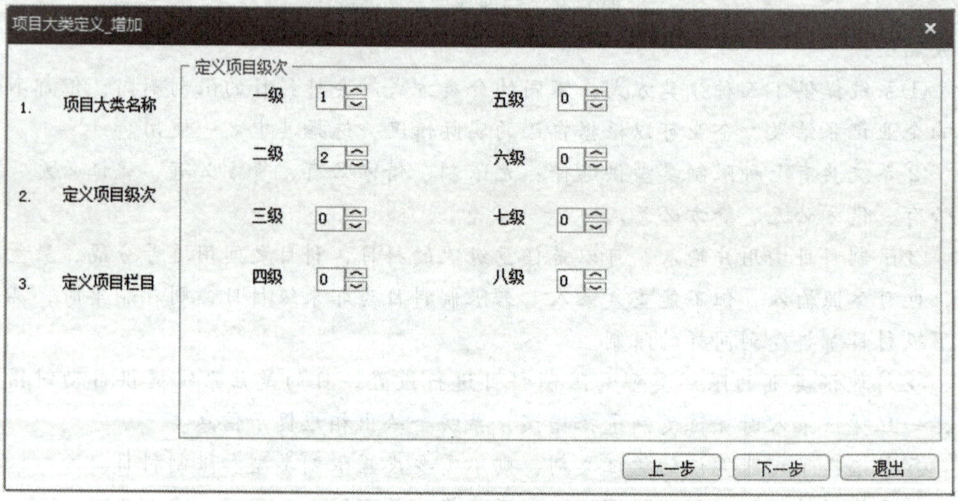

图2-42　项目大类定义_增加—定义项目级次

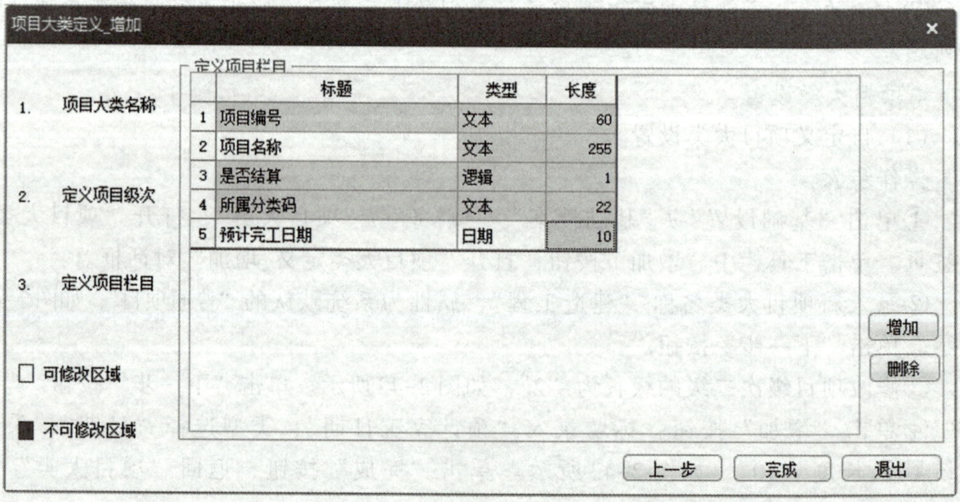

图2-43　项目大类定义_增加—定义项目栏目

⑤在“项目大类”标签页，项目大类选择“建造工程”。

⑥单击“核算科目”页签，在“待选科目”栏选中“1604 在建工程”，单击“ > ”按钮，结果如图2-44所示。单击“保存”按钮。

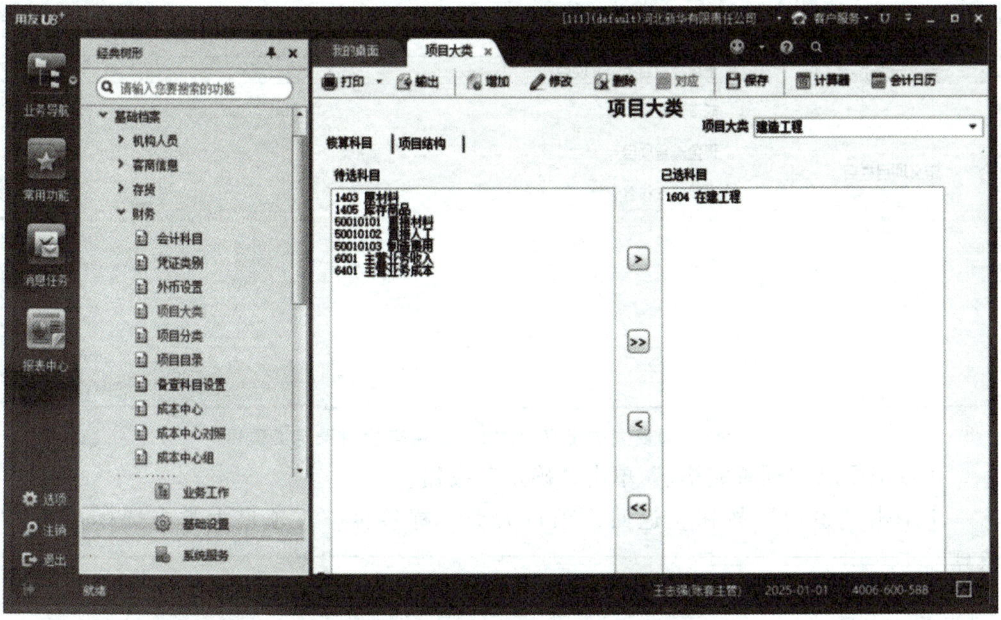

图2-44　指定项目大类核算科目

任务贴士：

①企业在实际业务处理中会对多种类型的项目进行核算和管理，可以将具有相同特性的一类项目定义成一个项目大类。

②新增项目大类的属性，系统提供5个可选项：普通项目、使用存货目录定义项目、成本对象、现金流量项目和项目成本核算大类。

③定义项目级次即定义项目分类的编码规则，只有在这里定义了项目级次和编码原则，才能进行项目分类定义。

④定义项目栏目，可点击“增加”或“删除”按钮增加或删除自定义项目栏目。显示白色背景的为可修改内容，灰色背景的为不可修改内容。

⑤指定项目大类核算科目前，必须正确选择项目大类的名称。

⑥只有设为“项目核算”辅助核算的会计科目才能被指定为项目大类的核算科目。一个项目大类可以指定多个核算科目，但一个科目只能被一个项目大类所指定。

（2）使用存货目录定义项目大类。

操作步骤：

①单击“基础设置”/“基础档案”/“财务”/“项目大类”，打开“项目大类”标签页。

②单击“增加”按钮，打开“项目大类定义_增加”对话框，单击选择“使用存货目录定义项目”，新项目大类名称自动变更为“存货核算”，如图2-45所示。单击“完成”按钮。

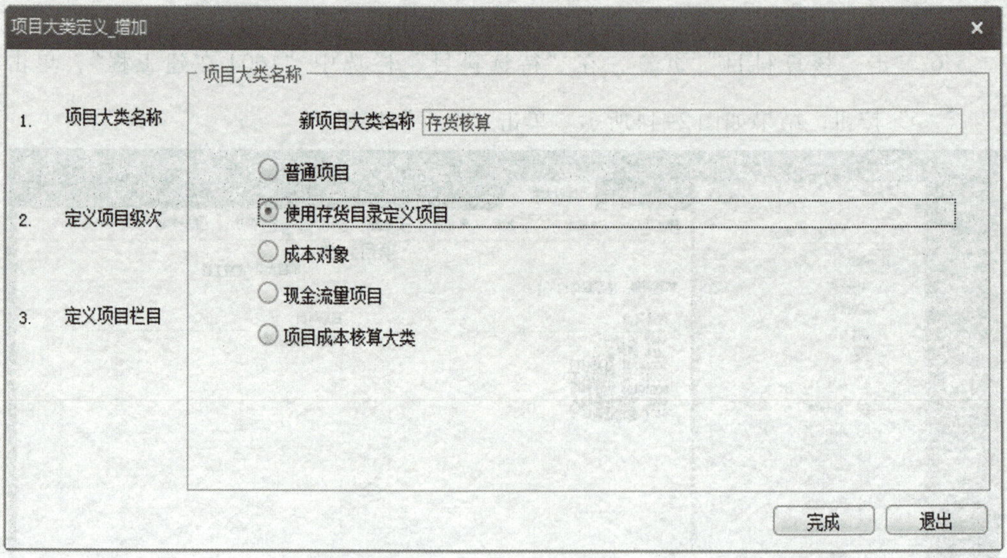

图2-45　项目大类定义_增加—使用存货目录定义项目

③系统提示“预置完毕。”单击“确定”按钮。

④单击“退出”按钮，返回“项目大类”标签页，在项目大类中选择“存货核算”。

⑤单击“核算科目”页签，单击“>>”按钮，结果如图2-46所示。单击“保存”按钮。

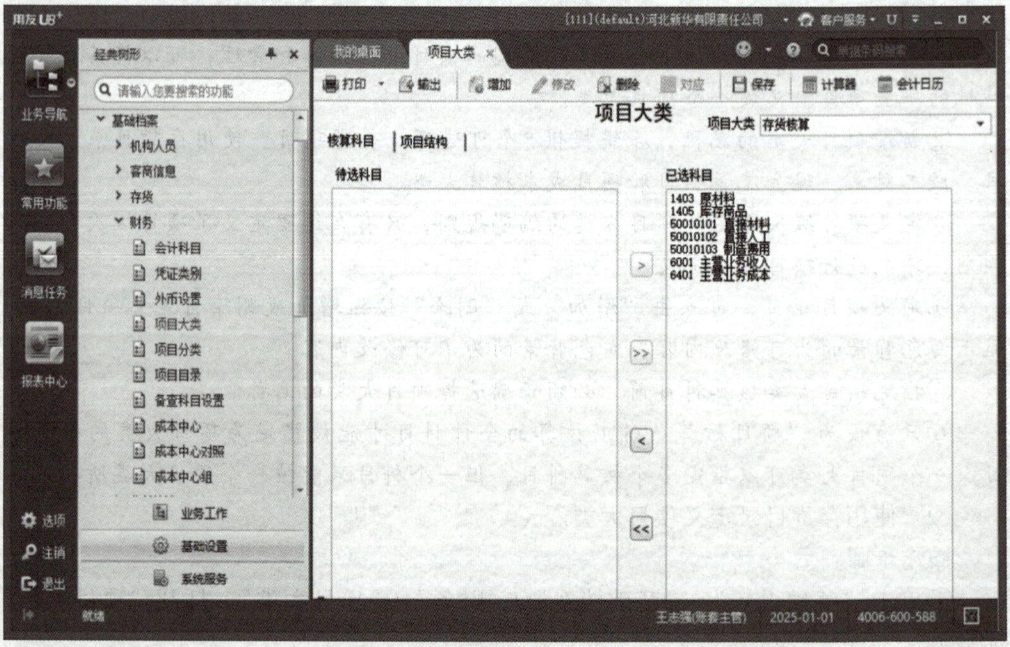

图2-46　指定存货核算项目大类核算科目

任务贴士：

存货核算项目大类定义后，项目分类和项目目录都不需要设置，存货分类就是项目分类，存货档案就是项目目录。

5.项目分类设置

操作步骤：

（1）单击“基础设置”/“基础档案”/“财务”/“项目分类”，打开“项目分类”标签页。

（2）项目大类选择“建造工程”，单击“增加”按钮，输入分类编码“1”，分类名称“建筑工程”，如图2-47所示。单击“保存”按钮。

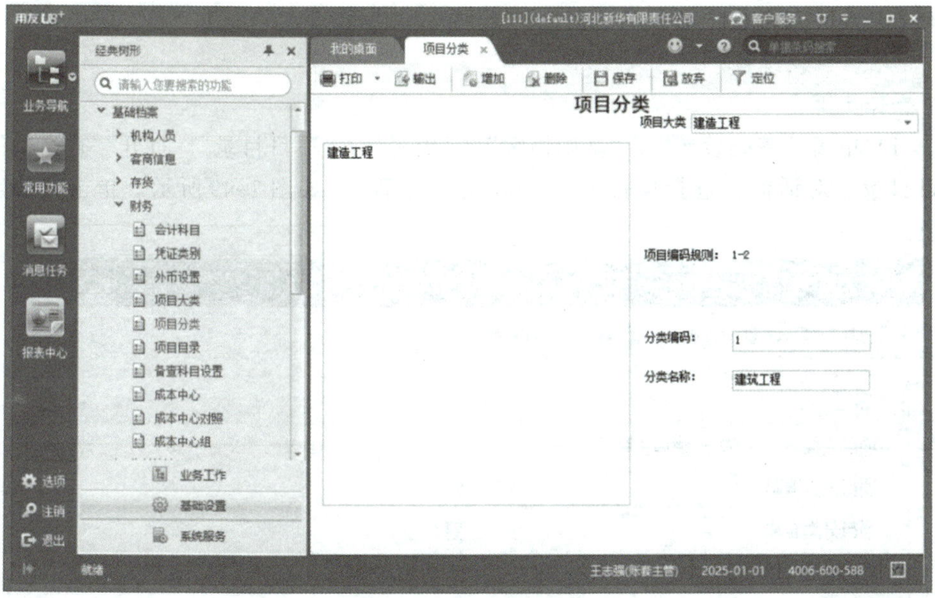

图2-47　项目分类设置

（3）参照操作步骤（1）和操作步骤（2），根据表2-16，继续增加其他项目分类信息。录入完成后的结果如图2-48所示。

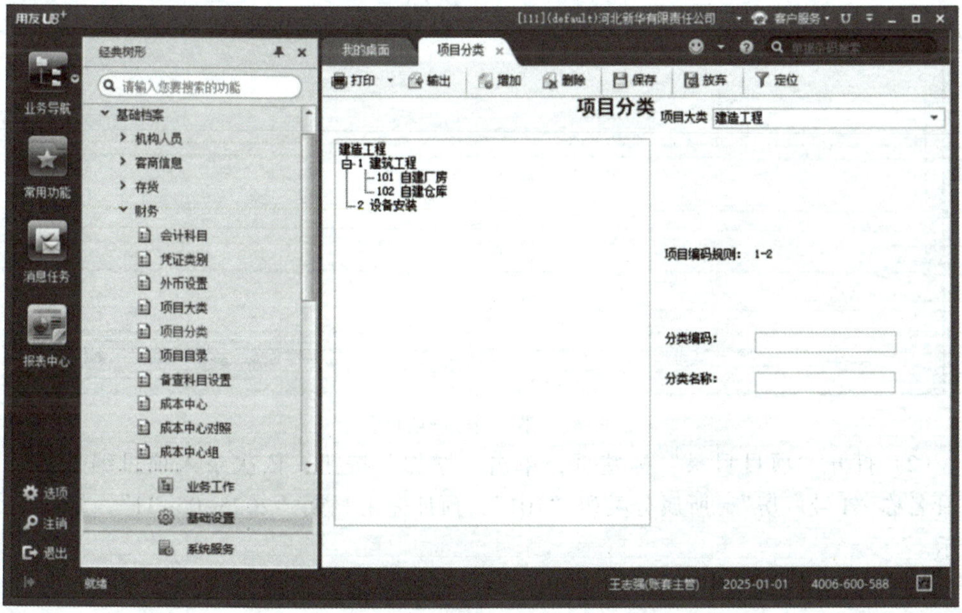

图2-48　项目分类设置完成

任务贴士：

①企业在实际业务中为了便于统计，可对同一项目大类下的项目进行进一步划分，这就需要进行项目分类的定义。

②必须先增加项目大类，才能设置项目分类。

③增加项目分类前，必须正确选择项目大类名称。

④项目分类的编码规则就是增加项目大类时定义的项目级次，因此当设置项目分类时必须满足预先设定的编码规则。

6.项目目录设置

操作步骤：

（1）单击“基础设置”/“基础档案”/“财务”/“项目目录”，打开“查询条件-项目目录”对话框，选择项目大类“00-建造工程”，如图2-49所示。单击“确定”按钮。

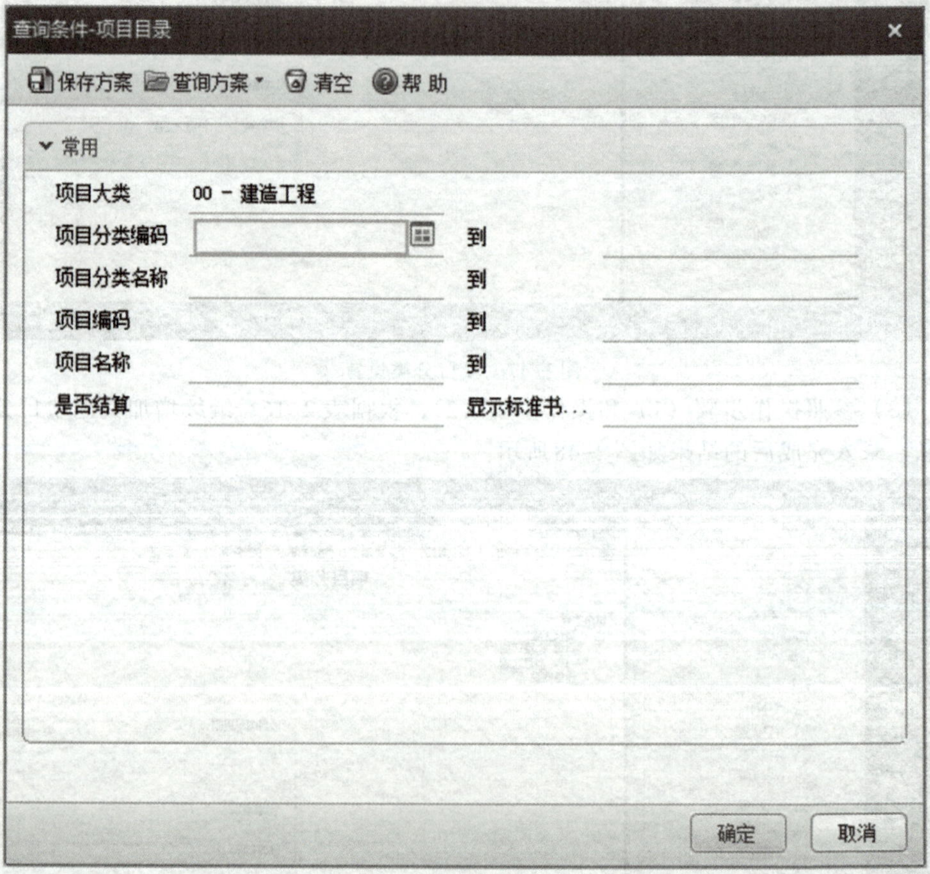

图2-49 查询条件-项目目录

（2）打开“项目目录”标签页，单击“增加”按钮，依次录入项目编号“01”，项目名称“1号厂房”，所属分类码“101”，预计完工日期“2025-05-31”，如图2-50所示。

（3）参照操作步骤（2），根据表2-17，继续增加其他项目目录信息。录入完成后的结果如图2-51所示。

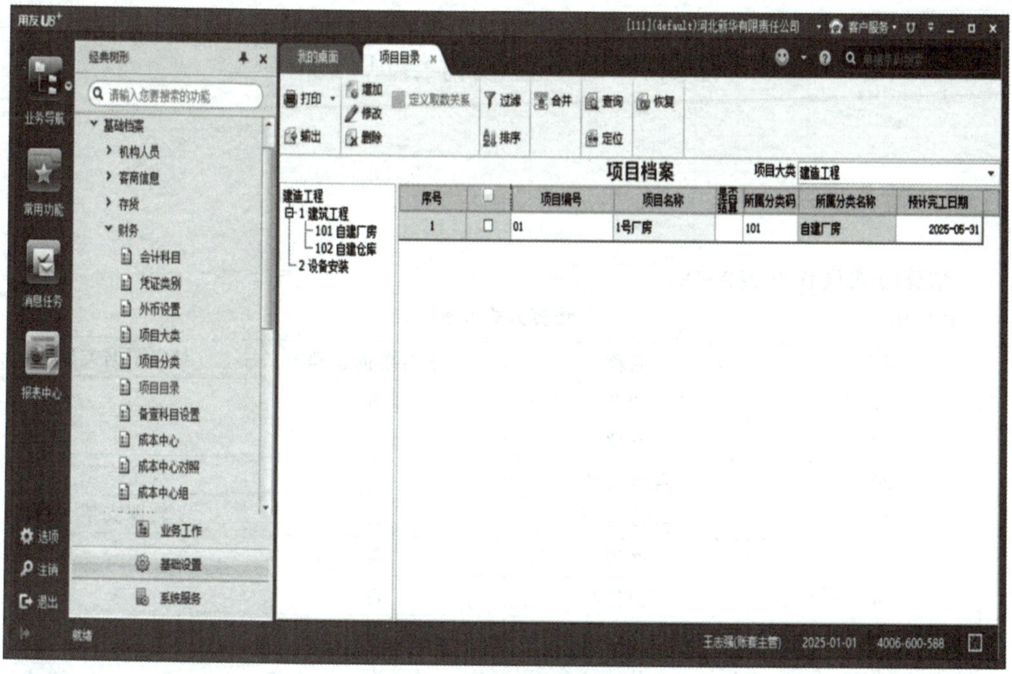

图2-50　项目目录设置

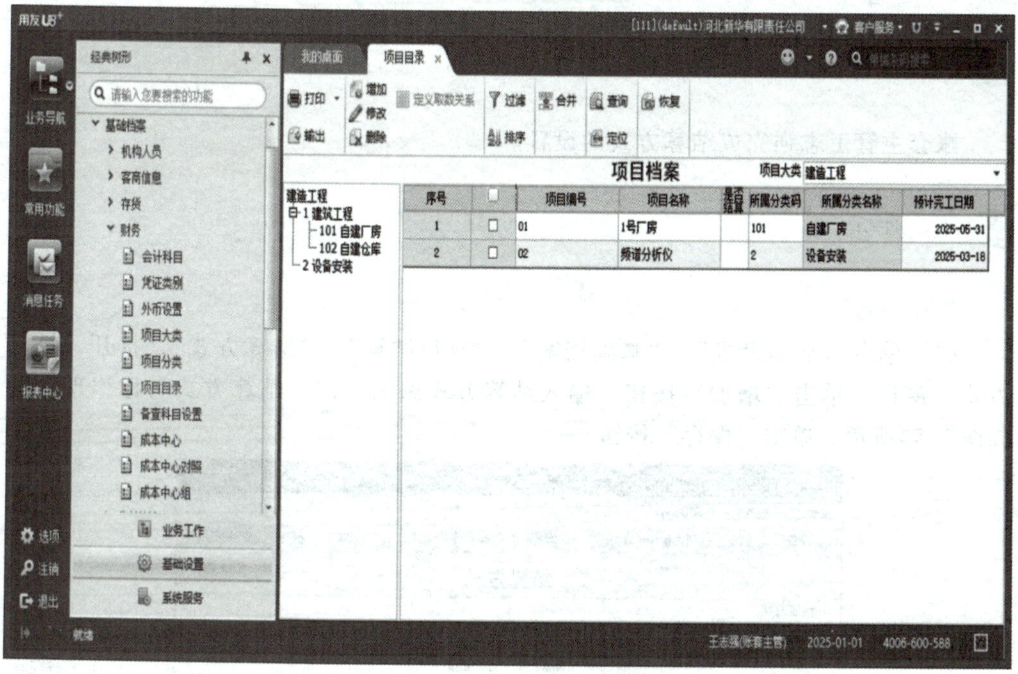

图2-51　项目目录设置完成

任务贴士：

①项目目录也称项目档案，是某一项目分类下的档案信息。只有完成项目大类和项目分类设置，才能进行项目目录的设置。

②设置项目目录前，必须正确选择项目大类名称。

③是否结算的标识如果为“Y”，则该项目不能再使用。

任务六　设置收付结算档案

[任务内容]

教学视频2-10

数据整理的重头戏——基础档案设置（收付结算）

结算方式设置见表2-18：

表2-18　结算方式设置

编码	名称	是否票据管理	对应票据类型
1	现金	否	
2	支票	否	
201	现金支票	否	现金支票
202	转账支票	否	转账支票
3	网银	否	
4	支付宝	否	
5	电汇	否	
9	其他	否	

[任务要求]

账套主管王志强完成结算方式的设置。

[工作示范]

实训视频2-9

收付结算设置操作演示

操作步骤：

（1）单击“基础设置”/“基础档案”/“收付结算”/“结算方式”，打开“结算方式”窗口。单击“增加”按钮，输入结算方式编码“1”，结算方式名称“现金”，如图2-52所示。单击“保存”按钮。

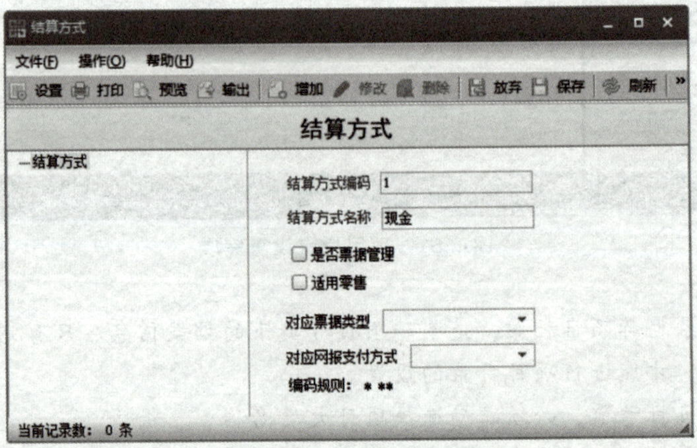

图2-52　结算方式设置

（2）参照操作步骤（1），根据表2-18，继续增加其他结算方式信息。录入完成后的结果如图2-53所示。

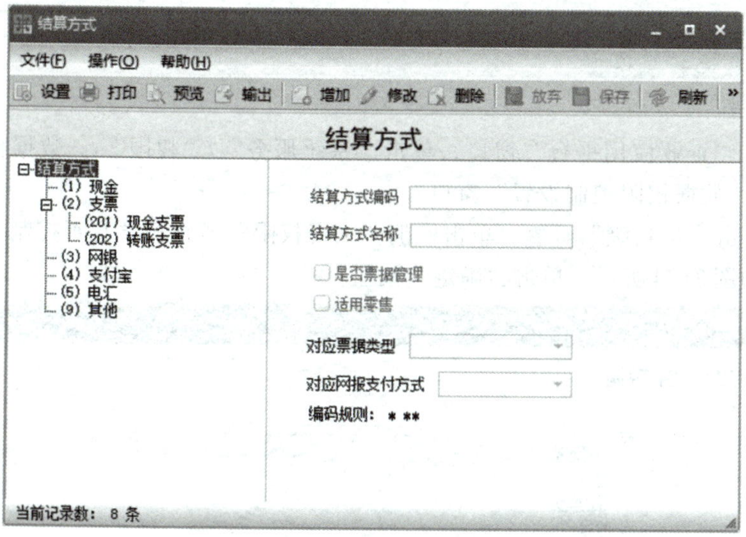

图2-53　结算方式设置完成

任务贴士：

①是否票据管理：用户可根据实际情况，通过单击复选框来选择该结算方式下的票据是否要进行票据管理。

②适用零售："适用零售"值为"是"的结算方式才下发给零售系统。

③对应票据类型：系统提供现金支票、转账支票、普通支票、商业汇票四种票据类型。

④对应网报支付方式：支持现金、限额票据和非限额票据三种方式。不进行票据管理时，对应网报支付方式为现金。进行票据管理时，对应网报支付方式可选择限额票据或非限额票据。

任务七　设置数据权限

[任务内容]

1. 数据权限控制设置

取消记录级"工资权限"数据权限控制。

2. 数据权限分配设置

张东明可以查询、删改、审核、弃审、撤销自己填制的单据。

教学视频2-11

不同角度不同认知——数据权限设置

[任务要求]

账套主管王志强完成数据权限控制设置和数据权限分配设置。

[工作示范]

实训视频 2-10

数据权限设置操作演示

1.数据权限控制设置

操作步骤：

（1）在“企业应用平台”窗口，单击“系统服务”/“权限”/“数据权限控制设置”，打开“数据权限控制设置”窗口。

（2）单击“记录级”页签，单击取消“工资权限”所在行“是否控制”复选框中的“√”，如图2-54所示。单击“确定”按钮。

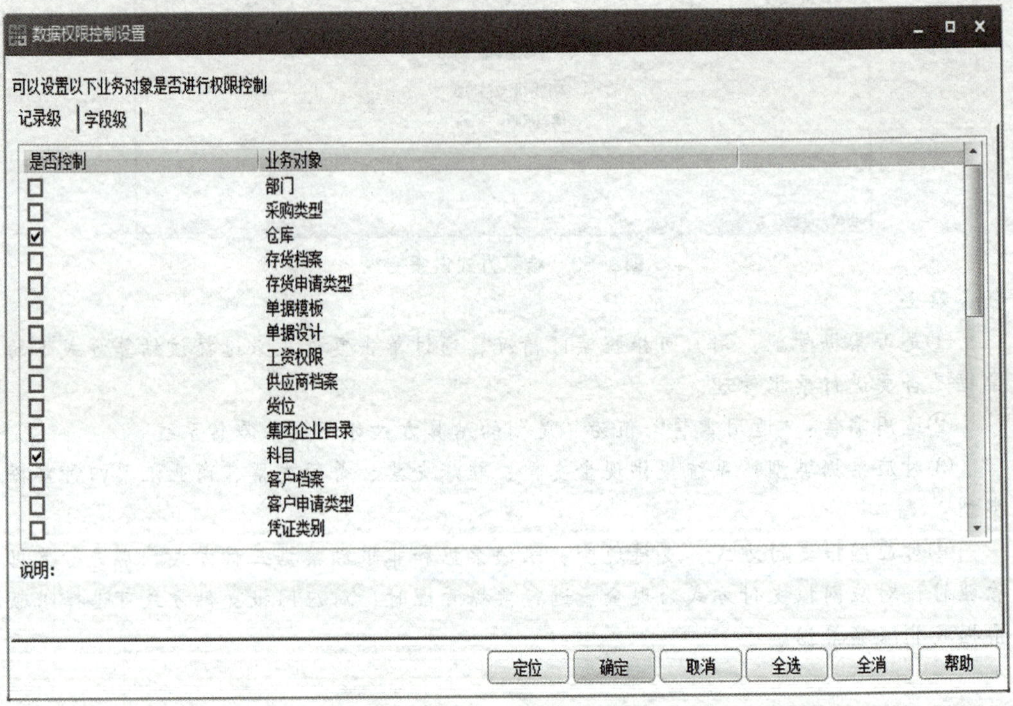

图2-54 数据权限控制设置

任务贴士：

①系统默认对工资权限进行数据权限控制，此处取消对工资权限的数据权限控制，张东明才能正常使用薪资管理系统。

②数据权限管理包括数据权限控制设置和数据权限分配设置。数据权限控制设置是数据权限分配设置的前提，分为记录级和字段级两个层次。

2.数据权限分配设置

操作步骤：

（1）在“企业应用平台”窗口，单击“系统服务”/“权限”/“数据权限分配”，打开“权限浏览”标签页。

（2）在“权限浏览”标签页“用户及角色”列表中选择用户“03张东明”，单击“记录”页签，业务对象选择“用户”，如图2-55所示。单击工具栏中“授权”按钮，打开“记录权限设置”对话框。

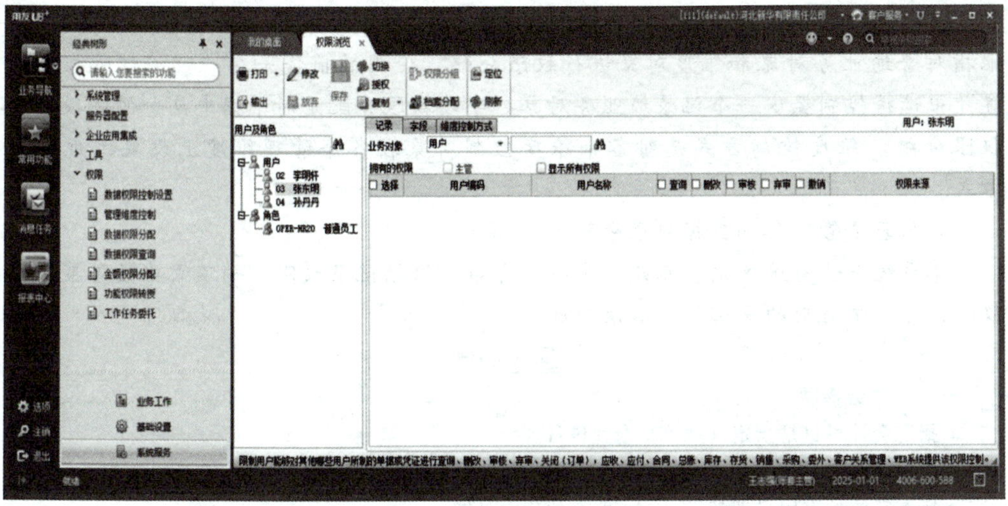

图2-55　数据权限分配设置

（3）在“记录权限设置”对话框中，禁用区单击选择用户“03张东明”，单击“ > ”按钮，结果如图2-56所示。单击“保存”按钮。

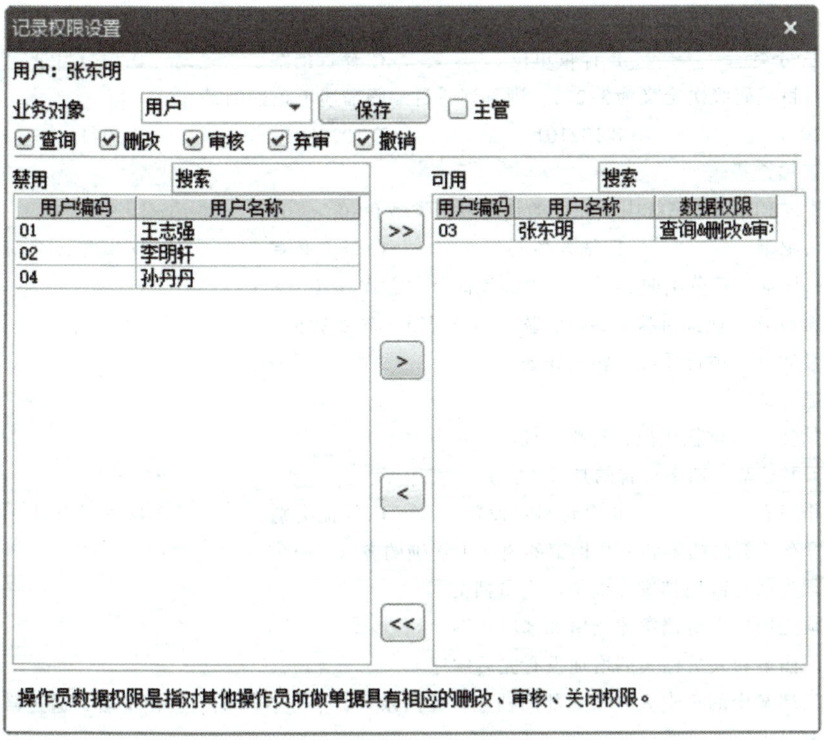

图2-56　记录权限分配设置

（4）系统提示“保存成功，重新登录门户，此配置才能生效！”单击“确定”，返回“权限浏览”标签页，可以观察到设置好的记录权限清单。

任务贴士：

①数据权限分配必须在系统管理中定义角色或用户并分配完功能级权限后才能进行。

②数据权限分配包括记录权限分配、字段权限分配和维度控制方式。记录权限分配指对普通业务对象和维度对象进行权限分配，使用的前提是在“数据权限控制设置”中选择控制至少一个记录级业务对象。字段权限分配是对单据中包含的字段进行权限分配。维度控制方式是对各个维度控制对象在各个管理维度上设置维度控制方式。

③账套主管不参加数据权限分配。

④系统默认勾选查询、删改、审核、弃审、撤销记录权限。如不需要设置某记录权限，可单击对应的复选框，取消勾选。

同步测试

工作领域二

同步测试及参考答案

一、单项选择题

1.指定会计科目是指定（　　）专管科目。

A.账套主管　　B.出纳　　C.系统管理员　　D.会计

2.所有系统的启用日期都（　　）账套的建立日期。

A.只能晚于　　B.只能早于　　C.晚于等于　　D.早于等于

3.设置凭证类别时，收款凭证的“限制类型”应设定为（　　）。

A.借方必有　　B.贷方必有　　C.凭证必无　　D.凭证必有

4.以下不属于存货基础档案设置的是（　　）。

A.存货分类　　B.计量单位　　C.存货档案　　D.项目目录

5.若科目编码级次定义为3-2-1，则下列科目编码描述不正确的是（　　）。

A.102011　　B.102101　　C.1020101　　D.102111

二、多项选择题

1.在用友ERP-U8系统中，凭证类别的限制类型有（　　）。

A.借方必有　　B.贷方必无　　C.贷方必有　　D.借方必无

2.记账凭证进行分类时，系统提供的凭证分类方式有（　　）。

A.现金收款、现金付款、银行收款、银行付款、转账凭证

B.现金凭证、银行凭证、转账凭证

C.记账凭证

D.收款凭证、付款凭证、转账凭证

3.属于财务基本档案设置的是（　　）。

A.外币设置　　B.会计科目设置　　C.凭证类别　　D.项目目录

4.以下有关部门档案和人员档案的说法中正确的有（　　）。

A.必须先增加部门档案才能增加人员档案

B.必须先增加人员档案才能增加部门档案

C.部门档案和人员档案的增加没有先后顺序

D.部门档案中的负责人在增加部门档案时无法录入，必须在增加人员档案后，通过修改的方式补充录入

5.增加项目目录前，需要完成的操作有（　　）。

A.定义项目大类　　B.指定核算科目　　C.定义项目级次　　D.设置项目分类

三、判断题

1.删除会计科目，应先删除上一级科目，再删除本级科目。（　　）

2.只有账套主管和系统管理员才能启用系统。（　　）

3.建立账套时，勾选了客户分类，则必须先录入客户分类才能录入客户档案。（　　）

4.基础档案的设置必须遵循预先设定的编码方案中的级次和各级编码长度的设定。（　）

5.项目目录中标为已结算的项目不能再继续使用。（　）

综合实训

[实训内容]

一、基本信息

总账系统启用时间为2025-01-01。

二、机构人员基础档案

1.部门档案设置（见表2-19）。

表2-19　**部门档案设置**

部门编码	部门名称	负责人
1	综合部	张朋宇
2	财务部	王强
3	生产部	
301	一车间	王立辉
302	二车间	高超
4	采购部	邓玲
5	销售部	高雅静
6	仓储部	周瑞雪

2.人员类别设置（见表2-20）。

表2-20　**人员类别设置**

档案编码	档案名称
10101	行政人员
10102	采购人员
10103	销售人员
10104	车间管理人员
10105	生产人员YH型
10106	生产人员EH型

3.人员档案设置（见表2-21）。

表2-21　**人员档案设置**

人员编码	人员姓名	性别	雇佣状态	人员类别	行政部门	是否业务员	是否操作员	对应操作员编码
101	张朋宇	男	在职	行政人员	综合部	是	否	
102	高贵玲	女	在职	行政人员	综合部	是	否	

续表

人员编码	人员姓名	性别	雇佣状态	人员类别	行政部门	是否业务员	是否操作员	对应操作员编码
201	王强	男	在职	行政人员	财务部	是	是	111
202	李华强	男	在职	行政人员	财务部	是	是	112
203	朱军勇	男	在职	行政人员	财务部	是	是	113
204	田甜	女	在职	行政人员	财务部	是	是	114
30101	王立辉	男	在职	车间管理人员	一车间	是	否	
30102	高琳琳	女	在职	生产人员YH型	一车间	是	否	
30103	孙思芳	女	在职	生产人员YH型	一车间	是	否	
30104	胡自强	男	在职	生产人员YH型	一车间	是	否	
30201	高超	男	在职	车间管理人员	二车间	是	否	
30202	李振伟	男	在职	生产人员EH型	二车间	是	否	
30203	王军磊	男	在职	生产人员EH型	二车间	是	否	
30204	陈志朋	男	在职	生产人员EH型	二车间	是	否	
401	邓玲	女	在职	采购人员	采购部	是	否	
501	高雅静	女	在职	销售人员	销售部	是	否	
601	周瑞雪	女	在职	行政人员	仓储部	是	否	

三、客商信息基础档案

1.供应商分类设置（见表2-22）。

表2-22 **供应商分类设置**

分类编码	分类名称
01	外地供应商
02	本地供应商

2.客户分类设置（见表2-23）。

表2-23 **客户分类设置**

分类编码	分类名称
01	外地客户
02	本地客户

3.供应商档案设置（见表2-24）。

表2-24　**供应商档案设置**

编码	名 称	简称	所属分类	地 址
0101	广东金润有限公司	广东金润	01	广东省广州市天河区龙口西路16号
0102	山西顺捷材料厂	山西顺捷	01	山西省晋城市城区府南巷436号
0201	石家庄鑫鹏厂	石家庄鑫鹏	02	河北省石家庄市光华路65号
0202	河北顶新有限公司	河北顶新	02	河北省石家庄市裕华区湘江道1号

4.客户档案设置（见表2-25）。

表2-25　**客户档案设置**

编码	名称	简称	所属分类	开户银行	账号	税号	地址
0101	江苏中通贸易有限公司	江苏中通	01	建行苏州工业园区支行	365477002245748908	325611320664378	江苏省苏州市苏州工业园区
0102	上海理诚贸易有限公司	上海理诚	01	交通银行上海嘉定支行	310069231266571220	913101140623115	上海市嘉定工业区叶城路232号
0201	石家庄正新工程有限公司	石家庄正新	02	农行栾城冶河分理处	503289456731200433	921302396555042	河北省石家庄市栾城区北留营村
0202	石家庄万通贸易有限公司	石家庄万通	02	工行和平东路支行	622256456109012354	130202445712023	河北省石家庄市长安区和平东路128号

四、存货基础档案

1.存货分类设置（见表2-26）。

表2-26　**存货分类设置**

分类编码	分类名称
01	材料类
02	成品类

2.计量单位设置（见表2-27）。

表2-27　**计量单位设置**

计量单位组	编码	1
	名称	自然单位组
	类别	无换算率
计量单位	101	包
	102	个
	103	条

3.存货档案设置（见表2-28）。

表2-28 **存货档案设置**

存货编码	存货名称	存货分类	计量单位	存货属性	税率（%）
101	钢丝圈（YH型）	1	包	采购、生产耗用	13
102	内胎面（YH型）	1	个	采购、生产耗用	13
103	外胎面（YH型）	1	个	采购、生产耗用	13
104	叶轮（YH型）	1	个	采购、生产耗用	13
105	轴承（HRB6304型）	1	个	采购、生产耗用	13
106	轮辋（A型）	1	个	采购、生产耗用	13
107	钢丝圈（EH型）	1	包	采购、生产耗用	13
108	内胎面（EH型）	1	个	采购、生产耗用	13
109	外胎面（EH型）	1	个	采购、生产耗用	13
110	叶轮（EH型）	1	个	采购、生产耗用	13
111	轴承（HRB6308型）	1	个	采购、生产耗用	13
112	轮辋（C型）	1	个	采购、生产耗用	13
201	子午线轮胎（YH型）	2	条	内销、外销、自制、计件	13
202	子午线轮胎（EH型）	2	条	内销、外销、自制、计件	13

五、财务基础档案

1.外币设置（见表2-29）。

表2-29 **外币设置**

币符	币名	汇率方式	记账汇率	汇率小数位
USD	美元	固定汇率	6.7223	4

2.会计科目设置。

（1）指定会计科目。

指定“1001库存现金”为现金总账科目，“1002银行存款”为银行总账科目。

（2）修改会计科目（见表2-30）。

表2-30 **修改会计科目**

科目编码	科目名称	辅助核算
1121	应收票据	客户往来
1122	应收账款	客户往来
1123	预付账款	供应商往来
1221	其他应收款	个人往来

续表

科目编码	科目名称	辅助核算
1403	原材料	项目核算、数量核算，单位：个
1405	库存商品	项目核算、数量核算，单位：条
2201	应付票据	供应商往来
2202	应付账款	供应商往来
2203	预收账款	客户往来
6001	主营业务收入	项目核算、数量核算，单位：条
6401	主营业务成本	项目核算、数量核算，单位：条

（3）增加会计科目（见表2-31）。

表2-31　**增加会计科目**

上级科目	科目编码	科目名称	科目类型	核算账类	余额方向
1001 银行存款	100201	工行存款	资产	日记账，银行账	借
	100202	中行存款	资产	外币核算，币种：美元，日记账，银行账	借
2202 应付账款	220201	应付供应商	负债	供应商往来	贷
	220202	应付暂估款	负债	供应商往来（不受控）	贷
2211 应付职工薪酬	221101	工资	负债		贷
	221102	职工福利	负债		贷
	221103	社会保险费	负债		贷
	221104	住房公积金	负债		贷
	221105	工会经费	负债		贷
	221106	职工教育经费	负债		贷
2221 应交税费	222101	应交增值税	负债		贷
	22210101	进项税额	负债		借
	22210103	已交税金	负债		借
	22210104	转出未交增值税	负债		借
	22210107	销项税额	负债		贷
	22210109	进项税额转出	负债		贷
	222102	未交增值税	负债		贷

续表

上级科目	科目编码	科目名称	科目类型	核算账类	余额方向
2221 应交税费	222106	应交企业所得税	负债		贷
	222108	应交城市维护建设税	负债		贷
	222109	应交教育费附加	负债		贷
	222110	应交地方教育附加	负债		贷
	222113	应交个人所得税	负债		贷
4104 利润分配	410401	提取法定盈余公积	权益		贷
	410402	提取任意盈余公积	权益		贷
	410411	未分配利润	权益		贷
5001 生产成本	500101	基本生产成本			借
	50010101	直接材料		项目核算	借
	50010102	直接人工		项目核算	借
	50010103	制造费用		项目核算	借
5101 制造费用	510101	折旧费	成本		借
	510102	工资及福利费	成本		借
	510109	其他费用	成本类		借
6601 销售费用	660101	水电费	损益		借
	660102	办公费	损益		借
	660103	差旅费	损益		借
	660104	折旧费	损益		借
	660105	业务招待费	损益		借
	660106	工资	损益		借
	660107	工会经费	损益		借
	660108	职工福利费	损益		借
	660109	职工教育经费	损益		借
	660110	社会保险	损益		借
	660111	住房公积金	损益		借
	660112	广告费	损益		借
	660199	其他	损益		借

续表

上级科目	科目编码	科目名称	科目类型	核算账类	余额方向
6602 管理费用	660201	水电费	损益	部门核算	借
	660202	办公费	损益	部门核算	借
	660203	差旅费	损益	部门核算	借
	660204	折旧费	损益	部门核算	借
	660205	业务招待费	损益	部门核算	借
	660206	工资	损益	部门核算	借
	660207	工会经费	损益	部门核算	借
	660208	职工福利费	损益	部门核算	借
	660209	职工教育经费	损益	部门核算	借
	660210	社会保险	损益	部门核算	借
	660211	住房公积金	损益	部门核算	借
	660212	研发费用	损益		借
	660299	其他	损益		借
6603 财务费用	660301	汇兑损益	损益		借
	660302	利息	损益		借
	66030201	利息收入	损益		借
	66030202	利息费用	损益		借
	660304	现金折扣	损益		借
	660399	其他	损益		借
6702 信用减值损失			损益		借

3.凭证类别设置（见表2-32）。

表2-32　**凭证类别**

类别字	类别名称	限制类型	限制科目
记	记账凭证	无	无

4.项目大类设置。

使用存货目录定义项目大类“存货核算”，核算科目：生产成本——基本生产成本——直接材料、生产成本——基本生产成本——直接人工、生产成本——基本生产成本——制造费用、原材料、库存商品、主营业务收入和主营业务成本。

六、收付结算基础档案

结算方式设置见表2-33。

表2-33 结算方式设置

编码	名称	是否票据管理	对应票据类型
1	现金	否	
2	现金支票	否	现金支票
3	转账支票	否	转账支票
4	商业汇票	否	商业汇票
5	网银	否	
6	支付宝	否	
7	电汇	否	
9	其他	否	

七、数据权限设置

1.数据权限控制设置：取消“工资权限”控制。

2.数据权限分配设置：朱军勇可以查询、删改、审核、弃审、撤销自己填制的单据。

[实训要求]

账套主管王强完成系统启用、机构人员基础档案、客商信息基础档案、存货基础档案、财务基础档案、收付结算基础档案、数据权限设置等实训内容。

【互动课堂】

互动课堂提示

请将本工作领域实训完成结果按要求上传至课程平台。

1.提交部门档案负责人修改完成结果截图。

2.提交客户档案完成结果截图。

3.提交存货档案设置完成结果截图。

4.提交凭证类别设置完成结果截图。

5.提交存货目录定义项目大类设置完成结果截图。

6.使用数据权限分配设置完成结果截图。

工作领域三

总账管理

【学习目标】

掌握总账系统的主要功能；能够根据企业财务制度和管理需求设置系统参数；能够进行期初余额的录入；能够按照企业岗位分工和岗位职责完成凭证的填制、审核、修改和删除、登记等凭证处理操作；能够完成期末自动转账操作；能够进行银行对账处理；能够进行月末结账；能够对用友U8+V13.0系统中总账系统使用中出现的问题进行简单维护；明确岗位分工和相互配合的重要性，树立团队合作意识。

教学视频3-1

核心模块——总账系统概述

【系统思话】

总账系统也称账务处理系统，是用友U8系统的核心部分，是各子系统数据传递的桥梁，其他子系统生成的凭证最终都传递到总账系统进行妥善保存。总账系统的基本功能包括：系统初始化、凭证处理、出纳管理、账表管理和期末处理。此外，总账系统还能提供详尽的信息联查功能，为企业财务数据的精准把控提供有力支撑。总账系统的使用对象众多，各岗位使用者应秉持诚实守信、严谨负责的职业道德。输入数据时，一丝一毫的疏忽都可能导致财务信息出现偏差，影响企业决策。这就要求使用者树立强烈的责任意识，对每一笔数据负责，确保财务数据的准确性和完整性。各使用者只有树立团队合作意识，加强彼此间的沟通配合，从凭证录入到审核，再到账表生成，每个环节紧密相连，相互协作、相互监督，才能高效完成岗位工作任务，提供完整和准确的账务处理数据，从而为UFO报表系统提供可靠的数据来源，助力企业做出科学合理的战略决策，从而体现财务工作者对企业发展的重要担当。

工作领域三

工作过程与岗位对照图

【案例概说】

在信息技术时代，获取信息资源已成为不可或缺的能力，谁能尽早获取信息，谁就更容易抓住机会、抢占主动权。新华公司使用用友U8总账系统进行凭证填制、凭证审核、账簿登记、银行对账等账务处理工作。总账系统强大的辅助核算功能，不仅方便实现会计核算，还为企业管理提供了快速、便捷的辅助手段；灵活的期末自动转账功能，不仅极大地减少了会计工作量，还有防错堵漏的效果。随着信息处理效率和处理质量的提升，新华公司的综合实力持续增强，市场影响力显著提高。

任务一　设置系统参数

[任务内容]

教学视频 3-2

管理需求的体现——总账参数设置

新华公司根据公司财务制度和管理要求，总账系统参数设置如下：

制单控制选择制单序时控制，凭证编号方式为系统编号；不允许修改和作废他人填制的凭证，出纳凭证必须经由出纳签字；其他按系统默认。

[任务要求]

总账会计李明轩完成总账系统参数设置。

[工作示范]

实训视频 3-1

参数设置操作演示

操作步骤：

（1）以操作员“02李明轩”身份，操作日期“2025-01-01”，登录企业应用平台。

（2）在“业务导航”/“业务工作”中单击“财务会计”/“总账”/“设置”/“选项”，打开“选项”对话框。单击对话框底部的“编辑”按钮，在“凭证”页签中，制单控制选择“制单序时控制”，凭证编号方式选择“系统编号”，其他选项保持系统默认值，如图3-1所示。

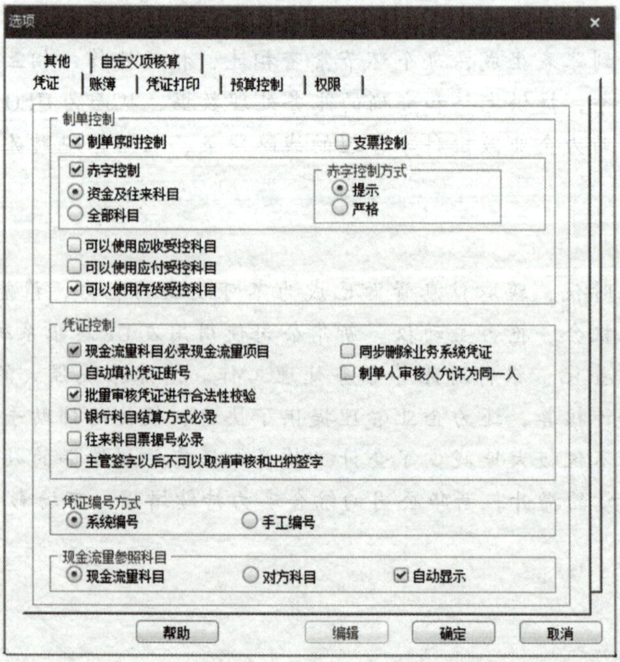

图3-1　选项—凭证

任务贴士：

①制单序时控制：此项和“系统编号”选项联用。制单时，凭证编号必须按凭证类别的日期顺序排列。当凭证类别分为收款凭证、付款凭证、转账凭证三种时，若1月25日最后一张收款凭证的编号是0067号，则1月26日的收款凭证编号只能从0068号开始编制，并且凭证日期不能早于25日。如果有特殊需要，可以改为不序时制单。

②可以使用应收受控科目/应付受控科目：若科目为应收款管理系统/应付款管理系统的受控科目，为了防止重复制单，则只允许应收款管理系统/应付款管理系统使用此科目进行制单，总账系统是不能使用此科目制单的。如果在总账系统中也能使用这些科目填制凭证，则应选择此项。注意：总账和其他业务系统使用了受控科目会引起应收款管理系统/应付款管理系统与总账对账不平。

③赤字控制：若选择了此项，在制单时，当“资金及往来科目”或“全部科目”的最新余额出现负数时，系统将予以提示。系统提供了提示、严格两种方式，可根据需要进行选择。

④同步删除业务系统凭证：选中此项后，业务系统删除凭证时相应地将总账的凭证同步删除。否则，将总账凭证作废，不予删除。

（3）在“权限”页签中勾选“出纳凭证必须经由出纳签字”复选框，取消勾选“允许修改、作废他人填制的凭证”复选框；其他保持系统默认值，如图3-2所示。单击“确定”后完成参数设置。

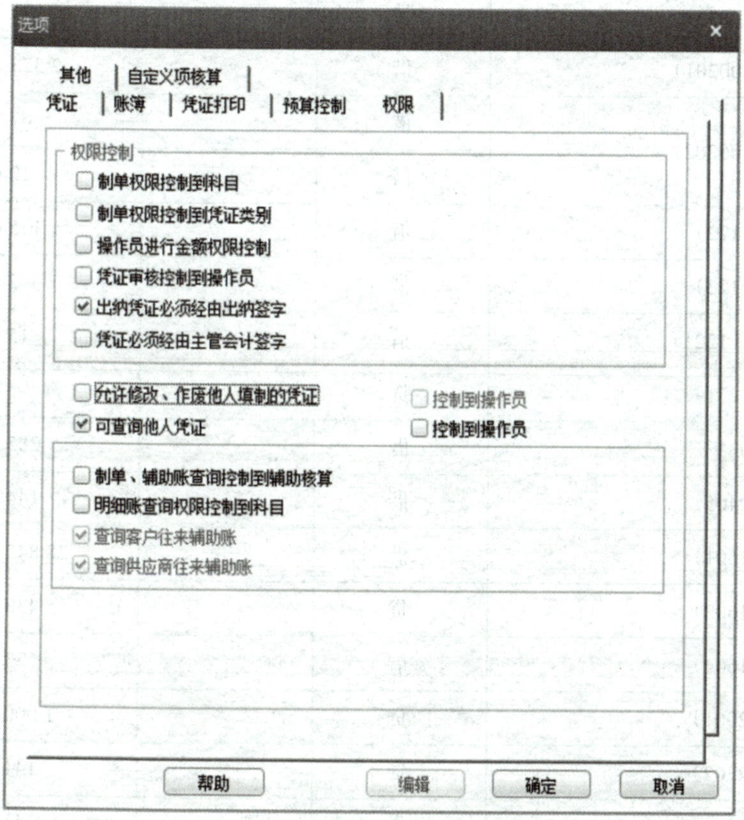

图3-2　选项—权限

任务贴士：

①出纳凭证必须经由出纳签字：若要求现金、银行科目凭证必须由出纳人员核对签字后才能记账，则选择此选项。

②凭证审核控制到操作员：若只允许某操作员审核其所在部门操作员填制的凭证，则应选择此选项。

③允许修改、作废他人填制的凭证：若选择了此项，在制单时可修改或作废别人填制的凭证，否则不能修改。

任务二 录入期初余额

[任务内容]

教学视频3-3

数据连续性——期初余额的录入

经过整理后，新华公司期初科目余额表见表3-1至表3-9。

表3-1 新华公司2024年12月31日科目余额表 单位：元

科目名称	方向	币别计量	期初余额
库存现金（1001）	借		8 500
银行存款（1002）	借		2 391 385
农行存款（100201）	借		2 323 600
中行存款（100202）	借		67 785
	借	美元	10 000
应收账款（1122）	借		135 600
预付账款（1123）	借		2 000
其他应收款（1221）	借		15 000
坏账准备（1231）	贷		678
原材料（1403）	借		285 200
库存商品（1405）	借		144 000
固定资产（1601）	借		28 845 000
累计折旧（1602）	贷		5 438 166.13
在建工程（1604）	借		23 000
短期借款（2001）	贷		1 000 000
应付账款（2202）	贷		141 250
应付供应商（220201）	贷		141 250

续表

科目名称	方向	币别计量	期初余额
预收账款（2203）	贷		5 000
应交税费（2221）	贷		0
应交增值税（222101）	贷		0
进项税额（22210101）	借		1 535 010
转出未交增值税（22210104）	借		4 098 080
销项税额（22210107）	贷		5 633 090
长期借款（2501）	贷		5 000 000
实收资本（4001）	贷		15 000 000
资本公积（4002）	贷		314 590.87
盈余公积（4101）	贷		450 000
利润分配（4104）	贷		4 500 000
未分配利润（410411）	贷		4 500 000

表3-2　**新华公司2024年12月31日应收账款明细余额表**　单位：元

日期	凭证号	客户	摘要	方向	金额	票据号	票据日期
2024-12-13	记-25	启明	销售交换机	借	90 400	13222890	2024-12-13
2024-12-15	记-32	卓越	销售基站发射机	借	45 200	13222899	2024-12-15

表3-3　**新华公司2024年12月31日预付账款明细余额表**　单位：元

日期	凭证号	供应商	摘要	方向	金额
2024-12-20	记-52	东成	芯片订金	借	2 000

表3-4　**新华公司2024年12月31日其他应收款明细余额表**　单位：元

日期	凭证号	部门	职员	摘要	方向	金额
2024-12-22	记-65	办公室	李明刚	出差借款	借	5 000
2024-12-28	记-78	销售部	李振东	出差借款	借	10 000

表3-5　**新华公司2024年12月31日原材料明细余额表**　单位：元

项目	方向	金额	数量
芯片	借	1 200	80
pcb电路板	借	4 000	10 000
线缆	借	280 000	10 000

表3-6　新华公司2024年12月31日库存商品明细余额表　单位：元

项目	方向	金额	数量
交换机	借	100 000	100
路由器	借	30 000	200
基站发射机	借	14 000	2

表3-7　新华公司2024年12月31日在建工程明细余额表　单位：元

科目	项目	方向	金额
在建工程	1号厂房	借	23 000

表3-8　新华公司2024年12月31日应付账款——应付供应商明细余额表　单位：元

日期	凭证号	供应商	摘要	方向	金额	票据号	票据日期
2024-12-14	记-30	强盛	购买线缆	贷	141 250	22483356	2024-12-14

表3-9　新华公司2024年12月31日预收账款明细余额表　单位：元

日期	凭证号	客户	摘要	方向	金额
2024-12-15	记-33	亚圣	基站发射机订金	贷	5 000

[任务要求]

总账会计李明轩完成期初余额的录入，并进行期初对账和试算平衡。

[工作示范]

实训视频3-2

录入期初余额操作演示

1. 末级科目的期初余额录入

操作步骤：

（1）以总账会计“李明轩（02）”身份，操作日期“2025-01-01”，登录企业应用平台。

（2）单击“财务会计”/“总账”/“期初”/“期初余额”，打开“期初余额录入”窗口。找到“库存现金”科目的“期初余额”单元格，双击激活为编辑状态，输入金额“8 500.00”元，结果如图3-3所示。

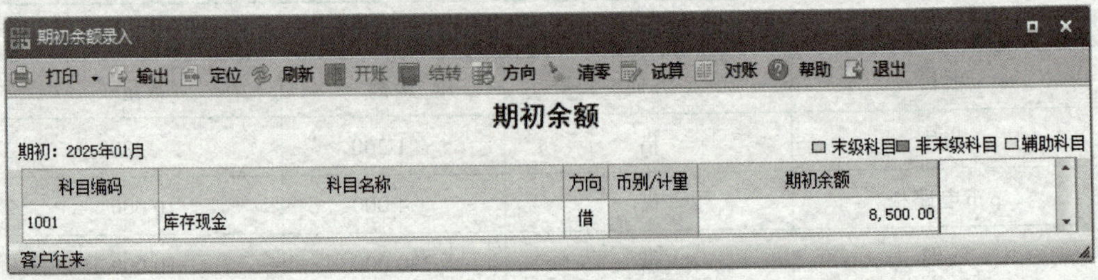

图3-3　库存现金期初余额

任务贴士：

①只有末级科目的期初余额才能直接输入，非末级科目的期初余额，系统会自动汇总下级科目金额；辅助科目的期初余额需要双击进入明细科目输入，不同的辅助核算对应不同的余额窗口。

②如果年中建账，还需要输入累计借方和累计贷方的金额。

（3）根据表3-1输入二级明细科目“农行存款”期初余额“2 323 600.00”元和“中行存款”人民币期初余额“67 785.00”元，再输入“中行存款”美元期初余额“10 000.00”美元，按回车键，系统将自动汇总一级科目“银行存款”的金额，如图3-4所示。

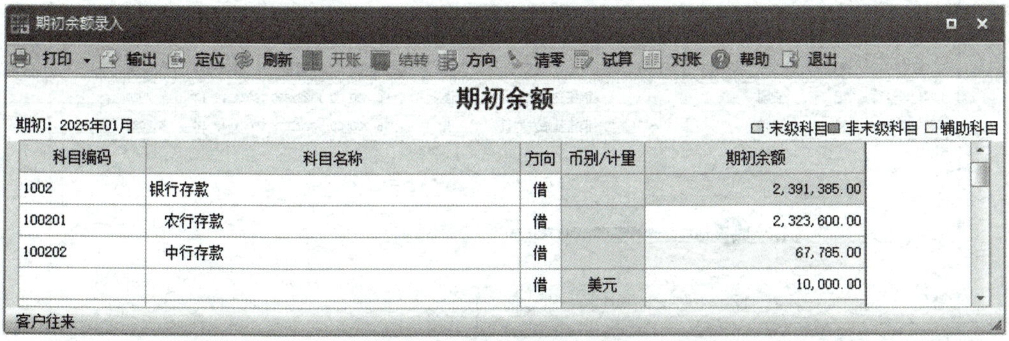

图3-4　银行存款期初余额

任务贴士：

如果某科目为外币核算或数量核算，需要录入期初外币余额或数量。但是，必须先录入本币余额，再录入外币余额或数量。

2. 辅助科目的期初余额录入

操作步骤：

（1）单击工具栏的“定位”按钮，打开“定位”对话框，在“科目”栏中输入科目编码“1122”或科目名称“应收账款”，然后单击“确定”按钮，系统将应收账款科目放置首行。双击“应收账款”科目所在的行，打开“辅助期初余额”窗口，单击工具栏“往来明细”按钮，打开“期初往来明细”窗口，如图3-5所示。

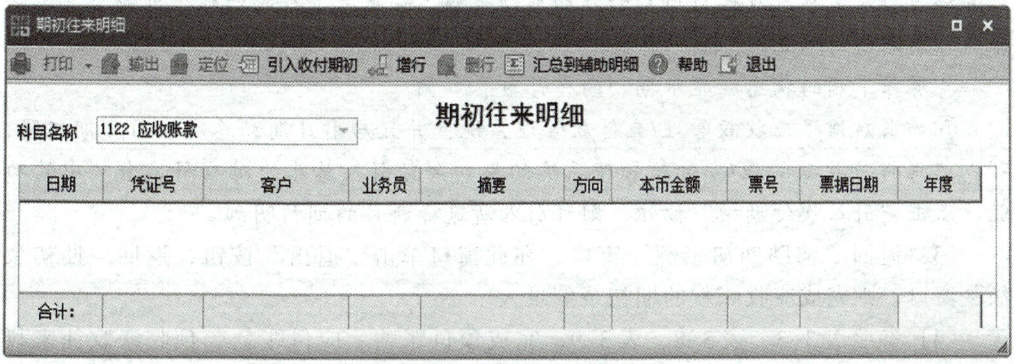

图3-5　期初往来明细

任务贴士：

①可以利用定位功能，快速查找并定位会计科目。

②当需要跟踪往来未两清记录以便日后的往来两清时，点击“往来明细”打开“期初往来明细”窗口录入期初余额详细信息。

③在录入辅助核算期初余额之前，必须先设置各辅助核算目录。

（2）单击“增行”按钮，按顺序输入各项内容，在输入最后一栏后，按回车键，系统将自动新增一行记录，可继续输入下一条数据。参照表3-2输入具体信息。输入完成后，单击工具栏“汇总到辅助明细”按钮，系统执行汇总后，弹出“完成了往来明细到辅助期初表的汇总！”对话框，如图3-6所示。在对话框中单击“确定”按钮。

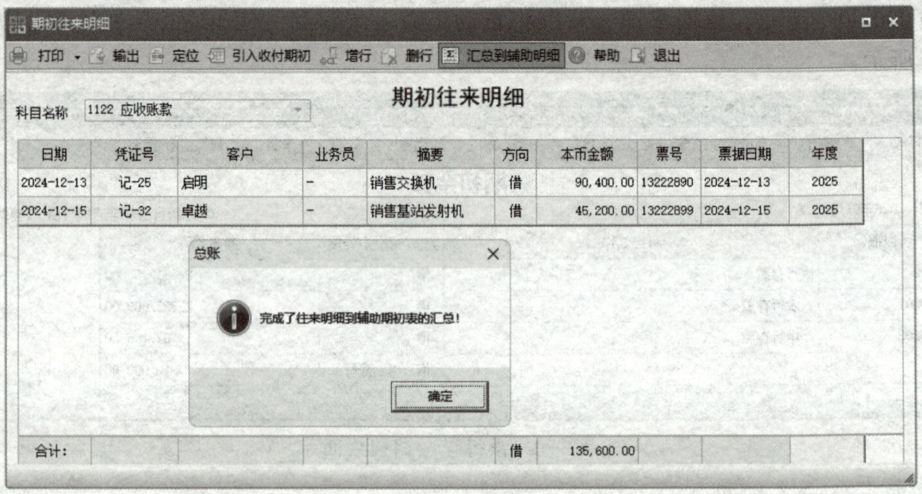

图3-6 应收账款期初往来明细

任务贴士：

①在输入客户、供应商、部门、个人、项目等项信息时，最好单击文本框中的参照按钮或F2进行选择，避免这些项目信息输入错误或格式错误。

②如果输入过程中发现某项输入错误，可按“Esc”键取消当前项的输入，将光标移到需要修改的编辑项上，直接输入正确的数据即可。如果想放弃整行数据，在取消当前输入后，再按“Esc”键即可。

③所有明细数据录入完成后，点击工具栏中的“汇总到辅助明细”按钮，自动汇总并给出当前客户（或供应商）的辅助期初余额。如果不进行此操作，可能会造成总账与辅助账核对不正确。

④屏幕下端的状态栏显示期初的合计数。

⑤如果启用了应收款管理/应付款管理系统，并且启用日期和总账启用日期相同，可以使用将应收款管理/应付款管理系统的期初余额引入总账的对应科目余额中的功能。点击“引入收付期初”按钮，则可引入所选择科目的期初明细。

（3）返回“辅助期初余额”窗口，在此窗口单击“退出”按钮，返回“期初余额”窗口，则完成应收账款的期初余额录入。

（4）参照表3-3、表3-8、表3-9，完成预付账款、应付账款、预收账款往来科目的余额录入。

（5）定位并双击“其他应收款”科目所在的行，打开“辅助期初余额”窗口，单击工具栏“往来明细”按钮，打开“期初往来明细”窗口，参照表3-4输入详细信息，输入完成后单击“汇总到辅助明细”按钮。结果如图3-7所示，单击“退出”按钮。

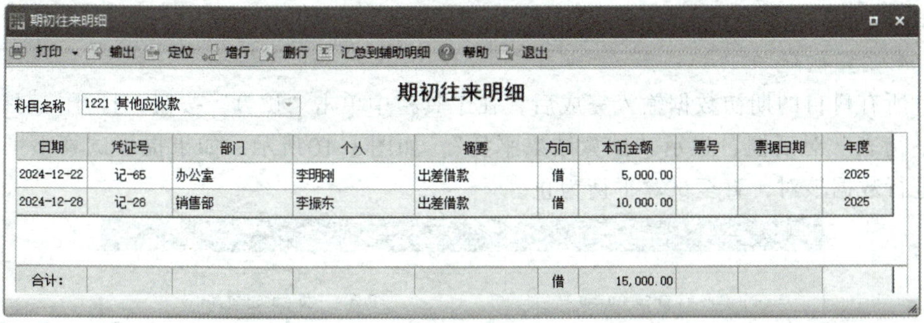

图3-7　其他应收款期初往来明细

（6）定位并双击“在建工程”科目所在的行，打开“辅助期初余额”窗口，单击“增行”按钮，参照表3-1和表3-7完成在建工程的期初余额录入，如图3-8所示。

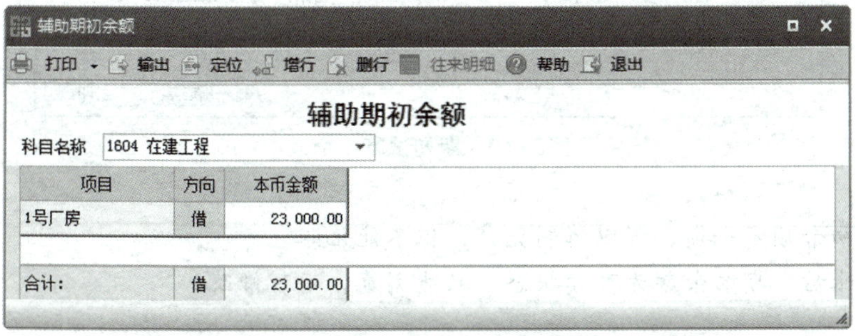

图3-8　项目核算科目的期初余额

（7）参照表3-1和表3-5、表3-6完成所有科目的期初余额录入。

3. 期初对账

操作步骤：

在“期初余额录入”窗口，单击“对账”按钮，打开“期初对账”对话框，然后单击“开始”按钮，系统自动进行对账。对账结果如图3-9所示。

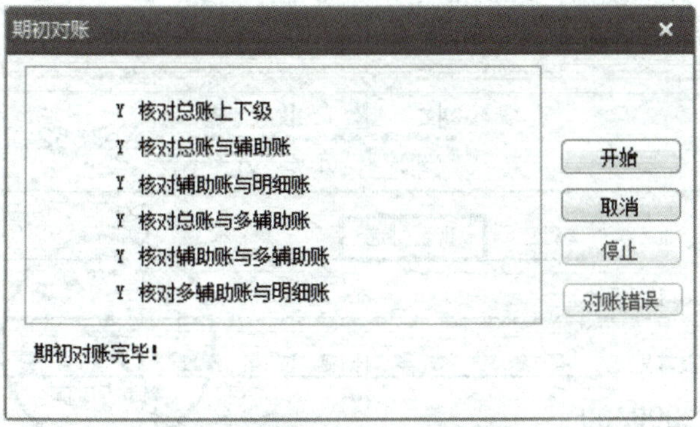

图3-9　期初对账

任务贴士：

①由于初次使用，对系统不太熟悉，在进行期初设置时的一些不经意的修改，可能会导致总账与辅助账、总账与明细账核对有误，系统提供对期初余额进行对账的功能，可以及时做到账账核对。

②如果对账后发现有错误，可按“对账错误”按钮，系统将把对账中发现的问题列出来。

4.试算平衡

所有科目的期初数据输入完成后，在工具栏中单击“试算”按钮，打开“期初试算平衡表”对话框，显示“试算结果平衡”，如图3-10所示。如果提示试算不平衡，须进行数据核对，直至试算平衡为止。

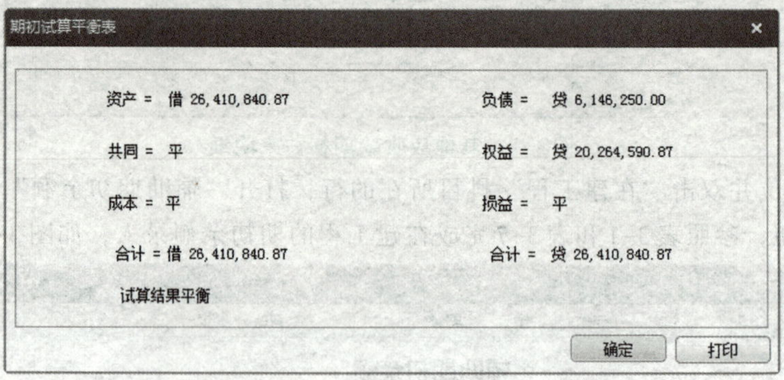

图3-10 期初试算平衡表

任务贴士：

①期初余额不平衡，可以填制凭证，但不能记账。

②记账后，期初余额为可读状态，只能浏览，不可修改。

任务三 填制记账凭证

[任务内容]

教学视频3-4

日常数据的源头——记账凭证介绍

新华公司1月份发生如下经济业务：

1.3日，收到员工李彩云违纪罚款200元。原始单据如图3-11所示。

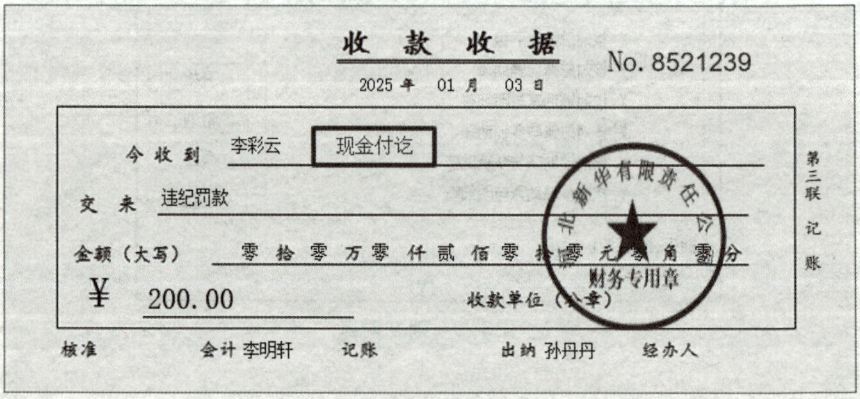

收款收据

No. 8521239

2025年 01月 03日

今收到 李彩云 现金付讫

交来 违纪罚款

金额（大写） 零拾零万零仟贰佰零拾零元零角零分

¥ 200.00

收款单位（公章） 北新华有限责任公司 财务专用章

核准 会计 李明轩 记账 出纳 孙丹丹 经办人

第三联 记账

图3-11 收款收据

2.6日，出纳孙丹丹从农业银行提取现金10 000元备用（现金支票号103011101820483）。原始单据如图3-12所示。

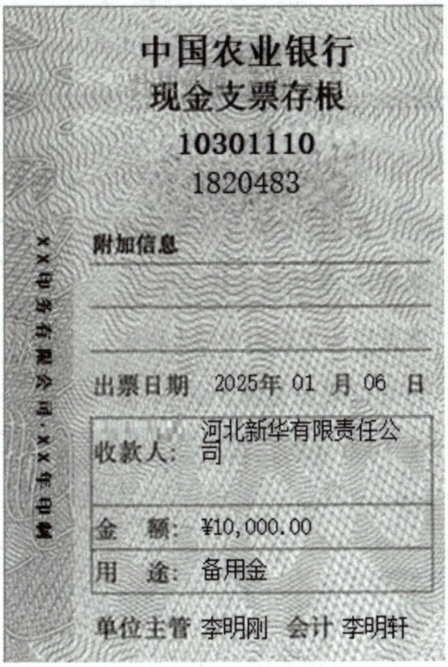

中国农业银行
现金支票存根
10301110
1820483

××印务有限公司·××年印制

附加信息

出票日期　2025年 01 月 06 日

收款人：河北新华有限责任公司

金　额：¥10,000.00

用　途：备用金

单位主管 李明刚　会计 李明轩

图3-12　现金支票存根

3.7日，财务部报销购买办公用品款1 130元，以现金支付。（注意：填制此业务时，由于总账会计的疏忽，将金额填写为“10 000.00”元）。原始单据如图3-13、图3-14所示。

费用报销单

报销部门：财务部　　　　报销日期：2025　年　01　月　07　日

事由	项目	金额			
购买办公用品	打印纸	1,130.00	总经理	李明刚	
			部门主管	王志强	
金额合计(大写)： 壹仟壹佰叁拾元整		小写： ¥1,130.00 元	报销人	李明轩	
核实金额(大写)：		小写： 元			
已借/付款金额： ¥1,130.00 元	应退金额： ¥0.00 元		应补金额 ¥0.00 元		
注:1、此报销单用于:费用报销（除差旅费）、采购报账、外协报账、运输费报销、资产购置；2、签字流程：报销人→部门负责人→会计→总经理→财务流程。					

会计：李明轩　　　　会计主管：王志强　　　　出纳：孙丹丹

图3-13　费用报销单

电子发票（增值税专用发票）

发票号码：89598818074206796667

开票日期：2025年01月07日

购买方信息	名称：河北新华有限责任公司 统一社会信用代码/纳税人识别号：050011330228890	销售方信息	名称：河北海天文具公司 统一社会信用代码/纳税人识别号：210888876610012

项目名称	规格型号	单位	数量	单价	金额	税率/征收率	税额
*商品*打印纸	A4	箱	10	100	1000.00	13%	130.00
合　计					¥1000.00		¥130.00
价税合计（大写）	⊗壹仟壹佰叁拾元整				（小写）	¥1130.00	
备注							

开票人：张霞

图3-14　打印纸增值税专用发票

4.10日，销售部李振东报销差旅费5 321.60元，余款退回企业支付宝账户（企业农行账户）4 678.40元。原始单据如图3-15至图3-21所示。

差旅费报销单

报销部门：销售部　　　　报销日期：2025 年 01 月 10 日

出差人：李振东　　　　出差事由：洽谈会

出差日期：2025 年 01 月 05 日 至 2025 年 01 月 09 日					共计：5 天		
车船费					其他费用		
出发地	到达地	交通工具	附件张数	金额	项目	附件张数	金额
石家庄	上海	飞机	2	2,759.60	住宿	1	1,696.00
					餐饮	1	600.00
					市内交通	2	266.00
					通讯费		
					其他		
合计			2	¥2,759.60	合计	4	¥2,562.00
费用合计：¥5,321.60 元			大写(人民币)：伍仟叁佰贰拾壹元陆角整				
预借差旅：¥10,000.00 元			补领金额：　元		退还金额：¥4,678.40 元		
核实后报销金额：¥5,321.60 元			大写(人民币)：伍仟叁佰贰拾壹元陆角整				

审批：王志强　　财务主管：李明刚　　会计：李明轩　　部门主管：李振东　　领款人：李振东

图3-15　差旅费报销单

电子发票（航空运输电子客票行程单）

国内国际标识：国内

开票状态：正常

发票号码：72242592998

旅客姓名	有效身份证件号码	签注
李振东	130105198006122716	不得签转/变更退票收费

	承运人	航班号	座位等级	日期	时间	客票级别/客票类别	客票生效日期	有效截至日期	免费行李
自：石家庄 正定 T2	春秋	9C6256	C	2025-01-05	7:25	C			20KG
至：上海 虹桥 T1									
至：									
至：									

至：	票价	燃油附加费	增值税税率	增值税税额	民航发展基金	其他税费	合计
	CNY 1,200.00	CNY 20.00	9%	CNY 109.80	CNY 50.00	CNY	CNY 1,379.80

电子客票号码：4685981939726　　验证码：8817　　提示信息：　　保险费：

销售网点代号：9C5835/BEEIKEJ　　填开单位：春秋航空股份有限公司　　填开日期：2025-01-10

购买方名称：河北新华有限责任公司　　统一社会信用代码/纳税人识别号：050011330228890

图3-16　去程飞机票电子发票

电子发票（航空运输电子客票行程单）

国内国际标识：国内

开票状态：正常

发票号码：10415209723

旅客姓名	有效身份证件号码	签注
李振东	130105198006122716	不得签转/变更退票收费

	承运人	航班号	座位等级	日期	时间	客票级别/客票类别	客票生效日期	有效截至日期	免费行李
自：上海 虹桥 T1	春秋	9C9C6517	C	2025-01-09	14: 10	C			20KG
至：石家庄 正定 T2									
至：									
至：									

至：	票价	燃油附加费	增值税税率	增值税税额	民航发展基金	其他税费	合计
	CNY 1,200.00	CNY 20.00	9%	CNY 109.80	CNY 50.00	CNY	CNY 1,379.80

电子客票号码：8492142622160　　验证码：7907　　提示信息：　　保险费：

销售网点代号：9C5835/BEEIKEJ　　填开单位：春秋航空股份有限公司　　填开日期：2025-01-10

购买方名称：河北新华有限责任公司　　统一社会信用代码/纳税人识别号：050011330228890

图3-17　返程飞机票电子发票

电子发票（增值税专用发票）

发票号码：40785691132390716629

开票日期：2025年01月09日

购买方信息	销售方信息
名称：河北新华有限责任公司 统一社会信用代码/纳税人识别号：050011330228890	名称：上海星辰酒店 统一社会信用代码/纳税人识别号：823102045534938738

项目名称	规格型号	单位	数量	单价	金额	税率/征收率	税额
*住宿服务*住宿	大床房	天	4	400	1600.00	6%	96.00
合　　计					¥1600.00		¥96.00
价税合计（大写）	⊗壹仟陆佰玖拾陆元整				（小写）	¥1696.00	
备注							

开票人：陆晓威

图3-18　住宿电子发票

电子发票（普通发票）

发票号码：97073812375232379539

开票日期：2025年01月09日

购买方信息	名称：河北新华有限责任公司 统一社会信用代码/纳税人识别号：050011330228890	销售方信息	名称：上海星辰酒店 统一社会信用代码/纳税人识别号：823102045534938738

项目名称	规格型号	单位	数量	单价	金额	税率/征收率	税额
*餐饮服务*餐费		天	4	141.51	566.04	6%	33.96
合　　计					¥566.04		¥33.96
价税合计（大写）	⊗陆佰元整				（小写）	¥600.00	
备注							

开票人：陆晓威

图3-19　餐费电子发票

上海[illegible]出租汽车有限公司	上海[illegible]出租汽车有限公司
车费发票	车费发票
发票代码：131002360005	发票代码：131002360115
发票号码：44304774	发票号码：13642169
统一社会信用代码：91310115132210666N	统一社会信用代码：91310115132210666N
叫车电话：96933	叫车电话：96933
监督电话：61132828	监督电话：61132828
公司地址：宜山路829号	公司地址：宜山路829号
手写无效	手写无效
车号 AAP2793	车号 AAB9175
证号 333746	证号 925156
日期 2025-01-07	日期 2025-01-07
上车 1210 07:10	上车 1210 13:46
下车 07:53	下车 14:19
单价（元） 4.10元	单价（元） 4.10元
历程（km） 38.2Km	历程（km） 34.7Km
等候 0:01:00	等候 0:01:00
金额（元） 136.00元	金额（元） 130.00元
含电调费 0元 燃油附加费 0元	含电调费 0元 燃油附加费 0元
节假日附加费 0元	节假日附加费 0元
原额 余额	原额 余额

图3-20　车费发票

币种：人民币　　单位：元

支付宝转账电子回单	
收款方	账户名：河北新华有限责任公司 账号：6228480631045889 账户类型：支付宝银行账户 开户机构：中国农业银行石家庄天山支行
付款方	账户名：李振东 账号：6228483540000667506 账户类型：支付宝银行账户 开户机构：中国农业银行石家庄建设支行
支付宝流水号	202511015246436
付款时间	2025年01月10日15时21分
付款金额	小写：¥4,678.40 大写：肆仟陆佰柒拾捌元肆角整
摘要	报销差旅费

注：1、本《支付宝电子回单》仅证明用户在申请该电子回单时间之前通过其支付宝账户的支付行为。
2、本《支付宝电子回单》有任何修改或涂改的，均为无效证明。
3、本《支付宝电子回单》仅供参考，如与用户支付宝账户记录不一致的，以支付宝账户记录为准。

支付宝（中国）网络技术有限公司

业务凭证专用章盖章处

图3-21　出差退款转账电子回单

5.13日，财务部用支付宝（企业农行账户）支付给北京新创勘察设计有限公司1号厂房勘察费15 900元。原始单据如图3-22、图3-23所示。

电子发票（增值税专用发票）

发票号码：75689217937086996003

开票日期：2025年01月13日

购买方信息	名称：河北新华有限责任公司 统一社会信用代码/纳税人识别号：050011330228890	销售方信息	名称：北京新创勘察设计有限公司 统一社会信用代码/纳税人识别号：91110105101673326

项目名称	规格型号	单位	数量	单价	金额	税率/征收率	税额
*研发和技术服务*勘察费		次	1	15000	15000.00	6%	900.00
合　　计					¥15000.00		¥900.00
价税合计（大写）	⊗壹万伍仟玖佰元整				（小写）	¥15900.00	
备注							

开票人：王玉珍

图3-22　勘察费电子发票

币种：人民币　　单位：元

支付宝转账电子回单	
收款方	账户名：北京新创勘察设计有限公司 账号：1100020890578332624 账户类型：支付宝银行账号 开户机构：中国农业银行北京海淀中关村支行
付款方	账户名：河北新华有限责任公司 账号：6228480631045889 9 账户类型：支付宝银行账号 开户机构：中国农业银行石家庄天山支行
支付宝流水号	202501131103405678
付款时间	2025年01月13日11时03分
付款金额	小写：¥15,900.00 大写：壹万伍仟玖佰元整
摘要	勘察费

注：1、本《支付宝电子回单》仅证明用户在申请该电子回单时间之前通过其支付宝账户的支付行为。
2、本《支付宝电子回单》有任何修改或涂改的，均为无效证明。
3、本《支付宝电子回单》仅供参考，如与用户支付宝账户记录不一致的，以支付宝账户记录为准。

支付宝（中国）网络技术有限公司

业务凭证专用章盖章处

图3-23　勘察费转账电子回单

6.16日，向启明公司售出基站发射机2架，不含税单价为9 000元，路由器100个，不含税单价为200元，税率13%，价税款合计42 940元，价税款已存入银行。原始单据如图3-24至图3-26所示。

出库单

出货单位：河北新华有限责任公司　　日期：2025年01月16日　　单号：41690778

提货单位(部门)：北京启明有限公司　　销售单号：68　　发货仓库：成品库　　出库日期：2025年01月16日

编码	名称	规格	单位	数量 应发	数量 实发	单价	金额
1	基站发射机		架	2	2	9,000.00	18,000.00
2	路由器		个	100	100	200.00	20,000.00
合计	人民币（大写）：叁万捌仟元整						¥38,000.00

会计联

部门经理：　　会计：李明轩　　仓库：赵达　　经办人：吴晓迪

图3-24　出库单

电子发票（增值税专用发票）

发票号码：73070177152744428269

开票日期：2025年01月16日

购买方信息	销售方信息
名称：北京启明有限公司	名称：河北新华有限责任公司
统一社会信用代码/纳税人识别号：91110101789656653A	统一社会信用代码/纳税人识别号：050011330228890

项目名称	规格型号	单位	数量	单价	金额	税率/征收率	税额
*货物*基站发射机		架	2	9000	18000.00	13%	2340.00
*货物*路由器		个	100	200	20000.00	13%	2600.00
合计					¥38000.00		¥4940.00
价税合计（大写）	⊗肆万贰仟玖佰肆拾元整				（小写）		¥42940.00
备注							

开票人：张东明

图3-25　销售产品电子发票

中国农业银行 AGRICULTURAL BANK OF CHINA　网上银行电子回单

客户收付款入账通知

回单编号：5211600519787365782　　第一次打印

付款方	账号	112589336734000465	收款方	账号	62284806310458899
付款方	户名	北京启明有限公司	收款方	户名	河北新华有限责任公司
付款方	开户行	中国工商银行北京光华路支行	收款方	开户行	中国农业银行石家庄天山支行
金额（小写）		¥42,940.00	金额（大写）		肆万贰仟玖佰肆拾元整
币种		人民币	交易渠道		网上银行
摘要		货款转账	凭证号		23113001050000808
交易时间		2025-01-16 16:05:07	会计日期		20250116
附言					

图3-26　银行进账电子回单

7.20日，收到投资人追加投资100 000美元，采用电汇方式，票号70418814，款项当日存入中行美元账户。原始单据如图3-27、图3-28所示。

投资协议书

（ 2025 ）第 3 号文

投资单位(甲方)	李建国	受资单位(乙方)	河北新华有限责任公司
地址		地址	石家庄新华区友谊大街99号
账号	6221456365632523088	账号	6013102037489556748
开户银行	中国银行上海中银大厦支行	开户银行	中国银行石家庄天山支行
投资金额	外币：USD100,000.00		
协议条款	根据中华人民共和国法律、法规的相关规定，甲、乙双方本着互惠互利的原则，就乙方以银行存款投资甲方一事，经过友好协商，现达成一致协议如下： 略 河北新华有限责任公司 合同专用章 甲方签章：李建国　日期：贰零贰伍年零壹月零贰拾日 乙方签章：李明刚　日期：贰零贰伍年零壹月零贰拾日		

图3-27　投资协议书

中国银行　电汇凭证（收账通知）3

NO 70418814

☑普通　□加急　委托日期 2025 年 01 月 20 日

汇款人	全称	李建国	收款人	全称	河北新华有限责任公司
	账号	6221456365632523088		账号	6013102037489556748
	汇出地点	省 上海 市/县		汇入地点	河北 省 石家庄 市/县
汇出行名称		中国银行上海中银大厦支行	汇入行名称		中国银行石家庄天山支行
金额	外币（大写）	美元壹拾万元整	千百十万千百十元角分		$ 1 0 0 0 0 0 0 0
中国银行上海中银大厦支行 2025.01.20 转讫 汇出行盖章			支付密码		128380950251
			附加信息及用途：外币投资 复核　记账		

此联给收款人的收账通知

图3-28　投资款入账单

8.21日收到存款利息。原始单据如图3-29所示。

中国农业银行 计付利息(收账通知)

2025 年 01 月 20 日

客户号 7201922207			结算账号 62284806310458899		
单位名称：河北新华有限责任公司					
计息起讫日期	2024年10月20日	至	2025年01月20日		
正常本金/积数	2363600.00	利率	0.1%	利息	590.91
逾期本金/积数		利率		利息	
欠 息/积数		利率		利息	
币 种		利息总金额		590.91	

客户联

中国农业银行 2025.01.20 转讫

银行盖章：

图3-29 利息清单

教学视频3-5

日常数据的源头——软件中填制凭证的特色

9.30日，以现金支付采购部本月水费，金额300元。（说明：为了学习删除凭证，业务9是增加的虚拟业务，故无原始单据）

10.30日，以现金支付销售部本月水费，金额400元。（说明：为了学习红字冲销，业务10是增加的虚拟业务，故无原始单据）

[任务要求]

总账会计李明轩完成所有记账凭证的填制。

[工作示范]

实训视频3-3

填制凭证操作演示

1.业务1凭证的填制（无辅助项）

操作步骤：

（1）以总账会计“李明轩（02）”身份，操作日期“2025-01-31”登录企业应用平台。

（2）单击“总账”/“凭证”/“填制凭证”，打开“填制凭证”标签页。

（3）单击工具栏上“增加”按钮，参照业务1原始单据，凭证字选择“记账凭证”；制单日期改为“2025-01-03”；附单据数为“1”；摘要栏输入“收到员工违纪罚款”；科目名称选择或者直接输入编号“1001”或名称“库存现金”；借方金额输入“200”，然后按回车键。

（4）第二行的摘要根据第一行自动填制，科目名称选择或输入“6301 营业外收入”，贷方金额输入“200”。单击“保存”按钮，系统弹出“凭证已成功保存”对话框，单击“确定”按钮，完成业务1凭证的填制，如图3-30所示。

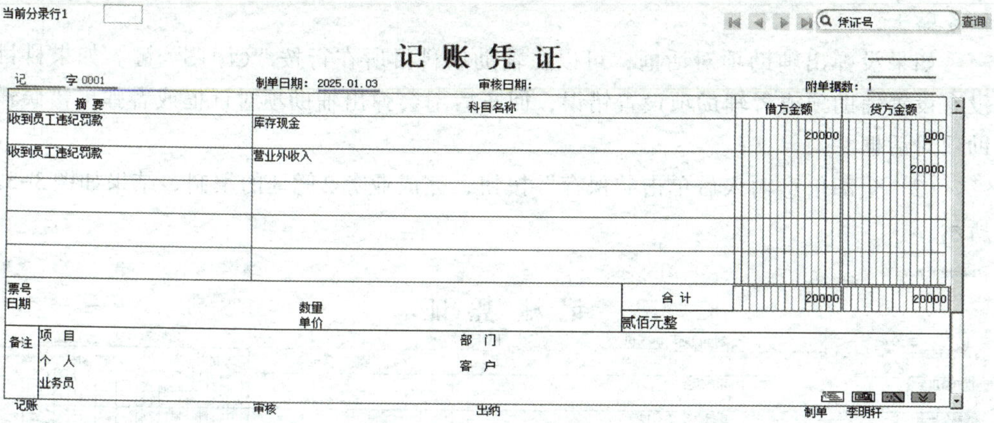

图3-30　业务1记账凭证

任务贴士：

①凭证编号：如果在【选项】中选择“系统编号”，则由系统按同种凭证类别的时间顺序自动编号。系统默认每页凭证有5笔分录，当某凭证不止一页，系统自动将在凭证号后标上几分之几。例如：收-0015号0002/0003表示为收款凭证第0015号凭证共有3张分单，当前光标所在的分录在第二张分单上。

②制单日期：系统自动取当前业务日期为记账凭证填制的日期，可修改。

③附单据数：原始单据张数。

④摘要：可以直接输入，也可以按F2或参照按钮输入常用摘要。一行分录完成后按回车键，下一行摘要会自动复制上一行摘要内容。每行分录的摘要可以相同也可以不同。

⑤科目名称：顶格输入末级科目或者按F2或参照按钮输入。

⑥借方或贷方金额：输入非整数金额时，小数点需要用键盘输入符号“.“，红线后面是小数点金额。金额不能为零，但可以是红字，红字金额以负数形式输入。如果方向不符，可按空格键调整金额方向。

⑦若想放弃当前未完成的分录的输入，可按“删行”按钮或“Ctrl+D”键删除当前分录即可。

2.业务2凭证的填制（结算方式辅助项）

操作步骤：

（1）参照业务2的原始单据进行凭证填制，在选择科目“100201 银行存款/农行存款”后，按回车键，系统弹出“辅助项”对话框，按照原始单据输入相关信息，辅助项对话框如图3-31所示。

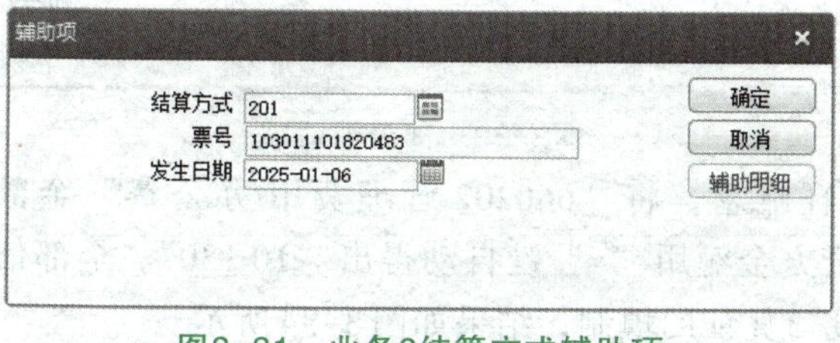

图3-31　业务2结算方式辅助项

任务贴士：

如果没弹出辅助项对话框，可以在辅助项科目所在行按“Ctrl+S”键。如果科目没有设置辅助项或者辅助项设置错误，回车后不会弹出辅助项对话框或者弹出错误辅助项对话框。

（2）全部信息输入后单击“保存”按钮，完成业务2凭证的填制，结果如图3-32所示。

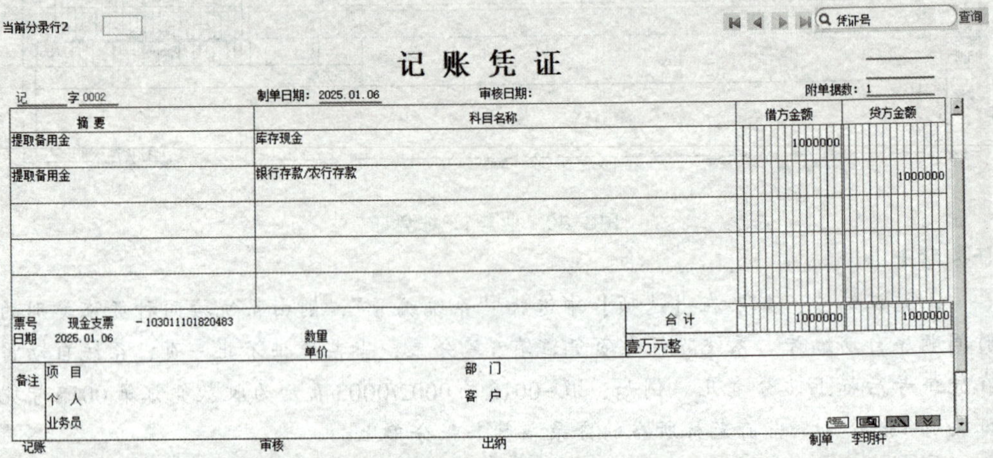

图3-32　业务2凭证

任务贴士：

凭证左上角显示光标所在分录行行号，用户可以录入需要定位凭证分录行行号，回车后光标即可显示在目标分录行上。用户也可以直接将光标定位到需要的分录行上。例如，图3-32中的“当前分录行2”，就是指光标定位在第二行分录上，这时候就能显示出银行存款/农行存款的结算方式等辅助项信息。如果光标没有定位在第二行分录上，银行存款/农行存款的结算方式等辅助项信息就会被隐藏。

3.业务3凭证的填制（部门辅助项）

操作步骤：

（1）单击“增加”按钮，参照业务3原始单据进行填制。在选择“660202 管理费用/办公费”后，按回车键，系统弹出“辅助项”对话框，部门选择“财务部”，如图3-33所示。

图3-33　部门辅助项

（2）由于李明轩疏忽，将“660202 管理费用/办公费”金额输入为“10 000”，“1001 库存现金”贷方金额用“=”键自动得出“10 130”。全部信息输入后单击“保存”按钮，完成业务3凭证的填制，结果如图3-34所示。

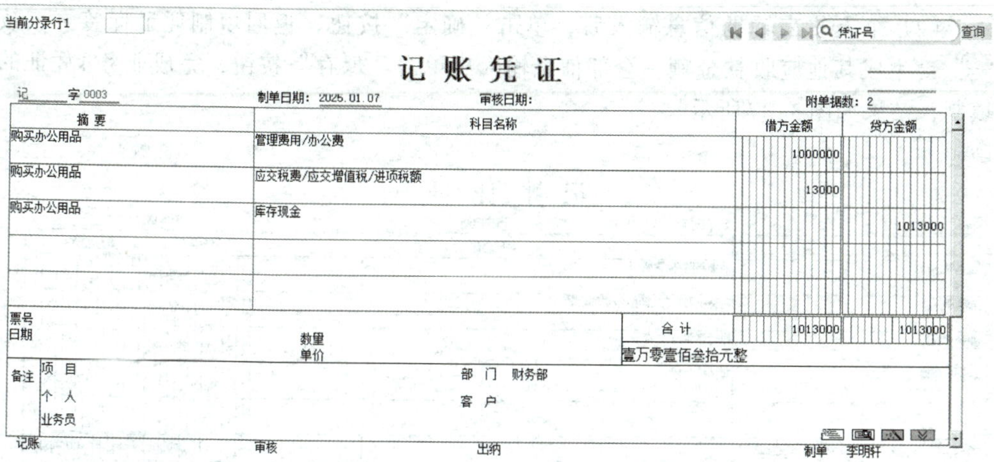

图3-34　业务3凭证

任务贴士：

①在金额处按“=”键，系统将根据借贷方差额自动计算此笔分录的金额。

②如果要查询辅助核算信息，需要定位到辅助项科目所在行，此时辅助信息就会显示在相应的位置上，如果需要修改，按“Ctrl+S”键打开辅助项对话框，直接修改即可。

③原始单据金额应是1 000元，此处金额输入10 000元是为了后面学习修改凭证的方法。

4.业务4凭证的填制（个人辅助项和结算方式辅助项）

（1）单击“增加”按钮，参照业务4原始单据进行填制。当选择“100201银行存款/农行存款”后，按回车键，系统弹出“辅助项”对话框，按照原始单据输入相关信息，如图3-35所示。当选择“1221其他应收款”后，按回车键，系统弹出“辅助项”对话框，按照原始单据输入相关信息，如图3-36所示。

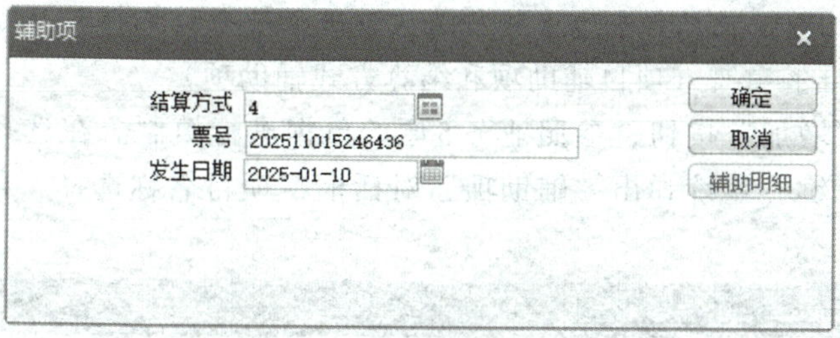

图3-35　业务4结算方式辅助项

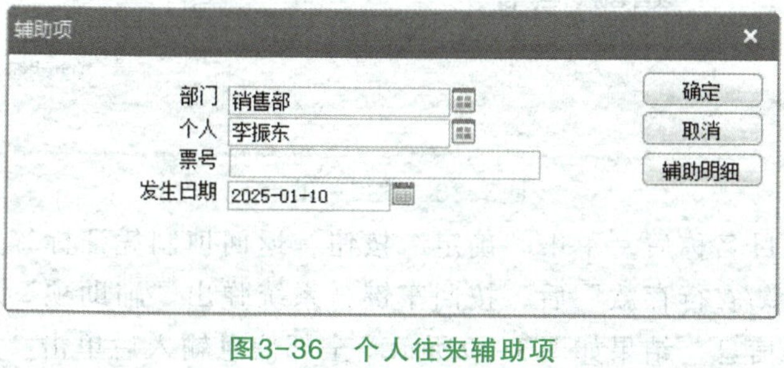

图3-36　个人往来辅助项

（2）个人往来辅助信息输入后，单击“确定”按钮，返回填制凭证标签页，按“=”键生成其他应收款金额。全部信息输入后单击“保存”按钮，完成业务4凭证的填制，结果如图3-37所示。

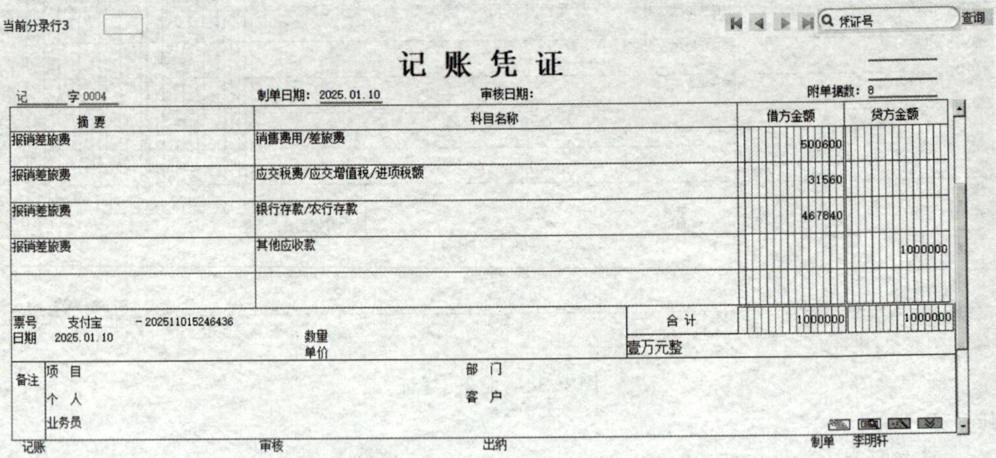

图3-37　业务4凭证

任务贴士：

本业务进项税金额为315.6元（109.8×2+96）。根据《财政部 税务总局 海关总署关于深化增值税改革有关政策的公告》（财政部 税务总局 海关总署公告2019年第39号），自2019年4月1日起，纳税人购进国内旅客运输服务，其进项税额允许从销项税额中抵扣。具体抵扣方式如下：取得增值税专用发票，以发票上注明的税额为进项税额；取得增值税电子普通发票，为发票上注明的税额；取得注明旅客身份信息的航空运输电子客票行程单，航空旅客运输进项税额为（票价 + 燃油附加费）÷（1 + 9%）×9%。2024年国家税务总局、中国民航局第9号文落地，自2024年12月1日起，企业收到电子发票（航空运输电子客票行程单）或数电发票（增值税专用发票），都可以通过增值税抵扣平台直接勾选认证进行进项税抵扣。

5.业务5凭证的填制（项目辅助项和结算方式辅助项）

（1）单击“增加”按钮，参照业务5原始单据进行填制。在选择“1604在建工程”后，按回车键，系统弹出“辅助项”对话框，项目名称选择“1号厂房”，如图3-38所示。

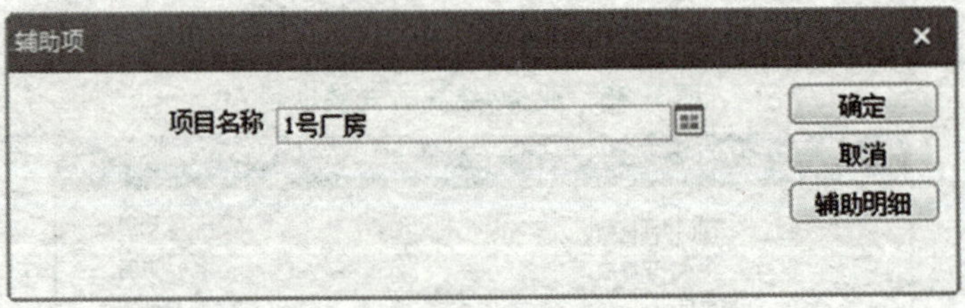

图3-38　项目辅助项

（2）选择项目名称后，单击“确定”按钮，返回填制凭证标签页，在选择科目“100201银行存款/农行存款”后，按回车键，系统弹出“辅助项”对话框，按照原始单据填入相关信息，结果如图3-39所示。全部信息输入后单击“保存”按钮，完成业务5凭证的填制，结果如图3-40所示。

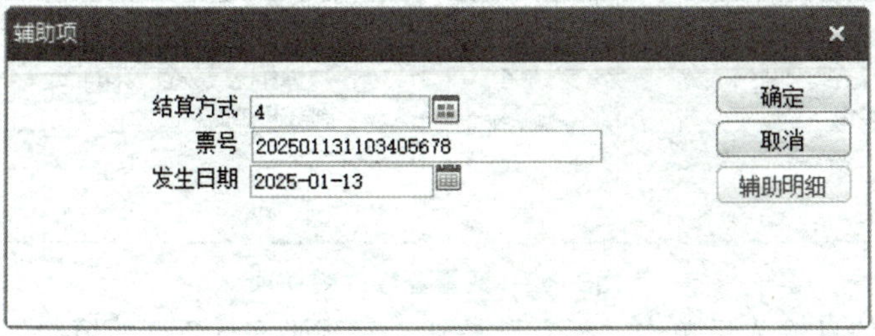

图3-39　业务5结算方式辅助项

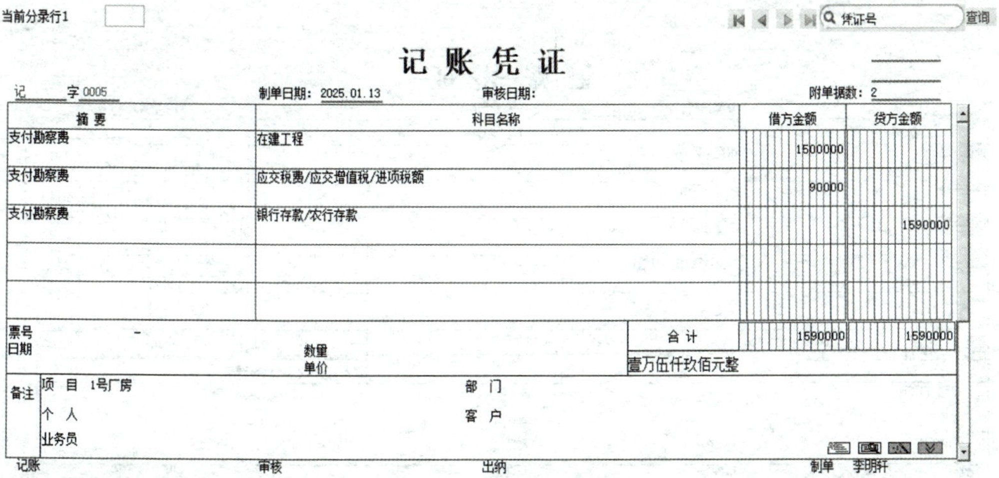

图3-40　业务5凭证

6. 业务6凭证的填制（数量金额式辅助项和结算方式辅助项）

（1）单击“增加”按钮，参照业务6原始单据进行填制。在选择科目“100201 银行存款/农行存款”后，按回车键，系统弹出“辅助项”对话框，按照原始单据输入相关信息，如图3-41所示。在选择“6001 主营业务收入”后，按回车键，系统弹出“辅助项”对话框，根据原始单据输入数量“2”，单价“9 000”，项目名称“基站发射机”，如图3-42中的左图所示。在“辅助项”对话框单击“确定”按钮，系统自动计算金额并出现在借方，按空格键将借方金额调整为贷方金额。再次选择“6001 主营业务收入”后，按回车键，系统弹出“辅助项”对话框，根据原始单据输入数量“100”，单价“200”，项目名称“路由器”，如图3-42中的右图所示。单击“确定”按钮，按空格键将借方金额调整为贷方金额。

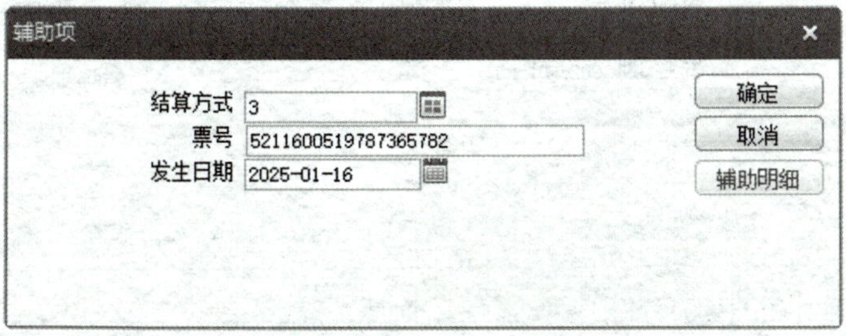

图3-41　业务6结算方式辅助项

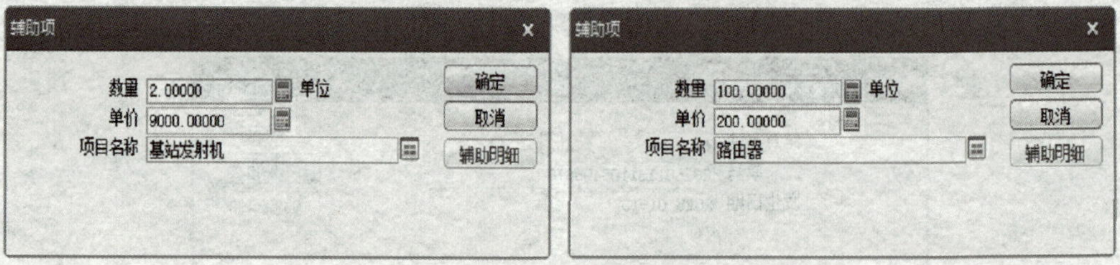

图3-42 数量金额式辅助项

（2）全部信息输入后单击“保存”按钮，完成业务6凭证的填制，结果如图3-43所示。

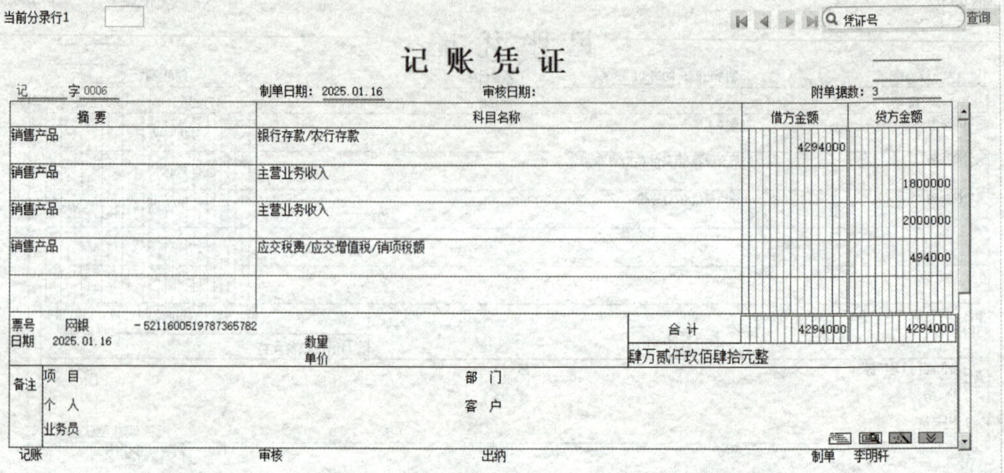

图3-43 业务6凭证

任务贴士：

可按空格键实现发生额在借贷方之间的切换。

7.业务7凭证的填制（外币核算和结算方式辅助项）

单击“增加”按钮，参照业务7原始单据进行填制。在选择“100202 银行存款/中行存款”后，按回车键，系统弹出“辅助项”对话框，按照原始单据输入相关信息，如图3-44所示。系统自动给出外币汇率，在原币金额处输入“100 000”美元，按回车键，系统自动计算出人民币金额。全部信息输入后单击“保存”按钮，完成业务7凭证的填制，结果如图3-45所示。

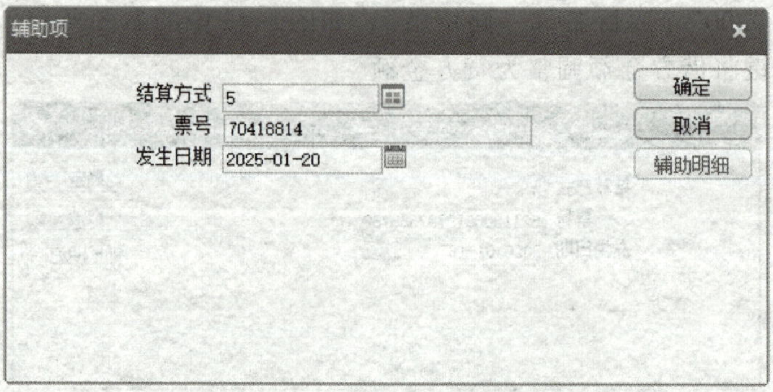

图3-44 业务7结算方式辅助项

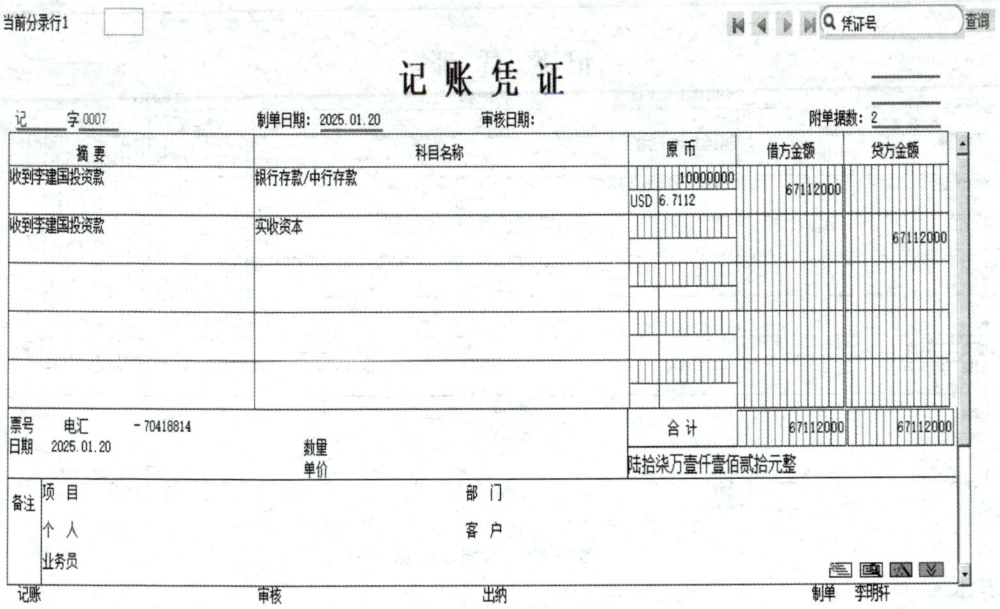

图3-45　业务7凭证

任务贴士：

基础档案的“外币设置”为“固定汇率”，1月份汇率是“6.7112”，所以填制凭证时，系统自动带出。

8. 业务8凭证的填制（红字金额和结算方式辅助项）

单击“增加”按钮，参照业务8原始单据进行填制。在选择“100201银行存款/农行存款”后，按回车键，系统弹出“辅助项”对话框，按照原始单据输入相关信息，如图3-46所示。在选择“66030201财务费用/利息/利息收入”后，按回车键，光标定位在借方金额编辑栏，按“=”键，系统自动计算金额并用红字表示，全部信息输入后单击“保存”按钮，完成业务8凭证的填制，结果如图3-47所示。

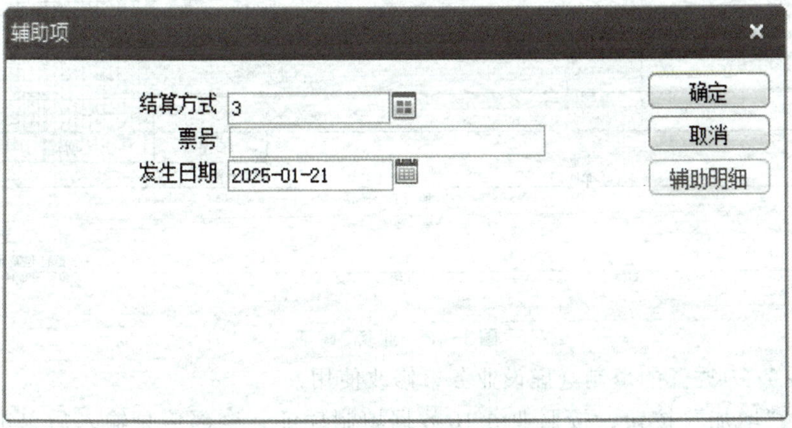

图3-46　业务8结算方式辅助项

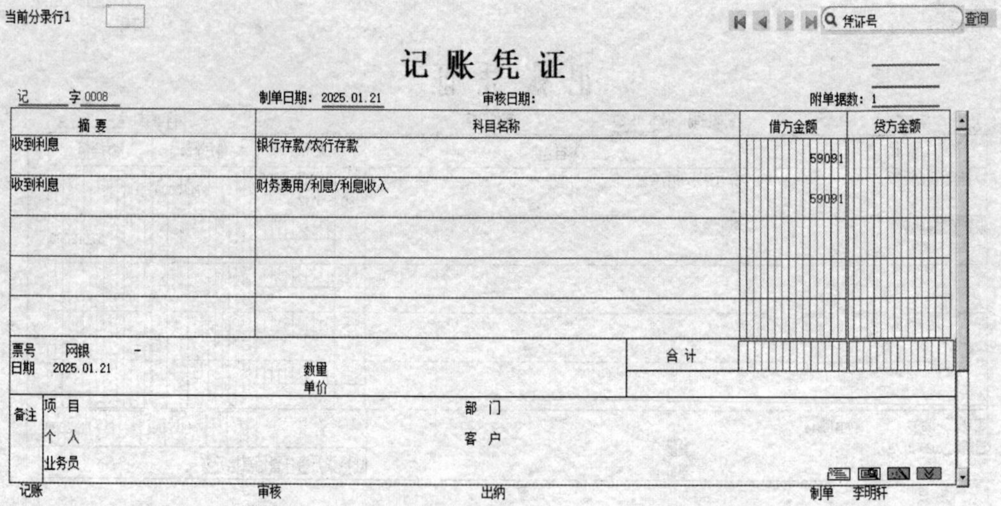

图3-47　业务8凭证

任务贴士：

①因为编制利润表时，费用类账户一般取其借方发生额，为避免报表取数错误，此处将“财务费用”贷方发生额调整到借方以红字表示。

②红字金额以负数形式输入。此处输入财务费用金额的操作方法有两种：一种为在借方直接按“=”键；另一种为输入“-590.91”。

9.业务9凭证的填制（虚设业务，删除使用）

单击“增加”按钮，按照业务9数据填制凭证，全部信息输入后单击“保存”按钮，完成业务9凭证的填制，结果如图3-48所示。

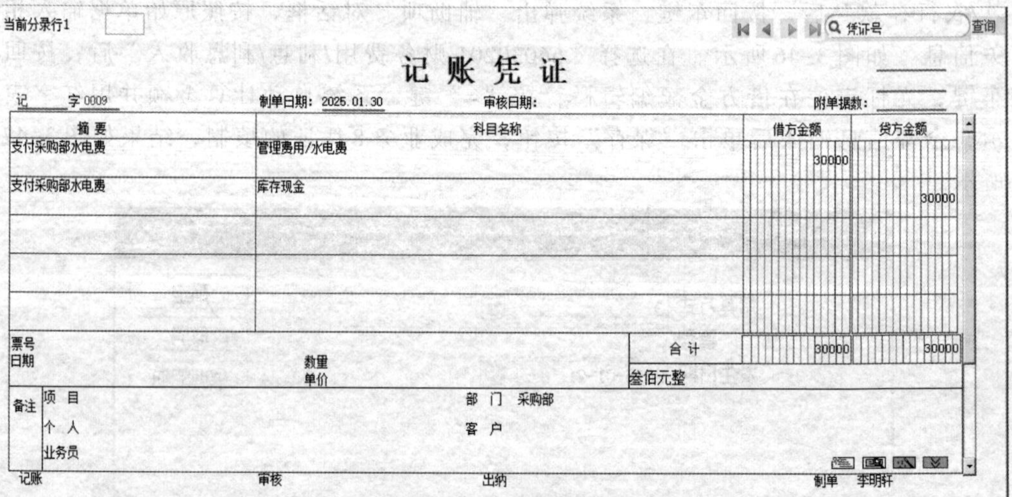

图3-48　业务9凭证

10.业务10凭证的填制（虚设业务，修改使用）

单击“增加”按钮，按照业务10数据填制凭证，全部信息输入后单击“保存”按钮，完成业务10凭证的填制，结果如图3-49所示。

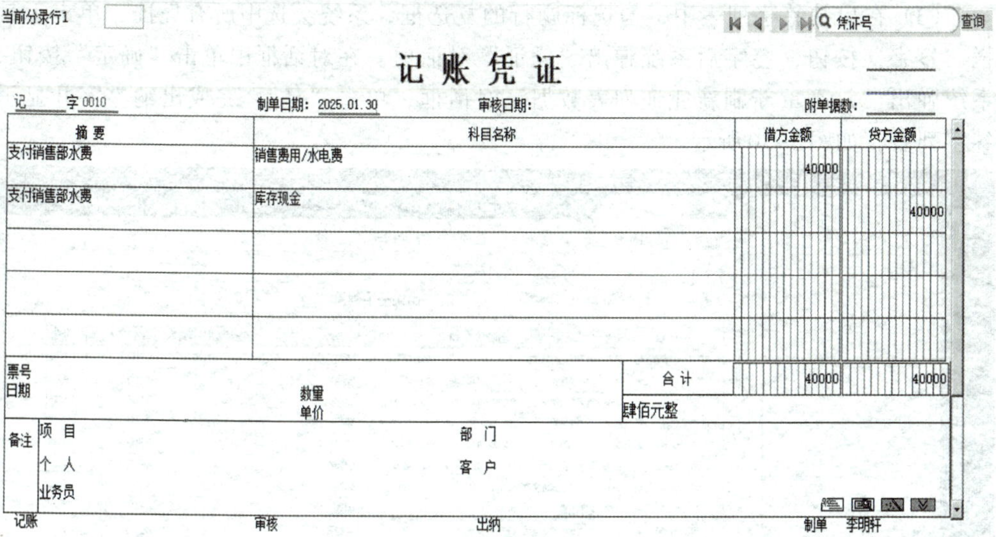

当前分录行1　　　　　　　　　　凭证号　查询

记账凭证

记　字 0010　　制单日期：2025.01.30　　审核日期：　　附单据数：

摘要	科目名称	借方金额	贷方金额
支付销售部水费	销售费用/水电费	40000	
支付销售部水费	库存现金		40000
票号 日期　数量 单价	合计	40000	40000
	肆佰元整		

备注　项目　　部门
个人　　客户
业务员

记账　　审核　　出纳　　制单　李明轩

图3-49　业务10凭证

任务四　审核记账凭证

[任务内容]

1月31日，对1月份记账凭证进行签字和审核：

1. 对涉及库存现金、银行存款的记账凭证进行出纳签字。

2. 对所有凭证进行审核，发现3号记账凭证金额错误，进行标错处理，其他凭证进行审核签字。

教学视频3-6

保证数据准确性——凭证的审核

[任务要求]

1. 出纳孙丹丹对涉及库存现金、银行存款余额变动的记账凭证进行签字。

2. 账套主管王志强对所有凭证进行审核签字。

[工作示范]

1. 出纳签字

操作步骤：

（1）以出纳“孙丹丹（04）”身份，操作日期“2025-01-31”，登录企业应用平台。

（2）单击“总账”/“凭证”/“出纳签字”，打开“出纳签字”对话框，不需要修改默认值，直接单击“确定”按钮，打开“出纳签字列表”标签页。

实训视频3-4

审核凭证操作演示

（3）在出纳签字列表中，勾选标题行的复选框，系统会选中所有凭证，单击工具栏“签字”按钮，签字后系统弹出“凭证”对话框。在对话框中单击“确定”按钮，系统弹出“是否重新刷新凭证列表数据”对话框，单击“是”，完成出纳签字并显示签字列表，如图3-50所示。

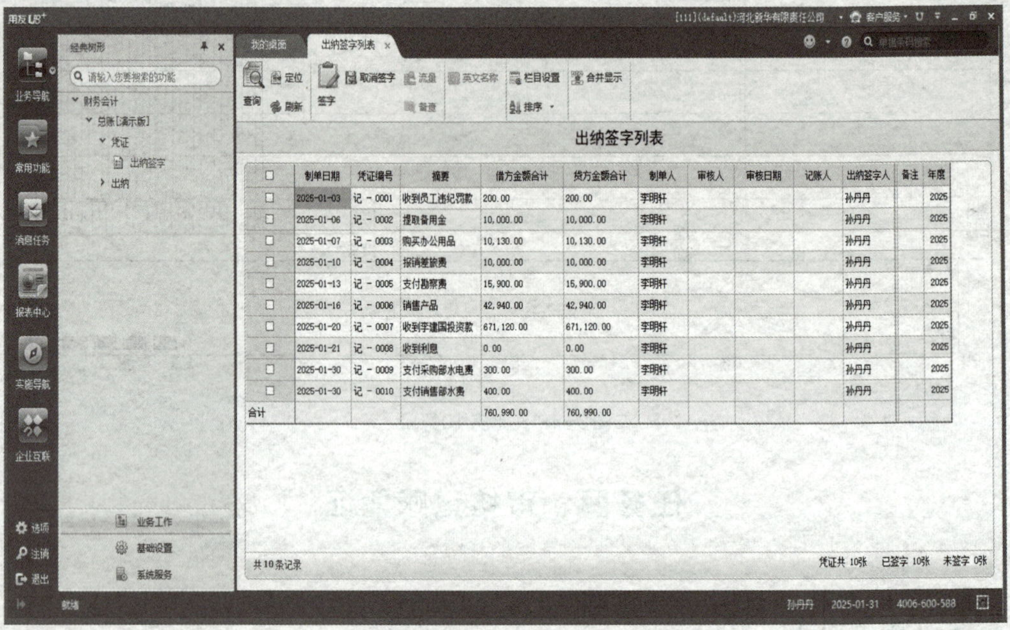

图3-50 出纳签字后凭证列表

任务贴士：

①也可以在“出纳签字列表”中双击要签字的凭证，进入“出纳签字”标签页，检查无误后单击“签字”按钮，此时凭证下方出纳处显示当前操作员姓名，表示这张凭证出纳已签字。

②只有指定为现金科目和银行科目的凭证才需要出纳签字。

③凭证一经签字，就不能被修改、删除，只有取消签字后才能进行修改或删除。

④若想对已签字的凭证取消签字，单击“取消”按钮即可。取消签字只能由出纳自己进行。

⑤出纳签字并非审核凭证的必要步骤。若在设置总账参数时，不选择“出纳凭证必须经由出纳签字”选项，则可以不执行“出纳签字”程序。

2.审核凭证

操作步骤：

（1）以账套主管“王志强（01）”身份，操作日期“2025-01-31”，登录企业应用平台。

（2）单击“总账”/“凭证”/“审核凭证”，打开“凭证审核”对话框，不需要修改默认值，直接单击“确定”按钮，打开“凭证审核列表”标签页。经过检查，发现0003号凭证，7日购买办公用品金额错误。对此业务进行勾选，单击工具栏“标错”按钮，系统弹出“填写凭证错误原因”对话框，在文本框中输入“金额填写错误！”如图3-51所示。

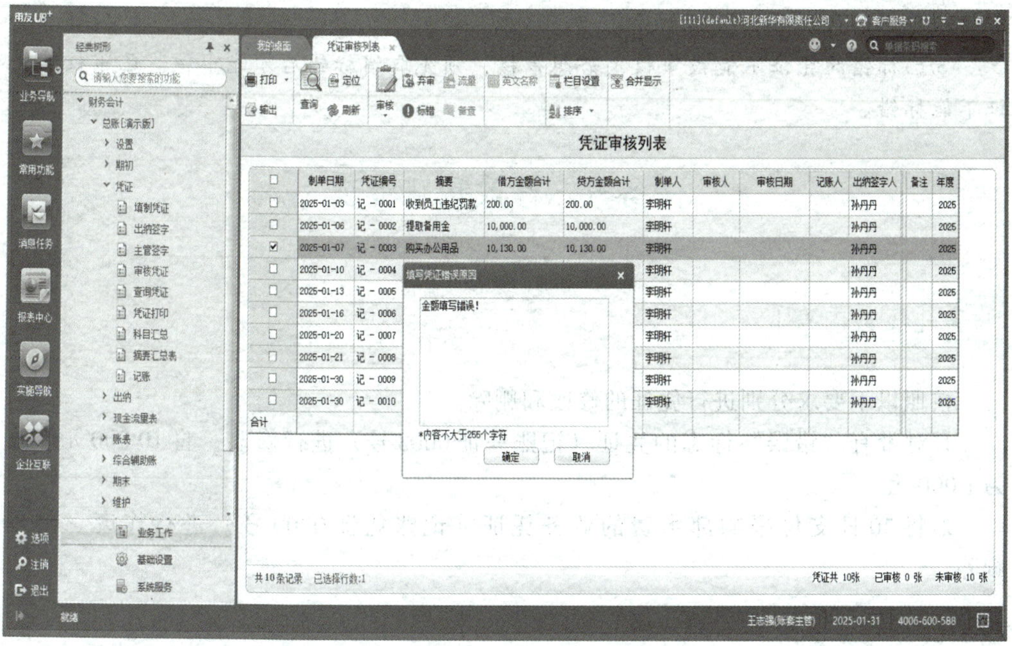

图3-51　审核标错

（3）在对话框中单击“确定”按钮，刷新列表。选择其他凭证进行审核，审核后如图3-52所示。

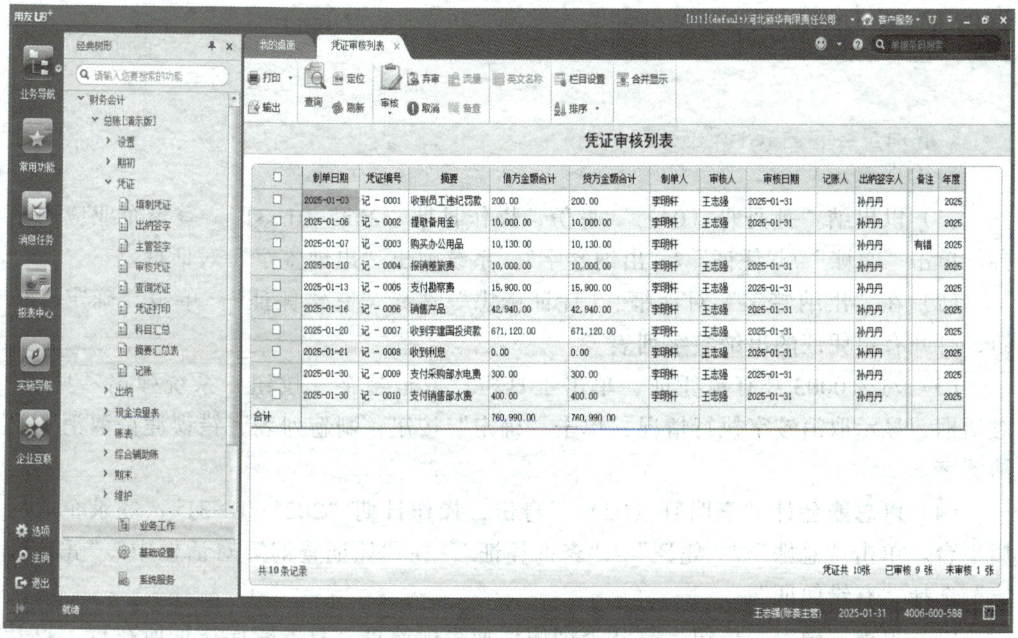

图3-52　审核后凭证列表

任务贴士：

①凭证一经审核，就不能被修改、删除，只有取消审核签字后才能进行修改或删除。

②若想对已审核的凭证取消审核，单击“取消”按钮即可。取消审核签字只能由

审核人自己进行。

③已标错的凭证不能被审核，若想审核，须先取消标错后才能审核。已审核的凭证不能标错。

任务五 修改记账凭证

[任务内容]

教学视频3-7

有错就改——凭证的修改

按照以下要求分别进行凭证的修改和删除。

1.对带有“错误”标志的凭证（记账凭证0003号）进行修改，将10 000元修改为1 000元。

2.将30日支付采购部水费的业务凭证（记账凭证0009号）进行作废、整理删除。

[任务要求]

总账会计李明轩进行凭证的修改和删除，出纳和账套主管配合工作。

[工作示范]

实训视频3-5

修改和删除凭证操作演示

1.取消签字再直接修改凭证

操作步骤：

（1）以出纳“孙丹丹（04）”身份，操作日期“2025-01-31”，登录企业应用平台。单击“总账”/“凭证”/“出纳签字”，系统弹出“出纳签字”对话框。

（2）在“出纳签字”对话框，“凭证标志”选择“有错凭证”。单击“确定”按钮，打开有错凭证的出纳签字列表。

（3）勾选0003号有错凭证，单击工具栏“取消签字”按钮，系统弹出“凭证”对话框，显示取消签字执行情况，单击“确定”按钮，刷新列表，错误凭证取消了出纳签字。

（4）以总账会计“李明轩（02）”身份，操作日期“2025-01-31”，登录企业应用平台。单击“总账”/“凭证”/“查询凭证”，在“凭证查询”对话框中，“凭证标志”选择“有错凭证”。

（5）单击“确定”按钮，打开查询凭证列表标签页，双击错误凭证所在行，打开错误凭证。

（6）单击工具栏“修改”按钮，对金额进行修改，修改后保存凭证，结果如图3-53所示。

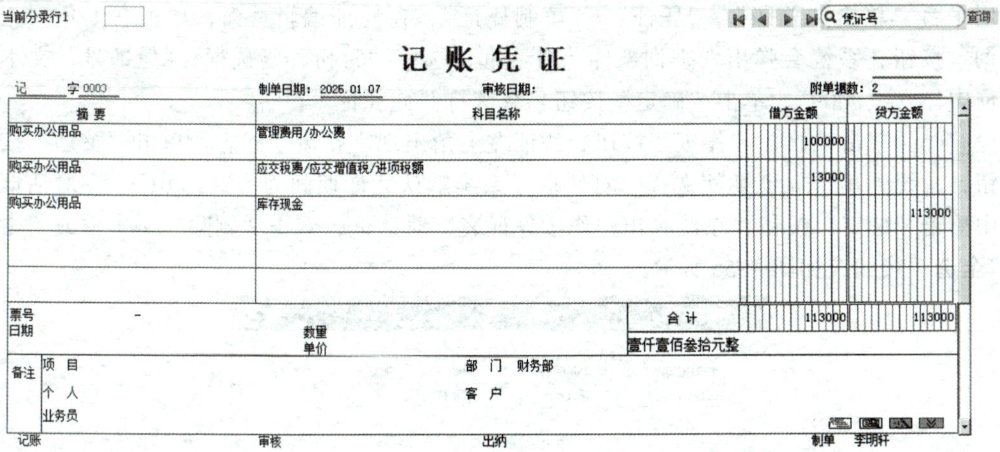

图3-53　修改凭证

（7）以出纳“孙丹丹（04）”身份，操作日期“2025-01-31”，登录企业应用平台，对修改后的凭证进行出纳签字。以账套主管“王志强（01）”身份，操作日期“2025-01-31”，登录企业应用平台，对修改后的凭证进行审核。

2.作废并整理删除凭证

操作步骤：

（1）以出纳“孙丹丹（04）”身份，操作日期“2025-01-31”，登录企业应用平台，取消0009号凭证（30日支付采购部水费的凭证）的出纳签字。

（2）以账套主管“王志强（01）”身份，操作日期“2025-01-31”，登录企业应用平台，单击“总账”/“凭证”/“审核凭证”，在“凭证审核”对话框中，选中“月份”复选框，“凭证号”文本框中输入“0009”，如图3-54所示。单击“确定”按钮。

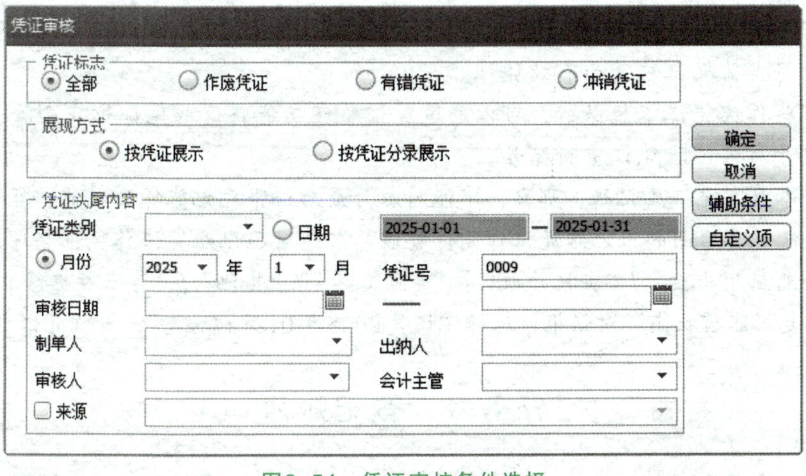

图3-54　凭证审核条件选择

（3）打开凭证审核列表标签页，选中此凭证，单击工具栏“弃审”按钮，取消审核并刷新列表。

（4）以总账会计“李明轩（02）”身份，操作日期“2025-01-31”，登录企业应用用平台，单击“总账”/“凭证”/“填制凭证”，在凭证编辑页面，单击右上角“查询”按钮，系统会弹出“查询条件”对话框，选中“月份”复选框，“凭证号”文本框中输入“0009”，单击“确定”按钮，系统打开此凭证。

（5）单击工具栏“作废”按钮，凭证左上角出现“作废”标志。单击“整理”按钮，系统弹出“凭证期间选择”对话框，系统默认凭证期间为“2025.01”。在对话框中单击“确定”按钮，系统弹出“作废凭证表”对话框，双击“删除”文本框或单击“全选”按钮，如图3-55所示。

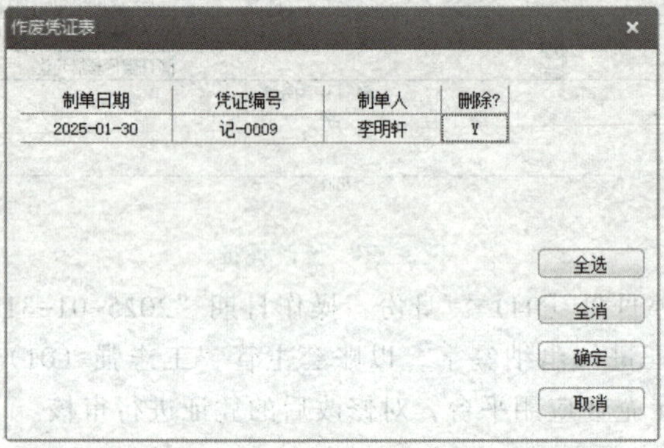

图3-55 选择作废凭证

（6）单击“确定”按钮，系统弹出“提示”对话框，选择“按凭证号重排”，单击“是”，系统弹出“是否还需整理凭证断号”对话框，单击“是”，完成采购部支付水费凭证的作废和整理删除。

任务贴士：

①作废凭证仍保留凭证内容及凭证编号，只在凭证左上角显示“作废”字样。

②作废凭证不能修改，不能审核。在记账时，不对作废凭证进行数据处理，相当于一张空凭证。在账簿查询时，也查不到作废凭证的数据。

③若当前凭证已作废，用鼠标单击工具栏上的“作废/恢复”按钮，可取消作废标志，并将当前凭证恢复为有效凭证。

④有些作废凭证不想保留，可以通过凭证整理功能将这些凭证彻底删除，并利用留下的空号对未记账凭证重新编号。

⑤若本月有凭证已记账，那么，不能对本月最后一张已记账凭证之前的凭证作凭证整理，只能对其后面的未记账凭证作凭证整理。若想对已记账凭证作凭证整理，需要先通过“企业应用平台”/“实施导航”/“实施工具”/“其他”/“总账数据修正”功能，打开“恢复记账前状态”对话框，选择“恢复2025年01月初状态”，再作凭证整理。

任务六 登记账簿

教学视频3-8

为你点赞——凭证的记账

[任务内容]

1. 对所有的凭证进行记账。

2.将1月30日支付销售部水费的业务凭证进行红字冲销。

[任务要求]

总账会计李明轩进行凭证记账和红字冲销操作。

[工作示范]

1.对所有凭证进行记账

实训视频3-6

凭证记账操作演示

操作步骤：

（1）以总账会计“李明轩（02）”身份，操作日期“2025-01-31”，登录企业应用平台。单击“总账”/“凭证”/“记账”按钮，打开“记账”对话框，如图3-56所示。单击“记账”按钮。

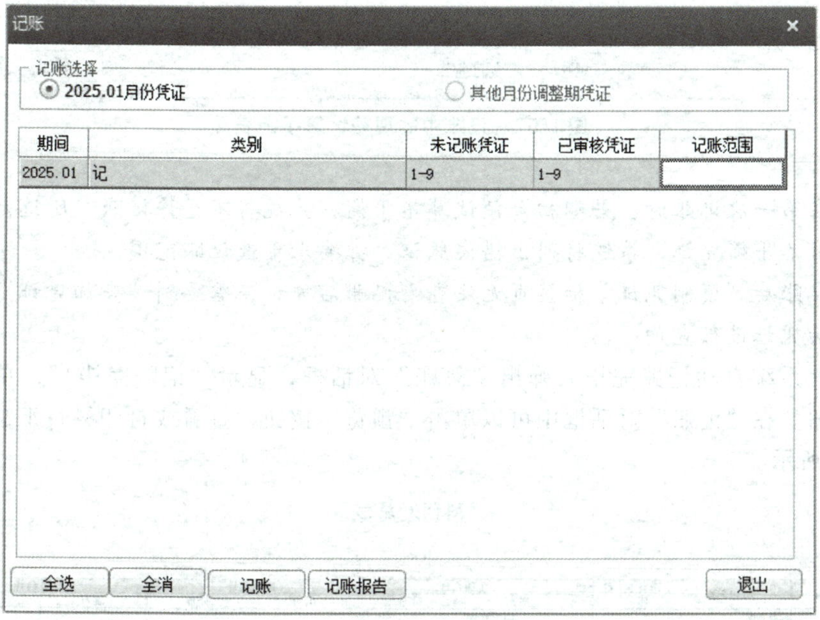

图3-56　记账

任务贴士：

①记账范围：选择记账范围，可输入连续编号范围，如“1-4”表示1号至4号凭证；也可输入不连续编号，如“5，6，9”，表示第5号、第6号、第9号凭证为此次要记账的凭证。如果不选择范围，系统将对所有凭证进行记账。

②在记账过程中，不得中断退出。

（2）第一次记账过程中会出现“期初试算平衡表”，如图3-57所示。单击“确定”按钮，系统开始自动记账。

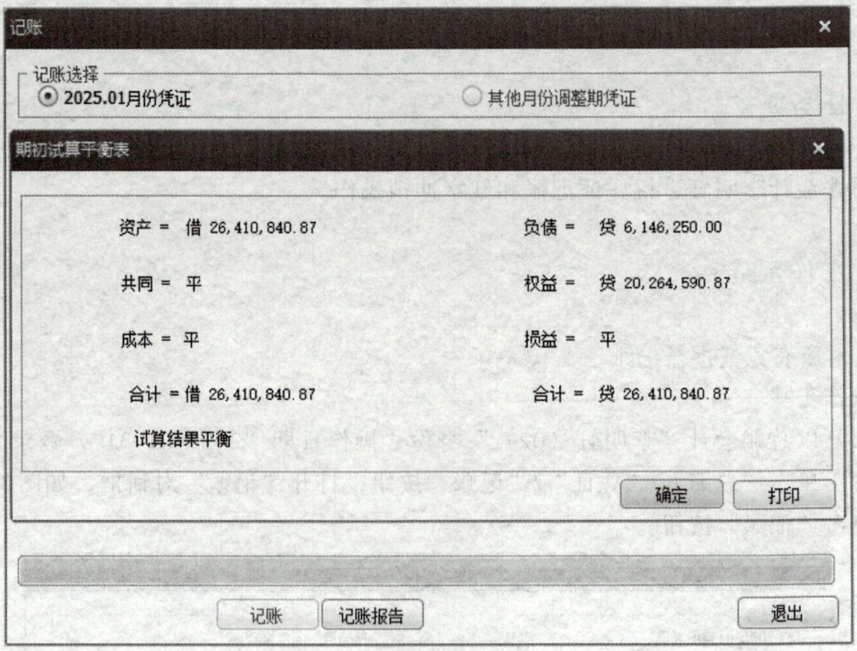

图3-57 记账中的期初试算平衡表

任务贴士：

①在第一次记账时，若期初余额试算不平衡，系统将不允许记账。所选范围内的凭证如有不平衡凭证，系统将列出错误凭证，并要求重选记账范围。

②记账后“填制凭证”标签页无法查看记账后凭证，需要到“查询凭证”标签页对记账后凭证进行查询。

（3）系统自动记账完毕，弹出“总账”对话框，显示“记账完毕!”，单击“确定”按钮。在“记账”对话框中可以单击“预览”按钮，查看或打印科目汇总表，如图3-58所示。

科目汇总表

凭证张数：9

科目编码	科目名称	币种名称	数量单位	金额合计		原币合计		数量合计	
				借方	贷方	借方	贷方	借方	贷方
1001	库存现金			10,200.00	1,530.00				
1002	银行存款			719,329.31	25,900.00	100,000.00			
100201	农行存款			48,209.31	25,900.00				
100202	中行存款	美元		671,120.00		100,000.00			
1221	其他应收款				10,000.00				
1604	在建工程			15,000.00					
2221	应交税费			1,345.60	4,940.00				
222101	应交增值税			1,345.60	4,940.00				
22210101	进项税额			1,345.60					
22210107	销项税额				4,940.00				
4001	实收资本				671,120.00				
6001	主营业务收入		单位		38,000.00				102.00000
6301	营业外收入				200.00				
6601	销售费用			5,406.00					
660101	水电费			400.00					
660103	差旅费			5,006.00					
6602	管理费用			1,000.00					
660202	办公费			1,000.00					
6603	财务费用			-590.91					
660302	利息			-590.91					
66030201	利息收入			-590.91					
合计				751,690.00	751,690.00	100,000.00			102.00000

单位：河北新华有限责任公司　　制表：李明轩　　打印日期：2025-01-31

图3-58 科目汇总表

2. 将1月30日支付销售部水费的业务凭证进行红字冲销

操作步骤：

（1）以总账会计“李明轩（02）”身份登录企业应用平台，单击“查询凭证”，在“凭证查询”对话框，“日期”选择“2025-01-30”至“2025-01-30”，单击“确定”按钮。

（2）系统打开查询凭证列表标签页，双击支付销售部水费业务凭证所在行，系统打开“查询凭证”标签页。

（3）单击工具栏“冲销”按钮，自动生成红字冲销凭证，单击“保存”按钮，结果如图3-59所示。

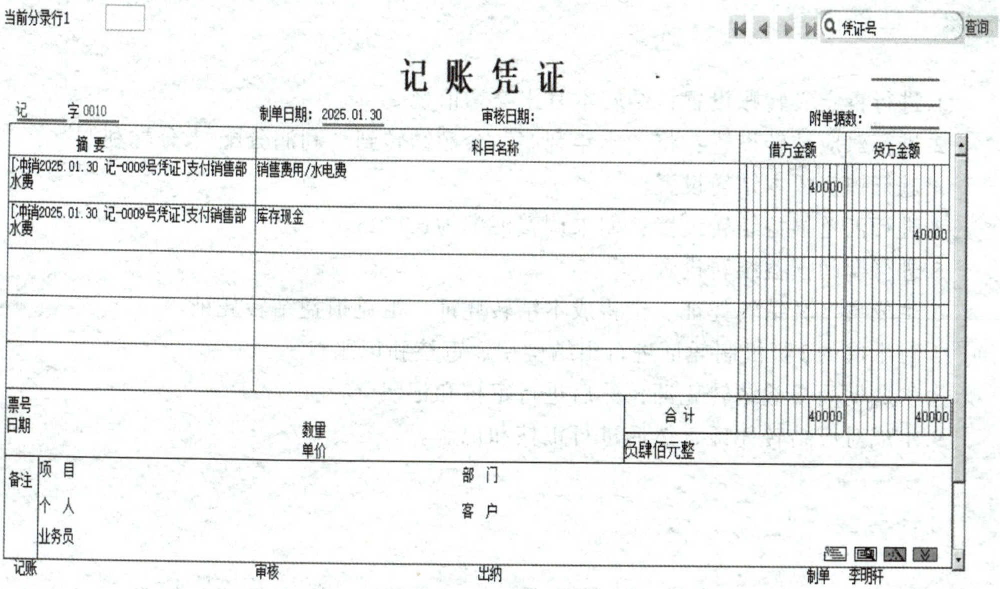

图3-59　红字冲销凭证

任务贴士：

冲销生成的红字凭证，在系统中显示为红色字体。只有在打印时才以负数显示。

（4）以出纳“孙丹丹（04）”身份登录企业应用平台，对红字凭证进行出纳签字。

（5）以账套主管“王志强（01）”身份登录企业应用平台，对红字凭证进行审核。

（6）以总账会计“李明轩（02）”身份登录企业应用平台，对红字凭证进行记账。

教学视频3-9

灵活多样的账簿——多栏账设置和查询

[知识拓展]

账表查询

企业发生的经济业务，经过制单、审核、记账操作以后，就形成了会计账簿。账务处理系统中的账表管理主要包括日记账、总账、明细账、余额表及辅助账的管理。

总账系统提供了强大的查询功能，整个系统还有效地实现了总账、明细账、凭证联查功能。

多栏账是总账系统中一个很重要的功能，用户可以使用本功能设计企业需要的多栏明细账，在以后查询时只需要选择多栏明细账直接查询即可，方便快捷，自由灵活，而且，用户还可以按明细科目自由设置不同样式的多栏账。

任务七　期末自动转账

[任务内容]

教学视频 3-10

月底好忙啊——总账期末业务介绍

教学视频 3-11

分类处理——期末转账定义和机制凭证

1.进行自定义转账设置：结转本月末交增值税。
2.进行对应结转设置：将“本年利润”余额结转到“利润分配/未分配利润”。
3.进行销售成本结转设置。
4.进行汇兑损益结转设置：期末调整汇率为6.7725。
5.进行期间损益结转设置。
6.生成自定义结转凭证、销售成本结转凭证、汇兑损益结转凭证。
7.对生成的3张机制凭证进行出纳签字、审核和记账。
8.生成期间损益结转凭证，然后进行审核和记账。
9.生成对应结转凭证，然后进行审核和记账。

[任务要求]

1.总账会计李明轩按要求进行转账定义和自动转账凭证的生成、记账。
2.出纳孙丹丹进行签字。
3.账套主管负责审核记账凭证。

[工作示范]

实训视频 3-7

转账定义和自动生成转账凭证操作演示

1.自定义转账设置

操作步骤：

（1）以总账会计“李明轩（02）”的身份，操作日期“2025-01-31”，登录企业应用平台，单击“总账”/“期末”/“转账定义”/“自定义转账”，打开“自定义转账”设置窗口。

（2）单击“增加”按钮，打开“转账目录”对话框，转账序号输入“0001”，转账说明输入“结转本月末交增值税”，凭证类别选择“记 记账凭证”，如图3-60所示。

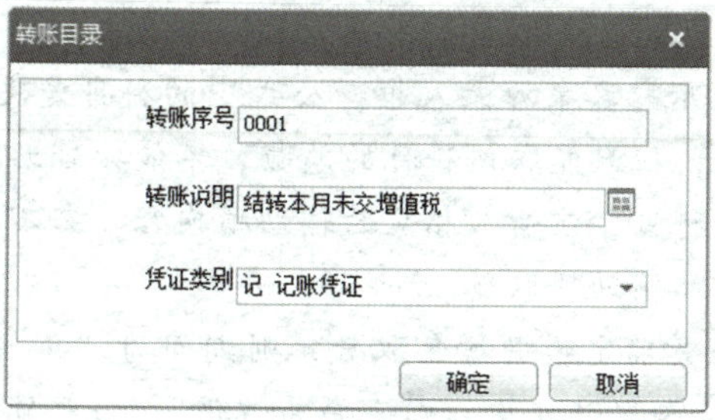

图3-60　转账目录

任务贴士：

转账说明：填写业务凭证的摘要。

（3）单击“确定”按钮，在“自定义转账设置”窗口，单击“增行”按钮，摘要栏系统自动带出，科目选择“22210104 应交税费/应交增值税/转出未交增值税”，方向选择“借”，金额公式设置单击文本框中的选择按钮，系统打开“公式向导”对话框，公式名称选择“贷方发生额”，如图3-61所示。

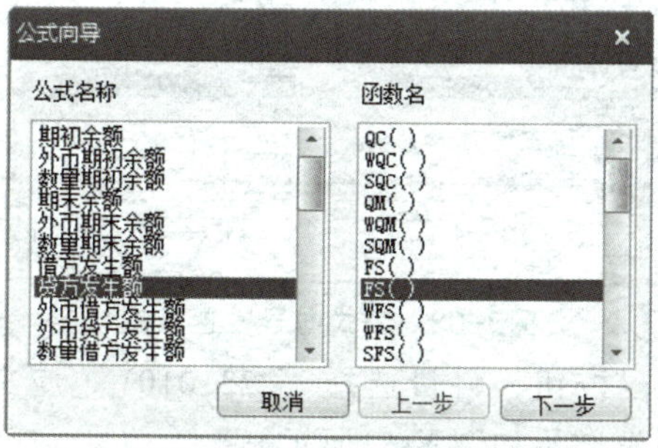

图3-61　公式向导设置（1）

（4）单击“下一步”按钮，科目选择“22210107”应交税费/应交增值税/销项税，方向选择“贷”，勾选“继续输入公式”复选框，运算符选择“-（减）”，设置结果如图3-62所示。

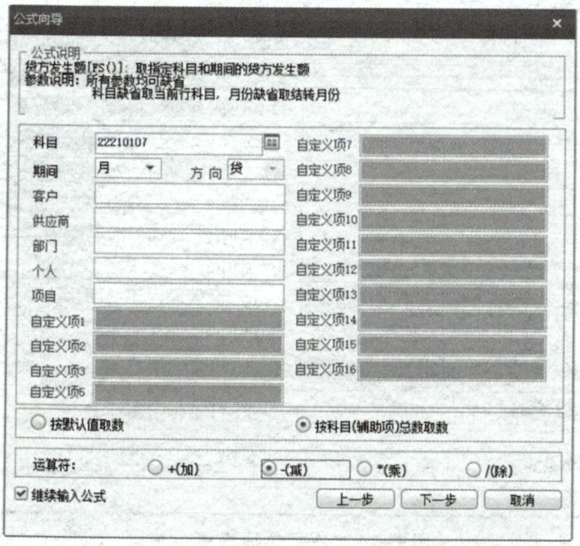

图3-62　公式向导设置（2）

任务贴士：

①账务取数函数显示取数来源录入框，公式中的科目是决定取哪个科目的数据。科目可以为非末级科目，但只能取该科目的总数，不能按辅助项取数。若取数科目有辅助核算，必须为末级科目，应输入相应的辅助项内容。若不输入科目，系统默认按转账分录中定义的科目和辅助项取数。

②期间、方向由函数确定：若按年取数，则期间为“年”；若按月取数，则期间为“月”；若取借方发生或累计发生，则方向为“借”；若取贷方发生或累计发生，则方向为“贷”。

(5) 单击“下一步”按钮，在“公式向导”中的公式名称选择“借方发生额”，如图3-63所示。

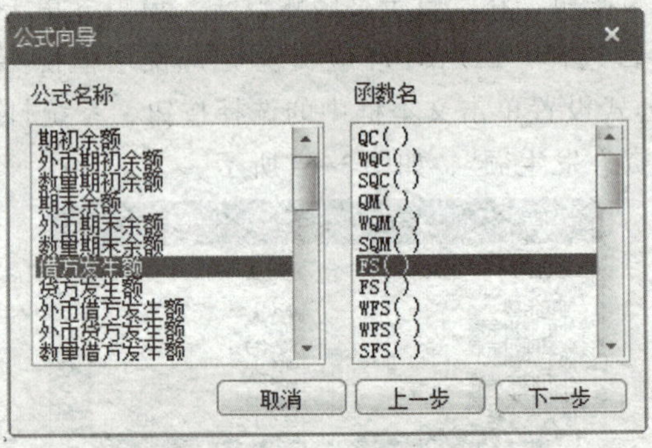

图3-63 公式向导设置（3）

(6) 单击“下一步”按钮，科目选择“22210101” 应交税费/应交增值税/进项税；方向选择“借”，设置结果如图3-64所示。

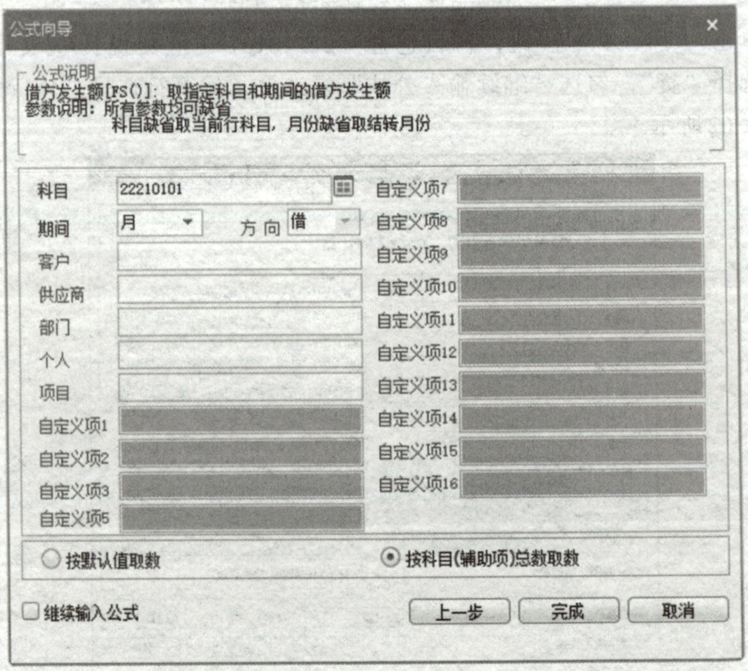

图3-64 公式向导设置完成

（7）单击“完成”按钮，返回自定义转账设置窗口，如图3-65所示。

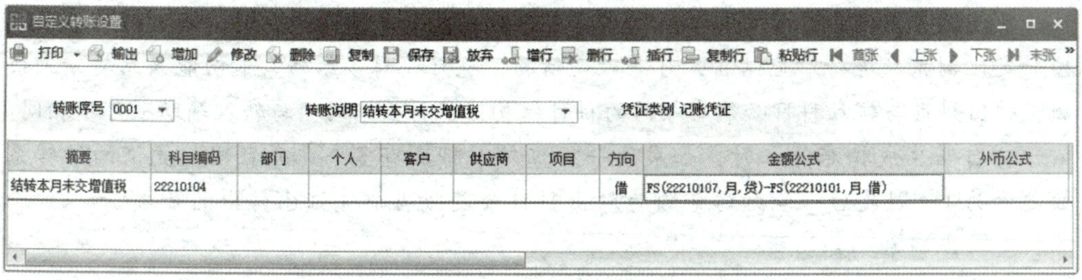

图3-65 借方科目设置完成

（8）单击“增行”按钮，科目编码选择“222102”应交税费/未交增值税，方向选择“贷”，金额公式参照向导设置，公式名称选择“取对方科目计算结果”。设置完成后返回，单击“保存”按钮完成自定义转账设置，结果如图3-66所示。

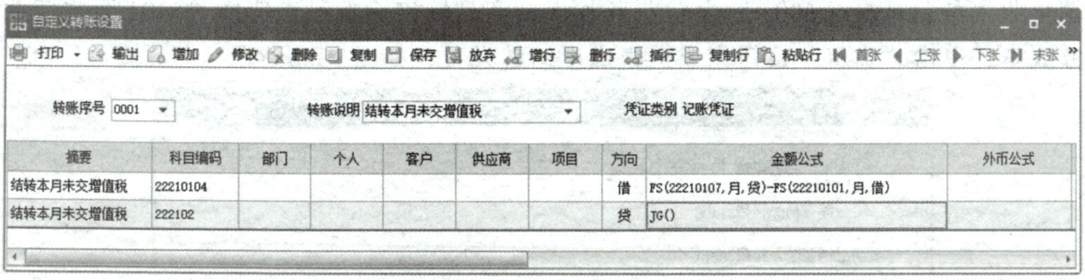

图3-66 自定义转账设置完成

任务贴士：

取对方科目计算结果：输入JG（科目编码）则表示取转账中对方该科目发生数。如果输入“JG（）”，科目编码缺省表示取对方所有科目的金额之和。

2.对应结转设置

操作步骤：

单击“总账”/“期末”/“转账定义”/“对应结转”，打开“对应结转设置”窗口，单击“增加”按钮，编号输入“0001”；摘要输入“结转本年利润”；凭证类别选择“记 记账凭证”；转出科目选择“4103”本年利润。单击“增行”按钮，转入科目选择“410411”利润分配/未分配利润；结转系数输入“1”。单击“保存”按钮完成对应结转设置，如图3-67所示。

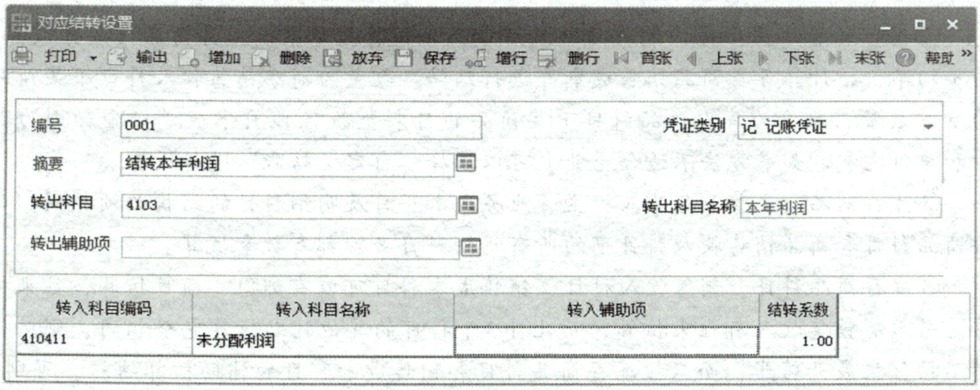

图3-67 对应结转设置

任务贴士：

①当两个或多个会计科目的明细科目及辅助项有一一对应关系时，可进行将其余额按一定比例系数进行对应结转，可一对一结转，也可一对多结转。本功能只结转期末余额。转出科目与转入科目必须有相同的科目结构，但转出辅助项与转入辅助项可不相同。

②自动生成转账凭证时，如果同一凭证转入科目有多个，并且同一凭证的结转系数之和为1，则最后一笔结转金额为转出科目余额减当前凭证已转出的金额。

3.销售成本结转设置

操作步骤：

（1）单击“总账”/“期末”/“转账定义”/“销售成本结转”，打开“销售成本结转设置”对话框。

（2）凭证类别选择“记 记账凭证”，库存商品科目选择“1405”库存商品，商品销售收入科目选择“6001”主营业务收入，商品销售成本科目选择“6401”主营业务成本，单击“确定”按钮完成销售成本结转设置，如图3-68所示。

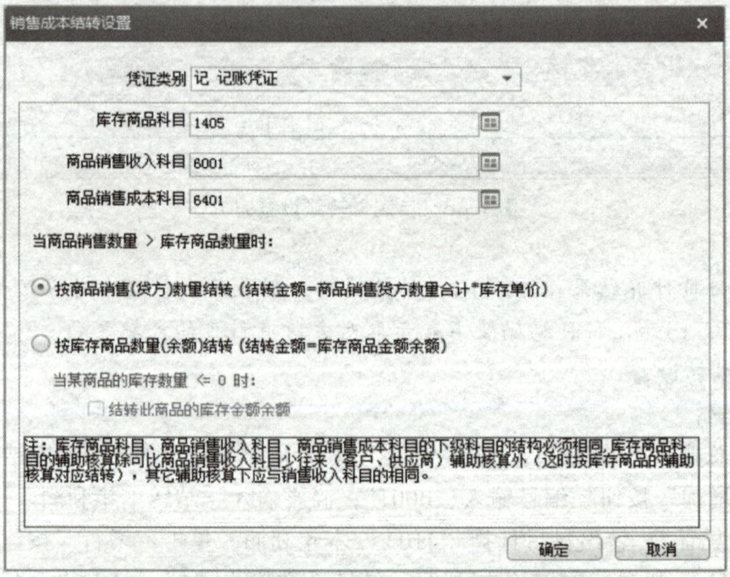

图3-68　销售成本结转

任务贴士：

①销售成本结转：将月末商品（或产成品）销售数量乘以库存商品（或产成品）的平均单价，计算各类商品销售成本并进行结转。数量为商品销售收入科目下某商品的贷方数量；单价为库存商品科目下某商品的月末金额 除以月末数量；金额则为数量和单价之积。如果方法不适合企业，可以选择“自定义转账”进行设置。

②库存商品、主营业务收入、主营业务成本科目及明细科目的结构必须相同。库存商品科目和商品销售收入科目下的所有明细科目必须都有数量核算。

③库存商品科目、销售收入科目、销售成本科目可以有部门、项目核算、往来核算。若只有销售收入有往来核算，而此外3个科目的其他辅助核算完全相同，则结转时不按往来展开转账，而只按库存商品科目和销售成本科目的辅助核算结转，否则3个科目的辅助核算要完全一致。

4. 汇兑损益结转

操作步骤：

单击“总账”/“期末”/“转账定义”/“汇兑损益结转”，打开“汇兑损益结转设置”对话框。汇兑损益入账科目选择“660301”财务费用/汇兑损益，在“是否计算汇兑损益”处双击鼠标打上“Y”，结果如图3-69所示。单击“确定”按钮保存设置。

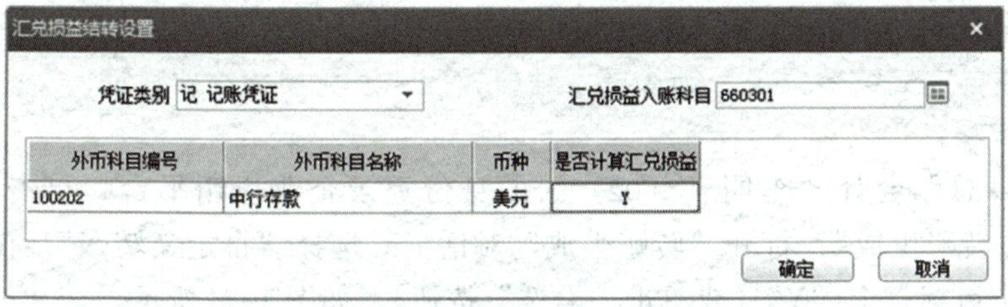

图3-69　汇兑损益结转设置

任务贴士：

①汇兑损益结转用于期末自动计算外币账户的汇兑损益，并在转账生成中自动生成汇兑损益转账凭证，汇兑损益处理以下外币账户：外汇存款户，外币现金，外币结算的各项债权、债务，不包括所有者权益类账户、成本类账户和损益类账户。

②汇兑损益入账科目若有辅助核算，则必须与外币科目的辅助账类一致或少于外币科目的辅助账类，且不能有数量外币核算。

③若启用了应收款管理/应付款管理系统，且在应收款管理/应付款管理系统的选项中选择了“详细核算”，则应在应收款管理/应付款管理系统做汇兑损益，生成凭证并记账。

5. 期间损益结转

操作步骤：

单击“总账”/“期末”/“转账定义”/“期间损益”，打开“期间损益结转设置”对话框。凭证类别选择“记 记账凭证”，本年利润科目选择“4103”本年利润，单击“确定”按钮，完成期间损益结转设置，如图3-70所示。

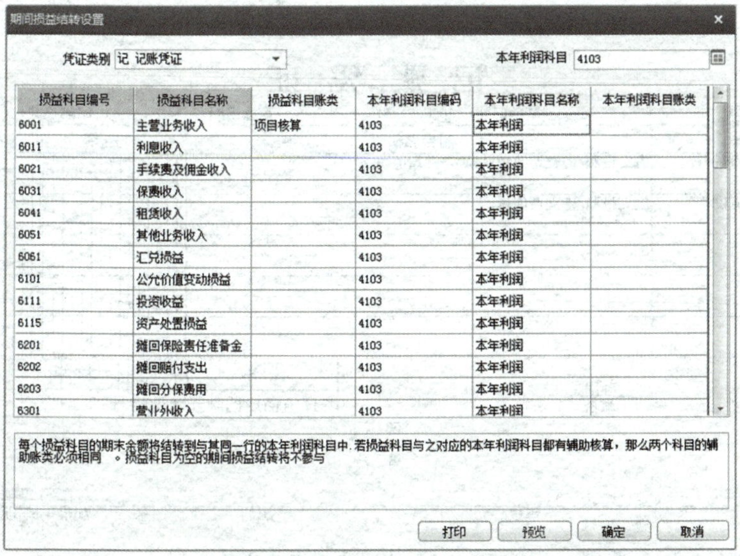

图3-70　期间损益结转设置

任务贴士：

①本年利润科目若有辅助账类，则必须与损益科目的辅助账类一致。

②表格上方的本年利润科目是本年利润的入账科目，如果本年利润科目有下级明细科目，损益科目结转表中的本年利润科目必须为末级科目，并与相应的损益科目对应。

③损益科目结转表中将列出所有的损益科目。若某行不填本年利润科目，则不结转本行损益科目的余额。

6.生成自定义结转凭证、销售成本结转凭证、汇兑损益结转凭证

操作步骤：

（1）以总账会计“李明轩（02）”的身份登录企业应用平台，单击“总账”/“期末”/“转账生成”，打开“转账生成”对话框。选择“自定义转账”，在“是否结转”处双击鼠标打上“Y”（或单击“全选”按钮），如图3-71所示。

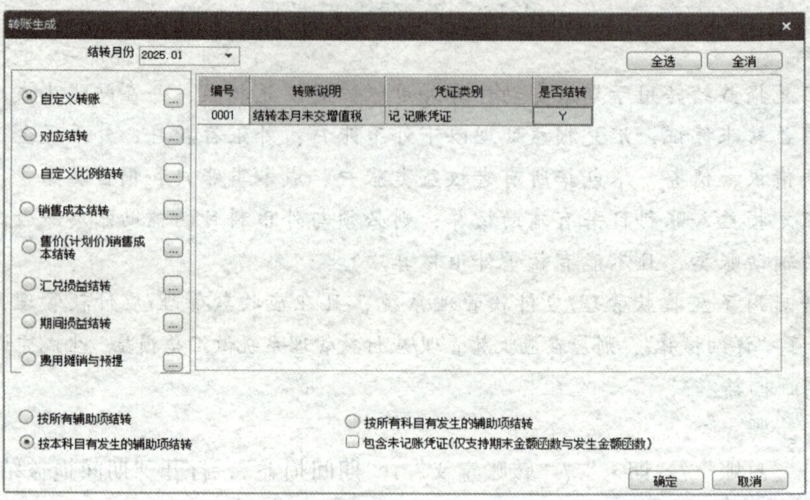

图3-71　自定义转账生成

（2）单击“确定”按钮，系统自动生成机制凭证，单击“保存”，如图3-72所示。

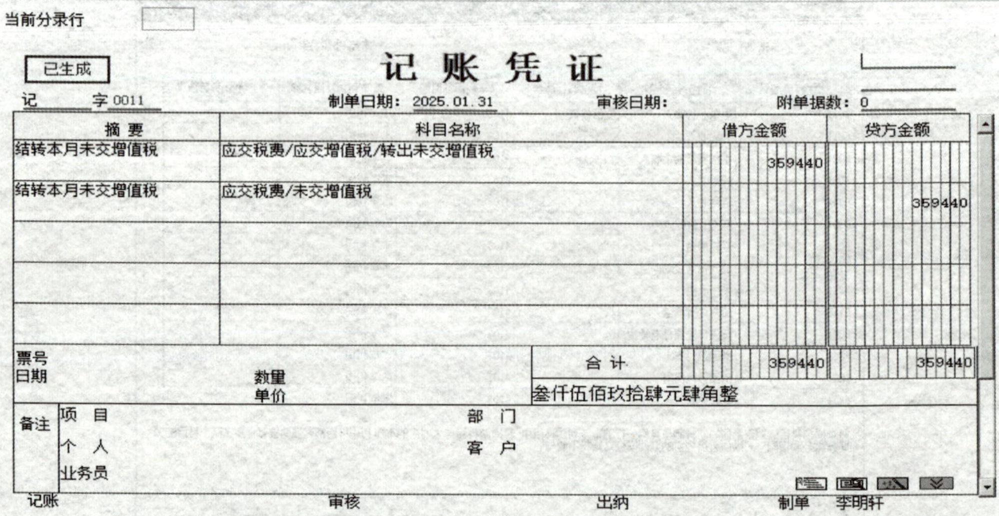

图3-72　结转本月未交增值税凭证

任务贴士：

①若凭证类别、制单日期和附单据数与实际情况略有出入，可直接在当前凭证上进行修改即可。

②由于转账是按照已记账凭证的数据进行计算的，所以在进行月末转账工作之前，必须将所有日常未记账凭证记账，否则，生成的转账凭证数据可能有误。

（3）在“转账生成”对话框中，选择“销售成本结转”，单击“确定”按钮，系统弹出“2025.01月或之前月有未记账凭证，是否继续结转?”对话框，如图3-73所示。

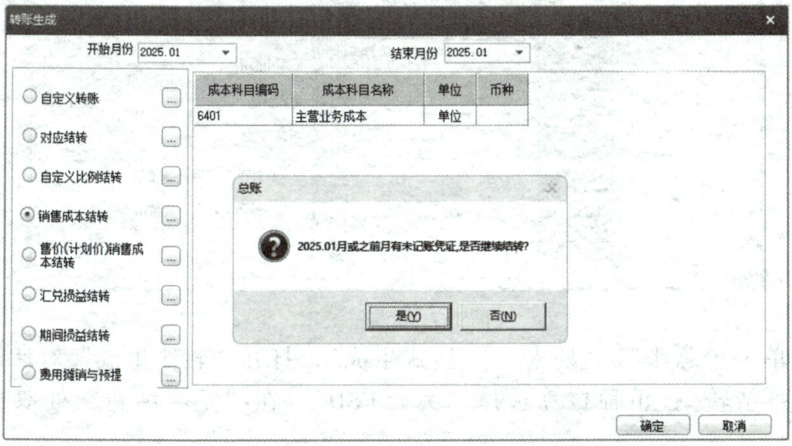

图3-73　销售成本转账生成

任务贴士：

出现“2025.01月或之前月有未记账凭证，是否继续结转?”对话框，是因为结转本月未交增值税凭证没有记账，所以系统给出提示。由于结转销售成本凭证的数据与结转本月未交增值税凭证的数据没有任何关联，所以选择继续结转。

（4）单击“是”按钮，打开“销售成本结转一览表”对话框，单击“确定”按钮，系统自动生成结转凭证，单击“保存”，如图3-74所示。

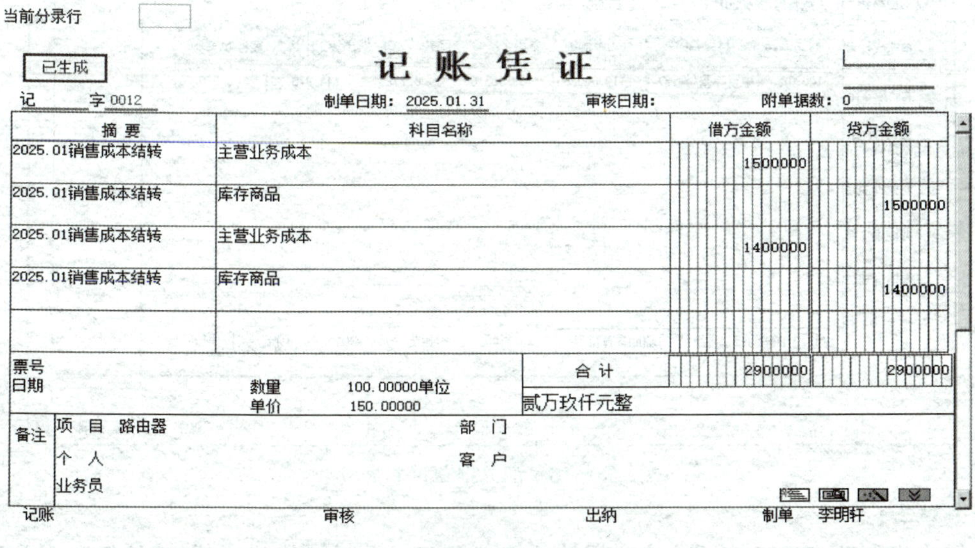

图3-74　销售成本结转凭证

（5）在“业务导航”/“基础设置”中，单击“基础档案”/“财务”/“外币设置”，打开“外币设置”对话框。在2025年1月调整汇率栏中输入“6.7725”，输入完成后按回车键，如图3-75所示。

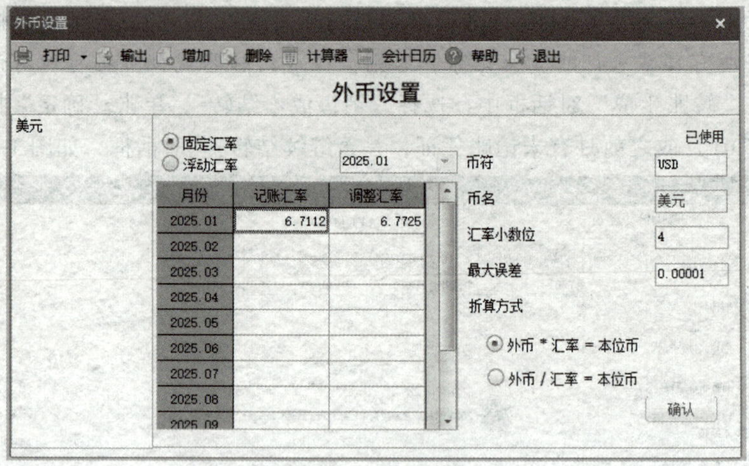

图3-75 调整汇率

（6）单击“总账”/“期末”/“转账生成”，打开“转账生成”对话框。选择“汇兑损益结转”，币种核算选择“美元USD”，在“是否结转”处双击鼠标打上“Y”。

（7）单击“确定”按钮，系统弹出“2025.01月或之前月有未记账凭证，是否继续结转？”对话框，单击“是”按钮，系统弹出“汇兑损益试算表”对话框，如图3-76所示。

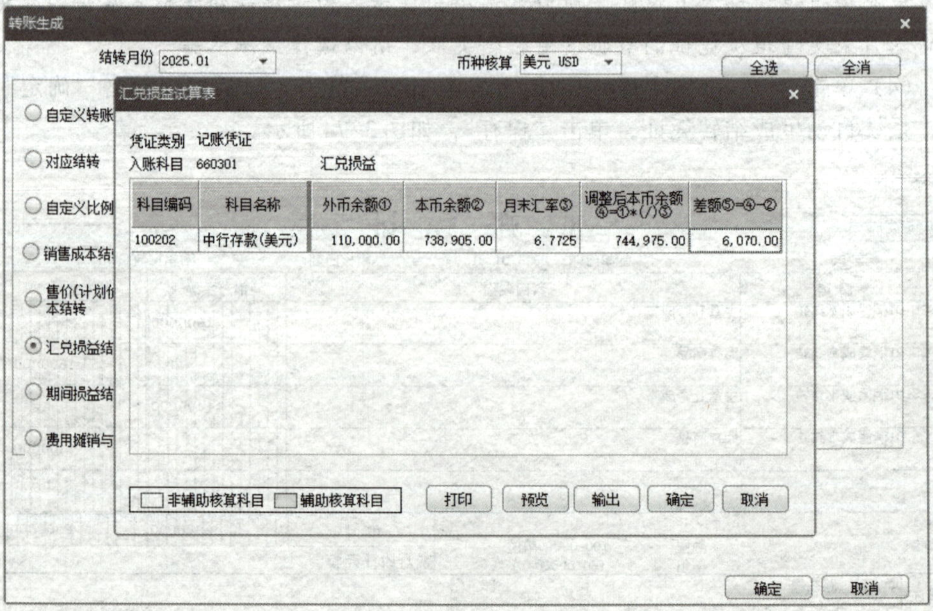

图3-76 汇兑损益试算表

任务贴士：

此处出现“2025.01月或之前月有未记账凭证，是否继续结转？”对话框，是因为结转本月未交增值税凭证和结转销售成本凭证没有记账，所以系统给出提示。由于结转汇兑损益凭证的数据与它们没有任何数据关联，所以选择继续结转。

（8）单击“确定”按钮，系统自动生成结转凭证，鼠标定位到贷方金额，然后按空格键将“财务费用/汇兑损益”金额方向调整为借方，再按“-”键，最后单击“保存”按钮，如图3-77所示。

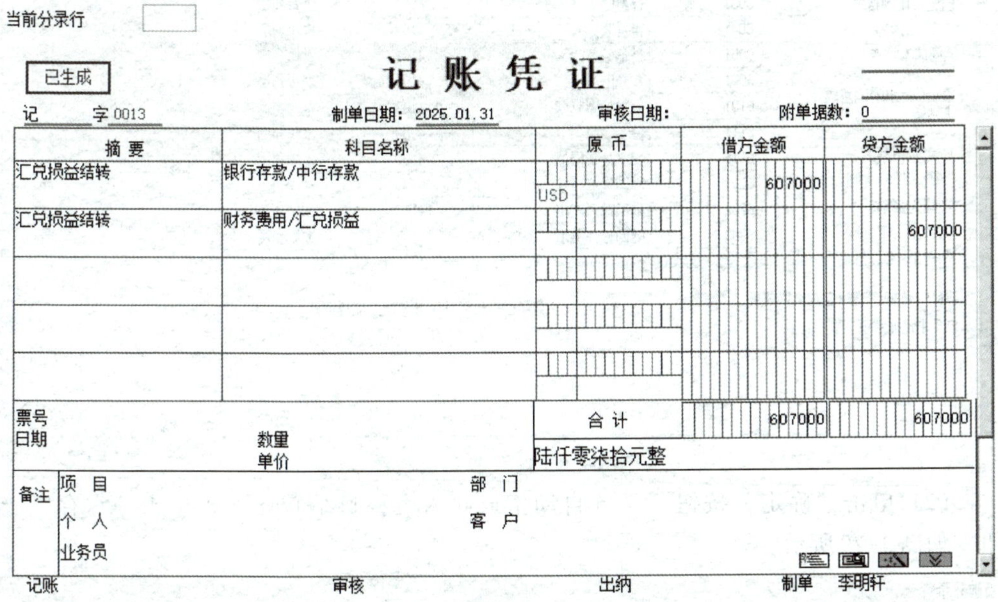

图3-77　汇兑损益机制凭证

7.对生成的3张机制凭证进行出纳签字、审核和记账

操作步骤：

（1）以出纳“孙丹丹（04）”身份登录企业应用平台，对汇兑损益凭证进行出纳签字。

（2）以账套主管“王志强（01）”身份登录企业应用平台，对3张机制凭证进行审核。

（3）以总账会计“李明轩（02）”身份登录企业应用平台，对3张机制凭证进行记账。

任务贴士：

①由于结转期间损益凭证的数据与结转本月未交增值税凭证、结转销售成本凭证、结转汇兑损益凭证的数据都有关联，所以必须对这三张凭证进行审核、记账。

②河北新华有限责任公司财务制度规定“出纳凭证必须经由出纳签字”，所以对结转汇兑损益凭证进行出纳签字。

8.生成期间损益结转凭证，然后审核和记账

操作步骤：

（1）以总账会计“李明轩（02）”身份登录企业应用平台，在“转账生成”对话框中选择“期间损益结转”，单击“类型”下拉列表框，选择“收入”，单击“全选”按钮，如图3-78所示。

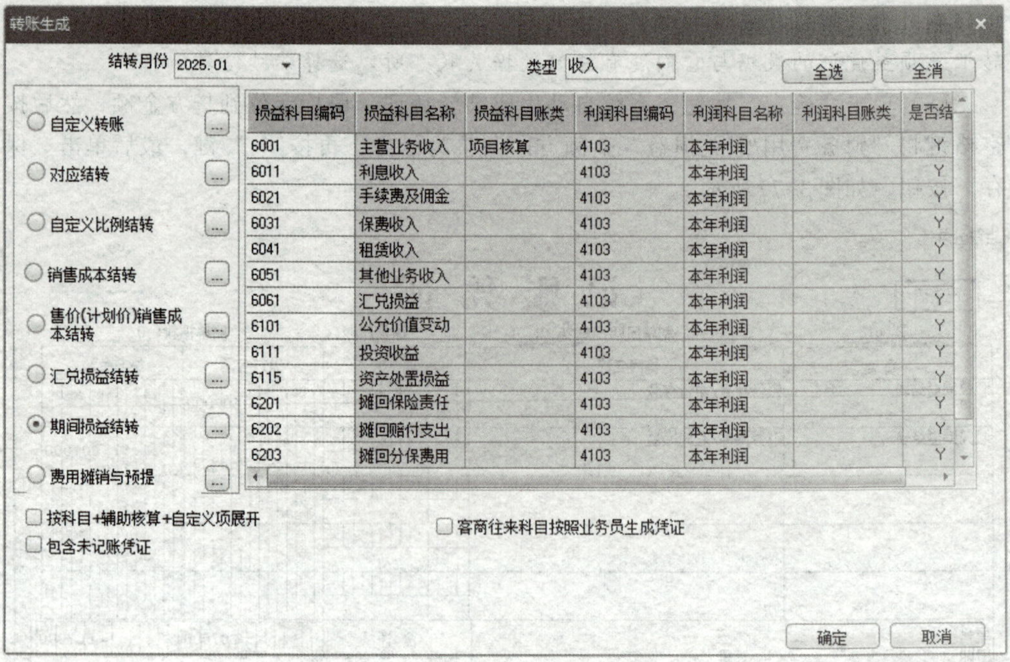

图3-78　收入类科目结转

（2）单击“确定”按钮，系统自动生成收入类科目结转凭证，单击“保存”按钮，如图3-79所示。

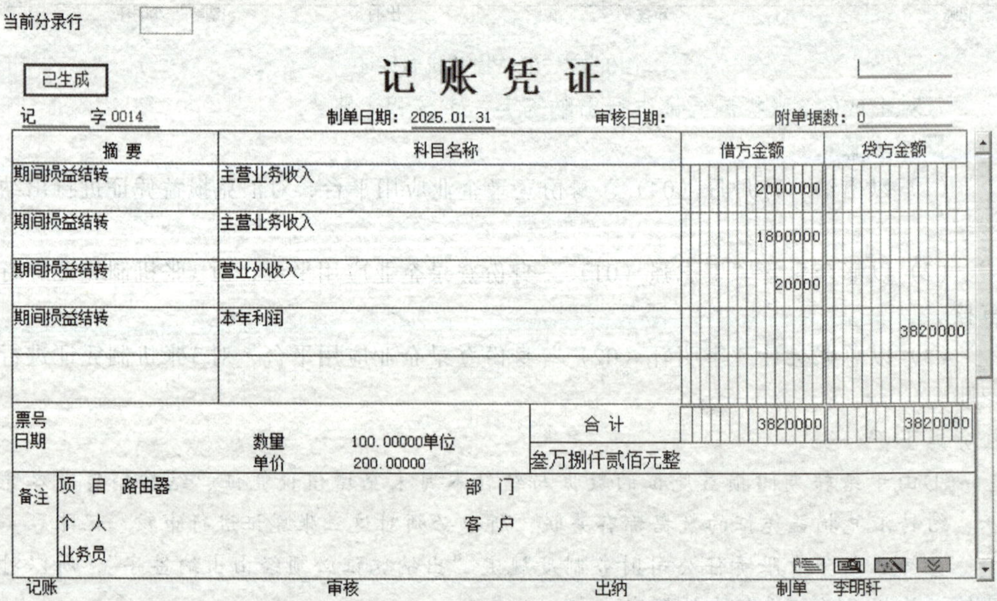

图3-79　收入类期间损益机制凭证

（3）在“转账生成”对话框中选择“期间损益结转”，单击“类型”下拉列表框，选择“支出”，单击“全选”按钮。再单击“确定”按钮，系统弹出“2025.01月或之前月有未记账凭证，是否继续结转？”对话框，单击“是”按钮，系统自动生成支出类科目结转凭证，结果如图3-80（当前分录行1）、图3-81（当前分录行7）

所示。

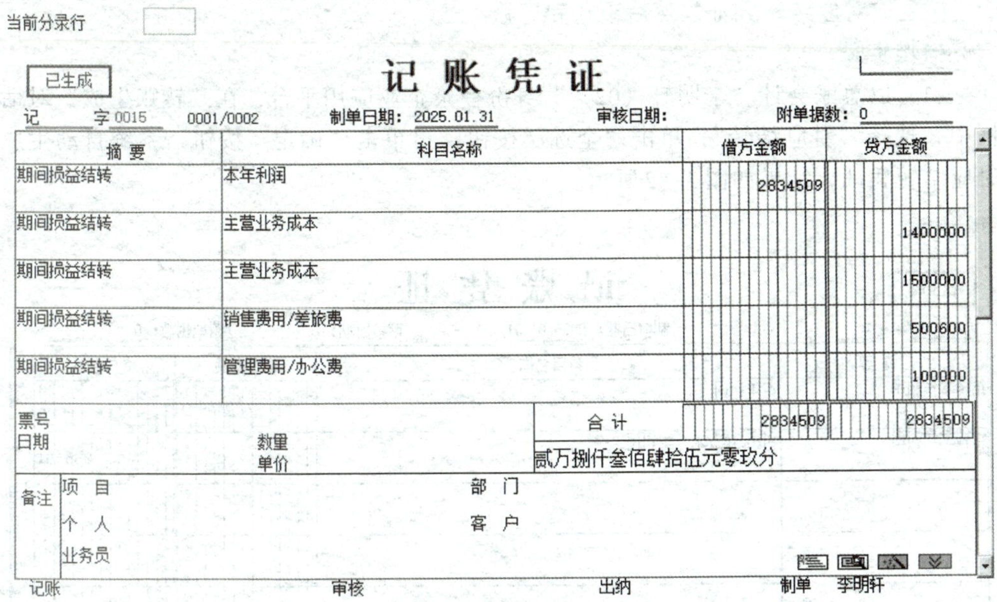

当前分录行

已生成

记账凭证

记 字 0015 0001/0002 制单日期：2025.01.31 审核日期： 附单据数：0

摘要	科目名称	借方金额	贷方金额
期间损益结转	本年利润	2834509	
期间损益结转	主营业务成本		1400000
期间损益结转	主营业务成本		1500000
期间损益结转	销售费用/差旅费		500600
期间损益结转	管理费用/办公费		100000
票号 日期	数量 单价	合计 2834509	2834509
		贰万捌仟叁佰肆拾伍元零玖分	

备注 项目 部门 个人 客户 业务员

记账 审核 出纳 制单 李明轩

图3-80　支出类期间损益机制凭证（1）

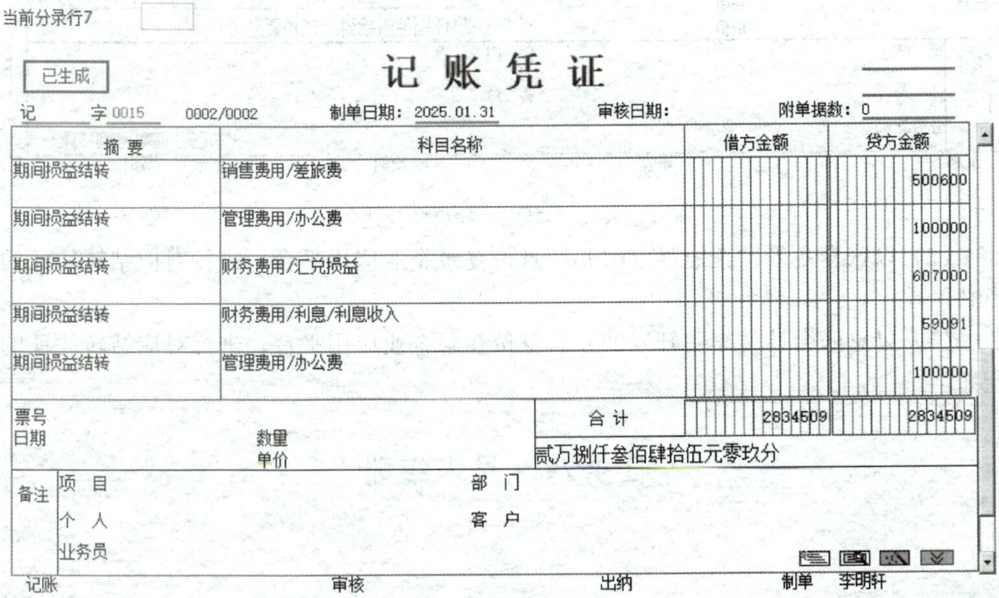

当前分录行7

已生成

记账凭证

记 字 0015 0002/0002 制单日期：2025.01.31 审核日期： 附单据数：0

摘要	科目名称	借方金额	贷方金额
期间损益结转	销售费用/差旅费		500600
期间损益结转	管理费用/办公费		100000
期间损益结转	财务费用/汇兑损益		607000
期间损益结转	财务费用/利息/利息收入		59091
期间损益结转	管理费用/办公费		100000
票号 日期	数量 单价	合计 2834509	2834509
		贰万捌仟叁佰肆拾伍元零玖分	

备注 项目 部门 个人 客户 业务员

记账 审核 出纳 制单 李明轩

图3-81　支出类期间损益机制凭证（2）

（4）以账套主管“王志强（01）”身份登录企业应用平台，对期间损益结转的两张凭证进行审核。

（5）以总账会计“李明轩（02）”身份登录企业应用平台，对期间损益结转的两张凭证进行记账。

任务贴士：

由于结转期间损益凭证的数据与结转本年利润凭证的数据有关联，所以必须对结转期间损益凭证进行审核、记账。

9.生成对应结转凭证，然后审核和记账

操作步骤：

（1）以总账会计“李明轩（02）”身份登录企业应用平台，在“转账生成”对话框中，选择“对应结转”，单击“全选”按钮，再单击“确定”按钮，系统自动生成对应结转凭证，结果如图3-82所示。

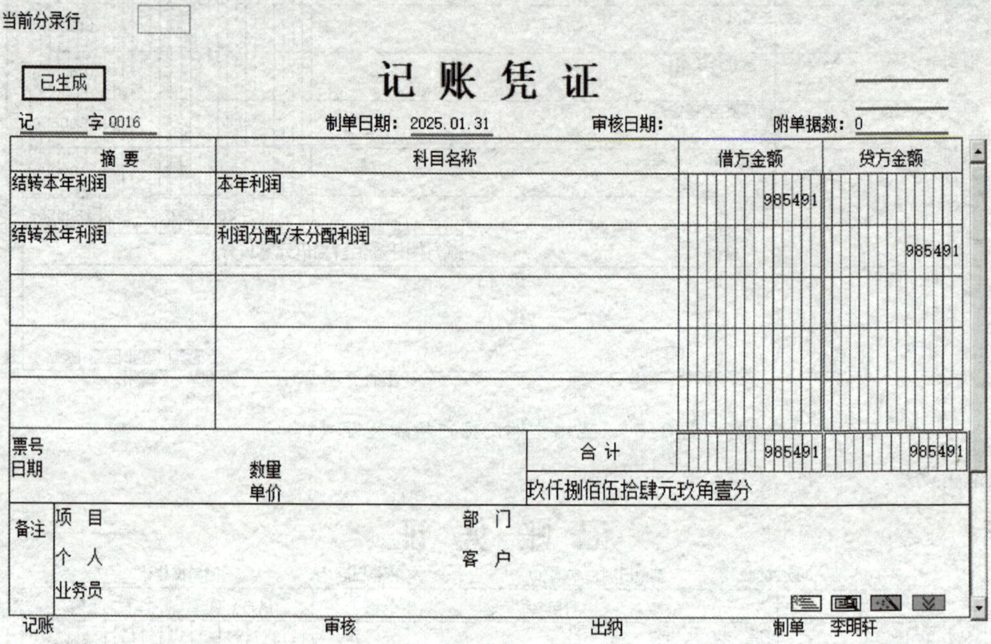

当前分录行

已生成

记账凭证

记 字 0016 制单日期：2025.01.31 审核日期： 附单据数：0

摘要	科目名称	借方金额	贷方金额
结转本年利润	本年利润	985491	
结转本年利润	利润分配/未分配利润		985491
票号 日期	数量 单价	合计 985491	985491
		玖仟捌佰伍拾肆元玖角壹分	

备注 项目 部门

个人 客户

业务员

记账 审核 出纳 制单 李明轩

图3-82 对应结转机制凭证

（2）以账套主管“王志强（01）”身份登录企业应用平台，进行对应结转凭证的审核。

（3）以总账会计“李明轩（02）”身份登录企业应用平台，进行对应结转凭证的记账。

任务八 月末结账

[任务内容]

1.进行总账管理系统期末对账。

2.在总账管理系统中完成1月份结账。

[任务要求]

总账会计李明轩按照要求进行期末对账和结账。

［工作示范］

1.期末对账

实训视频 3-8

对账和结账操作演示

操作步骤：

（1）以总账会计“李明轩（02）”身份，操作日期“2025-01-31”，登录企业应用平台，单击“总账”/“期末”/“对账”，打开“对账”对话框。定位1月份对应的“是否对账”文本框，双击“是否对账”文本框鼠标打上“Y”标志。

（2）单击工具栏“对账”按钮，进行对账。对账结果如图3-83所示。

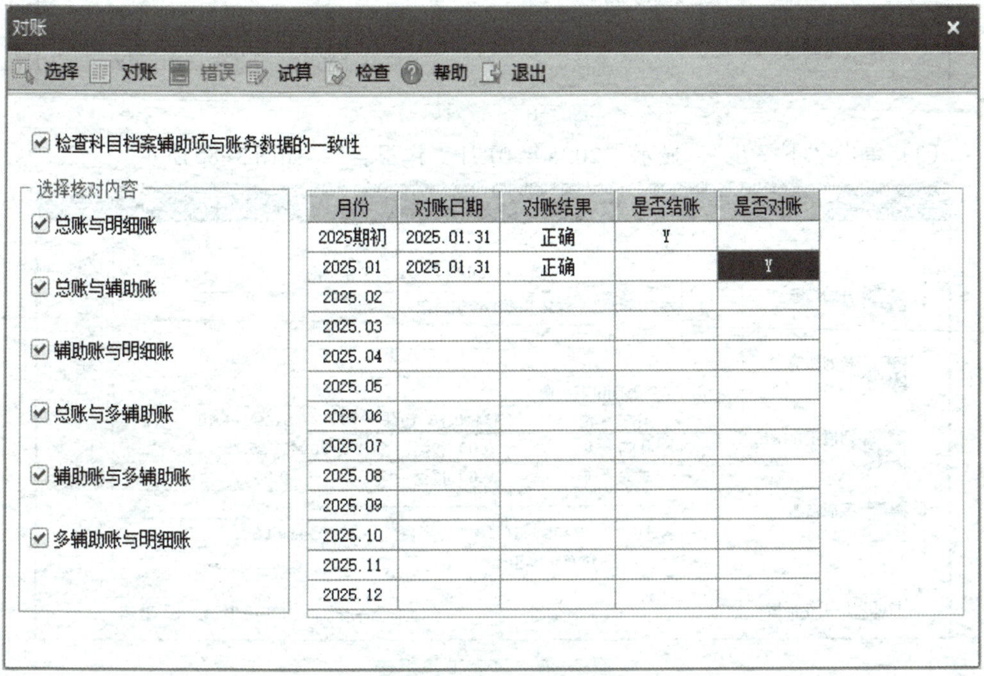

图3-83　对账结果

任务贴士：

①系统默认选中“是否检查科目档案辅助核算项与账务数据的一致性”选项，否则只检查明细账、总账与辅助账的数据一致性，不检查科目档案与明细账、辅助账的一致性。

②若对账结果为账账不符，则对账月份的对账结果处显示“错误”，单击“错误”按钮，可查看引起账账不符的原因。

2.结账和反结账

操作步骤：

（1）单击“总账”/“期末”/“结账”，打开“结账”对话框，选择1月份结账文本框，然后单击“下一步”。

（2）单击“对账”按钮，系统显示核对结果，如图3-84所示。

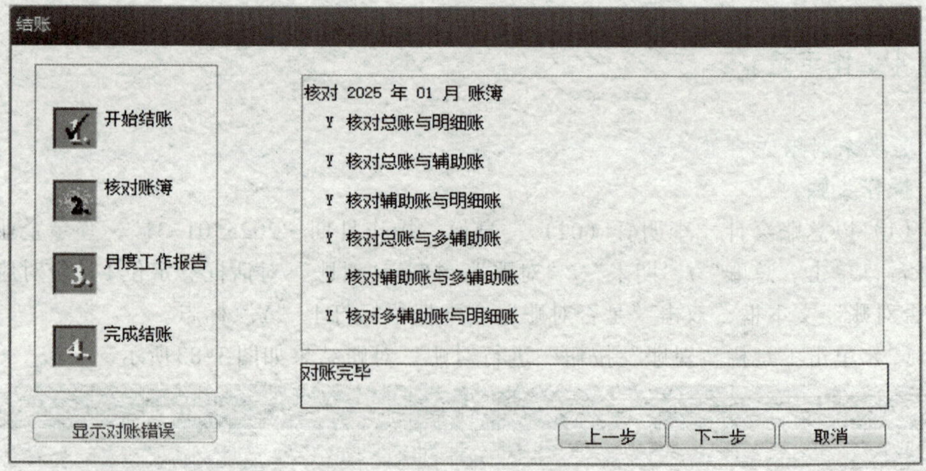

图3-84　核对账簿

（3）单击“下一步”，显示“2025年01月工作报告”，如图3-85所示。

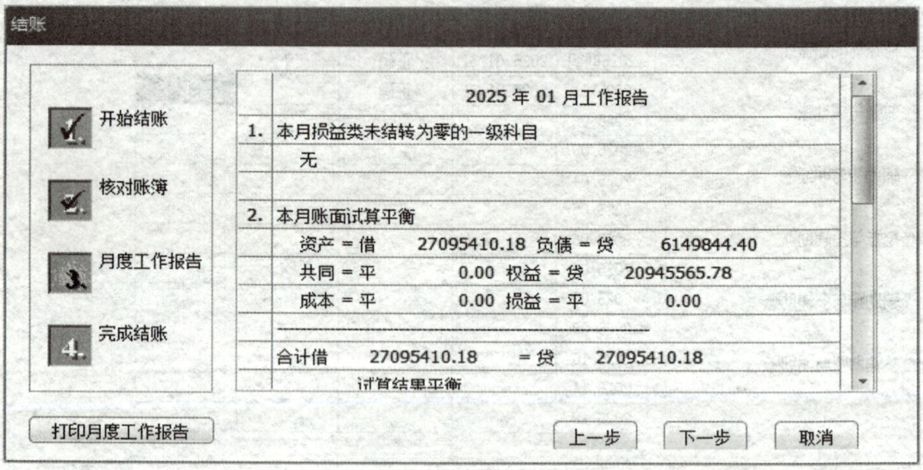

图3-85　月度工作报告

（4）单击“下一步”，完成结账，如图3-86所示。

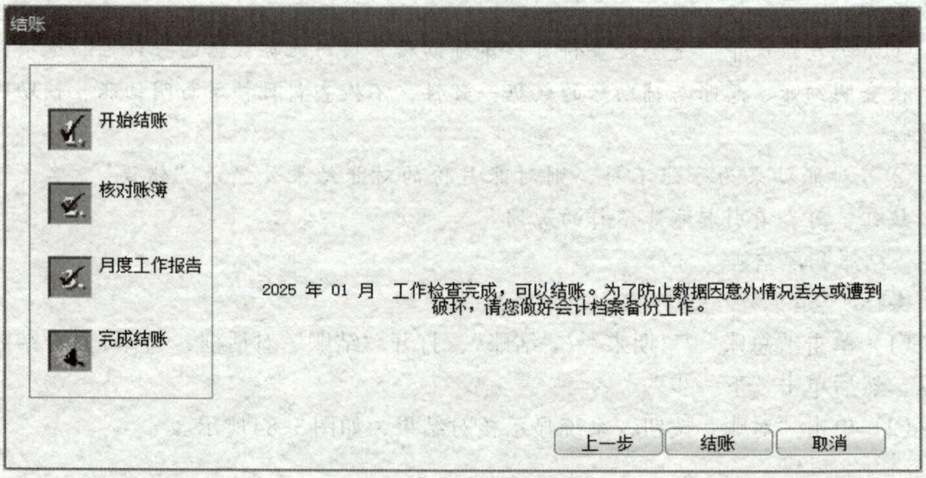

图3-86　完成结账

任务贴士：

①上月未结账，则本月不能记账，但可以填制、审核相关凭证。

②如本月还有未记账凭证，则本月不能结账。

③已结账月份不能再填制凭证。

④结账只能由有结账权限的人进行。

⑤若总账与明细账对账不符，则不能结账。

⑥如果出现非正常错误，可以进行反结账。单击“总账”/“期末”/“结账”，选择要取消结账的月份，按“Ctrl+Shift+F6”，输入口令即可。

同步测试

工作领域三

同步测试及参考答案

一、单项选择题

1.发现已记账的凭证有错误时，可用（　　）修改错误。

A.红字冲销法　　B.删除该凭证　　C.直接修改　　D.以上三项都不对

2.账务处理系统（总账系统）中，凭证输入和审核应由（　　）完成。

A.一个人　　B.两个人　　C.经理　　D.计算机

3.账务处理系统中，（　　）的凭证可以记账。

A.已审核　　B.未审核　　C.已存盘　　D.无错误

4.账务处理系统中，执行了（　　）功能后，不能再输入本期凭证。

A.记账　　B.审核　　C.结账　　D.查询

5.使用财务软件，以下工作可以由计算机自动完成的是（　　）。

A.填制凭证　　B.审核凭证　　C.出纳签字　　D.记账

二、多项选择题

1.已经标错的凭证不能进行（　　）。

A.审核　　B.修改　　C.记账　　D.出纳签字

2.账页格式一般有（　　）。

A.金额式　　B.外币金额式　　C.数量金额式　　D.数量外币式

3.系统提供的辅助账包括（　　）。

A.客户往来辅助账　　B.供应商往来辅助账　　C.个人往来辅助账　　D.部门、项目辅助账

4.期末转账定义功能，包括（　　）。

A.采购成本计算　　B.自定义转账　　C.销售成本结转　　D.期间损益

5.“查询”凭证可查到（　　）。

A.未记账凭证　　B.有错记账凭证　　C.已记账凭证　　D.作废记账凭证

三、判断题

1.如果审核后的记账凭证有错误，可以直接进行修改。（　　）

2.账务处理系统中，自动转账所产生的记账凭证需要经审核后才能记账。（　　）

3.凭证记账后，总账期初余额仍然可以进行修改。（　　）

4.期末机制凭证的生成，不用考虑凭证之间是否存在数据关联。（　　）

5.记账凭证的填制时间不能晚于计算机系统日期，但是可以早于系统启用日期。（　　）

综合实训

[实训内容]

石家庄正道轮胎有限公司（简称“正道轮胎”）总账核算管理要求及期初数据信息如下：

1.系统参数要求。

根据公司财务制度和总账系统默认参数，会计李华强将总账系统参数设置为：不允许修改或废

除他人填制的凭证，其他均按系统默认值进行设置。

2.2025年1月的期初数据见表3-10至表3-19。

表3-10 **正道轮胎2024年12月31日科目余额表** 单位：元

科目名称	辅助核算项	方向	币别/计量	期初余额
库存现金（1001）	日记账	借		5 000
银行存款（1002）	银行账、日记账	借		2 485 768
工行存款（100201）	银行账、日记账	借		2 485 768
中行存款（100202）	银行账、日记账	借	美元	
应收票据（1121）	客户往来	借		52 884
应收账款（1122）	客户往来	借		27 885
预付账款（1123）	客户往来	借		2 000
其他应收款（1221）	个人往来	借		8 000
坏账准备（1231）		贷		139.43
原材料（1403）	项目核算、数量核算	借		1 031 500
库存商品（1405）	项目核算、数量核算	借	条	798 000
固定资产（1601）		借		5 280 000
累计折旧（1602）		贷		857 950
短期借款（2001）		贷		300 000
应付票据（2201）	供应商往来	贷		56 500
应付账款（2202）	供应商往来	贷		34 000
应付供应商（220201）	供应商往来	贷		34 000
应付暂估款（220202）				
预收账款（2203）	供应商往来	贷		5 000
应交税费（2221）		贷		64 810.4
应交增值税（222101）		贷		0
进项税额（22210101）		借		2 221 090
转出未交增值税（22210104）		借		2 335 970
销项税额（22210107）		贷		4 557 060

续表

科目名称	辅助核算项	方向	币别/计量	期初余额
未交增值税（222102）		贷		57 420
应交城市维护建设税（222108）		贷		4 019.4
应交教育费附加（222109）		贷		1 722.6
应交地方教育附加（222110）		贷		1 148.4
应交个人所得税（222113）		贷		500
长期借款（2501）		贷		1 000 000
实收资本（股本）（4001）		贷		3 000 000
资本公积（4002）		贷		786 637
盈余公积（4101）		贷		326 000
利润分配（4104）		贷		3 260 000.17
未分配利润（410405）		贷		3 260 000.17

表3-11　**正道轮胎2024年12月31日应收票据明细余额表**　单位：元

日期	凭证号	客户	摘要	方向	金额	票据号	票据日期
2024-12-28	记-110	上海理诚	销售子午线轮胎（EH型）	借	52 884	1123324554560089	2024-12-28

表3-12　**正道轮胎2024年12月31日应收账款明细余额表**　单位：元

日期	凭证号	客户	摘要	方向	金额	票据号	票据日期
2024-12-22	记-89	江苏中通	销售子午线轮胎（YH型）	借	27 685	22331121	2024-12-22
2024-12-22	记-90	江苏中通	销售子午线轮胎（YH型）代垫运费	借	200		

表3-13　**正道轮胎2024年12月31日预付账款明细余额表**　单位：元

日期	凭证号	供应商	摘要	方向	金额	票据号	票据日期
2024-12-25	记-95	广东金润	叶轮（YH型）订金	借	2 000	21520034702	2024-12-25

表3-14　**正道轮胎2024年12月31日其他应收款明细表**　单位：元

日期	凭证号	部门	个人	摘要	方向	期初余额
2024-12-20	记-65	综合部	高贵玲	出差借款	借	6 000
2024-12-27	记-103	采购部	邓玲	出差借款	借	2 000

表3-15 正道轮胎2024年12月31日原材料明细表 单位：元

存货编号/代码	存货名称	单价或单位成本	数量	金额
101	钢丝圈（YH型）	90.00	2 000	180 000
102	内胎面（YH型）	20.00	1 200	24 000
103	外胎面（YH型）	60.00	1 200	72 000
104	叶轮（YH型）	10.00	1 200	12 000
105	轴承（HRB6304型）	13.00	2 000	26 000
106	轮辋（A型）	5	5 000	25 000
107	钢丝圈（EH型）	150.00	3 000	450 000
108	内胎面（EH型）	30.00	1 000	30 000
109	外胎面（EH型）	100.00	1 000	100 000
110	叶轮（EH型）	15.00	1 000	15 000
111	轴承（HRB6308型）	30.00	3 000	90 000
112	轮辋（C型）	15	5 000	7 500
合计				1 031 500

表3-16 正道轮胎2024年12月31日库存商品明细表 单位：元

商品编号/代码	商品名称	单位成本	数量	金额
201	子午线轮胎（YH型）	350	1 000	350 000
202	子午线轮胎（EH型）	560	800	448 000
合计			1 800	798 000

表3-17 正道轮胎2024年12月31日应付票据明细余额表 单位：元

日期	凭证号	供应商	摘要	方向	金额	票据号	票据日期
2024-12-26	记-97	山西顺捷	购买外胎面（EH型）	贷	56 500	2232991267120056	2024-12-26

表3-18 正道轮胎2024年12月31日应付账款——应付供应商明细余额表 单位：元

日期	凭证号	供应商	摘要	方向	金额	票据号	票据日期
2024-12-13	记-23	石家庄鑫鹏	购买内胎面（EH型）	贷	33 900	88900023	2024-12-13
2024-12-13	记-24	石家庄鑫鹏	购买内胎面（EH型）搬运费	贷	100		

表3-19 正道轮胎2024年12月31日预收账款明细余额表 单位：元

日期	凭证号	客户	摘要	方向	金额	票据号	票据日期
2024-12-27	记-100	石家庄正新	子午线轮胎（EH型）订金	贷	5 000	23326770091	2024-12-27

3.石家庄正道轮胎有限公司2025年1月发生经济业务如下（原始票据略）。

（1）销售部1月1日购买办公用品220元，以现金支付。附单据2张（单据为电子普通发票和现金收据）。

（2）财务部出纳田甜1月2日从工行提取现金5 000元备用。现金支票号码XJ001，附单据1张（单据为现金支票存根联）。

（3）华联集团1月4日投资正道轮胎有限公司200 000美元，款项已经转入正道轮胎有限公司的中国银行账户。结算方式为电汇，票号30881314。附单据1张（单据为中国银行电汇收账通知单）。

（4）1月11日，采购部邓玲从石家庄鑫鹏公司采购生产用叶轮YH型400个，单价（不含税）为12.50元，金额5 000元，增值税税率13%，税额为650元。通过网上银行完成支付货款，网银电子回单号：521160058687345678。材料已验收入库，附单据2张（单据为电子专用发票和网上银行电子回单）。

（5）1月20日，用支付宝工行存款账户转账给综合部张朋宇业务招待费3 000元，支付宝流水票号：2025012016258456。附单据2张（单据为餐饮电子普通发票和支付宝转账电子回单）。

（6）1月22日，综合部高贵玲报销往返深圳的飞机票款、食宿费、交通费、参展费共计5 800元，其中进项税一共303.60元。余款200元转回到支付宝工行存款账户，支付宝流水票号：2025012216235678。附单据10张（单据为差旅费汇总报销单、电子专用发票、电子普通发票、车费发票、会议注册费发票、支付宝转账电子回单）。

（7）1月23日，销售给江苏中通公司子午线轮胎（YH型）500个，单价（不含税）为800元，总金额400 000元，增值税税率13%，税额为52 000元。江苏中通公司以现金支付货款。附单据3张（单据为出库单、电子专用发票和收款收据）。

（8）1月28日，现金支付生产车间水电费800元，属于生产产品耗费。附单据1张（单据为费用统计表）。

4.1月31日，出纳签字，账套主管进行凭证审核，总账会计进行记账操作。

5.1月31日，总账会计完成期末业务处理之期末转账定义：

（1）自定义结转制造费用。其中，YH型子午线轮胎负担60%，EH型子午线轮胎负担40%。

（2）汇兑损益结转定义。期末美元与人民币汇率为6.1259。

（3）销售成本结转定义。

（4）期间损益结转定义。

6.财务人员完成期末业务处理：转账凭证的生成、签字、审核、记账。

（1）总账会计进行结转制造费用凭证、结转汇兑损益凭证和结转销售成本凭证的生成。

（2）出纳签字1张凭证、账套主管审核3张凭证、总账会计记账。

（3）总账会计进行结转期间损益凭证的生成。

（4）账套主管审核1张凭证、总账会计记账。

7.总账会计进行期末对账和结账。

[实训要求]

1.账套主管根据管理要求设置总账系统参数、录入期初余额。

2.总账会计填制记账凭证，出纳对出纳凭证进行签字，账套主管审核凭证，总账会计记账。

3.总账会计定义期末自动转账设置并生成机制凭证，出纳进行签字，账套主管审核，总账会计记账。

4.总账会计进行期末对账和结账。

【互动课堂】

请将本工作领域实训完成结果按要求上传至课程平台。

互动课堂提示

1.提交期初余额完成后试算结果截图。

2.提交审核后的凭证列表截图。

3.提交3张期末转账凭证（自定义结转凭证、销售成本结转凭证、汇兑损益结转凭证）记账后的凭证截图。

工作领域四

报表管理

【学习目标】

掌握报表管理系统的操作流程和主要功能；能够进行表尺寸、组合单元、区域画线、行高列宽、报表项目、单元属性和关键字设置等报表格式设置；能够完成各种报表公式的定义；能够调用报表模板生成会计报表；会处理报表数据；能够对操作中出现的问题进行简单维护；培养诚信经营的理念、客观公正的责任使命感和大局意识、高质量的管理分析和持续创新能力。

教学视频4-1

报表编制专家——UFO报表系统概述

【系统思话】

在数字化转型浪潮奔涌的当下，报表管理系统已然成为企业实现高效财务管理与科学决策的关键中枢。用友U8的UFO报表管理系统，能够从各业务系统精准采集数据，快速生成资产负债表、利润表、现金流量表等标准财务报表，还支持自定义报表设计，满足企业多样化的数据展示需求。系统内置丰富公式和函数，可自动完成复杂财务数据运算，同时提供趋势分析、比率分析等工具，助力用户深度挖掘数据价值，透彻洞察企业经营状况。不仅如此，它还能将报表数据转化为柱状图、折线图、饼图等直观图，让数据呈现更加形象，便于理解与决策。同时，它支持多种格式导出报表，方便与其他系统对接或外部报送。强大的二次开发功能还可帮助用户在短时间内开发出专用报表系统。通过利用报表管理系统对各类财务和业务数据进行采集、整理、分析与可视化，管理层可获得详细的财务报表和管理报表，实时掌握企业运营状况，合理配置资源，迅速做出科学决策，提升企业的运营效率和经济效益，促进企业高质量发展。然而，技术的进步不能替代职业道德与社会责任。企业必须秉持诚信经营理念，肩负高度责任感和使命感，确保报表数据真实、完整、准确，坚决杜绝财务造假行为，维护资本市场的健康秩序。财务人员不仅要贯彻党的二十大对创新驱动发展的要求，激发创新思维，不断探索新的数据展示方式，更要树立全局观念，增强团队协作能力，与多部门协作获取数据。报表管理系统不仅是企业财务管理的核心工具，更是企业践行诚信价值观、推动可持续发展的关键支撑，助力企业在新时代的征程中稳健前行。

工作领域四

工作过程与岗位对照图

【案例概说】

在党的二十大精神引领下，企业数字化转型浪潮奔涌，各企业积极适应新发展格局，以提升竞争力。新华公司作为行业创新先锋，深刻洞悉数智化转型对企业发展的重大意义，于2025年1月，果断决定全面升级报表管理方式，引进用友U8的UFO报表管理系统进行报表编制与分析，力求成功整合企业各业务板块数据，实现数据实时共享与深度分析，提升财务管理水平，从容应对复杂多变的市场环境。财务部根据新华公司财务管理需要，自定义了内部使用的货币资金表的格式和单元公式，利用报表模板生成了资产负债表和利润表两张对外会计报表，并对报表数据进行了处理。工作过程中，新华公司始终坚守诚信经营的理念，严格把控报表数据质量，每一个数据都经过多轮严格审核，确保真实可靠。这一举措不仅为新华公司赢得了良好的市场声誉，更为投资者提供了可靠的决策依据。凭借对UFO报表管理系统的有效运用，新华公司在数智化转型的道路上稳步迈进，生动践行实现高质量发展，充分展现出在新时代征程中的责任担当与创新精神。

任务一　设置报表格式

[任务内容]

教学视频4-2

一劳永逸编报表——报表格式设置

按照以下要求设置表4-1货币资金表的报表格式。

表4-1　　货币资金表

单位名称：　　年　月　日　　单位：元

项目	期初余额	借方发生额	贷方发生额	期末余额
库存现金				
银行存款				
合计				

制表人：

（1）表尺寸设置：7行5列。

（2）组合单元设置：第一行按行组合。

（3）区域画线设置：A3：E6画细实线的网线。

（4）行高和列宽设置：第1行行高为11，其他行行高为7。第A列列宽为50，其他列列宽为35。

（5）报表项目录入：第一行录入“货币资金表”，A3：E3单元依次录入“项目”“期初余额”“借方发生额”“贷方发生额”“期末余额”，A4：A6单元依次录入“库存现金”“银行存款”“合计”，E2单元录入“单位：元”，D7单元录入“制表人：”。

（6）单元属性设置：E7单元设为字符单元；标题设置为黑体18号字；标题和A3：E6设置为水平及垂直方向居中，E2、D7和E7单元设置为水平方向居右，垂直方向居下。

（7）关键字设置：A2：D2单元依次设置关键字“单位名称”“年”“月”“日”，关键字“日”向左偏移30。

（8）在D盘新建文件夹“UFO报表”，将定义好格式的“货币资金表”，以“货币资金表”命名保存在“D：\UFO报表”文件夹中。

[任务要求]

账套主管王志强完成报表格式设置，并保存报表。

[工作示范]

1.新建报表

操作步骤：

实训视频4-1

报表格式设置操作演示

（1）以操作员“01王志强”身份，操作日期“2025-01-31”，登录企业应用平台。

（2）在“业务导航”/“业务工作”中，单击“财务会计”/“UFO报表”，进入“UFO报表”窗口，系统弹出“日积月累”对话框，如图4-1所示。单击“关闭”按钮。

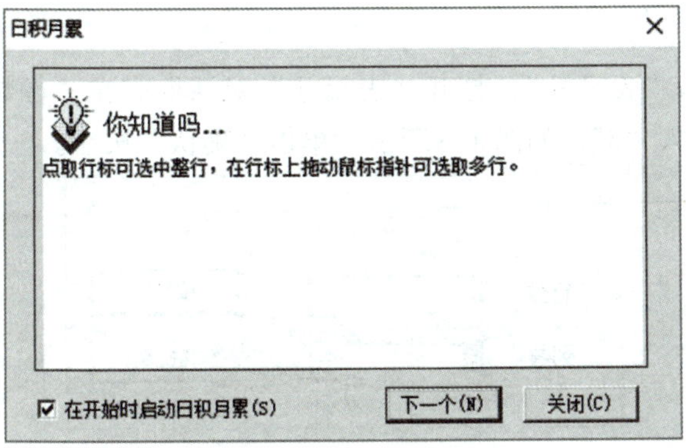

图4-1 日积月累提示

（3）单击“文件”/“新建”，建立一张空白报表，报表名系统默认为“report1”。新报表创建之后，自动进入格式状态，如图4-2所示。

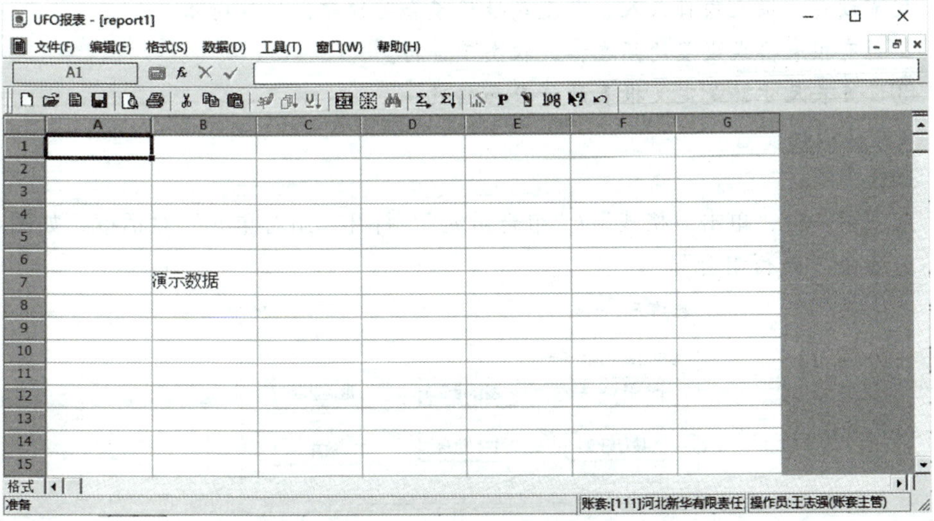

图4-2 新建空白UFO报表

任务贴士：

①在“日积月累”对话框中，单击“下一个”按钮，可以查看更多的报表知识。单击“关闭”按钮后，日后可以在“UFO报表”窗口单击“帮助”/“日积月累”进行查看。若不勾选“在开始时启动日积月累”复选框，则再次进入“UFO报表”窗口时，系统不再弹出“日积月累”对话框。

②UFO报表系统中的操作是在格式或数据的不同状态下进行的，实现状态切换的是“编辑”菜单下的“格式/数据状态”功能或报表窗口左下角的“格式/数据”切换按钮。

③格式状态下，可以定义报表的格式并设置报表的公式，但不能进行数据的录入和计算，能看到的只是报表的格式，报表的数据全部都隐藏了，在格式状态下所做的操作对本报表所有的表页都发生作用。而数据状态下可以管理报表的数据，但不能修改报表的格式，能看到报表的全部内容，包括格式和数据。

2.表尺寸设置

操作步骤：

单击“格式”/“表尺寸”，打开“表尺寸”对话框。在“行数”框中录入“7”，在“列数”框中录入“5”，如图4-3所示。单击“确认”按钮。

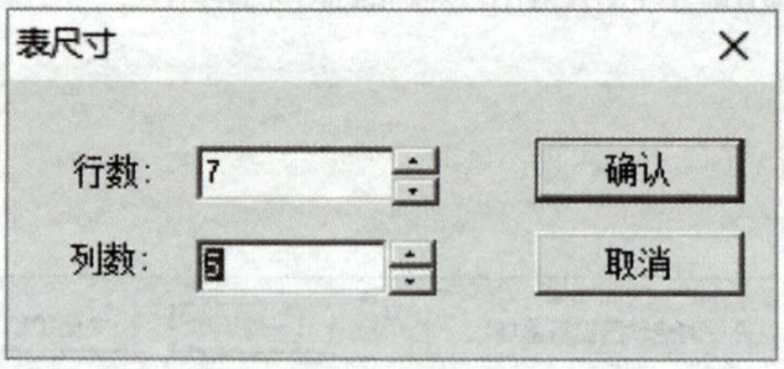

图4-3 表尺寸设置

任务贴士：

①报表格式设置主要包括：表尺寸设置、组合单元设置、区域画线设置、行高设置、列宽设置、报表项目录入、单元属性设置和关键字设置等内容。

②所有报表格式设置均须在格式状态下进行。

③设置表尺寸就是定义报表的行数和列数。

3.组合单元设置

操作步骤：

选中第一行，单击“格式”/“组合单元”，打开“组合单元”对话框，如图4-4所示。选择“按行组合”。

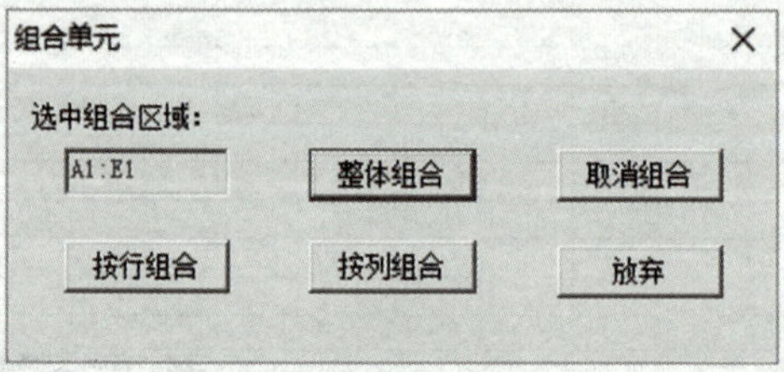

图4-4 组合单元设置

任务贴士：

①组合单元由相邻的两个或更多的单元组成，UFO报表系统在处理报表时将组合单元视为一个单元。组合单元的名称可以用区域的名称或区域中单元的名称来表示。

②设置组合单元前，必须先选中需要组合的区域。

③“按行组合”是把选中的若干行设置为组合单元，“按列组合”是把选中的若干列设置为组合单元，“整体组合”是把选中的区域设置为组合单元，“取消组合”可把选中后的组合单元恢复为区域。

4.区域画线设置

操作步骤：

选中“A3：E6”区域，单击“格式”/“区域画线”，打开“区域画线”对话框，画线类型选择网线，样式选择细实线，如图4-5所示。单击“确认”按钮，所选区域画上了表格线。

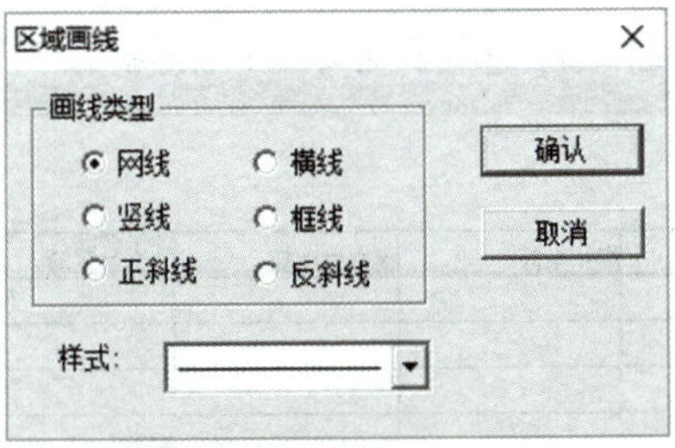

图4-5 区域画线设置

任务贴士：

①区域由一张表页上的一组单元组成，自起点单元至终点单元是一个完整的长方形矩阵。在UFO报表中，区域是二维的，最大的区域是一个二维表的所有单元（整个表页），最小的区域是一个单元。

②要删除区域中已经设置的表格线，在“区域画线”对话框中选择相应的画线类型后，样式选择为“空线”即可。

5.行高和列宽设置

操作步骤：

（1）选中第一行，单击“格式”/“行高”，打开“行高”对话框，录入行高［毫米］为“11”，如图4-6所示，单击“确认”按钮。

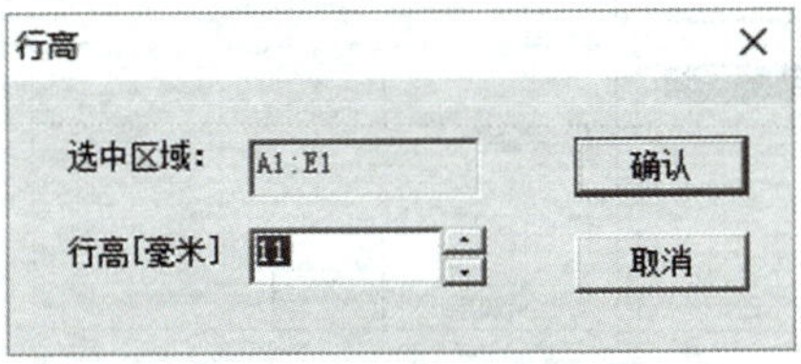

图4-6 行高设置

（2）参照操作步骤（1），根据任务内容，继续设置其他行的行高为“7”。

（3）选中第A列，单击“格式”/“列宽”，打开“列宽”对话框，录入列宽［毫米］为“50”，如图4-7所示，单击“确认”按钮。

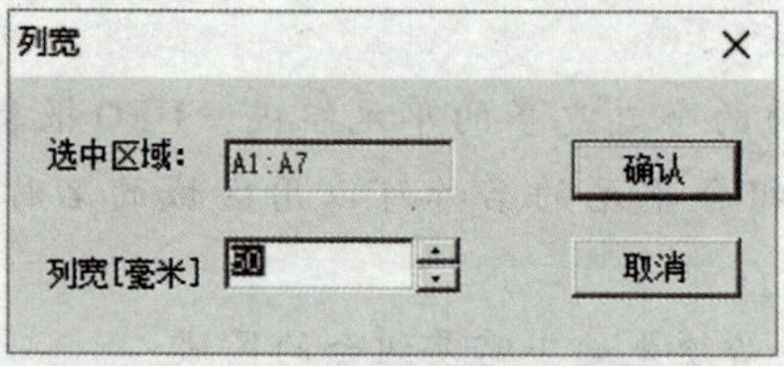

图4-7 列宽设置

（4）参照操作步骤（3），根据任务内容，继续设置其他列的列宽为“35”。

6.报表项目录入

操作步骤：

（1）选中A1组合单元，录入“货币资金表”。

（2）参照操作步骤（1），根据任务内容，继续录入其他报表项目。录入完成后的结果如图4-8所示。

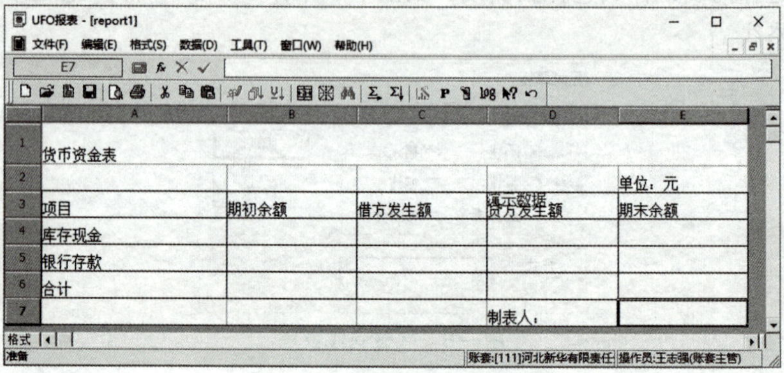

图4-8 报表项目录入完成

任务贴士：

通常，单位名称、年、月、日不作为表间项目录入，而将它们作为关键字进行设置。

7.单元属性设置

操作步骤：

（1）选中“E7”单元，单击“格式”/“单元属性”，打开“单元格属性”对话框，单击“单元类型”页签，选择“字符”选项，如图4-9所示。单击“确定”按钮。

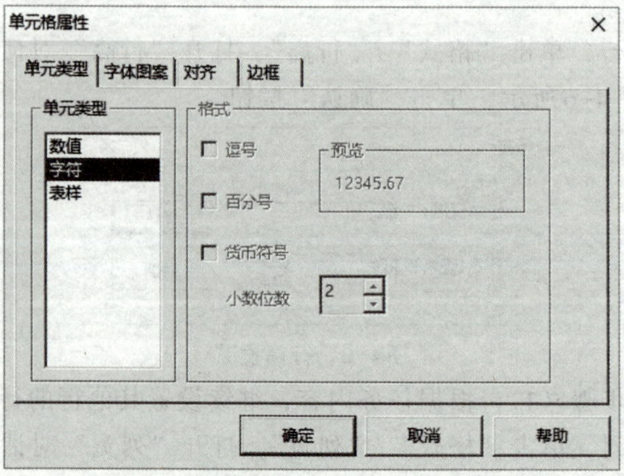

图4-9 单元格属性—单元类型设置

（2）选中A1组合单元，单击“格式”/“单元属性”，打开“单元格属性”对话框，单击“字体图案”页签，设置字体为“黑体”，字号为“18”号，如图4-10所示。

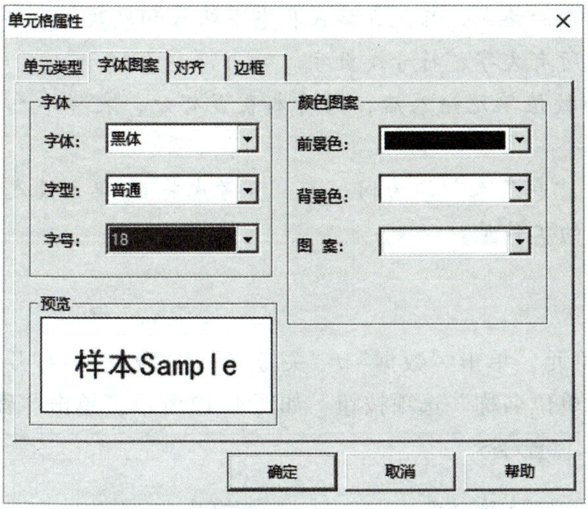

图4-10 单元格属性—字体图案设置

（3）单击“对齐”页签，水平方向和垂直方向均选择“居中”，如图4-11所示。单击“确定”按钮。

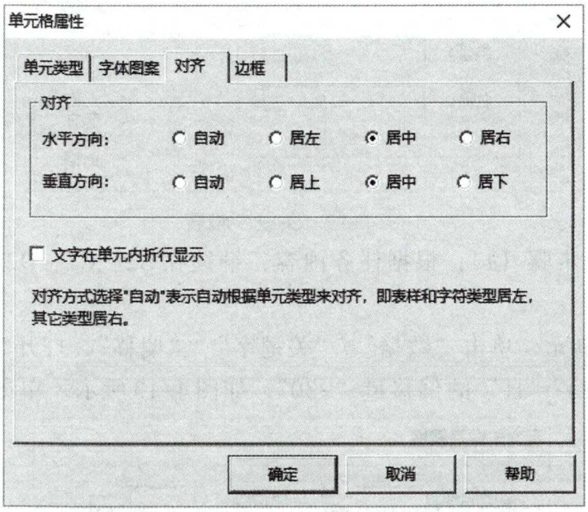

图4-11 单元格属性—对齐设置

（4）参照操作步骤（1）到操作步骤（3），根据任务内容，继续设置其他各单元的单元属性。

任务贴士：

①单元是组成报表的最小单位，单元类型有数值单元、字符单元和表样单元三种。

数值单元是报表的数据，在格式状态下设置，在数据状态下输入。数值单元的内容可以直接输入或由单元中存放的单元公式运算生成。建立一个新表时，所有单元的类型默认为数值型。

字符单元是报表的数据，在格式状态下设置，在数据状态下输入。字符单元的内容既可以是汉字、字母、数字及各种键盘可输入的符号组成的一串字符，也可由单元公式生成。

表样单元是报表的格式，只能在格式状态下输入和修改。表样单元定义一个没有数据的空表所需的所有文字、符号或数字。

②字符单元和数值单元输入后，只对本表页有效，表样单元输入后对所有表页有效。

③若报表中的“制表人”均为同一人，可考虑将E7单元设定为表样单元，以减轻录入制表人姓名的工作量。

8.关键字设置

操作步骤：

（1）选中A2单元，单击“数据”/“关键字”/“设置”，打开“设置关键字”对话框，单击选择“单位名称”选项按钮，如图4-12所示。单击“确定”按钮。

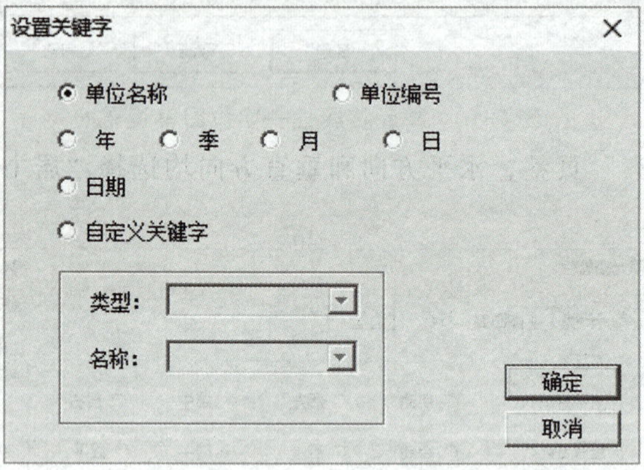

图4-12　关键字设置

（2）参照操作步骤（1），根据任务内容，继续在B2、C2、D2单元依次设置关键字年、月、日。

（3）选中D2单元，单击“数据”/“关键字”/“偏移”，打开“定义关键字偏移”对话框，录入关键字“日”的偏移量“-30”，如图4-13所示。单击“确定”按钮。

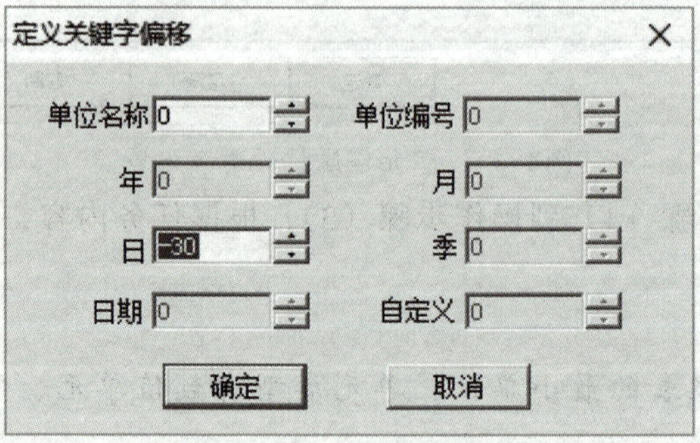

图4-13　关键字偏移设置

任务贴士：

①关键字是游离于单元之外的特殊数据单元，可以唯一标识一个表页，用于在大

量表页中快速选择表页。

②每个报表可以设置多个关键字，每个单元也可以设置多个关键字。但一次关键字的设置操作，只能设置一个关键字。

③每个关键字只能定义一次，第二次定义一个已经定义的关键字时，系统自动取消第一次的定义。

④若要取消关键字的设置，选择想要取消关键字的单元，单击“数据”/“关键字”/“取消”在“取消关键字”对话框中勾选要取消的关键字即可。

⑤关键字的位置不合适，可用偏移量来调整。负数表示向左移，正数表示向右移。

⑥关键字在格式状态下设置，但关键字的值在数据状态下录入，关键字的偏移则在格式或数据状态下都能进行。

9.保存报表

操作步骤：

(1) 在D盘新建文件夹，命名为“UFO报表”。

(2) 单击“文件”/“保存”，打开“另存为”对话框。

(3) 选择保存路径“D：\UFO报表”文件夹，文件名修改为“货币资金表”，文件类型默认，如图4-14所示。单击“另存为”按钮，保存“货币资金表．rep”。

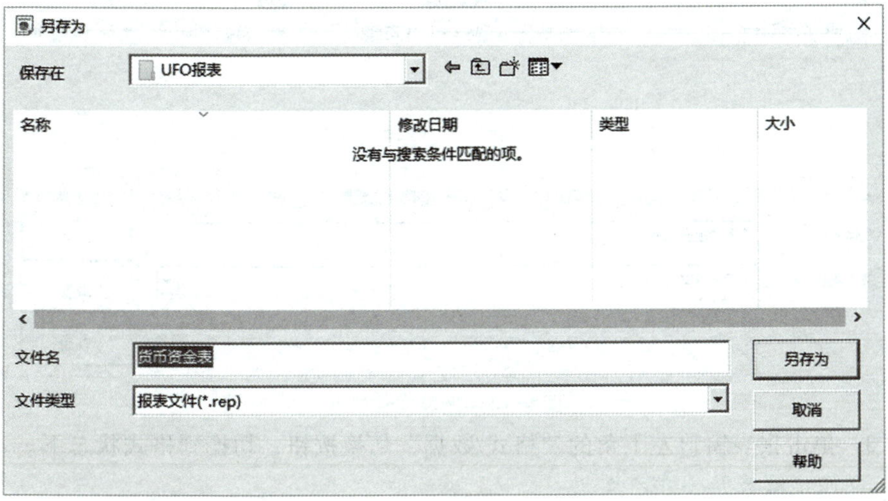

图4-14　报表文件保存

任务二　定义报表公式

教学视频4-3
报表数据的计算器——报表公式设置

[任务内容]

打开任务一保存的“货币资金表．rep”文件，定义B4：E6各单元的单元公式。

[任务要求]

账套主管王志强完成单元公式的定义，并保存报表。

[工作示范]

实训视频4-2

报表公式设置操作演示

1.打开保存的“货币资金表.rep”

操作步骤：

（1）单击“文件”/“打开”，打开“打开”对话框，查找范围选择“D：\UFO报表”文件夹。

（2）选择“货币资金表.rep”文件，如图4-15所示。单击“打开”按钮，打开“货币资金表.rep”文件。

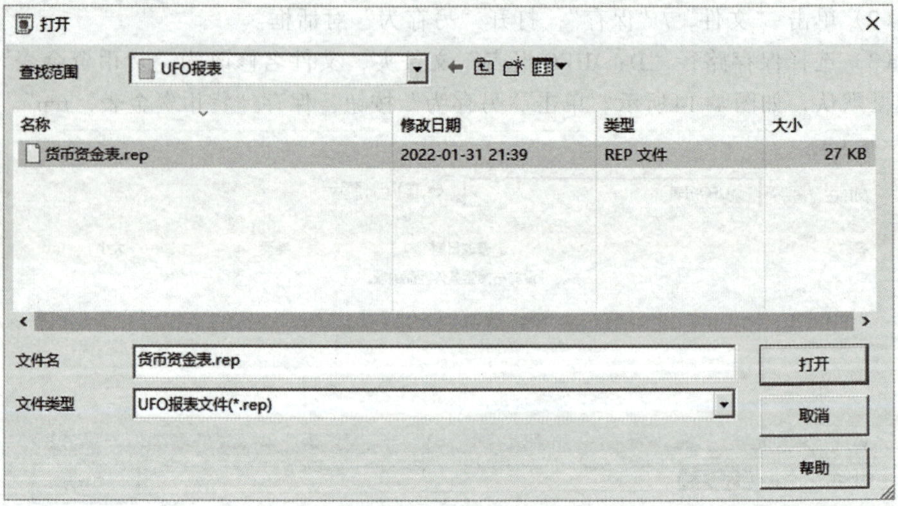

图4-15 报表文件打开

（3）单击报表窗口左下角的“格式/数据”切换按钮，切换到格式状态下。

2.期初余额单元公式定义

操作步骤：

（1）格式状态下，单击选择B4单元，单击“数据”/“编辑公式”/“单元公式”，打开“定义公式”对话框，如图4-16所示。

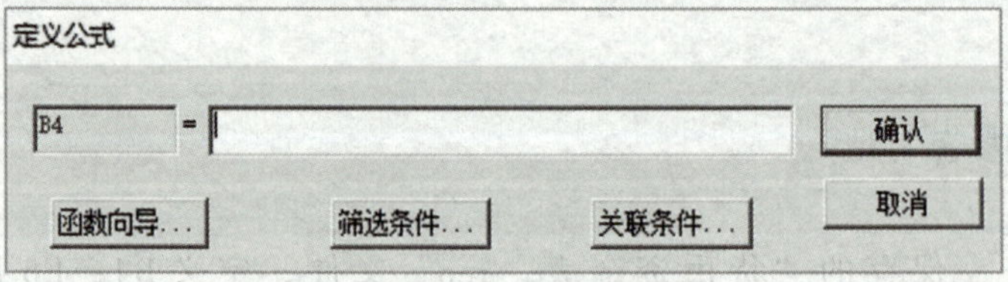

图4-16 定义公式

任务贴士：

①UFO报表中，各种报表之间有着密切的数据逻辑关系，所以报表中各种数据

的采集、运算就用到了不同的公式，主要有单元公式、审核公式和舍位平衡公式。

单元公式：定义报表数据之间的运算关系的公式，存储在报表单元中，也称计算公式。

审核公式：表示报表数据之间的钩稽关系的公式。

舍位平衡公式：报表经舍位之后，重新调整平衡关系的公式。

②各种报表公式的定义必须在格式状态下进行。

③单元公式必须在定义公式的对话框中定义，不能直接在单元格中定义。

④打开“定义公式”对话框，也可通过单击工具栏“fx”按钮或直接在单元格录入“=”键实现。

⑤单元公式的输入方式包括引导输入和直接输入两种。在对各种函数的用法和规律不熟练时，可通过系统提示逐步引导输入单元公式。如果已经掌握了各种函数的用法和规律，对公式输入也比较熟练，则可直接输入计算公式。初学者建议使用引导输入法。

（2）单击“函数向导”按钮，打开“函数向导”对话框。在函数分类列表中选择“用友账务函数”，在函数名列表中选择“期初（QC）”，如图4-17所示。

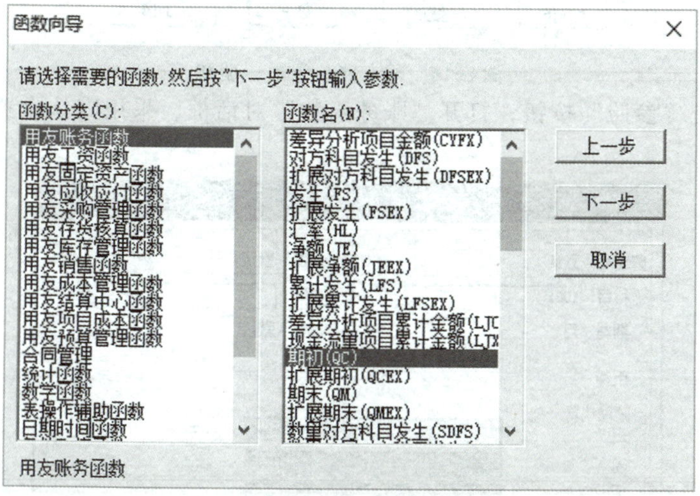

图4-17　函数向导—用友账务函数—期初

任务贴士：

①UFO报表中，单元公式既可以取本表页的数据，也可以取其他表页中的数据，还可以取其他报表的数据。利用取数函数还可以取总账、应收款管理、应付款管理、薪资管理、固定资产等系统的数据。自总账系统取数的公式称为账务函数。

②自本表表页取数的单元公式是指数据存放位置和数据来源位置都没有超出本表本页范围的单元公式。

③自本表其他表页取数的单元公式，可以直接以页标号或某个关键字作为表页定位的依据，指定取某张表页的数据。例如：A1单元取自第二张表页的A2单元数据，可表示为：A1=A2@2。此外，还可以用关联条件从本表其他页取数。格式为：RELATION <单元|关键字|变量|常量> WITH “<当前表表名>” -> <单元|关键字|变量|常量>。例如：表“LRB”各页A列取该页上月B列数值，可表示为：A=“LRB” ->

B RELATION 月 WITH “LRB”->月+1。

④自其他报表取数的单元公式，可以方便地取得已知页号的他表表页数据，主要使用以下格式：<目标区域>=“<他表表名>”-><数据源区域>［@<页号>］，<页号>缺省时为本表各页分别取他表各页数据。例如：当前表页D5的值等于表“Y”第4页D5的值，可表示为：D5=“Y”->D5@4。

（3）单击“下一步”按钮，打开“用友账务函数”对话框，如图4-18所示。

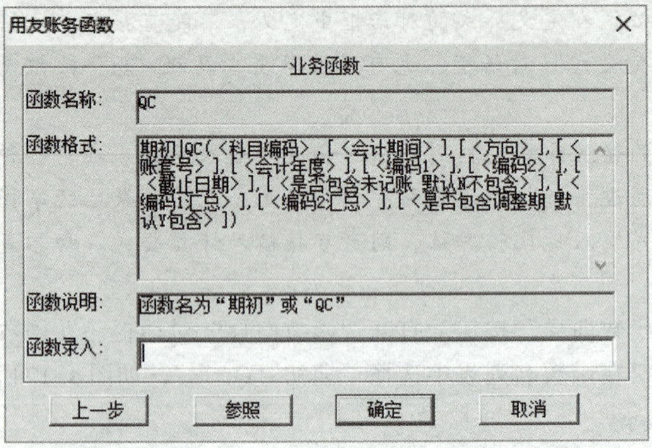

图4-18 用友账务函数—期初

（4）单击“参照”按钮，打开“账务函数”对话框，采用默认设置，如图4-19所示。

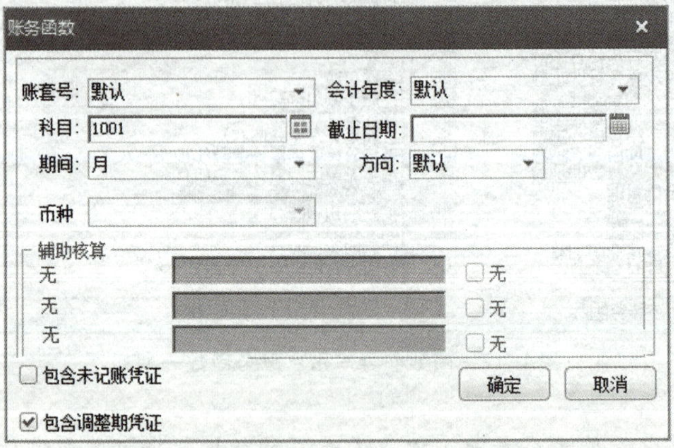

图4-19 账务函数—库存现金期初定义

任务贴士：

①账套号：只能是数字（000—999），省略表示默认为当前账套。

②会计年度：可以省略，也可输入具体的年度。省略表示默认为当前账套的会计年度。

③科目：可以是科目名称，也可以是科目编码，通过参照按钮选择输入。

④截止日期：不能和会计年度、会计期间同时设置。

⑤期间：可以是年、季、月，也可以是具体数字表示的日期。

⑥方向：可以是“借”，也可以是“贷”，还可以默认。默认表示该会计科目默认

的余额方向，这与科目性质直接相关。

⑦辅助核算：与科目编码的核算账类有关，可以取科目的辅助账，如人员编码、项目编码等，如无辅助核算则省略。

⑧包含未记账凭证和包含调整期凭证：表示连同未记账凭证和调整期凭证数据一并取数并转移到生成的报表中。

（5）单击“确定”按钮，返回“用友账务函数”对话框，如图4-20所示。

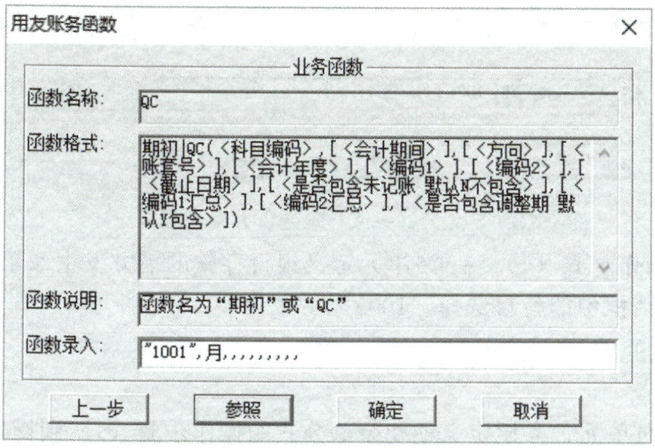

图4-20　用友账务函数—库存现金期初定义完成

（6）单击“确定”按钮，返回“定义公式”对话框，如图4-21所示。

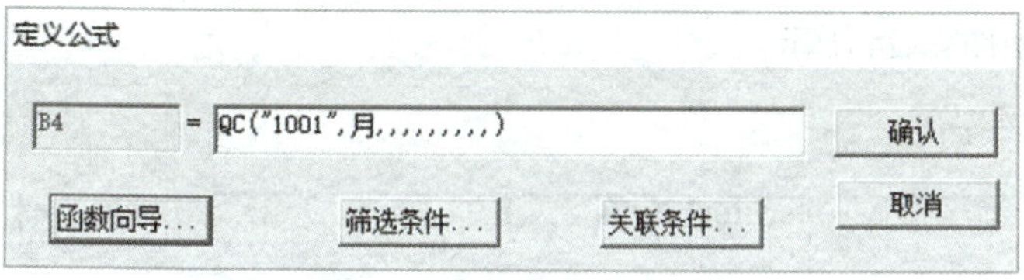

图4-21　定义公式—库存现金期初定义完成

（7）单击“确认”按钮，返回UFO报表窗口。B4单元自动显示“公式单元”，如图4-22所示。

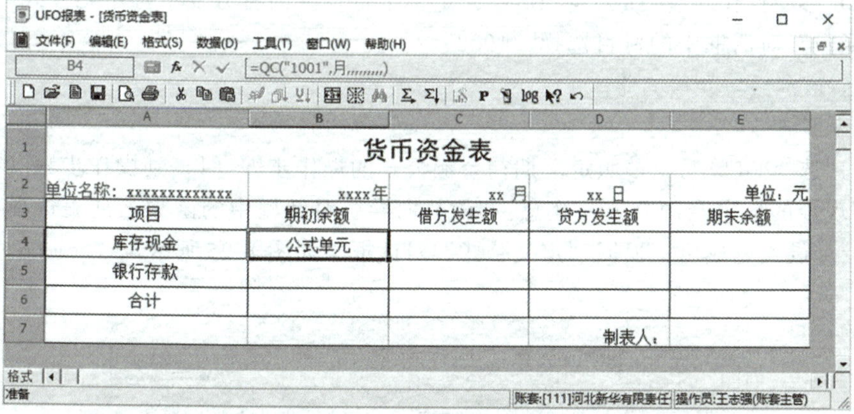

图4-22　货币资金表—库存现金期初余额定义完成

（8）参照操作步骤（1）到操作步骤（7），在B5单元定义银行存款的期初余额单元公式。注意：“账务函数”对话框中的科目选择“1002”。

3.借方发生额单元公式定义

操作步骤：

（1）选择C4单元，参照定义期初余额公式的操作步骤（1）到操作步骤（7），定义库存现金的借方发生额公式。注意：“函数向导”对话框中的函数名列表选择“发生（FS）”，“账务函数”对话框中的方向选择“借”。设置完成后，返回“定义公式”对话框，如图4-23所示。

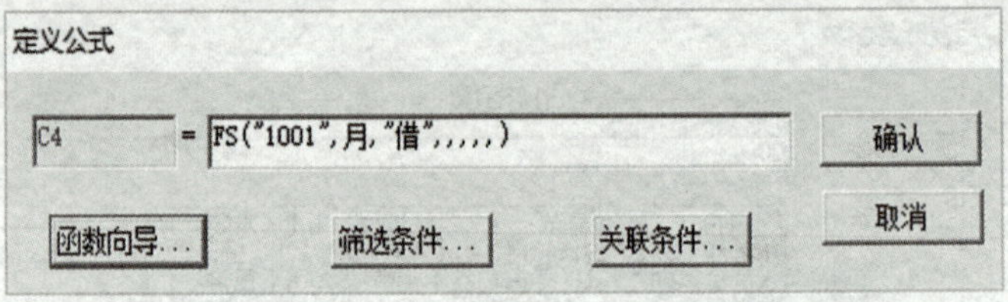

图4-23　定义公式—库存现金借方发生额定义完成

（2）参照操作步骤（1），在C5单元定义银行存款的借方发生额单元公式。注意：“账务函数”对话框中的科目选择“1002”。

4.贷方发生额单元公式定义

操作步骤：

（1）选择D4单元，参照定义期初余额公式的操作步骤（1）到操作步骤（7），定义库存现金的贷方发生额公式。注意：“函数向导”对话框中的函数名列表选择“发生（FS）”，“账务函数”对话框中的方向选择“贷”。设置完成后，返回“定义公式”对话框，如图4-24所示。

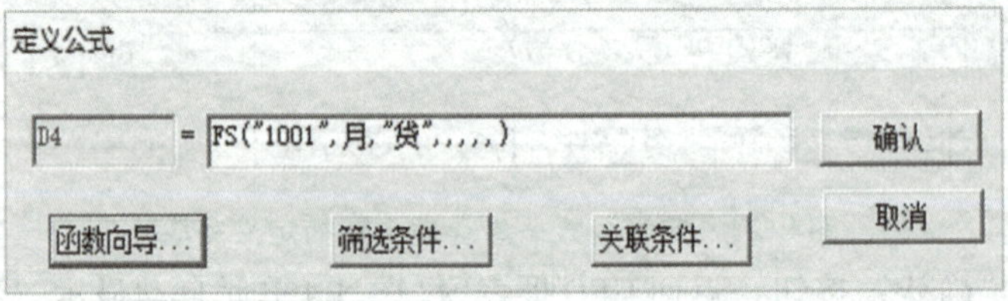

图4-24　定义公式—库存现金贷方发生额定义完成

（2）参照操作步骤（1），在D5单元定义银行存款的贷方发生额单元公式。注意：“账务函数”对话框中的科目选择“1002”。

5.期末余额单元公式定义

操作步骤：

（1）选择E4单元，参照定义期初余额公式的操作步骤（1）到操作步骤（7），定义库存现金的期末余额公式。注意：“函数向导”对话框中的函数名列表选择“期末（QM）”。设置完成后，返回“定义公式”对话框，如图4-25所示。

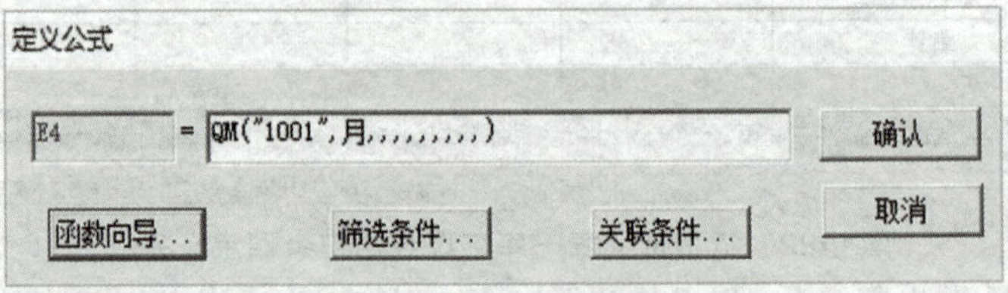

图4-25　定义公式—库存现金期末余额定义完成

（2）参照操作步骤（1），在E5单元定义银行存款的期末余额单元公式。注意：“账务函数”对话框中的科目选择“1002”。

6.合计单元公式定义

操作步骤：

（1）选择B6单元，参照定义期初余额公式的操作步骤（1）到操作步骤（7），设置期初余额的合计公式。注意：在“函数向导”对话框中的函数分类列表选择“统计函数”，函数名列表选择“PTOTAL”，如图4-26所示。

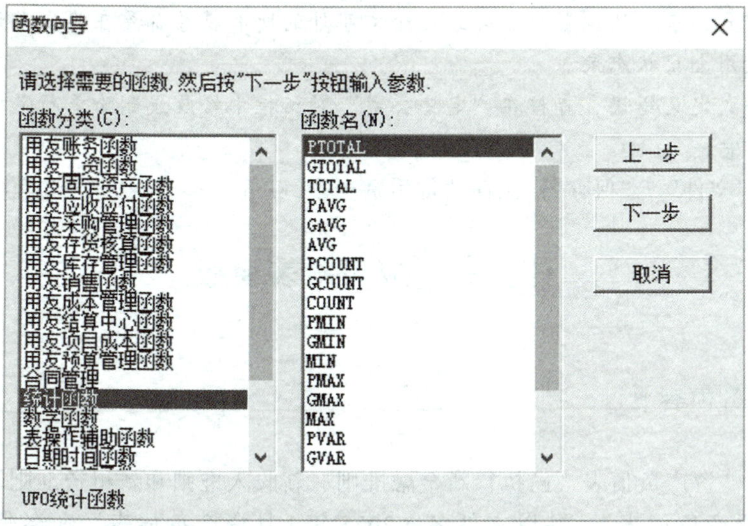

图4-26　函数向导—统计函数—求和

（2）单击“下一步”按钮，打开“固定区统计函数”对话框，在固定区区域录入“B4：B5”，如图4-27所示。

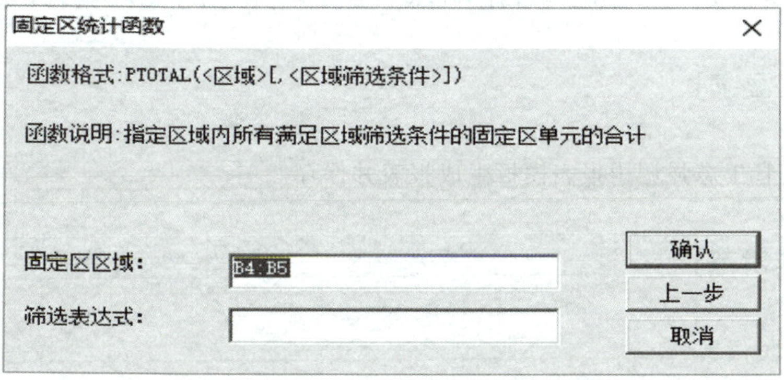

图4-27　固定区统计函数

（3）单击“确认”按钮，返回“定义公式”对话框，如图4-28所示。

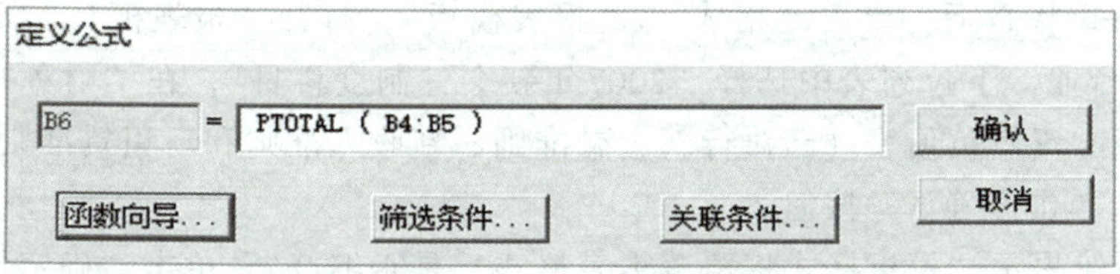

图4-28　定义公式—期初余额合计定义完成

（4）参照操作步骤（1）到操作步骤（3），继续在C6、D6、E6单元分别设置借方发生额合计、贷方发生额合计、期末余额合计单元公式。注意：“固定区统计函数”对话框中的固定区区域分别设置为“C4：C5”、“D4：D5”、“E4：E5”。

任务贴士：

①合计单元公式也可以采用直接录入法，直接在定义公式对话框中录入公式。比如：B6=B4+B5 或者采用财务函数引导输入法；又如：B6= QC（"1001"，月,,,,,,,,,,）+QC（"1002"，月,,,,,,,,,,）。

②采用直接录入法设置单元公式，除文字外的所有符号都要在英文半角状态下录入，不能使用全角状态录入。

③如公式定义错误，直接在“定义公式”对话框中修改或删除重新定义即可。

7.保存报表

单击“文件”/“保存”，保存“货币资金表．rep”。

任务三　应用报表模板

[任务内容]

教学视频4-4

秒编报表——报表模板应用

1.调用“资产负债表（已执行新金融准则、新收入准则和新租赁准则）”报表模板生成“资产负债表”，并以文件名“2025年1月资产负债表”命名保存在“D:\UFO报表”文件夹中。

2.调用“利润表（已执行新金融准则、新收入准则和新租赁准则）”报表模板生成“利润表”，并以文件名“2025年1月利润表”命名保存在“D：\UFO报表”文件夹中。

[任务要求]

账套主管王志强调用报表模板生成报表并保存。

[工作示范]

实训视频4-3

报表模板应用操作演示

1.资产负债表

操作步骤：

（1）单击“文件”/“新建”，新建报表文件。

（2）格式状态下，单击“格式”/“报表模板”，打开“报表模板”对话框，在“您所在的行业”下拉列表中选择“2007年新会计制度科目”，在“财务报表”下拉列表中选择“资产负债表（已执行新金融准则、新收入准则和新租赁准则）”，如图4-29所示。单击“确认”按钮。

（3）系统提示“模板格式将覆盖本表格式！是否继续？”单击“确定”按钮。系统自动生成“资产负债表”，结果如图4-30所示。

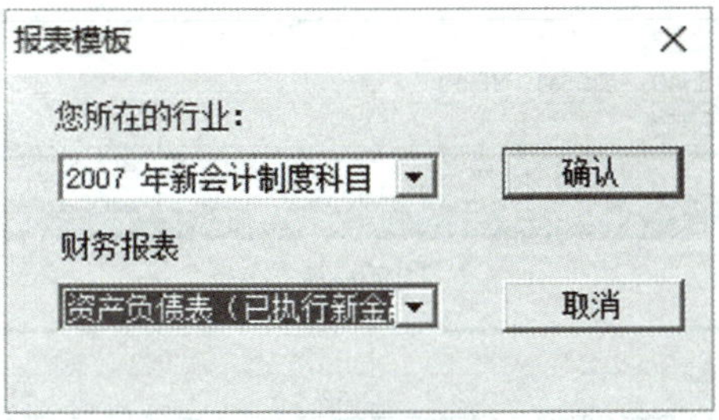

图4-29　报表模板选择

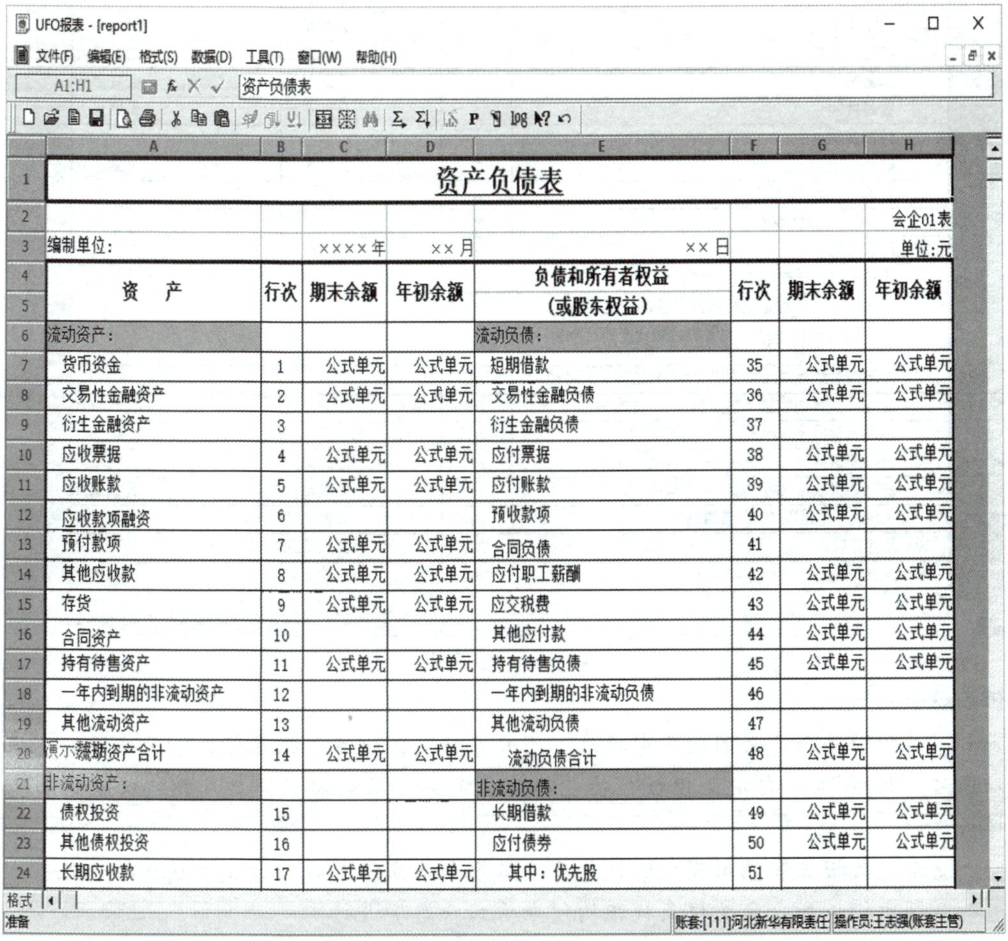

资产负债表

							会企01表
编制单位:		××××年	××月	××日			单位:元
资　产	行次	期末余额	年初余额	负债和所有者权益（或股东权益）	行次	期末余额	年初余额
流动资产:				流动负债:			
货币资金	1	公式单元	公式单元	短期借款	35	公式单元	公式单元
交易性金融资产	2	公式单元	公式单元	交易性金融负债	36	公式单元	公式单元
衍生金融资产	3			衍生金融负债	37		
应收票据	4	公式单元	公式单元	应付票据	38	公式单元	公式单元
应收账款	5	公式单元	公式单元	应付账款	39	公式单元	公式单元
应收款项融资	6			预收款项	40	公式单元	公式单元
预付款项	7	公式单元	公式单元	合同负债	41		
其他应收款	8	公式单元	公式单元	应付职工薪酬	42	公式单元	公式单元
存货	9	公式单元	公式单元	应交税费	43	公式单元	公式单元
合同资产	10			其他应付款	44	公式单元	公式单元
持有待售资产	11	公式单元	公式单元	持有待售负债	45	公式单元	公式单元
一年内到期的非流动资产	12			一年内到期的非流动负债	46		
其他流动资产	13			其他流动负债	47		
演示数据资产合计	14	公式单元	公式单元	流动负债合计	48	公式单元	公式单元
非流动资产:				非流动负债:			
债权投资	15			长期借款	49	公式单元	公式单元
其他债权投资	16			应付债券	50	公式单元	公式单元
长期应收款	17	公式单元	公式单元	其中：优先股	51		

图4-30　资产负债表

（4）单击“文件”/“保存”，将“资产负债表”以文件名“2025年1月资产负债表”命名保存在“D：\UFO报表”文件夹中。

2.利润表

操作步骤：

参照生成“资产负债表”操作步骤（1）到操作步骤（4），调用“利润表（已执行新金融准则、新收入准则和新租赁准则）”报表模板生成“利润表”，并以文件名“2025年1月利润表”命名保存在“D：\UFO报表”文件夹中。系统自动生成的“利润表”如图4-31所示。

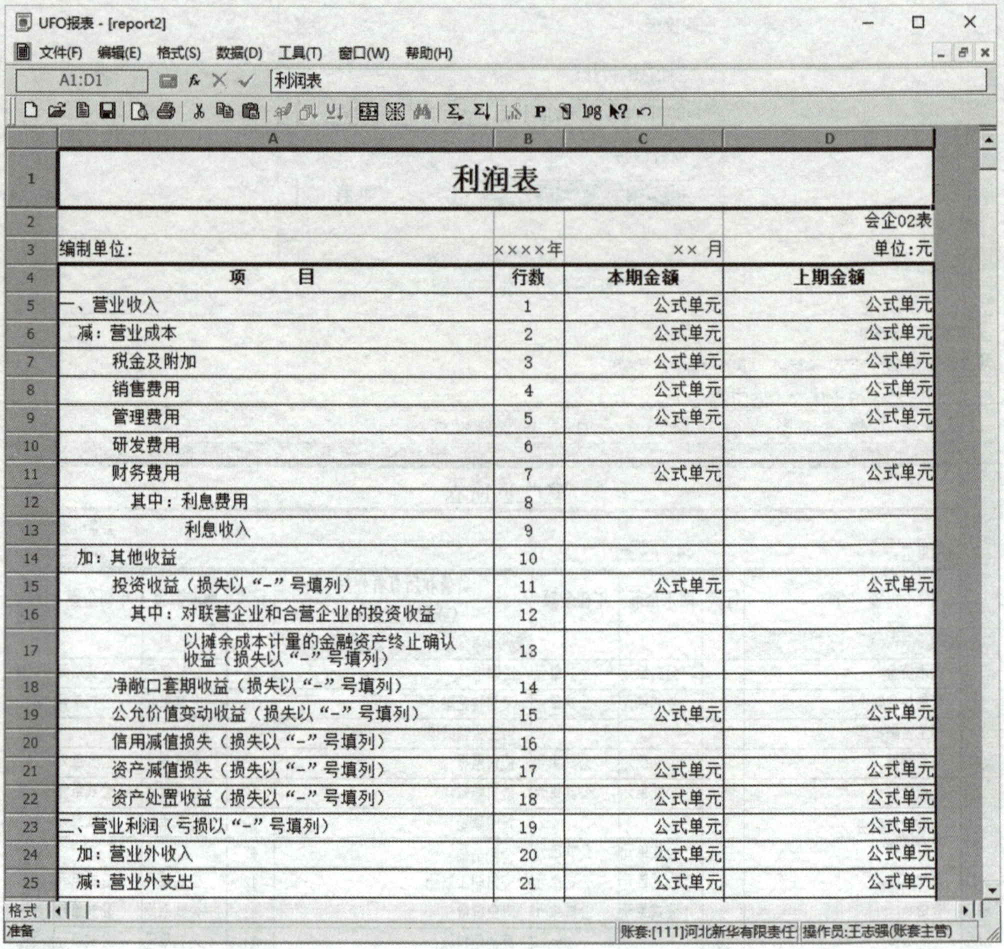

	A	B	C	D
1	利润表			
2				会企02表
3	编制单位:	××××年	××月	单位:元
4	项　　目	行数	本期金额	上期金额
5	一、营业收入	1	公式单元	公式单元
6	减：营业成本	2	公式单元	公式单元
7	税金及附加	3	公式单元	公式单元
8	销售费用	4	公式单元	公式单元
9	管理费用	5	公式单元	公式单元
10	研发费用	6		
11	财务费用	7	公式单元	公式单元
12	其中：利息费用	8		
13	利息收入	9		
14	加：其他收益	10		
15	投资收益（损失以“-”号填列）	11	公式单元	公式单元
16	其中：对联营企业和合营企业的投资收益	12		
17	以摊余成本计量的金融资产终止确认收益（损失以“-”号填列）	13		
18	净敞口套期收益（损失以“-”号填列）	14		
19	公允价值变动收益（损失以“-”号填列）	15	公式单元	公式单元
20	信用减值损失（损失以“-”号填列）	16		
21	资产减值损失（损失以“-”号填列）	17	公式单元	公式单元
22	资产处置收益（损失以“-”号填列）	18	公式单元	公式单元
23	二、营业利润（亏损以“-”号填列）	19	公式单元	公式单元
24	加：营业外收入	20	公式单元	公式单元
25	减：营业外支出	21	公式单元	公式单元

图4-31　利润表

任务贴士：

①对于一些企业常用的内部报表，用户在自定义设置了报表格式和公式后，也可以通过“格式”/“自定义模板”功能将其自定义为报表模板，加入系统提供的报表模板库内。

②自定义模板和调用模板时，行业名必须和建立账套时的行业性质保持一致。

③调用模板和自定义报表模板均须在格式状态下进行。

④调用报表模板生成的报表，格式和公式都可以根据企业需求进行调整。

任务四　处理报表数据

教学视频4-5

轻松玩转报表数据——报表数据处理

[任务内容]

生成新华公司2025年1月份的货币资金表、资产负债表和利润表。

[任务要求]

账套主管王志强生成报表数据并保存报表。

[工作示范]

实训视频 4-4

报表数据处理操作演示

1. 生成货币资金表数据

操作步骤：

（1）单击“文件”/“打开”，打开“D：\UFO报表”文件夹中的“货币资金表.rep”。

（2）数据状态下，单击E7单元录入“王志强”。

（3）单击“数据”/“关键字”/“录入”，打开“录入关键字”对话框，“单位名称”录入“河北新华有限责任公司”，“年”录入“2025”，“月”录入“1”，“日”录入“31”，如图4-32所示。单击“确认”按钮。

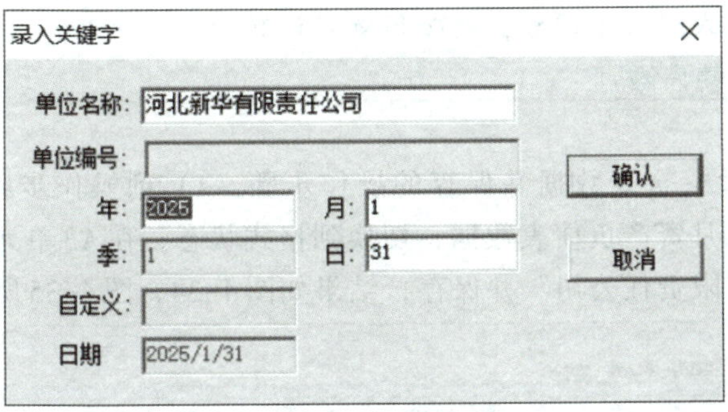

图4-32　录入关键字

（4）系统提示“是否重算第一页？”单击“是”按钮，系统自动生成报表数据，结果如图4-33所示。单击“保存”按钮。

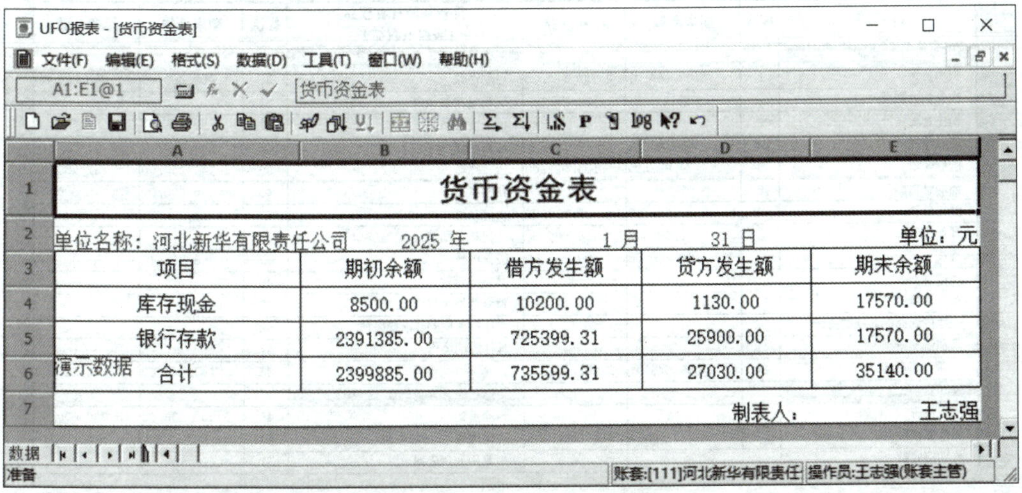

项目	期初余额	借方发生额	贷方发生额	期末余额
库存现金	8500.00	10200.00	1130.00	17570.00
银行存款	2391385.00	725399.31	25900.00	17570.00
合计	2399885.00	735599.31	27030.00	35140.00

图4-33　生成数据的货币资金表

任务贴士：

①报表数据处理主要包括：在数值单元或字符单元录入数据；录入每张表页上关键字的值；根据单元公式进行表页或整表重算，生成报表数据；如设置了审核公式和舍位平衡公式，则执行审核和舍位平衡；表页的插入、追加、删除、排序、交换和查找等表页管理；数据透视和汇总等。

②报表数据处理操作均须在数据状态下完成。

③系统通过设置关键字，来识别各表页数据取自哪个单位和哪个会计期间，因此在表页重算前，要先录入关键字的值。

④不同的报表对应不同的关键字的值，关键字的值随单元与报表一起输出。日期关键字用于确认报表数据生成的具体日期。

⑤系统提示“是否重算第一页?”时，如选择“否”，则系统不会自动生成报表数据，以后还可以通过执行“数据”/“表页重算”或“数据”/“整表重算”功能生成报表数据。表页重算仅重新计算当前表页中的所有单元公式，其他表页不重新计算。但如果当前表页设置了“表页不计算”标志，则不再重算。整表重算则是将当前文件中所有表页的所有单元公式重算。

⑥只要单元公式进行了调整，就必须重新计算。

2.生成资产负债表数据

操作步骤：

参照生成货币资金表数据并保存的操作步骤（1）到操作步骤（4），录入关键字，生成2025年1月资产负债表数据，切换到格式状态，在A3单元“编制单位:”后录入“河北新华有限责任公司”并保存，结果如图4-34、图4-35所示。

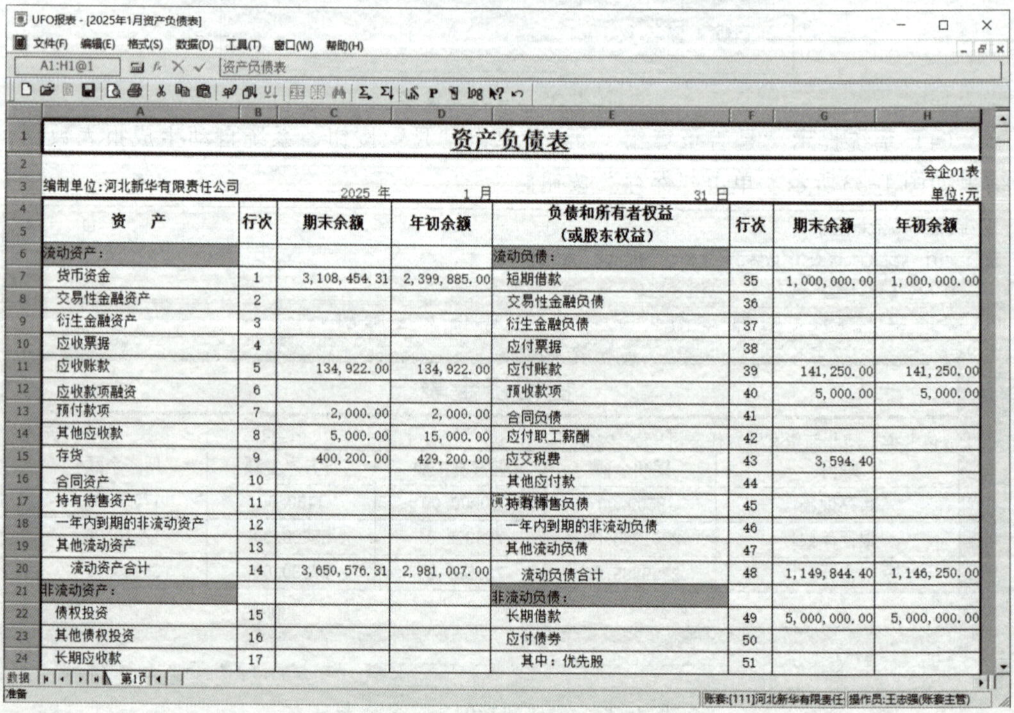

资产负债表

会企01表

编制单位:河北新华有限责任公司　　2025 年　　1 月　　31 日　　单位:元

资　产	行次	期末余额	年初余额	负债和所有者权益（或股东权益）	行次	期末余额	年初余额
流动资产：				流动负债：			
货币资金	1	3,108,454.31	2,399,885.00	短期借款	35	1,000,000.00	1,000,000.00
交易性金融资产	2			交易性金融负债	36		
衍生金融资产	3			衍生金融负债	37		
应收票据	4			应付票据	38		
应收账款	5	134,922.00	134,922.00	应付账款	39	141,250.00	141,250.00
应收款项融资	6			预收款项	40	5,000.00	5,000.00
预付款项	7	2,000.00	2,000.00	合同负债	41		
其他应收款	8	5,000.00	15,000.00	应付职工薪酬	42		
存货	9	400,200.00	429,200.00	应交税费	43	3,594.40	
合同资产	10			其他应付款	44		
持有待售资产	11			持有待售负债	45		
一年内到期的非流动资产	12			一年内到期的非流动负债	46		
其他流动资产	13			其他流动负债	47		
流动资产合计	14	3,650,576.31	2,981,007.00	流动负债合计	48	1,149,844.40	1,146,250.00
非流动资产：				非流动负债：			
债权投资	15			长期借款	49	5,000,000.00	5,000,000.00
其他债权投资	16			应付债券	50		
长期应收款	17			其中：优先股	51		

图4-34　生成数据的2025年1月资产负债表（1）

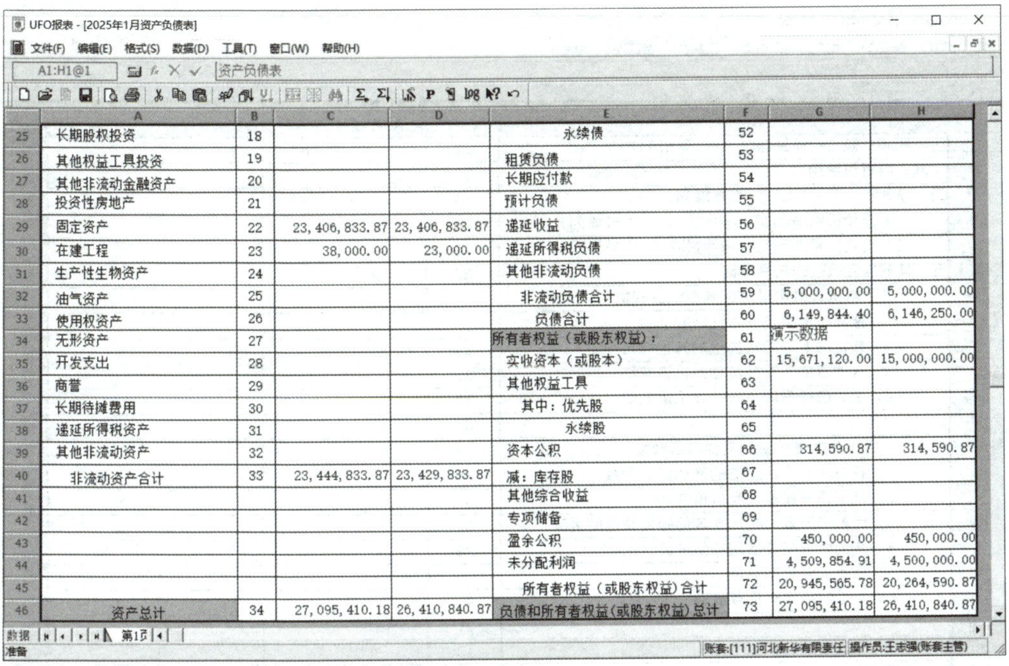

	A	B	C	D	E	F	G	H
25	长期股权投资	18			永续债	52		
26	其他权益工具投资	19			租赁负债	53		
27	其他非流动金融资产	20			长期应付款	54		
28	投资性房地产	21			预计负债	55		
29	固定资产	22	23,406,833.87	23,406,833.87	递延收益	56		
30	在建工程	23	38,000.00	23,000.00	递延所得税负债	57		
31	生产性生物资产	24			其他非流动负债	58		
32	油气资产	25			非流动负债合计	59	5,000,000.00	5,000,000.00
33	使用权资产	26			负债合计	60	6,149,844.40	6,146,250.00
34	无形资产	27			所有者权益（或股东权益）：	61	演示数据	
35	开发支出	28			实收资本（或股本）	62	15,671,120.00	15,000,000.00
36	商誉	29			其他权益工具	63		
37	长期待摊费用	30			其中：优先股	64		
38	递延所得税资产	31			永续股	65		
39	其他非流动资产	32			资本公积	66	314,590.87	314,590.87
40	非流动资产合计	33	23,444,833.87	23,429,833.87	减：库存股	67		
41					其他综合收益	68		
42					专项储备	69		
43					盈余公积	70	450,000.00	450,000.00
44					未分配利润	71	4,509,854.91	4,500,000.00
45					所有者权益（或股东权益）合计	72	20,945,565.78	20,264,590.87
46	资产总计	34	27,095,410.18	26,410,840.87	负债和所有者权益(或股东权益)总计	73	27,095,410.18	26,410,840.87

图4-35　生成数据的2025年1月资产负债表（2）

3.生成利润表数据

操作步骤：

参照生成货币资金表数据并保存的操作步骤（1）到操作步骤（4），录入关键字，生成2025年1月利润表数据，切换到格式状态，在A3单元“编制单位：”后录入“河北新华有限责任公司”并保存，结果如图4-36、图4-37所示。

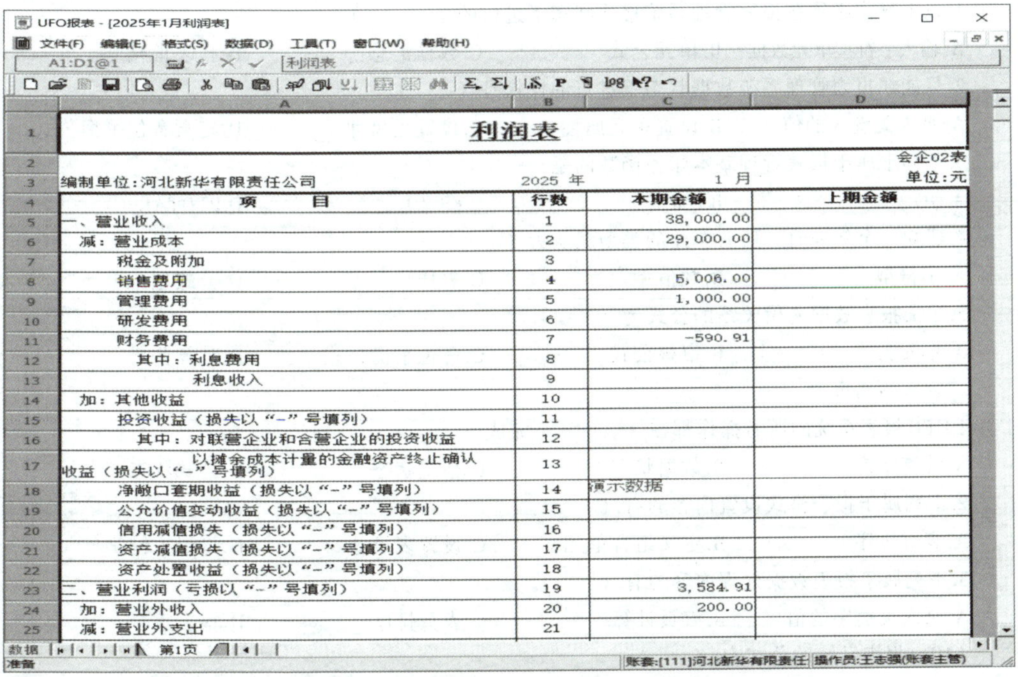

项　　目	行数	本期金额	上期金额
一、营业收入	1	38,000.00	
减：营业成本	2	29,000.00	
税金及附加	3		
销售费用	4	5,006.00	
管理费用	5	1,000.00	
研发费用	6		
财务费用	7	-590.91	
其中：利息费用	8		
利息收入	9		
加：其他收益	10		
投资收益（损失以“-”号填列）	11		
其中：对联营企业和合营企业的投资收益	12		
以摊余成本计量的金融资产终止确认收益（损失以“-”号填列）	13		
净敞口套期收益（损失以“-”号填列）	14	演示数据	
公允价值变动收益（损失以“-”号填列）	15		
信用减值损失（损失以“-”号填列）	16		
资产减值损失（损失以“-”号填列）	17		
资产处置收益（损失以“-”号填列）	18		
二、营业利润（亏损以“-”号填列）	19	3,584.91	
加：营业外收入	20	200.00	
减：营业外支出	21		

图4-36　生成数据的2025年1月利润表（1）

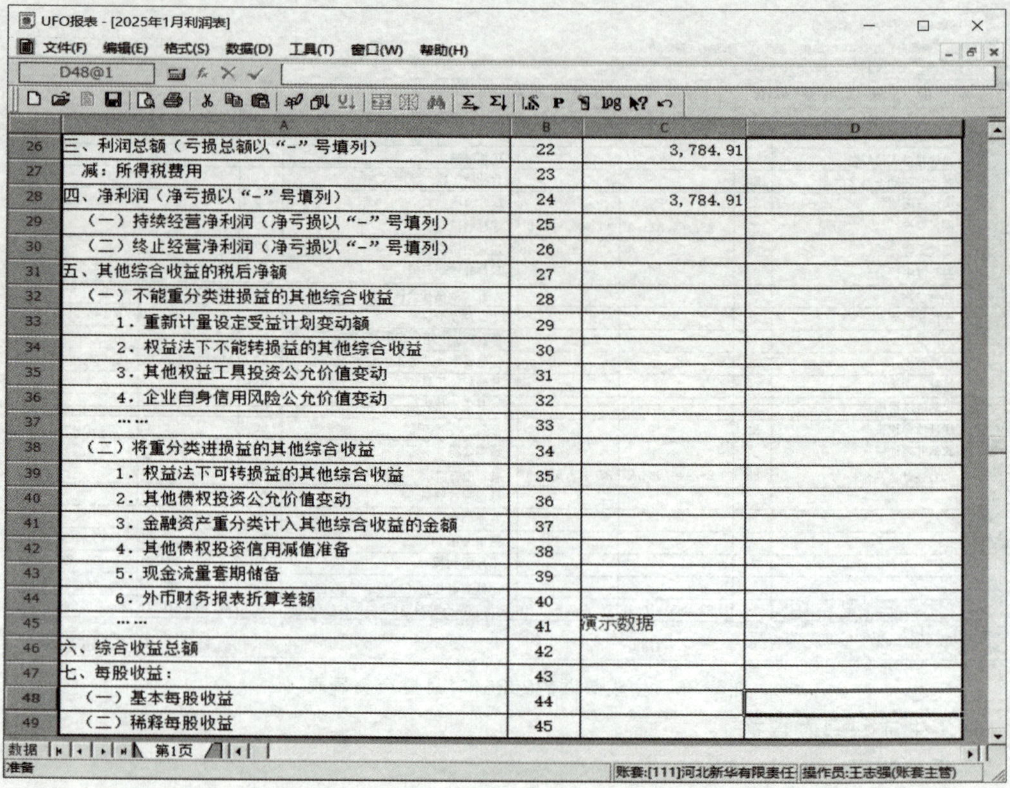

	A	B	C	D
26	三、利润总额（亏损总额以"–"号填列）	22	3,784.91	
27	减：所得税费用	23		
28	四、净利润（净亏损以"–"号填列）	24	3,784.91	
29	（一）持续经营净利润（净亏损以"–"号填列）	25		
30	（二）终止经营净利润（净亏损以"–"号填列）	26		
31	五、其他综合收益的税后净额	27		
32	（一）不能重分类进损益的其他综合收益	28		
33	1．重新计量设定受益计划变动额	29		
34	2．权益法下不能转损益的其他综合收益	30		
35	3．其他权益工具投资公允价值变动	31		
36	4．企业自身信用风险公允价值变动	32		
37	……	33		
38	（二）将重分类进损益的其他综合收益	34		
39	1．权益法下可转损益的其他综合收益	35		
40	2．其他债权投资公允价值变动	36		
41	3．金融资产重分类计入其他综合收益的金额	37		
42	4．其他债权投资信用减值准备	38		
43	5．现金流量套期储备	39		
44	6．外币财务报表折算差额	40		
45	……	41	演示数据	
46	六、综合收益总额	42		
47	七、每股收益：	43		
48	（一）基本每股收益	44		
49	（二）稀释每股收益	45		

图4-37　生成数据的2025年1月利润表（2）

同步测试

工作领域四

同步测试及参考答案

一、单项选择题

1.以下操作必须在报表管理系统格式状态下进行的是（　　）。

A.输入字符型单元数据　B.单元公式　C.数据汇总　D.报表审核

2.只能在报表管理系统数据状态下进行的操作是（　　）。

A.录入关键字的值　B.设置单元属性　C.设置表尺寸　D.定义舍位平衡公式

3.下列不属于报表管理基本账务函数的是（　　）。

A.QC（）　B.QM（）　C.FS（）　D.PTOTAL（）

4.建立一个新表时，所有单元的类型默认为（　　）。

A.字符型　B.数值型　C.表样型　D.公式型

5.定义报表数据钩稽关系的公式为（　　）。

A.单元公式　B.审核公式　C.舍位平衡公式　D.计算公式

二、多项选择题

1.UFO报表系统的所有操作都在（　　）下完成。

A.计算状态　B.数据状态　C.格式状态　D.公式状态

2.下列属于报表格式设置内容的有（　　）。

A.表页排序　B.定义组合单元　C.设置表尺寸　D.设置关键字

3.下列属于报表数据处理内容的有（　　）。

A.录入关键字的值　B.表页计算　C.表页排序　D.报表审核

4.UFO报表系统的公式有（　　）。

A.单元公式　B.审核公式　C.舍位平衡公式　D.透视公式

5.UFO报表系统中的单元类型有（　　）。

A.数值单元　　B.表样单元　　C.字符单元　　D.公式单元

三、判断题

1.每张报表只能定义一个关键字。（　　）

2.在报表格式状态下所进行的操作对本表所有的表页都发生作用。（　　）

3.关键字的设置、偏移和录入都在格式状态下进行。（　　）

4.调用报表模板时，行业名必须和建立账套时的行业性质保持一致。（　　）

5.每个单元只能设置一个关键字。（　　）

综合实训

［实训内容］

1.按照表4-2期间费用占比分析表设置报表格式。

表4-2　**期间费用占比分析表**

单位名称：　　　　年　　月　　　　金额单位：元

项目	金额	占比（%）
销售费用		
管理费用		
财务费用		
合计		

制表人：王强

要求："单位名称""年""月"，均设置为关键字。

2.定义报表公式。

设置"期间费用占比分析表"B4：C7各单元的单元公式，并以"期间费用占比分析表"命名保存在预设的"D：\UFO报表\石家庄正道轮胎报表"文件夹中。

3.应用报表模板。

（1）调用"资产负债表（已执行新金融准则、新收入准则和新租赁准则）"报表模板生成资产负债表，并以"2025年1月资产负债表"命名保存在预设的"D：\UFO报表\石家庄正道轮胎报表"文件夹中。

（2）调用"利润表（已执行新金融准则、新收入准则和新租赁准则）"报表模板生成利润表，并以"2025年1月利润表"命名保存在预设的"D：\UFO报表\石家庄正道轮胎报表"文件夹中。

4.处理报表数据。

生成正道轮胎公司2025年1月份的期间费用占比分析表、资产负债表和利润表数据并保存。

［实训要求］

账套主管王强完成设置报表格式、定义报表公式、应用报表模板、处理报表数据的工作。

【互动课堂】

请将本工作领域实训完成结果按要求上传至课程平台。

1.提交货币资金表数据生成结果截图。

2.提交资产负债表数据生成结果截图。

3.提交利润表数据生成结果截图。

互动课堂提示

工作领域五

固定资产管理

【学习目标】

教学视频5-1

我是资产的保护神——固定资产管理系统概述

掌握固定资产管理系统全生命周期管理逻辑（初始设置、资产增减、折旧计提、对账结账等）及操作流程、固定资产业务的具体处理方法；熟悉企业会计准则及固定资产子系统操作规范；具备资产初始化、调拨、报废等日常业务处理的能力，熟练生成报表并分析资产效能，能够排查系统异常并通过扫码实现移动端学习；培养严谨的职业态度与数据安全意识，强化风险管控思维，提升技术应用与创新能力。

【系统思话】

工作领域五

工作过程与岗位对照图

固定资产管理系统以数字化手段构建全生命周期管理体系。在初始化阶段，系统以标准化卡片录入实现新旧资产数据的无缝衔接，精准的数据溯源机制要求操作者严格执行编码规则，将“工匠精神”融入基础信息管理的严谨性中；日常管理中，系统依托自动化流程完成资产入库、调拨、折旧计提等操作，动态调整的折旧算法能够满足企业会计准则更新需求；期末处理环节，减值测试及与总账协同功能实现财务数据穿透式校验，既防范资产价值虚增风险，也培养管理者维护企业利益与国家经济安全的双重责任感。系统通过新华公司等实践案例，生动诠释了数字化转型如何驱动企业高质量发展，启发操作者从资产管理的规范运作中领悟数字经济时代的职业使命——以技术创新筑牢合规底线，以数据真实守护市场秩序，将个人专业能力转化为服务实体经济健康发展的实践力量。

【案例概说】

在数字经济浪潮下，固定资产的有效管理对企业至关重要。新华公司作为生产型企业，固定资产涵盖繁多生产设备与办公设施，分布广泛，管理难度极大。为此，新华公司决定于2025年1月1日启用固定资产管理系统，对每项资产的增、减、变动、折旧等情况进行详细记录、动态查询。该系统基于数字化技术，依照公司特性与管理需求打造精细管理体系，借助它，财务部能全流程追踪固定资产，动态更新信息，精准核算，利用智能盘点功能快速清查资产，大幅降低人力与时间成本，提升管理效率与准确性，为企业发展筑牢根基。这一实践深刻体现了新时代企业管理的核心逻辑：既要追求技术赋能的生产力跃升，更要坚守资源节约型社会的责任担当。

任务一　建立固定资产账套

[任务内容]

教学视频5-2
我的装修我做主——建立固定资产账套

新华公司根据业务需要决定于2025年1月1日启用固定资产系统，并按如下要求建立固定资产账套：

1. 固定资产折旧信息：采用“平均年限法（一）”计提折旧，按使用部门逐月计提，折旧分配周期为一个月；在固定资产可使用的最后一个月，将剩余折旧全部提足；企业在经营过程中如遇折旧要素发生变动，按变动后的要素计提折旧。

2. 固定资产编码规则：资产类别编码方式为“2-1-1-2”，固定资产编码方式采用“自动编码：类别编号+序号”，序号长度为“3”。

3. 固定资产与财务接口：要求与总账系统进行对账，科目为“1601 固定资产”“1602 累计折旧”。在对账不平衡的情况下，不允许固定资产月末结账。

[任务要求]

引入已录入总账系统期初余额的账套后，账套主管王志强启用固定资产系统，会计张东明建立固定资产账套。

[工作示范]

实训视频5-1
建立固定资产账套操作演示

操作步骤：

（1）以操作员“01王志强”身份，操作日期“2025-01-01”，登录企业应用平台。在“业务导航”中，单击“基础设置”/“基本信息”/“系统启用”，启用“固定资产”系统，启用日期为“2025-01-01”。

（2）以操作员“03张东明”身份，操作日期“2025-01-01”，登录企业应用平台。在“业务导航”/“业务工作”中，单击“财务会计”/“固定资产”，系统提示“这是第一次打开此账套，还未进行过初始化，是否进行初始化？”。

（3）单击“是”，打开“初始化账套向导”对话框，进入“约定及说明”界面。该界面显示固定资产账套的基本信息和资产管理的基本原则，认真阅读后选择“我同意”，如图5-1所示。

任务贴士：

首次登录进入固定资产系统，系统将自动引导进行账套初始化操作，并完成部分参数的设置。

（4）单击“下一步”按钮，进入“启用月份”界面，显示启用固定资产账套的时间，如图5-2所示。

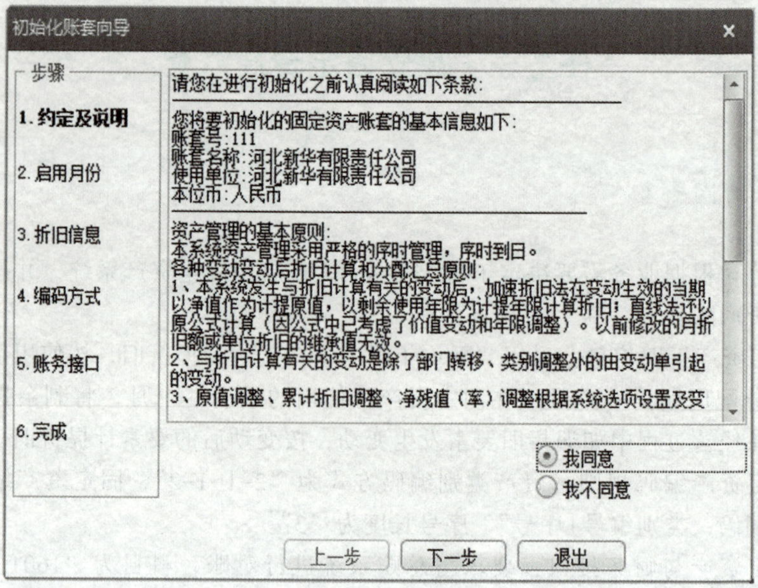

图5-1　约定及说明

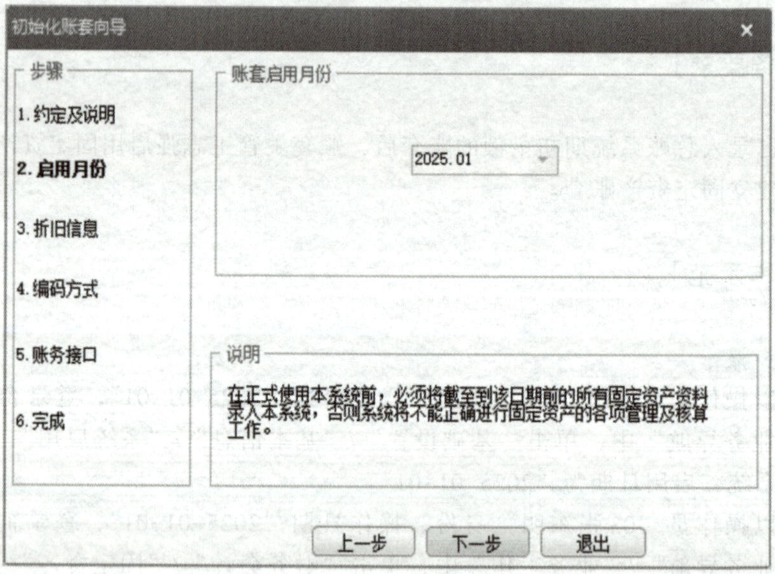

图5-2　启用月份

任务贴士：

①账套启用月份只能查看不能修改，如果启用月份有误，须退出“初始化账套向导”界面，由账套主管进入企业应用平台修改启用日期。

②固定资产账套初始化完成后启用日期不能修改，在该日期前存在的所有固定资产都将作为期初数据，在账套启用月份计提折旧。

（5）单击“下一步”按钮，进入“折旧信息”界面，选择主要折旧方法为“平均年限法（一）”，折旧汇总分配周期为“1个月”，勾选“当（月初已计提月份=可使用月份-1）时将剩余折旧全部提足（工作量法除外）”复选框，如图5-3所示。

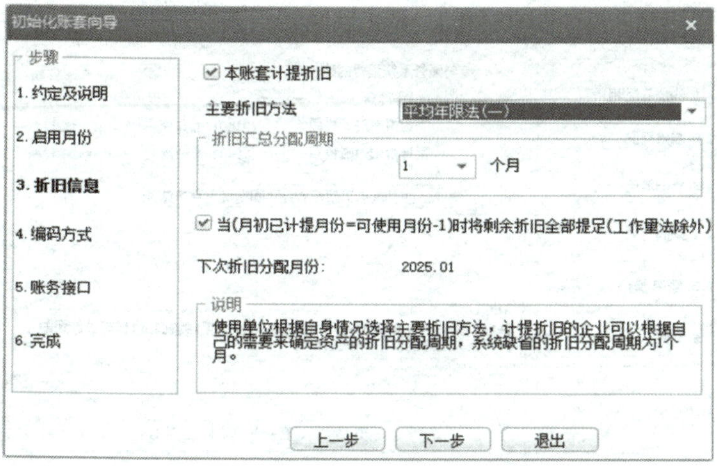

图5-3　折旧信息

任务贴士：

折旧汇总分配周期不一定都是一个月，可因行业和自身情况，每季度、半年或一年汇总分配一次，系统提供了“1个月”“2个月”“3个月”“4个月”“6个月”“12个月”可供选择。

（6）单击“下一步”按钮，进入“编码方式”界面，设置资产类别编码长度为“2112”，选择固定资产编码方式为“自动编码”，单击下拉列表选择“类别编号+序号”，修改序号长度为“3”，如图5-4所示。

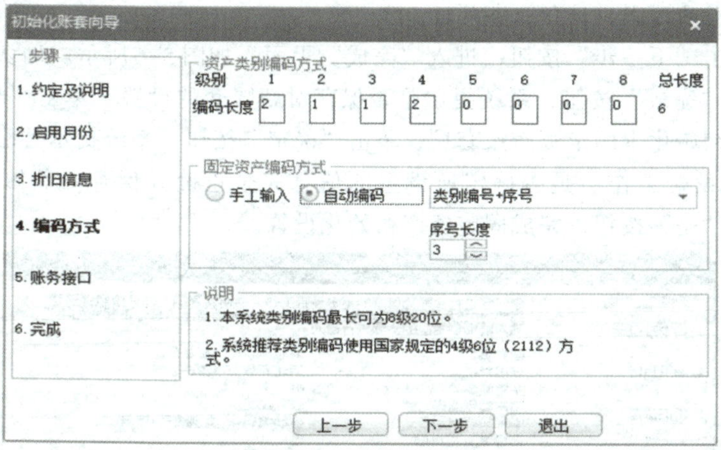

图5-4　编码方式

任务贴士：

固定资产编码方式可选择“手工输入”或“自动编码”。系统提供了4种自动编码形式：“类别编号+序号”“部门编号+序号”“类别编号+部门编号+序号”“部门编号+类别编号+序号”。每个账套只能选择其中一种，一经设定，不得修改。

（7）单击“下一步”按钮，进入“账务接口”界面，勾选“与账务系统进行对账”复选框，选择固定资产对账科目为“1601，固定资产”，累计折旧对账科目为“1602，累计折旧”，取消勾选“在对账不平情况下允许固定资产月末结账”复选框，如图5-5所示。

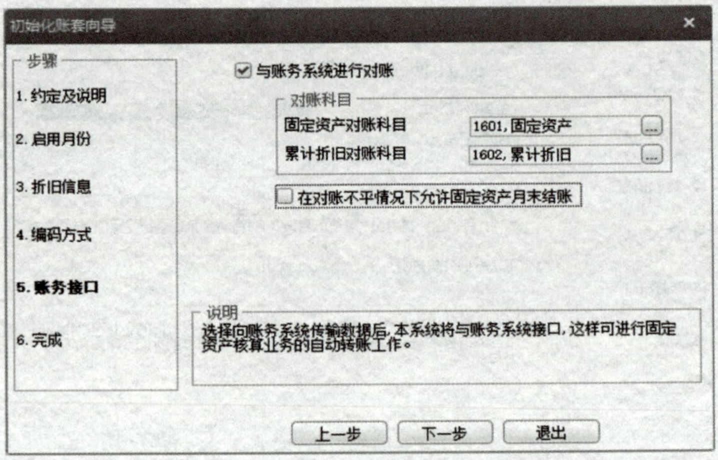

图5-5　财务接口

任务贴士：

①与账务系统进行对账是将固定资产系统内所有固定资产的原值、累计折旧与总账系统中的固定资产科目和累计折旧科目的余额进行核对，两者的数据应该相等。如果不需要与总账系统对账，可以不勾选“与账务系统进行对账”选项。

②在对账不平情况下允许固定资产月末结账：当固定资产较多，无法在建账当月完成初始数据的录入时，可选择此选项，这样不影响固定资产系统期末结账，否则会由于对账不平而影响结账工作。建账当月未能完成录入的初始数据，可以按照手工账和电子账并行的方式，进行业务处理。

（8）单击“下一步”按钮，进入“完成”界面，如图5-6所示。确认初始化信息无误后单击“完成”按钮，系统提示是否保存对新账套的设置。单击“是”，系统提示“已成功初始化本固定资产账套!”，单击“确定”按钮，系统提示“已经完成了新账套的所有设置工作，是否确定所设置的信息完全正确并保存对新账套的所有设置?”，单击“是”按钮，完成固定资产初始化设置。

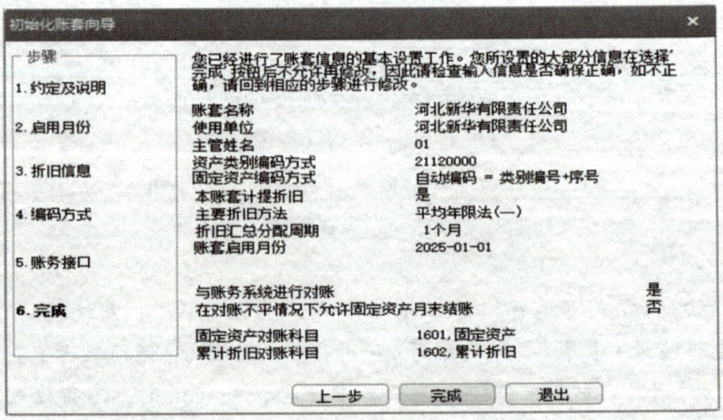

图5-6　完成

任务贴士：

①该界面显示账套初始化设置的所有信息，其中“账套启用月份及编码方式”在选择“完成”后不允许修改，所以在完成前必须检查这两项信息是否正确，如果有误

可退回到相应步骤进行修改。

②固定资产系统采用严格的“序时管理，序时到日”。当以某个日期登录进入固定资产系统进行业务操作后，只能以该日期及以后的日期登录才能再次进行业务操作；若以之前的日期登录，则只能浏览，不能操作。

任务二　设置固定资产基础档案

[任务内容]

1.选项参数设置。

具体参数：选中“业务发生后立即制单”，取消勾选“本期发生额对账不平允许结账”和“期末余额对账不平允许结账”；固定资产缺省入账科目“1601”，累计折旧缺省入账科目“1602”，减值准备缺省入账科目“1603”，增值税进项税额缺省入账科目“22210101”。

教学视频5-3

拿什么拯救你——固定资产选项

2.部门对应折旧科目（见表5-1）。

教学视频5-4

适合的就是最好的——固定资产基础档案设置

表5-1　部门对应折旧科目

部门		折旧科目
1	财务部	管理费用——折旧费
2	办公室	管理费用——折旧费
3	采购部	管理费用——折旧费
4	销售部	销售费用——折旧费
5	生产部	制造费用——折旧费
501	组装车间	制造费用——折旧费
502	调试车间	制造费用——折旧费

3.固定资产类别（见表5-2）。

表5-2　固定资产类别

类别编码	类别名称	使用年限（年）	净残值率（%）	计提属性	方法	卡片样式
01	房屋	30	5	正常计提	平均年限法（一）	含税卡片样式
02	车辆	10	5	正常计提	平均年限法（一）	含税卡片样式
03	机器设备	9	5	正常计提	平均年限法（一）	含税卡片样式
04	办公设备	5	5	正常计提	平均年限法（一）	含税卡片样式

4.固定资产增减方式（见表5-3）。

表5-3　固定资产增减方式

增加方式	对应入账科目	减少方式	对应入账科目
直接购入	银行存款——农行存款	出售	固定资产清理
投资者投入	实收资本	盘亏	待处理财产损溢
捐赠	营业外收入	投资转出	长期股权投资

续表

增加方式	对应入账科目	减少方式	对应入账科目
盘盈	以前年度损益调整	捐赠转出	固定资产清理
在建工程转入	在建工程	报废	固定资产清理
融资租入	长期应付款	毁损	固定资产清理
		融资租出	长期应收款
		拆分减少	固定资产清理
		更新改造	在建工程

[任务要求]

会计张东明完成固定资产系统基础档案设置。

[工作示范]

实训视频 5-2

固定资产选项操作演示

1.选项参数设置

操作步骤：

（1）在固定资产系统中，单击“设置”/“选项”，打开“选项”对话框。

（2）单击“编辑”按钮，选中“与账务系统接口”选项卡，勾选“业务发生后立即制单”复选框，取消勾选“本期发生额对账不平允许结账”和“期末余额对账不平允许结账”复选框；输入固定资产缺省入账科目“1601，固定资产”，累计折旧缺省入账科目“1602，累计折旧”，减值准备缺省入账科目“1603，固定资产减值准备”，增值税进项税额缺省入账科目“22210101，进项税额”，结果如图 5-7 所示。单击“确定”按钮，完成选项参数设置。

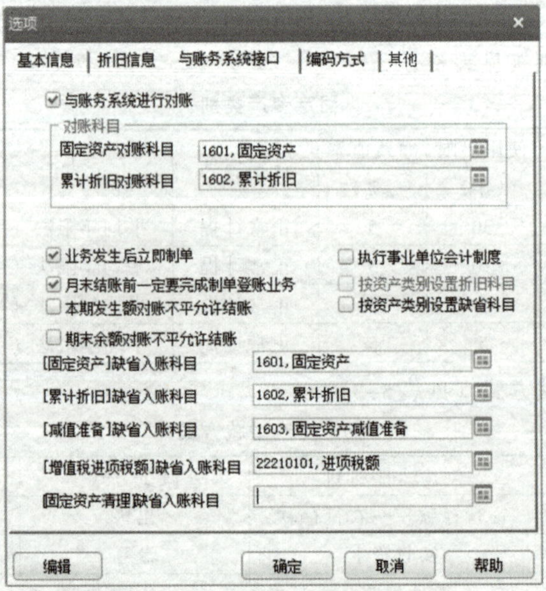

图5-7　选项—与账务系统接口

任务贴士：

如果不勾选“业务发生后立即制单”，则业务发生后需要填制凭证的记录，将自动汇总到“凭证处理”/“批量制单”菜单下，等待完成制单处理。

2.部门对应折旧科目设置

实训视频5-3

固定资产基础档案设置操作演示

操作步骤：

（1）在固定资产系统中，单击“设置”/“部门对应折旧科目”，打开“部门对应折科目”标签页。

（2）部门选择“财务部”，单击“修改”按钮，参照选择或者直接输入折旧科目为“660204，折旧费”，如图5-8所示，单击“保存”按钮。

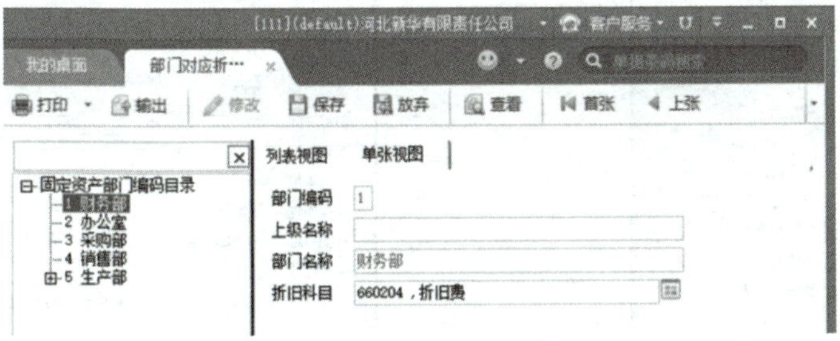

图5-8　财务部对应折旧科目设置

（3）参照操作步骤（2），完成其他部门对应折旧科目的设置，结果如图5-9所示。

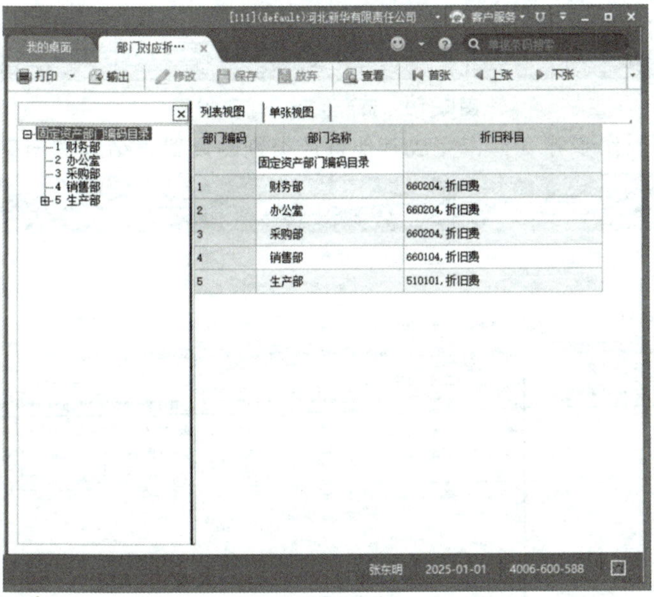

图5-9　部门对应折旧科目列表

任务贴士：

①在使用“部门对应折旧科目”功能前，必须已经建立好部门档案，否则无法设置。

②设置完上级部门对应的折旧科目，下级部门可以自动继承；单独设置下级部门对应的折旧科目，不会自动汇总到上级部门。另外，同一部门的下级部门也可以设置不同的折旧科目。

③设置部门对应折旧科目时，必须选择末级会计科目。

3.资产类别设置

操作步骤：

（1）单击“设置”/“资产类别”，打开“资产类别”标签页。单击“增加”按钮，输入类别名称“房屋”，选择卡片样式“含税卡片样式”，其他默认，单击“保存”按钮，如图5-10所示。

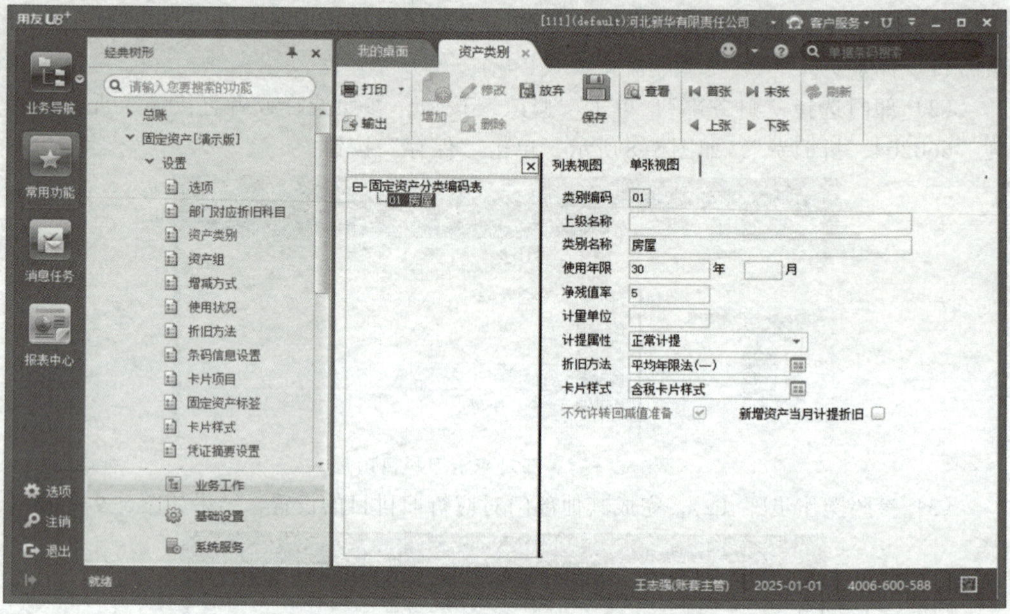

图5-10　资产类别—单张视图

（2）参照操作步骤（1），完成其他资产类别的设置，结果如图5-11所示。

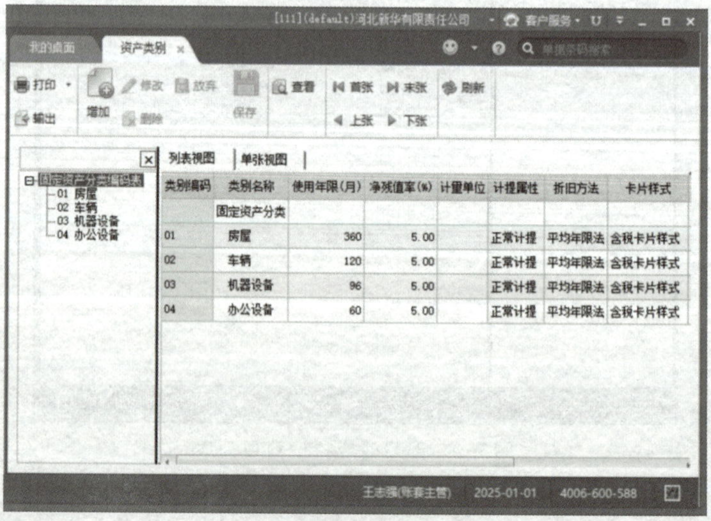

图5-11　资产类别设置

任务贴士：

①计提属性：计提属性是计提折旧时的基本原则，系统提供3种选择，分别是总提折旧、总不提折旧和正常计提，必须选择其中一种。

②资产类别设置中，“类别编码”“类别名称”“计提属性”“折旧方法”“卡片样

式”为必设参数，其他参数可以在具体业务中补充设置。

③系统预置了3种“卡片样式”：通用样式、通用样式（二）、含税卡片样式，企业可以根据需要进行选择使用。

4.增减方式设置

操作步骤：

（1）单击“设置”/“增减方式”，打开“增减方式”标签页。选择“增加方式”/“直接购入”，单击“修改”按钮，打开“增减方式—单张视图”标签页。单击“对应入账科目”栏的参照按钮，选择“100201，农行存款”，如图5-12所示。

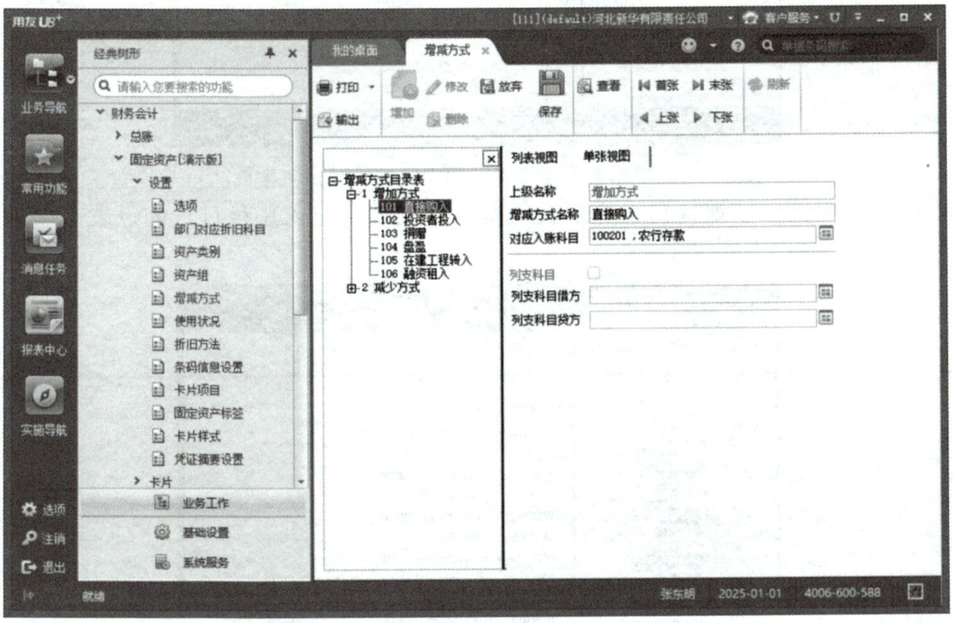

图5-12　增减方式—增加方式对应入账科目设置

（2）参照操作步骤（1），完成其他增加方式“对应入账科目”的设置，单击“列表视图”标签页，可查看结果，如图5-13所示。

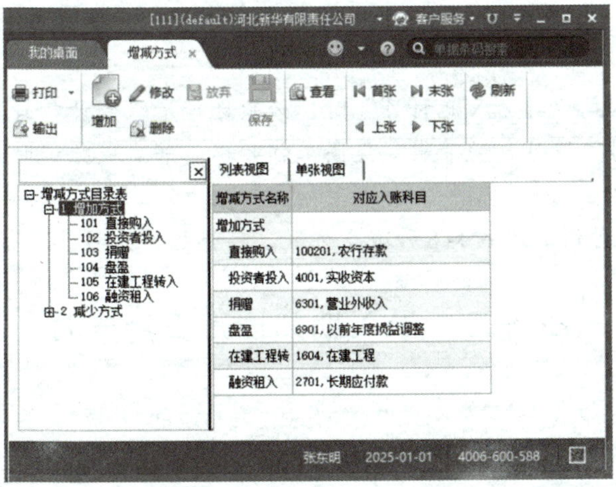

图5-13　增减方式—增加方式对应入账科目列表

（3）选择“减少方式”，单击“增加”按钮，在“增减方式名称”中录入“更新改造”，“对应入账科目”选择“1604，在建工程”，如图5-14所示。

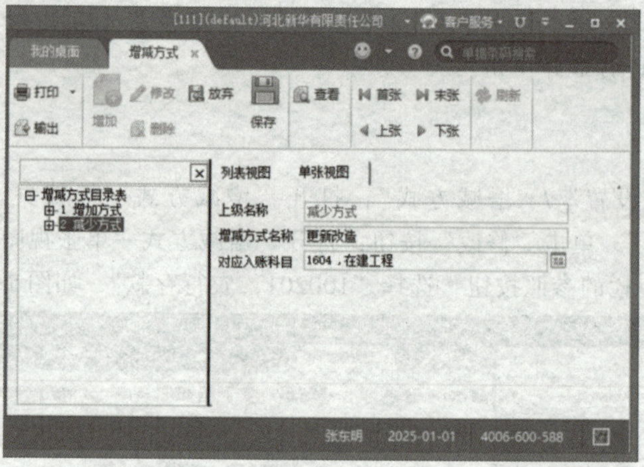

图5-14　增减方式—增加“减少方式及对应入账科目”

（4）参照操作步骤（1），完成其他减少方式“对应入账科目”的设置，结果如图5-15所示。

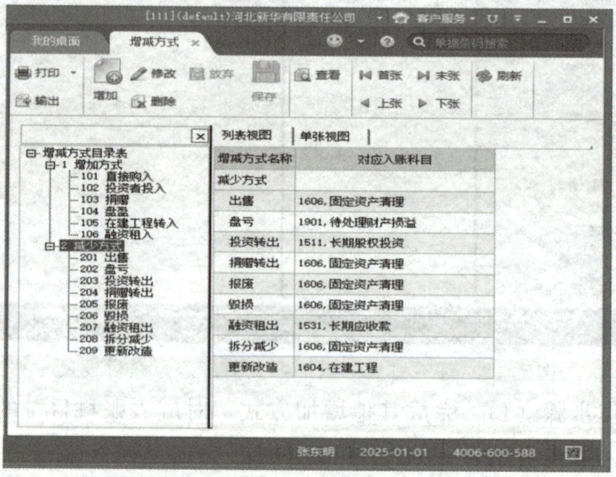

图5-15　增减方式—减少方式对应入账科目列表

任务贴士：

①设置增减方式“对应入账科目”时，必须选择末级会计科目。设置完成后，其会在具体业务编制凭证时自动带出，提高工作效率。若生成凭证时入账科目发生了变化，可以即时修改。

②系统默认6种增加方式和8种减少方式，可根据需要对其进行增减和修改。

教学视频5-5

数据大搬家——录入固定资产初始数据

任务三　录入期初固定资产卡片

[任务内容]

新华公司2024年12月31日固定资产具体情况见表5-4。

表5-4　**固定资产原始卡片**

卡片编号	类别编号	资产编号	名称	增加方式	使用部门	使用年限（月）	开始使用日期	原值（元）	增值税	累计折旧（元）	净残值率
00001	01	01001	办公楼	在建工程转入	办公室 25% 财务部 25% 采购部 25% 销售部 25%	360	2019-03-01	22 000 000	—	4 005 833.33	5%
00002	01	01002	1 号厂房	在建工程转入	组装车间 50% 调试车间 50%	360	2019-03-01	6 000 000	—	1 092 500.00	5%
00003	02	02001	奥迪轿车	直接购入	办公室	120	2019-11-01	500 000	85 000	241 458.33	5%
00004	02	02002	福田汽车	直接购入	采购部 50% 销售部 50%	120	2021-08-01	290 000	46 400	91 833.33	5%
00005	03	03001	波峰焊机	直接购入	组装车间	96	2024-03-01	45 000	5 850	4 007.81	5%
00006	04	04001	联想计算机	直接购入	财务部	60	2023-08-01	10 000	1 300	2 533.33	5%

备注：各项固定资产使用状况均为在用。

[任务要求]

1. 会计张东明录入固定资产原始卡片。

2. 会计张东明查询固定资产原始卡片，并按照“表5-4”中各项目的顺序显示所有原始卡片信息。

3. 会计张东明完成固定资产系统与总账系统初始数据对账工作。

[工作示范]

实训视频5-4

录入固定资产初始数据操作演示

1. 录入固定资产原始卡片

操作步骤：

（1）单击“卡片”/“录入原始卡片”，打开“固定资产类别档案”窗口。选择“01 房屋”，如图5-16所示。

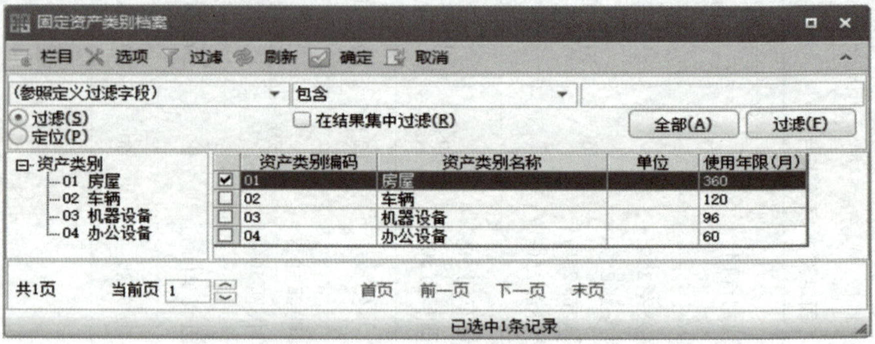

图5-16　固定资产类别档案

（2）单击“确定”按钮，打开卡片编号00001的“固定资产卡片”标签页。修改固定资产名称为“办公楼”，单击“使用部门”，弹出“本资产部门使用方式”对话框，选择“多部门使用”，如图5-17所示。

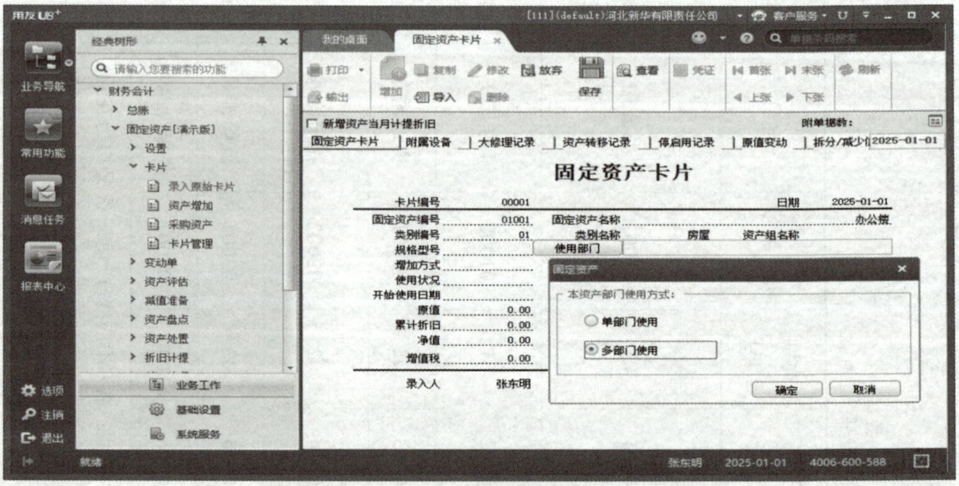

图5-17　固定资产部门使用方式

（3）单击“确定”按钮，打开“使用部门”对话框。单击“增加”按钮，录入“使用部门”和“使用比例%”，结果如图5-18所示。单击“确定”按钮保存设置。

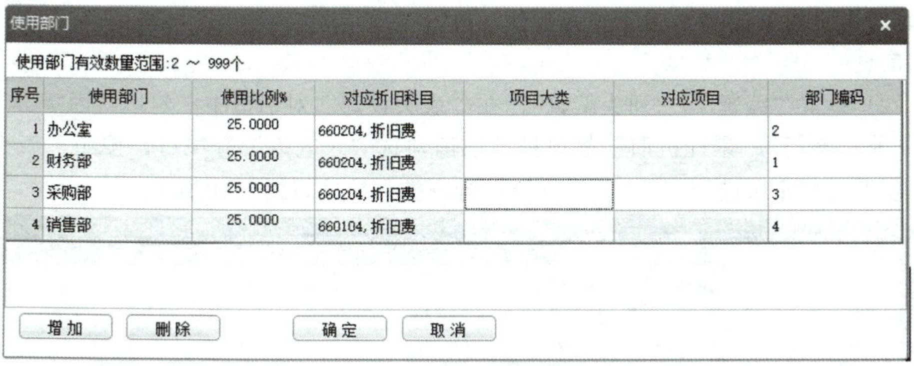

序号	使用部门	使用比例%	对应折旧科目	项目大类	对应项目	部门编码
1	办公室	25.0000	660204，折旧费			2
2	财务部	25.0000	660204，折旧费			1
3	采购部	25.0000	660204，折旧费			3
4	销售部	25.0000	660104，折旧费			4

图5-18　固定资产使用部门及使用比例

（4）继续录入增加方式为“在建工程转入”，使用状况为“在用”，开始使用日期为“2019-03-01”，原值为“22 000 000”，累计折旧为“4 005 833.33”，核对使用年限和净残值率，单击“保存”按钮，系统弹出“数据成功保存”提示框，单击“确定”按钮，结果如图5-19所示。

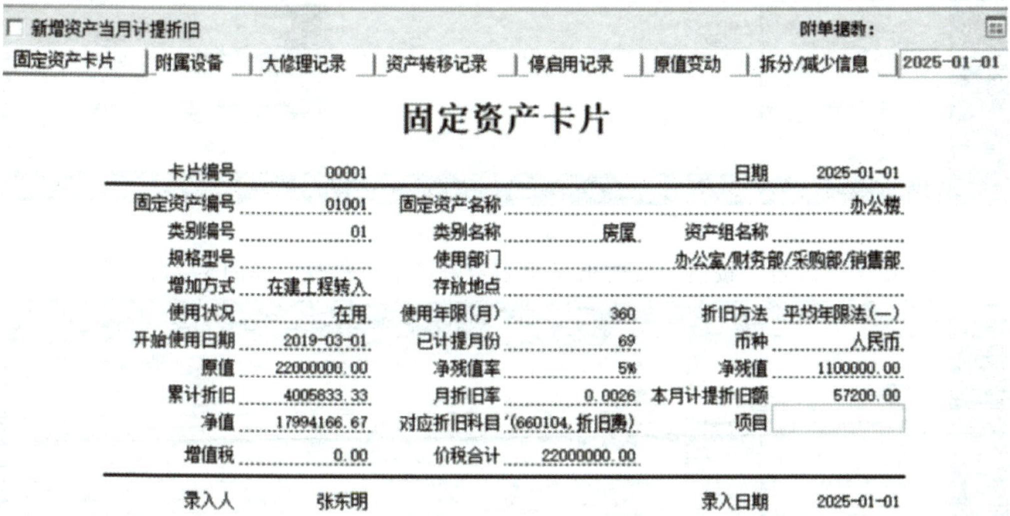

图5-19　原始卡片录入

（5）参照操作步骤（1）到操作步骤（4），完成其他固定资产原始卡片的录入。

任务贴士：

①固定资产编号根据“选项”设置中的编码方式自动编码或手工录入。

②开始使用日期必须采用YYYY-MM-DD形式录入，其中只有“年”和“月”对折旧计提有影响，“日”不会影响折旧的计提，但是必须录入。

③在界面中，除主卡“固定资产卡片”外，还有若干的附属页签，附属页签上的信息仅供参考，不参与计算，也不回溯。

④原值、累计折旧录入的必须是卡片录入月初的数据，否则将计算错误。

2.查询固定资产原始卡片

操作步骤：

（1）单击“卡片”/“卡片管理”，打开“查询条件-卡片管理”对话框，取消“开始使用日期2025-01-01”查询条件，单击“确定”按钮，显示期初所有固定资产详细信息。

（2）单击“编辑”/“列头编辑”，在“表头设定”对话框中，勾选“固定资产名称”“使用部门”“累计折旧”等项目，取消勾选“录入人”等项目，按照“表5-4”中各项目的顺序通过“˄”“˅”按钮进行调整，结果如图5-20所示。

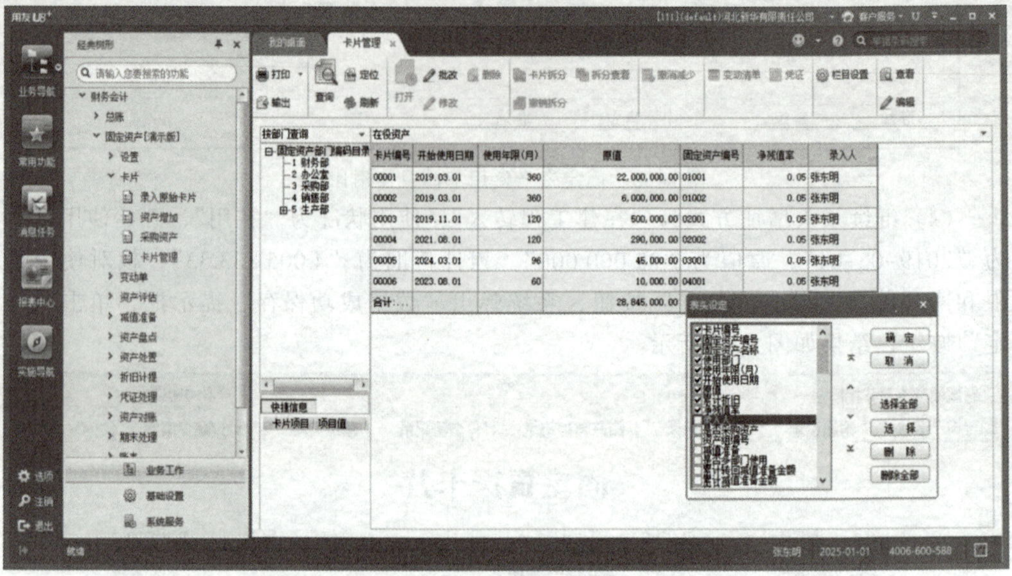

图5-20　表头设定

（3）单击“确定”按钮，按要求显示固定资产卡片信息，如图5-21所示。

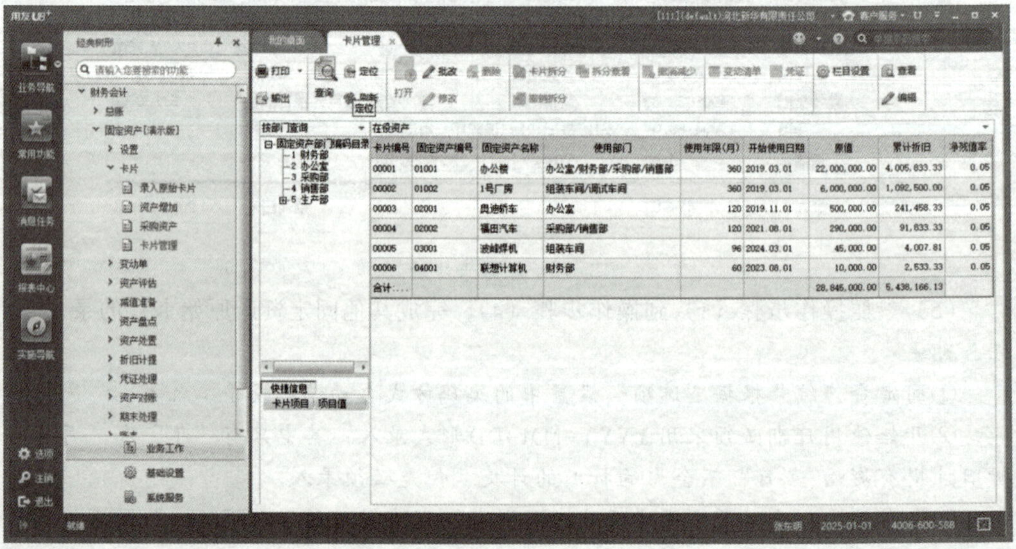

图5-21　卡片管理

任务贴士：

①卡片管理主要提供卡片查询和修改的功能。

②卡片查询是一项经常性的工作，通过查询可以了解固定资产的所有信息。若查询时信息栏目显示不全，可以通过“编辑”/“列头编辑”进行显示栏目选择。

③若用户在使用过程中发现卡片录入有错误，或需要修改卡片内容，可通过卡片修改功能实现，如果修改的内容是原值或累计折旧数值，且该资产已制作了记账凭证，只有删除该凭证后才能修改卡片。

④删除卡片是指把卡片资料从系统中彻底删除，不是固定资产实物的清理或减少。

3.固定资产系统与总账系统初始数据对账

操作步骤：

单击“资产对账”/“对账”，打开“对账条件”对话框，勾选“固定资产和累计折旧”，单击“确定”，对账结果如图5-22所示。

与总账对账结果

☐ 对账不平

科目		固定资产				总账				对账差异			
编码	名称	期初余额	借方金额	贷方金额	期末余额	期初余额	借方金额	贷方金额	期末余额	期初余额	借方金额	贷方金额	期末余额
1601	固定资产	28845000.00	0.00	0.00	28845000.00	28845000.00	0.00	0.00	28845000.00	0.00	0.00	0.00	0.00
1602	累计折旧	5438166.13	0.00	0.00	5438166.13	5438166.13	0.00	0.00	5438166.13	0.00	0.00	0.00	0.00

图5-22 与总账对账结果

任务贴士：

由于在第一个会计年度结账前的任何期间里都可以录入原始卡片，因此只有在原始卡片全部录完后的第一个会计月，固定资产的期初余额和总账期初余额才能对平。当固定资产系统的原始卡片录入工作未能一次性完成时，固定资产系统的期初余额小于总账系统，此时进行对账操作没有实际意义。

任务四 处理固定资产增加业务

[任务内容]

新华公司1月份发生如下固定资产增加业务：

1.8日从北方机械厂购入示波器一台，单价50 000元，增值税税额为6 500元，由组装车间单独使用，使用年限为10年，采用平均年限法（一）计提折旧，净残值率为5%，以银行存款（农行存款）支付56 500元。原始单据如图5-23、图5-24、图5-25所示。

2.20日，因办公需要，从北国电器购买苹果笔记本电脑5台，单价为8 000元，每台电脑增值税税额为1 040元，款项用银行存款支付，转账支票票号为01018895，取得增值税专用发票一张。电脑由财务部使用，使用年限为5年，采用平均年限法（一）计提折旧，净残值率为5%。（原始单据略）

教学视频5-6

我是新来的——固定资产增加业务处理

1100251140

北京增值税专用发票

北京

发票联

№ 17135665 1100251140 17135665

机器编号：982888812388　　　　开票日期：2025年01月08日

税总函[202X]××号×××公司

购买方	名　　称：河北新华有限责任公司 纳税人识别号：050011330228899 地 址、电 话：石家庄市新华区友谊大街99号 85327111 开户行及账号：农行天山支行6228480631045889			密码区	30>73%***5362%0322464%58530* *4>6%7883138>188-%4%2#52962> 47*-#*81#79*#>0>1*0%066#925> 56%*4#0>27938298#22#>4405*%%		
货物或应税劳务、服务名称	规格型号	单位	数量	单价	金额	税率	税额
货物 示波器		台	1	50,000.00	50,000.00	13%	6,500.00
合　计					¥50,000.00		¥6,500.00
价税合计（大写）	⊗ 伍万陆仟伍佰元整				（小写）¥56,500.00		
销售方	名　　称：北方机械厂 纳税人识别号：226568953246589 地 址、电 话：石家庄市中华大街49号 87632146 开户行及账号：中国农业银行622876053277308822			备注	校验码 52118 02817 08248 65199 北方机械厂 226568953246589 发票专用章		

收款人：张强　　复核：王成　　开票人：李丽　　销售方：（章）

第三联：发票联　购买方记账凭证

图5-23　增值税专用发票

中国农业银行
转账支票存根

10301120
01430628

XX印务有限公司·XX年印制

附加信息

出票日期　2025 年 01 月 08 日

收款人：	北方机械厂
金　额：	¥56,500.00
用　途：	支付设备款

单位主管　王强　　会计　孙丹丹

图5-24　转账支票存根

固定资产验收单

公司名称：河北新华有限责任公司

资产编号	02003	资产名称	示波器		
规格(编号)	32#	资产代码		管理人	吴启天
计量单位	台	单价(元)	¥50,000.00	金额(元)	¥50,000.00
出厂日期	2024 年 08 月 08 日		购置日期	2025 年 01 月 08 日	
生产厂家	北方机械厂		安装地点	新华区友谊大街99号新华公司	
附件情况					
固定资产验收情况说明： 验收合格					
验收确认： 合格 河北新华有限责任公司 验收日期：　2025 年 01 月 08 日					
管理部门负责人签字：　吴启天					
公司总经理签字：　　李明刚					

注：此表一式三份，使用部门、保管部门、财务部门各一份。

图5-25　固定资产验收单

教学视频 5-7

小选项，大不同——批量制单与查询业务

[任务要求]

会计张东明完成固定资产卡片增加业务处理。

[工作示范]

实训视频 5-5

固定资产增加业务处理操作演示

操作步骤：

1. 业务 1 的处理（直接购入）

（1）以“张东明”身份，操作日期“2025-01-08”，登录企业应用平台。在固定资产系统单击“卡片”/“资产增加”，打开“固定资产类别档案”对话框。选择资产类别“机器设备”，单击“确定”按钮，打开“固定资产卡片”录入标签页。

（2）修改固定资产名称为“示波器”，选择使用部门为“组装车间”，增加方式为“直接购入”，使用状况为“在用”，使用年限（月）为“120”，开始使用日期为“2025-01-08”，原值为“50 000.00”，增值税为“6 500.00”，如图 5-26 所示。

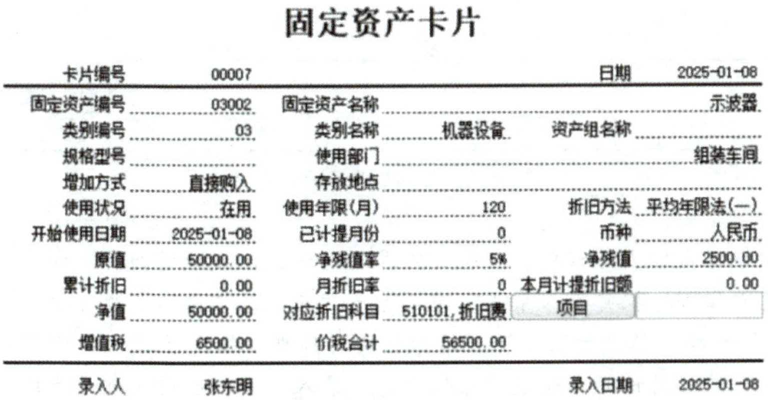

图5-26　示波器卡片

（3）单击“保存”按钮，弹出“数据成功保存”对话框，单击“确定”按钮，打开“填制凭证”标签页，选择凭证类型为“记账凭证”，输入附单据数“3”，单击“银行存款/中行存款”，将鼠标移至“票号 日期”处，当鼠标变成“小笔头”形状时，进入编辑状态，双击鼠标，打开“辅助项”对话框，选择结算方式为“202”转账支票，输入票号“01430628”，选择发生日期“2025-01-08”，如图 5-27 所示。

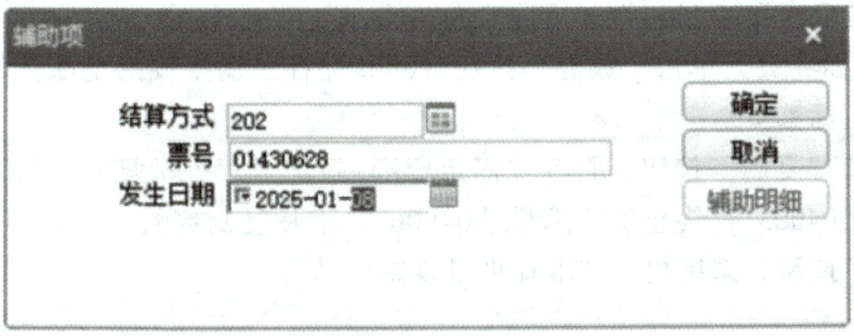

图5-27　银行存款科目辅助项设置

（4）单击“确定”按钮，关闭“辅助项”对话框，单击“保存”按钮，生成记账凭证，如图5-28所示。

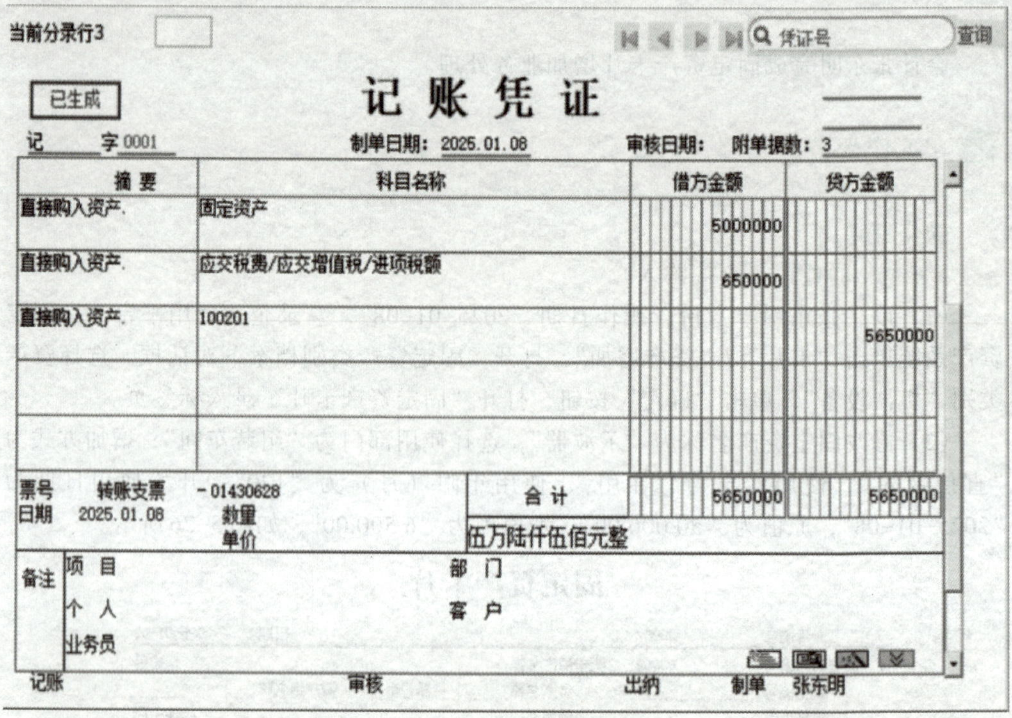

图5-28 购入示波器记账凭证

任务贴士：

①在系统日常使用过程中，可能会购进或通过其他方式增加固定资产，该部分资产通过“资产增加”操作录入系统。固定资产卡片通过“原始卡片”录入，还是通过“资产增加”录入，取决于固定资产的开始使用日期。固定资产开始使用日期的月份先于其录入系统的月份时，通过“原始卡片”录入，添加已使用过并已计提折旧的固定资产卡片。固定资产开始使用日期的月份等于录入系统的月份时，通过“资产增加”录入。

②业务凭证的自动生成，源于系统参数“业务发生后立即制单”的设置。

实训视频5-6

批量制单与查询业务操作演示

2.业务2的处理（卡片复制）

（1）以“张东明”身份，操作日期“2025-01-20”，登录企业应用平台。参考业务1操作步骤（1）和操作步骤（2），增加“苹果笔记本电脑”资产卡片，如图5-29所示。单击“保存”按钮，弹出“数据成功保存”对话框，单击“确定”按钮，打开“填制凭证”标签页，单击“放弃”按钮，放弃保存自动生成的记账凭证，返回“固定资产卡片”标签页。

（2）单击“复制”按钮，打开“固定资产-新增卡片批量复制”对话框，录入起始资产编号“04003”，终止资产编号“04006”，卡片复制数量“4”，如图5-30所示，单击“确定”按钮，系统提示“卡片批量复制成功”。

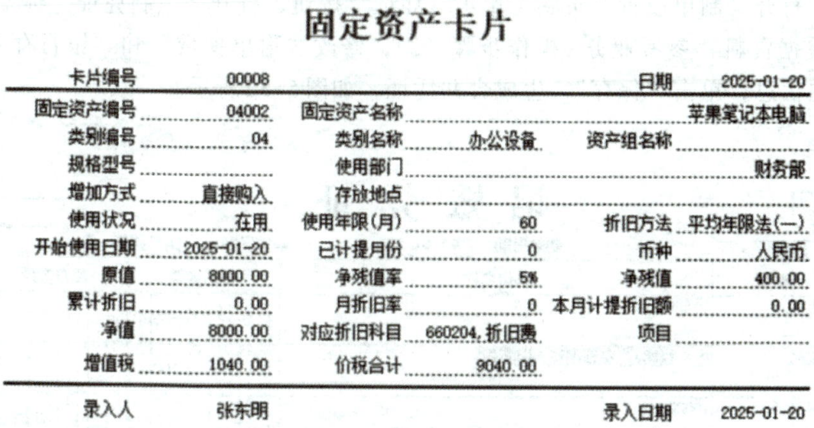

图5-29　笔记本电脑卡片

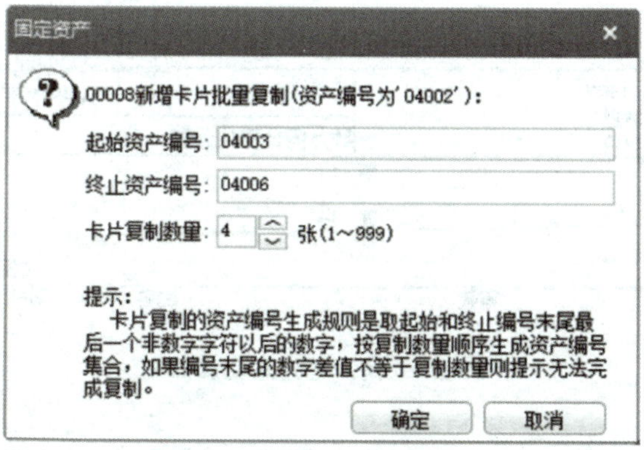

图5-30　新增卡片批量复制

（3）单击“凭证处理”/“批量制单”，打开“查询条件-批量制单”对话框，单击“确定”按钮，打开“批量制单”标签页，单击“全选”按钮，选中5条“苹果笔记本电脑”，单击“合并”按钮，进行合并制单，如图5-31所示。

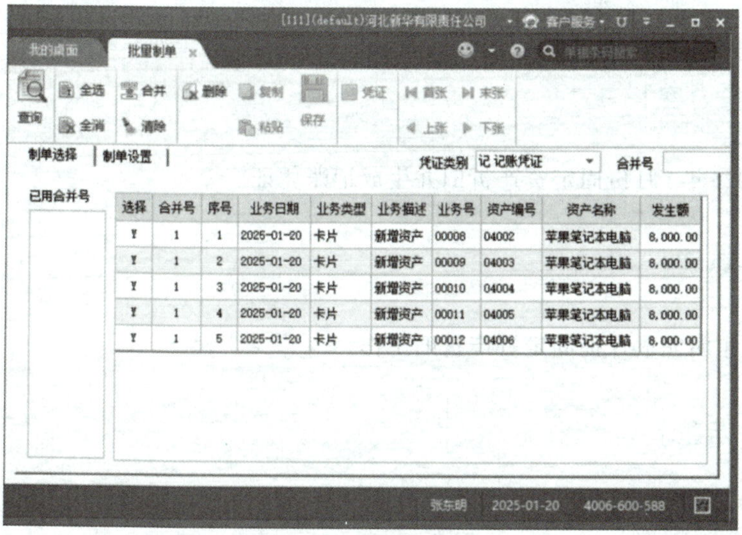

选择	合并号	序号	业务日期	业务类型	业务描述	业务号	资产编号	资产名称	发生额
Y	1	1	2025-01-20	卡片	新增资产	00008	04002	苹果笔记本电脑	8,000.00
Y	1	2	2025-01-20	卡片	新增资产	00009	04003	苹果笔记本电脑	8,000.00
Y	1	3	2025-01-20	卡片	新增资产	00010	04004	苹果笔记本电脑	8,000.00
Y	1	4	2025-01-20	卡片	新增资产	00011	04005	苹果笔记本电脑	8,000.00
Y	1	5	2025-01-20	卡片	新增资产	00012	04006	苹果笔记本电脑	8,000.00

图5-31　批量制单

（4）打开“制单设置”页签，单击“凭证”按钮，打开“填制凭证”标签页，根据原始单据资料，参考业务1操作步骤（3），修改“附单据数”和“银行存款科目”的辅助项信息，单击“保存”，生成合并凭证，如图5-32所示。

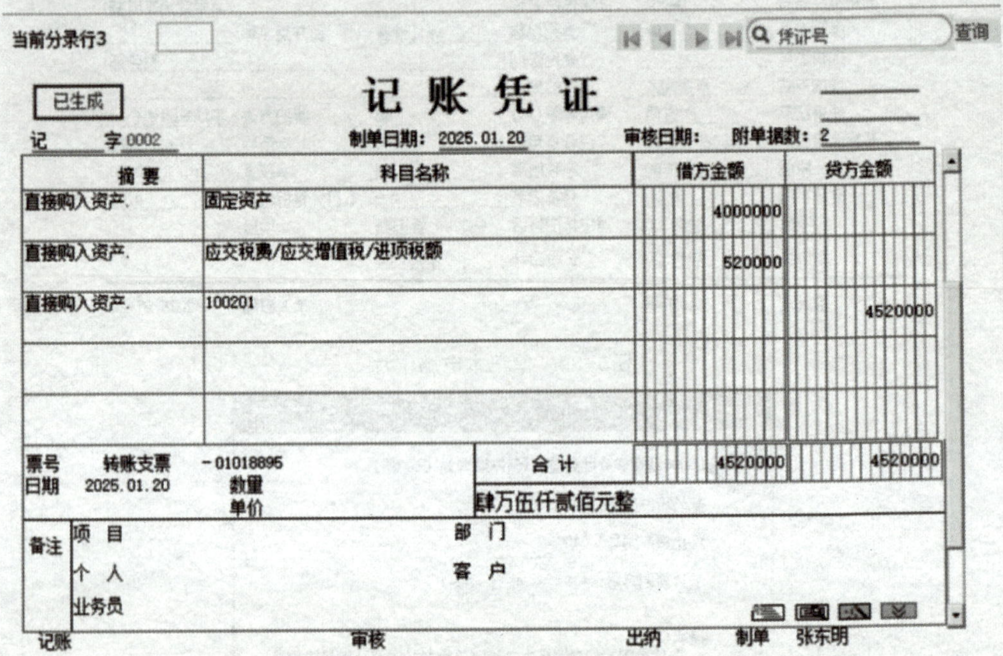
当前分录行3　凭证号　查询

已生成

记账凭证

记　字0002　制单日期：2025.01.20　审核日期：　附单据数：2

摘要	科目名称	借方金额	贷方金额
直接购入资产.	固定资产	4000000	
直接购入资产.	应交税费/应交增值税/进项税额	520000	
直接购入资产.	100201		4520000
票号 转账支票 －01018895 日期 2025.01.20 数量 单价	合计	4520000	4520000
	肆万伍仟贰佰元整		

备注　项目　部门
个人　客户
业务员

记账　审核　出纳　制单 张东明

图5-32　购入笔记本电脑凭证

任务贴士：

对于业务发生时未及时生成凭证的业务，可以在“凭证处理”/“批量制单”处进行集中制单操作。批量制单可实现多条记录的合并制单。

教学视频5-8

陪你一起慢慢变老——计提固定资产折旧

任务五　计提固定资产折旧

[任务内容]

计提2025年1月份固定资产折旧并生成记账凭证。

[任务要求]

会计张东明完成计提固定资产折旧工作。

实训视频5-7

计提固定资产折旧操作演示

[工作示范]

操作步骤：

（1）以会计“张东明”身份，操作日期“2025-01-31”，登录固定资产系统。单击“计提折旧”/“计提本月折旧”，系统弹出“是否要查看折旧清单？”提示框，单击“是”按钮，系统弹出“本操作将计提本月折旧，并花费一定时间，是否要继续？”提示框，单击“是”按钮，系统自动计提本月折旧，并打开“折旧清单”窗口，如图5-33所示。

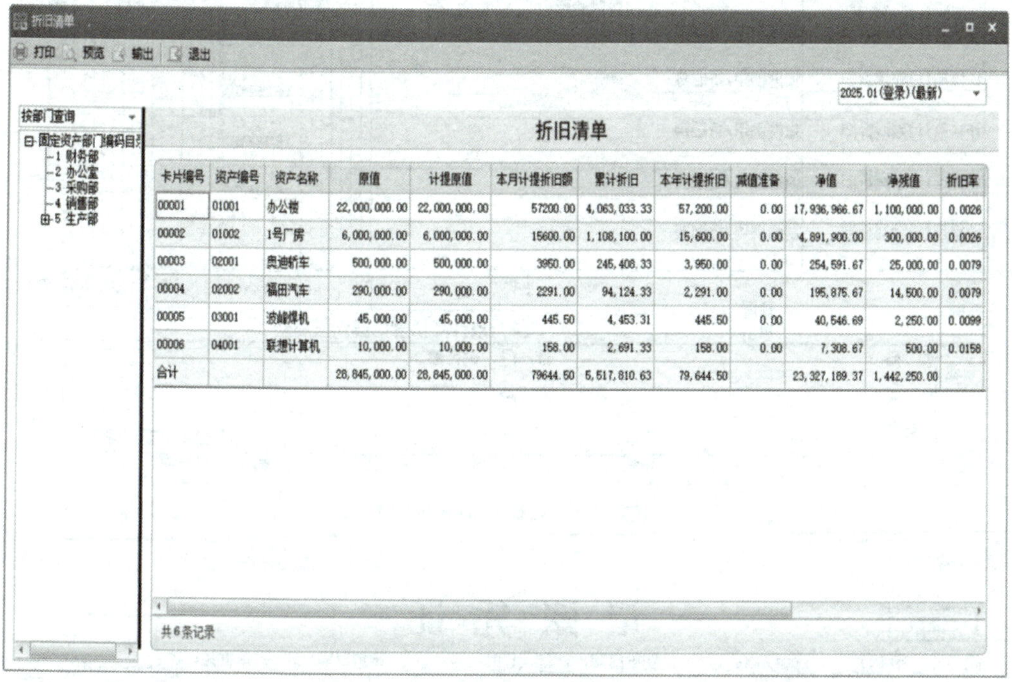

卡片编号	资产编号	资产名称	原值	计提原值	本月计提折旧额	累计折旧	本年计提折旧	减值准备	净值	净残值	折旧率
00001	01001	办公楼	22,000,000.00	22,000,000.00	57200.00	4,063,033.33	57,200.00	0.00	17,936,966.67	1,100,000.00	0.0026
00002	01002	1号厂房	6,000,000.00	6,000,000.00	15600.00	1,108,100.00	15,600.00	0.00	4,891,900.00	300,000.00	0.0026
00003	02001	奥迪轿车	500,000.00	500,000.00	3950.00	245,408.33	3,950.00	0.00	254,591.67	25,000.00	0.0079
00004	02002	福田汽车	290,000.00	290,000.00	2291.00	94,124.33	2,291.00	0.00	195,875.67	14,500.00	0.0079
00005	03001	波峰焊机	45,000.00	45,000.00	445.50	4,453.31	445.50	0.00	40,546.69	2,250.00	0.0099
00006	04001	联想计算机	10,000.00	10,000.00	158.00	2,691.33	158.00	0.00	7,308.67	500.00	0.0158
合计			28,845,000.00	28,845,000.00	79644.50	5,517,810.63	79,644.50		23,327,189.37	1,442,250.00	

图5-33　折旧清单

（2）单击“退出”按钮或直接关闭折旧清单窗口，系统弹出“计提折旧完成！”提示框，单击“确定”按钮，打开“折旧分配表”标签页，如图5-34所示。

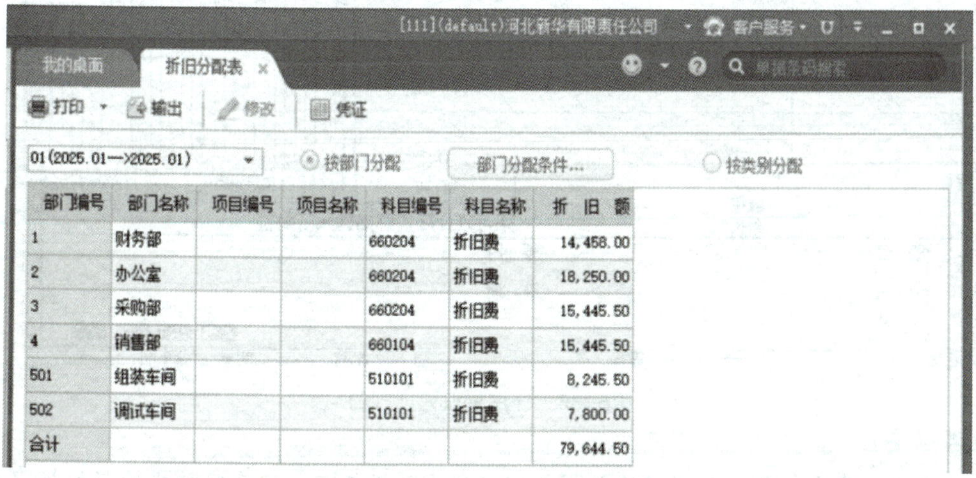

部门编号	部门名称	项目编号	项目名称	科目编号	科目名称	折旧额
1	财务部			660204	折旧费	14,458.00
2	办公室			660204	折旧费	18,250.00
3	采购部			660204	折旧费	15,445.50
4	销售部			660104	折旧费	15,445.50
501	组装车间			510101	折旧费	8,245.50
502	调试车间			510101	折旧费	7,800.00
合计						79,644.50

图5-34　折旧分配表

（3）单击“凭证”按钮，生成按部门分配折旧的凭证，如图5-35、图5-36所示。

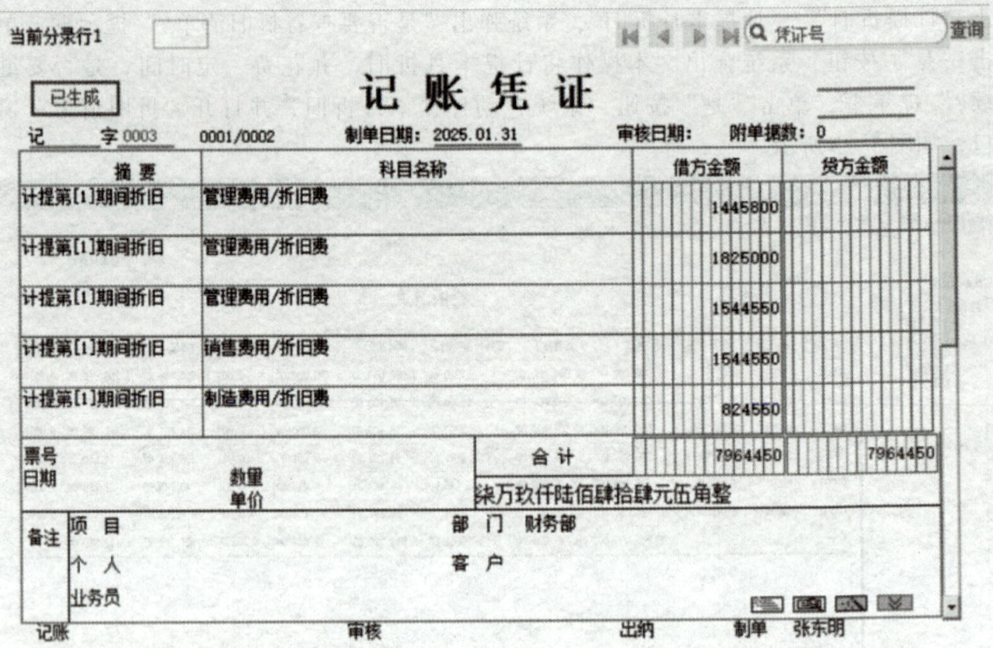

当前分录行1

已生成

记账凭证

记 字 0003 0001/0002 制单日期：2025.01.31 审核日期： 附单据数：0

摘要	科目名称	借方金额	贷方金额
计提第[1]期间折旧	管理费用/折旧费	1445800	
计提第[1]期间折旧	管理费用/折旧费	1825000	
计提第[1]期间折旧	管理费用/折旧费	1544550	
计提第[1]期间折旧	销售费用/折旧费	1544550	
计提第[1]期间折旧	制造费用/折旧费	824550	
票号 日期 数量 单价	合计 柒万玖仟陆佰肆拾肆元伍角整	7964450	7964450

备注 项目 部门 财务部

个人 客户

业务员

记账 审核 出纳 制单 张东明

图5-35　计提折旧凭证（1）

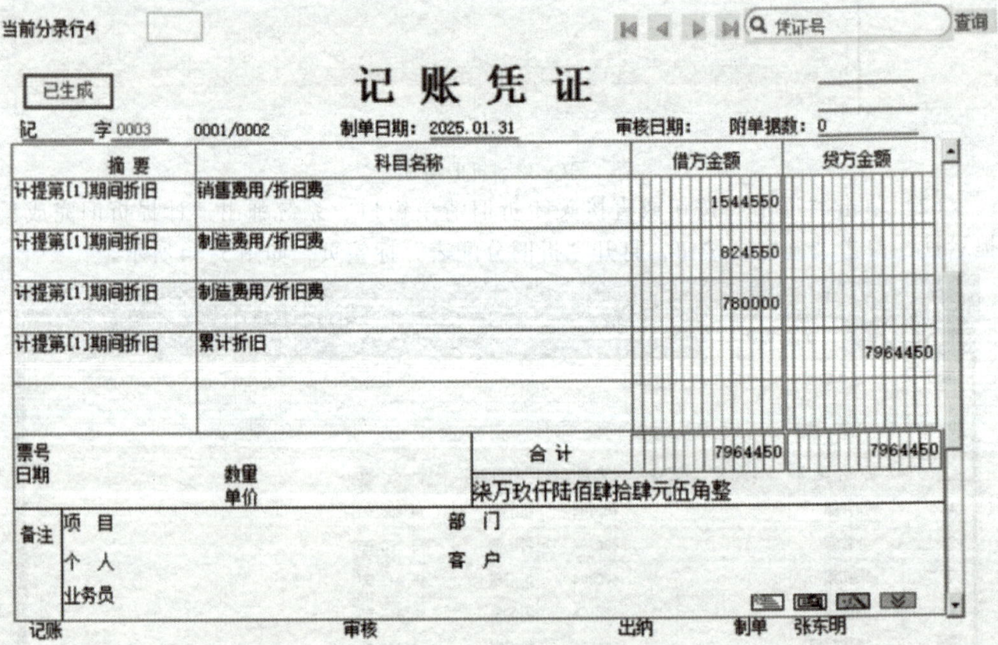

当前分录行4

已生成

记账凭证

记 字 0003 0001/0002 制单日期：2025.01.31 审核日期： 附单据数：0

摘要	科目名称	借方金额	贷方金额
计提第[1]期间折旧	销售费用/折旧费	1544550	
计提第[1]期间折旧	制造费用/折旧费	824550	
计提第[1]期间折旧	制造费用/折旧费	780000	
计提第[1]期间折旧	累计折旧		7964450
票号 日期 数量 单价	合计 柒万玖仟陆佰肆拾肆元伍角整	7964450	7964450

备注 项目 部门

个人 客户

业务员

记账 审核 出纳 制单 张东明

图5-36　计提折旧凭证（2）

任务贴士：

①在一个会计期间可以多次计提折旧，每次计提折旧，只是将计提的新增折旧额累加到原折旧额上，比如企业采用工作量法对生产设备计提折旧。

②若上次计提折旧已制单并传递到总账系统，则必须删除该凭证才能重新计提折旧。

③计提折旧后又对账套进行了影响折旧计算或分配的操作，必须重新计提折旧，否则系统不允许结账。

任务六　处理固定资产减少业务

[任务内容]

新华公司1月份发生如下固定资产减少业务：

教学视频5-9

再见了，我的主人——固定资产减少业务处理

1.因为工作需要，31日将奥迪轿车出售，价款为100 000元，增值税为13 000元，收到对方开出的转账支票一张。原始单据如图5-37、图5-38所示。

固定资产处置申请单

单位名称：河北新华有限责任公司　　日期：2025年01月31日

固定资产名称	奥迪轿车	单位	辆	型号	A6	数量	1
资产编号	02001	停用时间	2025年01月31日	购建时间	2019年11月01日	存放地点	车库
已提折旧月数	62个月	原值	500,000.00	累计折旧		245,408.33	
有效使用年限	10年	月折旧额		净值		245,591.67	
处置原因：	工作需要						
财务部门意见：	同意			公司领导意见：	同意		

编制人：张东明　　单位负责人：李明刚

图5-37　固定资产处置申请单

中国农业银行　进账单（收账通知）　3

2025 年 01 月 31 日　　№ 53106103

出票人	全称	永通机械有限公司	收款人 全称	河北新华有限责任公司
	账号	601330881314	账号	62284806310458899
	开户银行	中国银行淮海路18号	开户银行	农行天山支行
金额	人民币（大写）	壹拾壹万叁仟元整	亿千百十万千百十元角分	¥11300000
票据种类	转账支票	票据张数	1	
票据号码	78687677554			

农行天山支行 2025.01.31 转讫

复核 张磊　　记账 李慕迪　　收款人开户银行签章

此联是收款人开户银行交给收款人的收账通知

图5-38　银行进账单

2.31日，经公司管理层研究决定，对1号厂房进行更新改造，安装整体环保设备，以降低产品生产对周围环境的影响。当前已经完成了前期的准备工作，预计3个月完工。

[任务要求]

会计张东明完成固定资产减少业务处理。

[工作示范]

实训视频 5-8

固定资产减少业务处理操作演示

1. 业务1的处理（出售奥迪轿车）

操作步骤：

（1）以会计“张东明”身份，操作日期“2025-01-31”，登录固定资产系统。单击“资产处置”/“资产减少”，打开“资产减少”标签页；单击“卡片编号”或“资产编号”参照按钮，打开“固定资产卡片档案”，选择“奥迪轿车”，单击“确定”按钮，返回“资产减少”界面。单击“增加”按钮，添加需要减少的资产记录，并在具体项目中录入：减少方式为“出售”，清理收入为“113 000.00”，增值税为“13 000.00”，清理原因为“工作需要”，如图5-39所示。

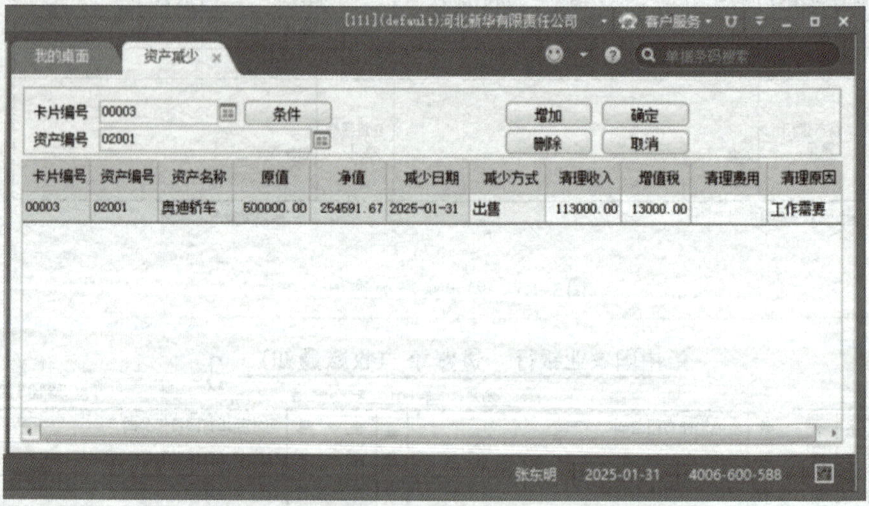

图5-39　资产减少

（2）单击“确定”按钮，打开凭证生成标签页，输入附单据数“3”，输入摘要内容“出售奥迪轿车”，在第四行空白科目名称处输入科目编码“100201”，回车后弹出“辅助项”对话框，选择结算方式“202”转账支票，输入票号“78687677554”，如图5-40所示。

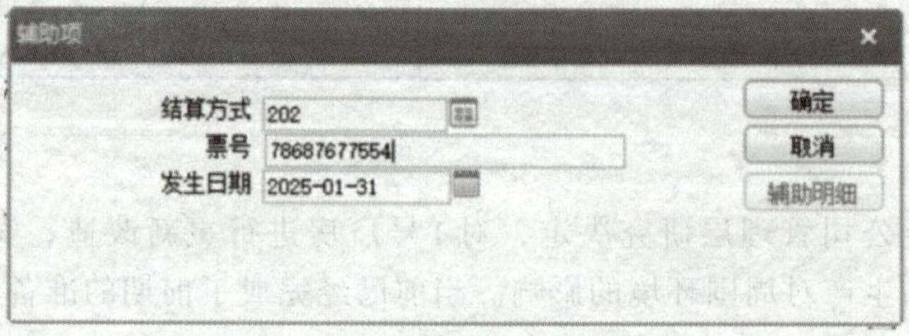

图5-40　银行存款科目辅助项信息

（3）单击“确定”，在第五行、第六行空白科目名称处输入科目编码“1606”，在第七行空白科目名称处输入科目编码“22210107”，单击“保存”按钮，如图5-41、图5-42所示。

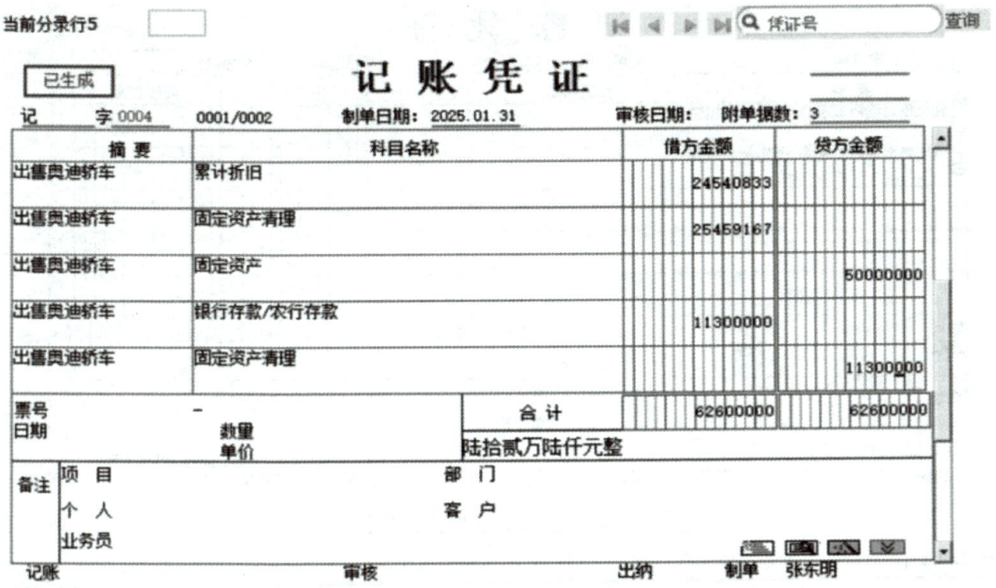

当前分录行5　　凭证号　查询

已生成

记账凭证

记　字 0004　0001/0002　制单日期：2025.01.31　审核日期：　附单据数：3

摘要	科目名称	借方金额	贷方金额
出售奥迪轿车	累计折旧	24540833	
出售奥迪轿车	固定资产清理	25459167	
出售奥迪轿车	固定资产		50000000
出售奥迪轿车	银行存款/农行存款	11300000	
出售奥迪轿车	固定资产清理		11300000
票号 - 日期　数量 单价	合计	62600000	62600000
	陆拾贰万陆仟元整		

备注　项目　部门　个人　客户　业务员

记账　审核　出纳　制单　张东明

图5-41　资产减少凭证（1）

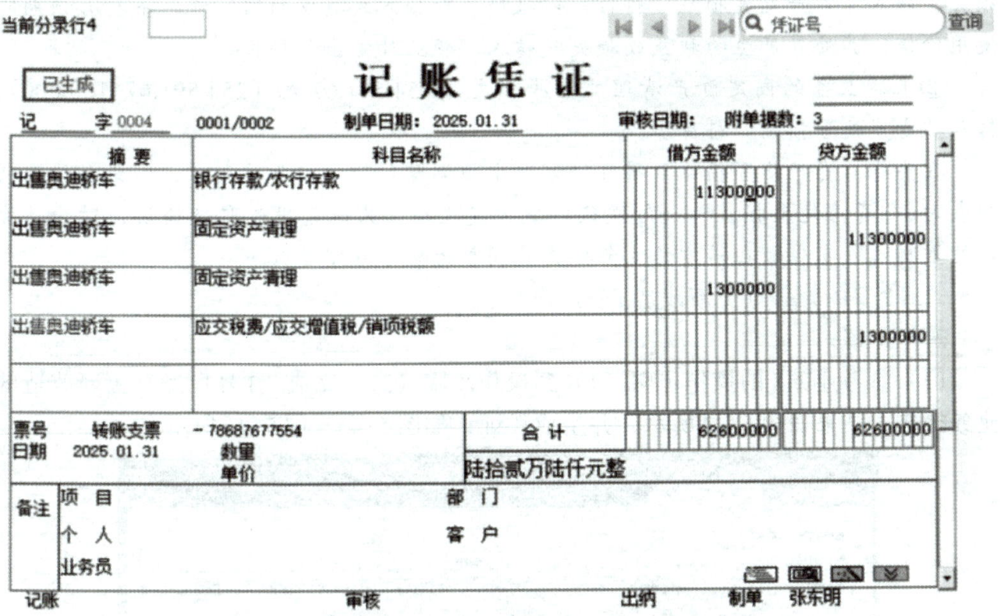

当前分录行4　　凭证号　查询

已生成

记账凭证

记　字 0004　0001/0002　制单日期：2025.01.31　审核日期：　附单据数：3

摘要	科目名称	借方金额	贷方金额
出售奥迪轿车	银行存款/农行存款	11300000	
出售奥迪轿车	固定资产清理		11300000
出售奥迪轿车	固定资产清理	1300000	
出售奥迪轿车	应交税费/应交增值税/销项税额		1300000
票号 转账支票 - 78687677554 日期 2025.01.31　数量 单价	合计	62600000	62600000
	陆拾贰万陆仟元整		

备注　项目　部门　个人　客户　业务员

记账　审核　出纳　制单　张东明

图5-42　资产减少凭证（2）

任务贴士：

填制凭证时，对于空白的“科目名称”，按照具体业务进行补填，既可以直接输入科目编码，也可以打开“科目参照”对话框选择会计科目，如业务中的“银行存款/农行存款”、“固定资产清理”和“应交税费/应交增值税/销项税额”。

（4）以操作员“李明轩”身份，操作日期“2025-01-31”，登录总账系统，填制资产处置损益结转凭证，如图5-43所示。

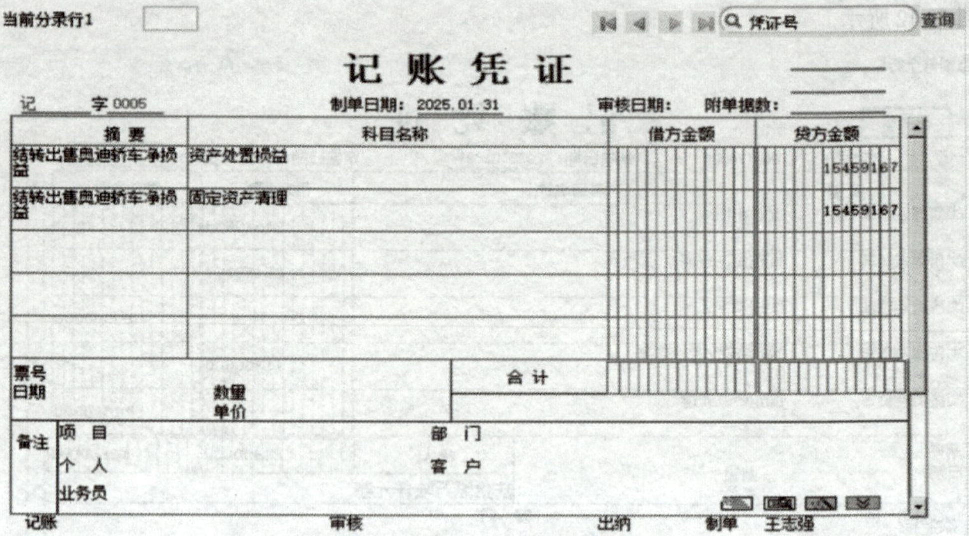

图5-43　资产处置损益结转凭证

任务贴士：

①以出售、转让方式减少的固定资产仍然具有使用价值，其处置产生的利益或损失，转入“资产处置损益”科目；以报废、毁损方式减少的固定资产不具有预期的使用价值，其处置产生的利益或损失，转入“营业外支出”科目。

②上述业务的固定资产清理处置净损失为154 591.67元（254 591.67-100 000），转入“资产处置损益”科目。

③要将“资产处置损益”科目借方发生额调整到贷方以负数表示，因为在编制利润表时，“资产处置损益”一般默认取贷方发生额，为避免报表取数错误，对于“资产处置损益”发生额在借方的业务要将其调整为贷方红字。

2.业务2的处理（更新改造1号厂房）

操作步骤：

（1）参考业务1的操作步骤（1）到操作步骤（3），完成“1号厂房”更新改造的业务操作，结果如图5-44所示，并生成凭证，如图5-45、图5-46所示。

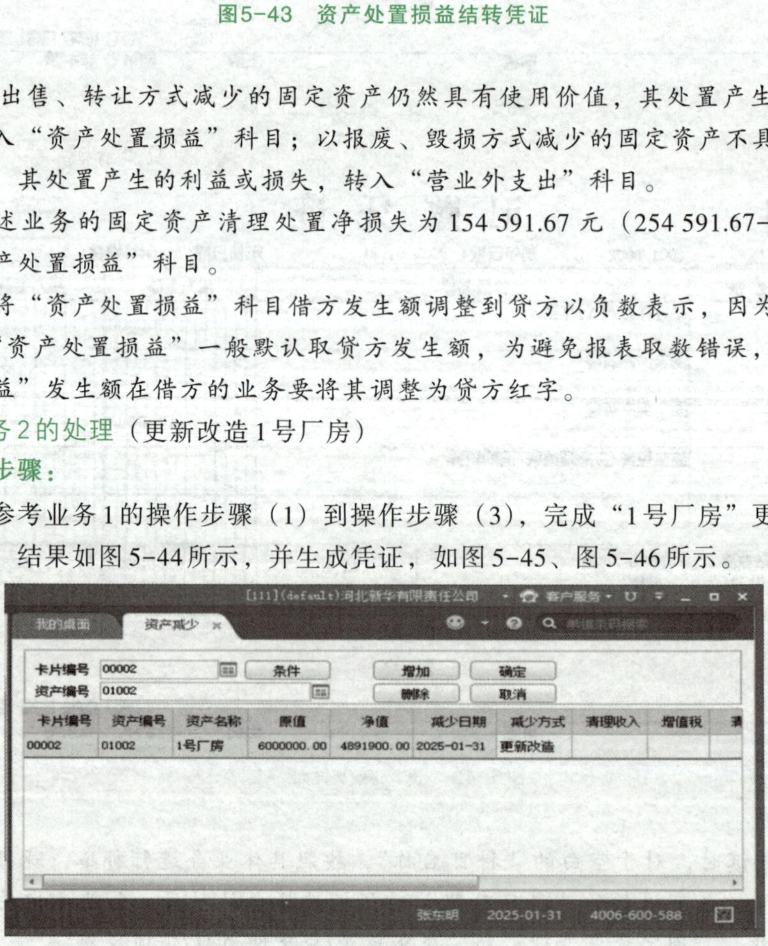

图5-44　1号厂房减少

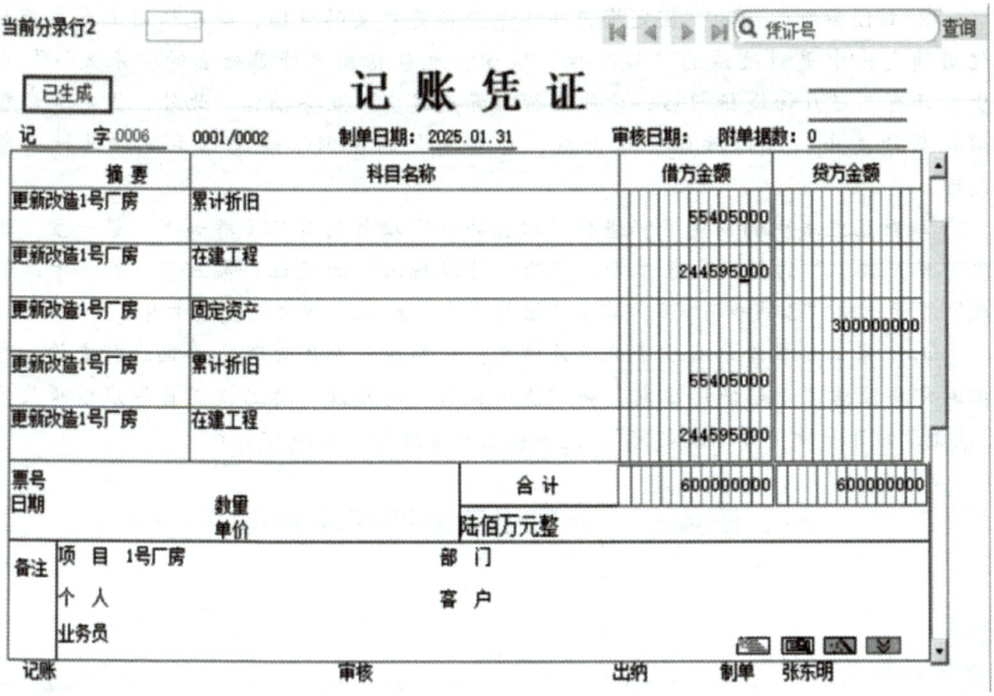

当前分录行2

已生成

记账凭证

记 字 0006　0001/0002　制单日期：2025.01.31　审核日期：　附单据数：0

摘要	科目名称	借方金额	贷方金额
更新改造1号厂房	累计折旧	55405000	
更新改造1号厂房	在建工程	244595000	
更新改造1号厂房	固定资产		300000000
更新改造1号厂房	累计折旧	55405000	
更新改造1号厂房	在建工程	244595000	
票号 日期　数量 单价	合计 陆佰万元整	600000000	600000000

备注　项目 1号厂房　部门　个人　客户　业务员

记账　审核　出纳　制单 张东明

图5-45　1号厂房减少凭证（1）

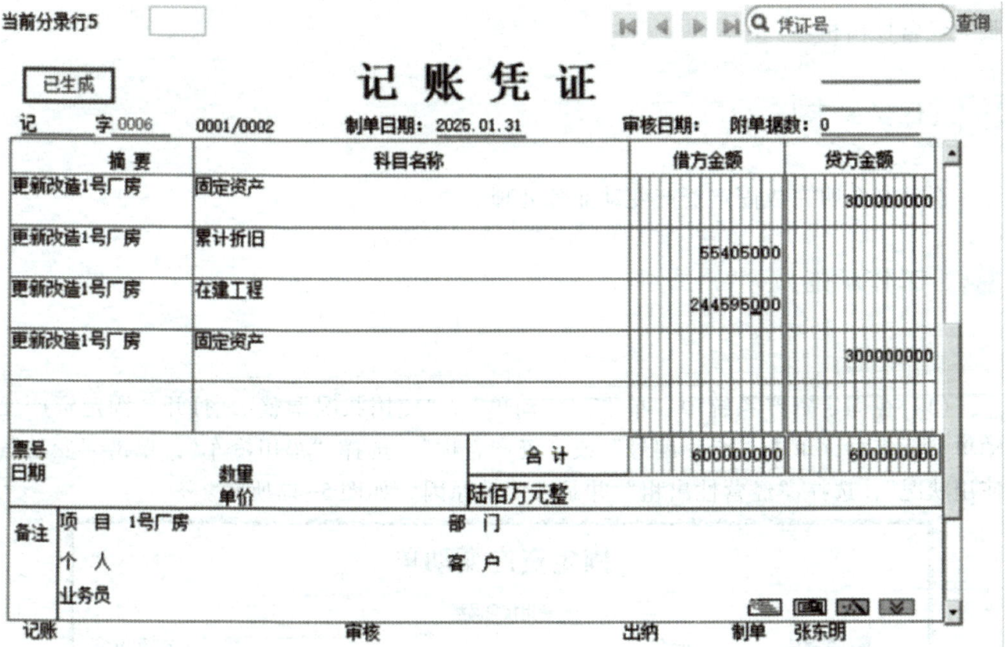

当前分录行5

已生成

记账凭证

记 字 0006　0001/0002　制单日期：2025.01.31　审核日期：　附单据数：0

摘要	科目名称	借方金额	贷方金额
更新改造1号厂房	固定资产		300000000
更新改造1号厂房	累计折旧	55405000	
更新改造1号厂房	在建工程	244595000	
更新改造1号厂房	固定资产		300000000
票号 日期　数量 单价	合计 陆佰万元整	600000000	600000000

备注　项目 1号厂房　部门　个人　客户　业务员

记账　审核　出纳　制单 张东明

图5-46　1号厂房减少凭证（2）

任务贴士：

①根据业务修改摘要内容，如果凭证中涉及的会计科目具有辅助核算，需要根据业务内容将“辅助项”信息补充完整，比如该业务中的“在建工程”科目具有项目核算，则需要选择项目“1号厂房”。

② 本任务所涉及的“固定资产减少”业务是广义的范围，既包括固定资产资本化后续支出中更新改造的“暂时性”减少，也包括固定资产处置的“永久性”减少。只有在当月计提折旧后，才能进行“资产减少”业务操作。此外，固定资产费用化后续支出，可以按照“谁受益，谁负担”的原则，在总账系统中进行业务处理。

③ 对已经减少的固定资产进行“撤销减少”操作的具体步骤如下：第一步，删除“资产减少”的凭证；第二步，删除“计提折旧”的凭证；第三步，在“卡片管理”界面选中“已减少资产”，单击“撤销减少”按钮，即可恢复该卡片。

④ 如果需要查看已减少资产卡片信息，需要在“卡片管理 ”界面进行查询，查询时需要注意“开始使用日期”和“使用状态”的修改，开始使用日期应该修改为“该资产的开始使用日期或之前”，使用状态应该选择“已减少资产”。

任务七　处理固定资产变动业务

[任务内容]

教学视频 5-10

没有最好，只有更好——固定资产变动业务处理

31日，由于业务需要，新华公司将福田汽车进行出租，固定资产使用状况须调整为经营性出租。

[任务要求]

会计张东明完成固定资产变动业务处理。

[工作示范]

实训视频 5-9

固定资产变动业务处理操作演示

操作步骤：

(1) 在固定资产系统中，单击“变动单”/“使用状况调整”，打开“固定资产变动单”标签页，单击“卡片编号”或“资产名称”，选择“福田汽车”，单击“变动后使用状况”，选择“经营性出租”并录入变动原因，如图5-47所示。

固定资产变动单

— 使用状况调整 —

变动单编号	00001			变动日期	2025-01-31
卡片编号	00004	资产编号	02002	开始使用日期	2021-08-01
资产名称			福田汽车	规格型号	
变动前使用状况			在用	变动后使用状况	经营性出租
变动原因					业务需要
				经手人	张东明

图5-47　固定资产变动单—使用状态调整结果

（2）单击工具栏中的“保存”按钮，系统弹出“数据成功保存”提示框，单击“确定”完成固定资产变动处理。

任务贴士：

①固定资产在使用过程中，如果需要调整卡片上的某些项目信息，可通过填制“变动单”来完成，这也是固定资产日常业务的一部分。资产的变动主要包括：原值变动、部门转移、使用年限调整、折旧方法调整、减值准备计提或冲回、净残值（率）调整、累计折旧调整和资产类别调整等。

②部门转移将改变折旧所对应的会计科目；折旧方法调整和使用年限调整会引起当期折旧额的改变，以上变动在当期生效，所以应该在计提折旧之前进行变动处理。

③原值变动、使用状况变动、累计折旧调整、净残值（率）调整和减值准备计提式冲回的变动在下期生效，可以通过“选项”/“折旧信息”参数的设置，调整“变动单生效原则”，改变生效的时点。

④如需查看变动后的卡片信息，可在“卡片管理”窗口进行查询，打开固定资产卡片后可查看已修改信息。

任务八　月末结账

[任务内容]

1.31日，进行固定资产系统与总账系统期末对账。

2.31日，完成固定资产系统月末结账。

教学视频5-11

期末那些事儿——期末处理

[任务要求]

1.会计张东明进行固定资产系统与总账系统期末对账。

2.会计张东明进行固定资产系统月末结账处理。

[工作示范]

1.对账

实训视频5-10

期末处理操作演示

操作步骤：

（1）以会计“张东明”身份，操作日期“2025-01-31”，登录固定资产系统。单击“资产对账”/“对账”，打开“对账条件”对话框，选择对账科目，并勾选“包含总账系统未记账记录”，如图5-48所示。

（2）单击“确定”按钮，打开“对账”标签页，系统显示“与总账对账结果”，如图5-49所示。

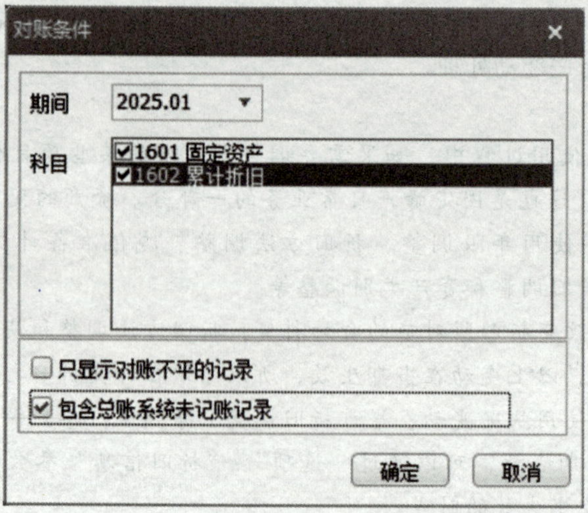

图5-48 对账条件

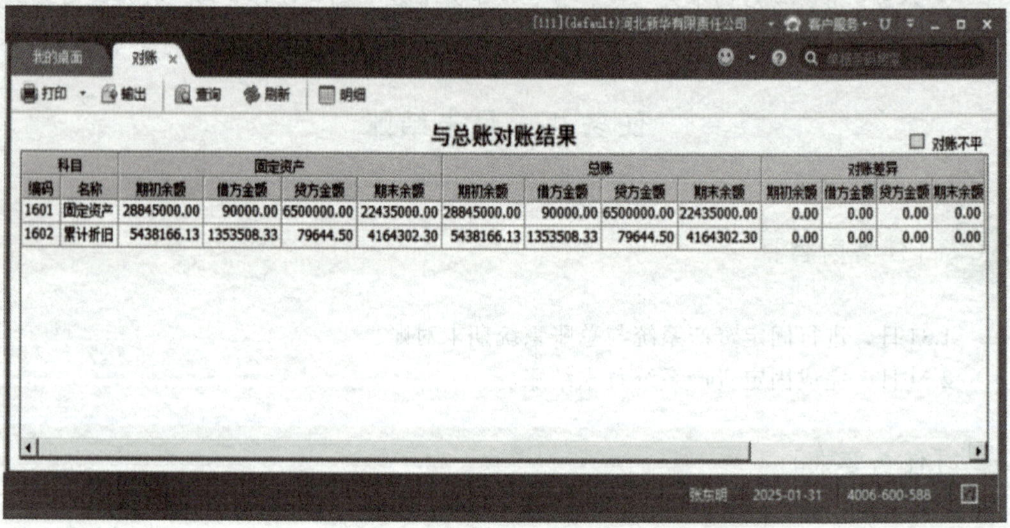

图5-49 与总账对账结果

任务贴士：

如果固定资产原始卡片已经全部录入完毕，则期末与总账对账结果无对账差异；如果未勾选“包含总账系统未记账记录”复选框，可能出现对账不平的结果，因为总账系统在未记账的情况下所有科目发生额为零，但固定资产系统“固定资产”和“累计折旧”科目发生额已记录。遇到这种情况，可勾选“包含总账系统未记账记录”后重新对账，如果对账结果仍旧不平，则需要查找原因进行处理。

2.结账

操作步骤：

（1）单击“期末处理”/“月末结账”，打开“月末结账”对话框，单击“开始结账”按钮，系统显示“与总账对账结果”，如图5-50所示。单击“确定”按钮，系统弹出“月末结账成功完成！”提示框。

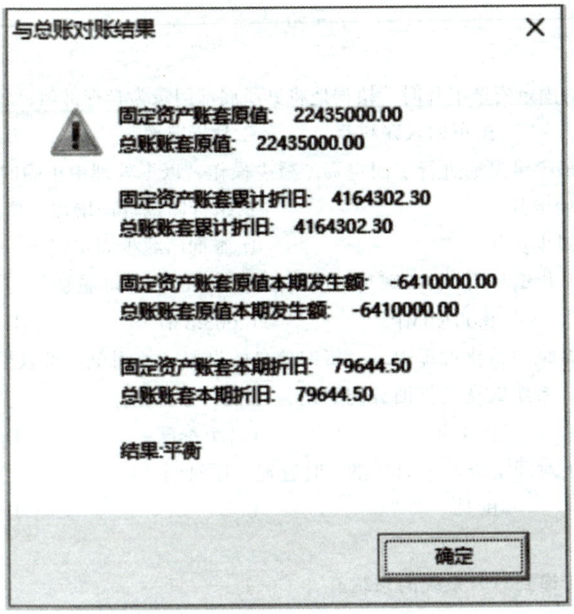

图5-50　对账结果

（2）单击“确定”按钮，系统弹出本账套最新可修改日期提示，如图5-51所示。

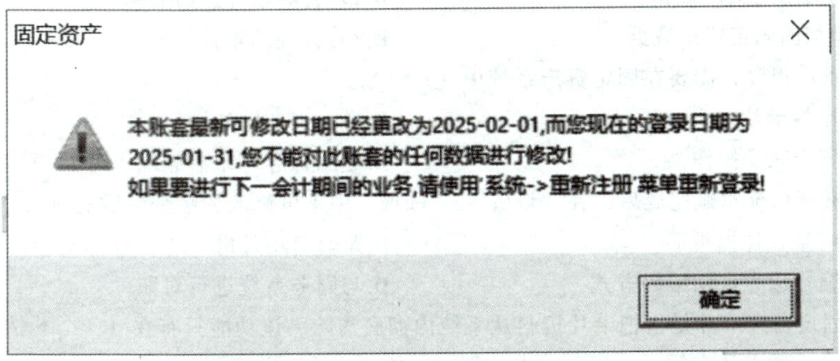

图5-51　本账套最新可修改日期提示

任务贴士：

①对账操作不限制执行的时间，任何时候均可进行对账。只有系统初始化或选项中选择了与账务系统对账，对账功能才可使用。系统在执行月末结账时自动对账一次，给出对账结果，并根据初始化或选项中的设置确定不平情况下是否允许结账。

②月末结账完成后，用户将不能再对账套本月任何数据进行修改，如果要开始下一会计期间的业务处理，需要执行“重新注册”操作，以下一会计期间日期登录系统。本期不结账，将不能处理下期的数据。结账前一定要进行数据备份，否则数据一旦丢失，将造成无法挽回的后果。

③若固定资产系统结账后需要恢复到月末结账前状态，可以通过“期末处理”/“恢复月末结账前状态”进行反结账。但不能跨年度恢复数据，即本系统年末结转后，不能利用本功能恢复年末结转前状态。

同步测试

工作领域五

同步测试及参考答案

一、单项选择题

1.录入生产部门的固定资产卡片时，错误地将其所属部门录为管理部门，日后将影响其（　　）。

A.月折旧金额　　B.折旧入账科目　　C.月折旧率　　D.净残值

2.操作员发现对车床错误地进行了固定资产减少操作，以下处理中正确的是（　　）。

A.增加车床的原始卡片　　B.执行固定资产增加，增加车床的卡片

C.执行撤销资产减少操作　　D.查询已减少固定资产，删除车床卡片

3.某项固定资产卡片编号为001，则其对应的图片文件的名称可能是（　　）。

A.004.GIF　　B.001.BMP　　C.003.BMP　　D.002.JPG

4.固定资产管理系统初始化过程中，对折旧信息的设置，使用单位可以根据自己的需要来确定资产的折旧分配周期，系统默认的折旧分配周期为（　　）。

A.1年　　B.半年　　C.1个季度　　D.1个月

5.固定资产子系统对固定资产采用严格序时管理，序时到（　　）。

A.年　　B.月　　C.日　　D.季

二、多项选择题

1.需要生成凭证传递到总账系统的系统有（　　）。

A.工资管理系统　　B.固定资产管理系统

C.应收款管理系统　　D.报表管理系统

2.2025年8月1日启用固定资产系统，期初余额须整理（　　）。

A.8月初的固定资产数据　　B.8月初的累计折旧数据

C.8月增加的固定资产数据　　D.8月计提的累计折旧

3.固定资产报废，需要在固定资产系统中（　　）。

A.增加原始卡片　　B.进行资产增加操作

C.进行资产减少操作　　D.超出保存时限后删除卡片

4.固定资产系统建账完成后，在“设置”/“选项”中不可修改的账套参数有（　　）。

A.本账套是否计提折旧　　B.账套启用月份

C.资产编号选为自动编码方式　　D.与财务系统进行对账

5.删除固定资产卡片是指把卡片资料从系统内彻底清除，该功能只有在（　　）情况下有效。

A.当月录入的卡片有错误，通过“卡片管理”的“删除”实现

B.通过“卡片查询”功能删除卡片

C.通过“资产减少”功能减少的卡片资料，在满足会计档案管理要求后可以从系统中彻底清除

D.通过“卡片变动”功能删除卡片

三、判断题

1.发生固定资产毁损，在固定资产系统将其卡片删除即可。（　　）

2.固定资产系统初始化完成后可以修改固定资产系统启用时间。（　　）

3.由于更新改造转入在建工程的固定资产，改造期间照提折旧。（　　）

4.固定资产系统启用日期以前的固定资产只能录入原始卡片。（　　）

5.在录入固定资产原始卡片时，开始使用日期必须采用YYYY-MM-DD的形式录入。（　　）

综合实训

[实训内容]

1.石家庄正道轮胎有限公司2025年1月1日启用固定资产系统，账套信息如下：

（1）固定资产折旧要求：

采用“平均年限法（二）”计提折旧，按使用部门逐月分摊，折旧分配周期为1个月；在固定

资产可使用的最后一个月，将剩余折旧全部提足；企业在经营过程中如遇折旧要素发生变动，按变动后的要素计提折旧。

（2）固定资产编码规则要求：

固定资产类别编码方式为2-1-1-2；编码方式采用“自动编码：类别编号+序号”，序号长度为“5”。

（3）固定资产与账务接口要求：

要求与总账系统进行对账，对账科目分别为固定资产和累计折旧；在对账不平衡的情况下允许该系统月末结账。

2.公司固定资产选项设置。

与账务系统接口；业务发生后立即制单；月末结账前要完成制单业务；本期发生额对账不平不允许结账，期末余额对账不平不允许结账；固定资产的默认入账科目为“固定资产”，累计折旧的默认入账科目为“累计折旧”，减值准备默认入账科目为“固定资产减值准备”，增值税进项税额默认入账科目为“进项税额”，固定资产清理默认入账科目为“固定资产清理”。

3.部门对应折旧科目见表5-5。

表5-5 **部门对应折旧科目**

部门名称	折旧科目	部门名称	折旧科目
综合部	管理费用——折旧费	采购部	管理费用——折旧费
财务部	管理费用——折旧费	销售部	销售费用——折旧费
生产部	制造费用——折旧费	仓储部	管理费用——折旧费

4.资产类别设置见表5-6。

表5-6 **资产类别设置**

类别编号	类别名称	净残值率	计提属性	折旧方式	卡片样式
01	房屋建筑物	4%	正常计提	平均年限法（二）	含税卡片样式
02	生产设备	4%	正常计提	平均年限法（二）	含税卡片样式
03	办公设备	4%	正常计提	平均年限法（二）	含税卡片样式
04	交通工具	4%	正常计提	平均年限法（二）	含税卡片样式

5.固定资产增减方式见表5-7。

表5-7 **固定资产增减方式**

增加方式	对应入账科目	减少方式	对应入账科目
直接购入	工行存款	出售	固定资产清理
投资者投入	实收资本	盘亏	待处理财产损溢
捐赠	营业外收入	投资转出	长期股权投资
盘盈	以前年度损益调整	捐赠转出	固定资产清理
在建工程完工转入	在建工程	报废	固定资产清理
融资租入	长期应付款	毁损	固定资产清理

6.2024年12月31日固定资产余额见表5-8，所有资产使用状况为“在用”，净残值率为4%。

表5-8 **固定资产余额**

类别编号	名称	增加方式	使用部门	使用年限（月）	开始使用日期	原值（元）	累计折旧（元）
01	厂房	在建工程转入	一车间（60%） 二车间（40%）	192	2021-07-03	4 000 000	820 000
02	刨床	直接购入	一车间	192	2023-11-18	230 000	14 950
02	车床	直接购入	二车间	96	2024-09-25	200 000	8 000
02	切割机	直接购入	一车间	120	2024-12-17	600 000	0
03	圆桌	直接购入	综合部	96	2022-06-26	50 000	15 000
04	江淮货车	直接购入	销售部	96	2024-12-02	200 000	0
合计							

7.1月份公司发生了如下与固定资产相关的经济业务：

（1）1月3日，财务部用网银支付方式购入联想台式计算机，单价5 000元，增值税450元，作为办公设备使用。制度规定使用年限为5年，采用平均年限法（二）计提折旧，净残值率为4%。

（2）1月31日，计提2025年1月份固定资产折旧并生成记账凭证。

（3）1月31日，由于严重的噪声污染，经研究决定报废一车间使用的刨床，原值230 000元，残值收入3 000元，收到现金。

（4）1月31日，进行固定资产系统与总账系统期末对账；完成固定资产系统月末结账工作。

［实训要求］

1.会计朱军勇完成固定资产初始设置。

2.会计朱军勇完成固定资产日常业务处理。

3.会计朱军勇完成固定资产系统1月份月末结账。

【互动课堂】

互动课堂提示

请将本工作领域实训完成结果按要求上传至课程平台。

1.提交基础档案中部门对应折旧科目、资产类别设置、固定资产增减方式截图。

2.提交期初固定资产卡片列表截图。

3.提交月末结账前，查询当月生成的所有凭证的凭证列表截图及期末对账结果截图。

工作领域六

薪资管理

【学习目标】

掌握薪资管理系统与计件工资管理系统的操作流程和薪资业务的具体处理方法；能够对薪资管理系统和计件工资管理系统进行初始设置；能够准确计算员工的薪金报酬并及时进行账务处理；能够完成薪资管理系统月末处理；能够对系统操作中出现的问题进行简单维护；遵循《中华人民共和国劳动法》《中华人民共和国个人所得税法》等规定，依法核算支付工资，缴纳五险一金，理解企业的社会责任和家国担当。

教学视频6-1

谁能帮我们核算工资——薪资管理概述

【系统思话】

薪资管理系统适用于各类企事业单位进行工资核算、工资发放、工资费用分摊、工资统计分析和个人所得税核算等。用户可根据需要设计工资项目和计算公式，及时准确地核算职工工资，并按工资的用途将工资费用计入相关账户，自动生成凭证传递到总账系统。有计件要求的企业可以同时使用计件工资管理系统，该系统可以将计件工资数据传递到薪资管理系统。系统使用者不仅要根据公司薪资管理制度正确计算工资数据，还应该按照相关法律要求为职工缴纳五险一金、代扣个人所得税，承担起企业对员工和社会应有的责任。缴纳个人所得税是公民应当履行的纳税义务，专项附加扣除政策是国家对教育、养老等民生领域给予的政策支持。薪资核算不仅是企业的经济行为，更是企业承担社会责任的试金石。通过合法合规、公平透明的薪酬体系，企业既能提升员工的归属感和生产效率，也能为促进社会公平、推动共同富裕贡献力量，实现经济效益与社会价值的双赢。

工作领域六

工作过程与岗位对照图

【案例概说】

随着企业的发展和员工规模的扩大，不同岗位的薪资核算也越来越多样化，传统的手工方式核算薪资计算量大且容易出错。为了提高薪资核算的精准度和计算效率，解决薪资核算的多样性问题，提升员工的满意度，新华公司决定于2025年1月1日启用薪资管理系统和计件工资管理系统，根据员工的岗位、考勤等信息自动计算工资数据，做到准确核算工资、规范缴纳社保、按时发放工资。“小薪酬”背后有“大责任”，新华公司通过科学、公平、透明的薪酬体系，依法按时足额支付工资、缴纳五险一金，依法履行代扣代缴义务，不仅保障了劳动者权益，推动了社会公平，也促进了可持续发展，体现了企业的社会责任担当。

任务一　建立工资核算账套

[任务内容]

教学视频6-2

跟着向导步步走——建立工资账套

新华公司根据业务需要决定于2025年1月1日启用薪资管理系统与计件工资管理系统，并按如下要求建立工资账套：

工资核算本位币为人民币，从工资中代扣个人所得税。工资核算分两种类型：正式人员工资包括基本工资和各种补贴；临时人员工资为计件工资。

[任务要求]

引入已录入总账系统期初余额的账套后，账套主管王志强启用薪资管理系统与计件工资管理系统，会计张东明根据核算需要建立工资核算账套。

[工作示范]

实训视频6-1

建立工资账套操作演示

操作步骤：

（1）以操作员“01王志强”身份，操作日期“2025-01-01”，登录企业应用平台。在“业务导航”中，单击“基础设置”/“基本信息”/“系统启用”，启用“薪资管理”和“计件工资管理”两个系统，启用日期为“2025-01-01”。

任务贴士：

计件工资管理系统启用前必须先启用薪资管理系统，薪资管理系统反启用前，必须反启用计件工资管理系统。

（2）以操作员“03张东明”身份，操作日期“2025-01-01”，登录企业应用平台。在“业务导航”/“业务工作”中选择“人力资源”/“薪资管理”，系统自动打开“建立工资套”对话框。在参数设置环节，选择本账套所需处理的工资类别个数为“多个”，币别名称为“人民币 RMB”，勾选“是否核算计件工资”，如图6-1所示。

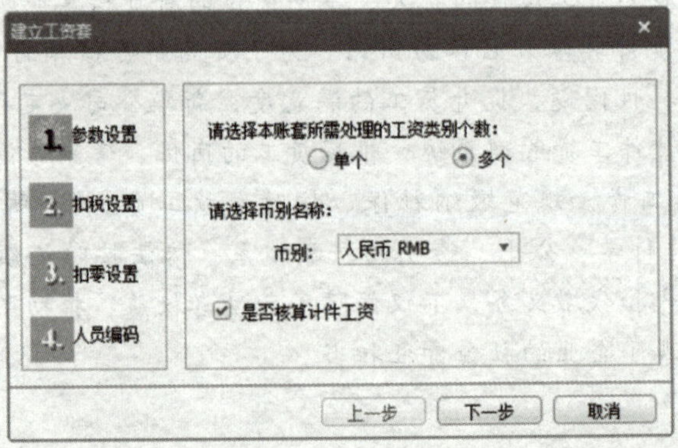

图6-1　建立工资套—参数设置

（3）单击“下一步”按钮，在扣税设置环节，勾选“是否从工资中代扣个人所得税”，如图6-2所示。

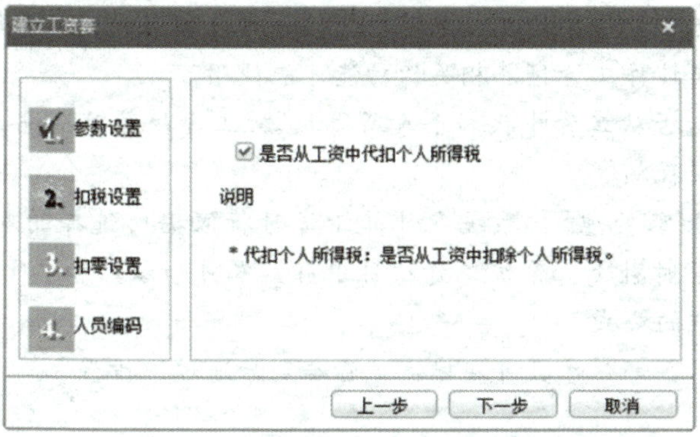

图6-2　建立工资套—扣税设置

（4）单击“下一步”按钮，在扣零设置环节，不勾选“扣零”，如图6-3所示。

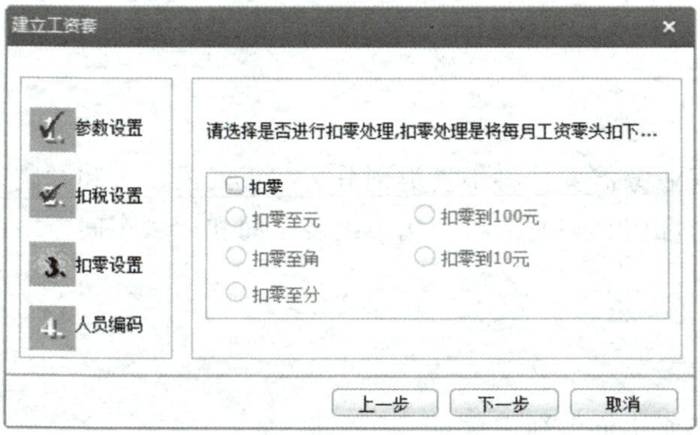

图6-3　建立工资套—扣零设置

（5）单击“下一步”按钮，进入人员编码设置环节，如图6-4所示，单击“完成”按钮，完成工资账套建立。

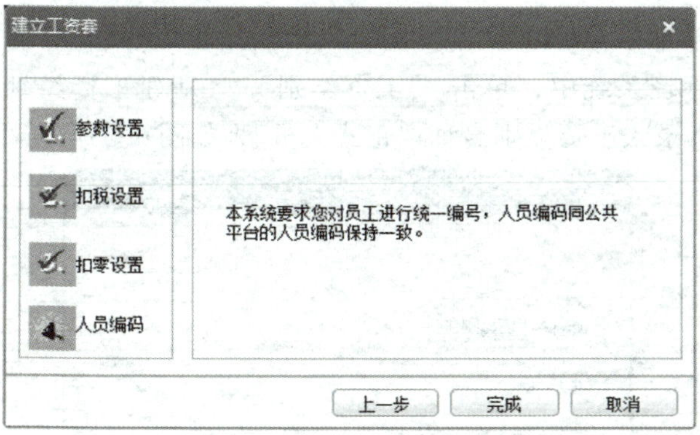

图6-4　建立工资套—人员编码

任务贴士：

①建立工资账套是整个薪资管理系统正常运行的基础，将影响工资项目的设置和工资业务的具体处理方式。

②工资类别个数：若核算单位对所有人员的工资实行单一标准管理，可选择“单

个”工资类别；若核算单位按周或每月多次发放工资，或者不同职工工资项目、计算公式等采取不同的设置，但需要进行统一工资核算管理，可选择“多个”工资类别。

③计件工资是按计件单价支付劳动报酬的一种计酬形式，只有勾选“是否核算计件工资”选项，与计件工资核算相关的功能才能使用。

④若勾选“是否从工资中代扣个人所得税”，工资核算时系统会根据设置的税率自动计算个人所得税额。

⑤若勾选“扣零处理”，系统在计算工资时将依据所选择的扣零类型将零头扣下，并在积累成整时补上。系统工资项目中有“本月扣零”和“上月扣零”，用户不需要设置扣零处理的公式。

⑥建账完成后，部分参数可在建立工资类别后通过“设置”/“选项”修改。

任务二　设置工资类别

[任务内容]

教学视频6-3

打基础，做准备——基础信息设置

新华公司根据业务需要，将工资类别分为“正式人员”和“临时人员”两类。正式人员分布在各个部门，临时人员归属于组装车间和调试车间。

[任务要求]

会计张东明完成工资类别设置。

[工作示范]

实训视频6-2

基础信息设置操作演示

操作步骤：

（1）在薪资管理系统中，单击 “工资类别”/“新建工资类别”，打开“新建工资类别”对话框，录入工资类别名称“正式人员”，如图6-5所示。

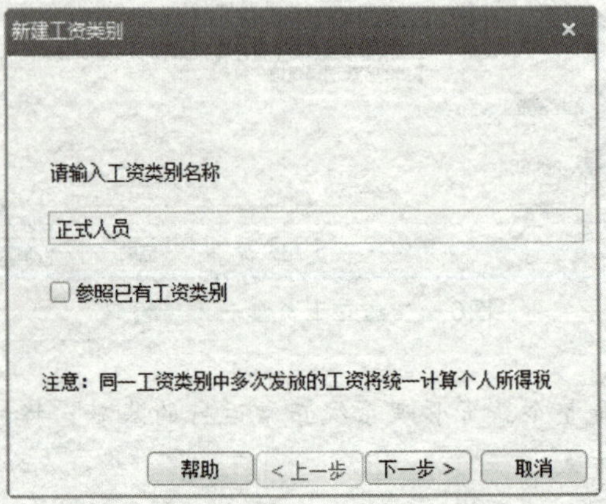

图6-5　新建工资类别

（2）单击“下一步”按钮，选择新建工资类别的部门，根据任务内容单击“选定全部部门”，如图6-6所示。

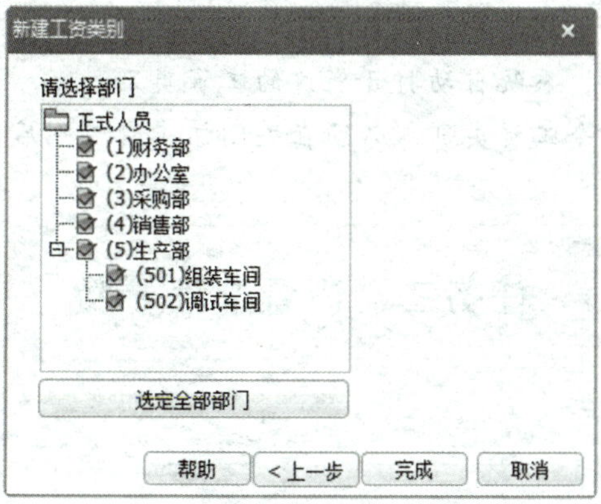

图6-6　新建工资类别—选择部门

（3）单击“完成”按钮，弹出对话框，确定工资类别的启用日期，如图6-7所示。单击“是”按钮，完成“正式人员”工资类别的建立。

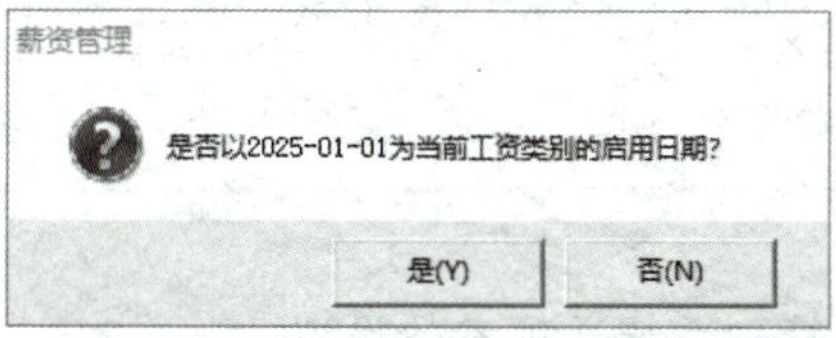

图6-7　工资类别启用日期提示

（4）单击“工资类别”/“关闭工资类别”，弹出对话框如图6-8所示，单击“确定”按钮，将当前打开的“正式人员”工资类别关闭。

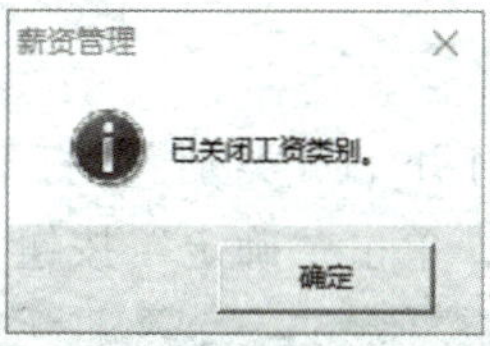

图6-8　关闭工资类别提示

（5）参考操作步骤（1）到操作步骤（4），建立“临时人员”工资类别，如图6-9所示。

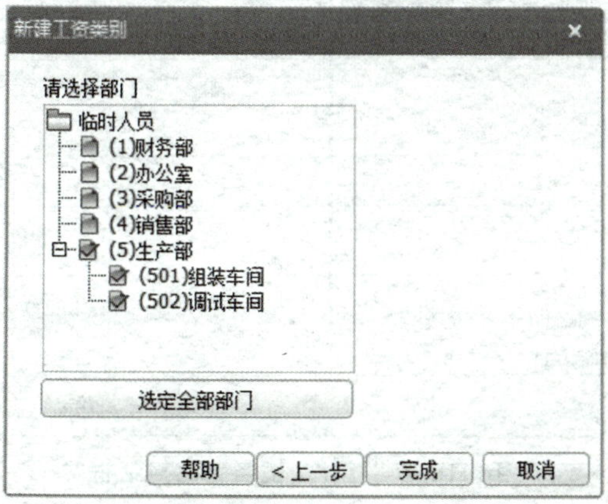

图6-9　新建工资类别—临时人员

任务贴士：

①选择工资类别核算人员所处的部门，须先选择上级部门，再选择下级部门，同一个部门可被多个工资类别选中。

②建立工资类别后，系统自动打开新建的工资类别。

③若当前已打开一个工资类别，必须在关闭该工资类别后才可进行工资类别的新建工作。

任务三　设置选项参数

[任务内容]

新华公司根据业务需要，设置薪资管理系统选项参数如下：

正式人员和临时人员均按“实发合计”计算个人所得税，税款所属期为当月，正式人员不核算计件工资，临时人员核算计件工资，其他参数均保持默认。

[任务要求]

会计张东明进行薪资管理系统选项参数设置。

[工作示范]

操作步骤：

（1）单击“工资类别”/“打开工资类别”，打开“打开工资类别”对话框，如图6-10所示。选择“正式人员”，单击“确定”按钮，打开“正式人员”工资类别。

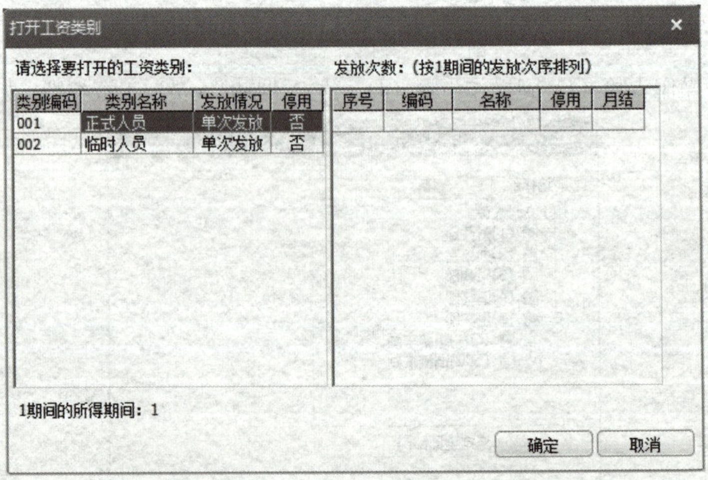

图6-10　“打开工资类别”对话框

（2）单击“设置”/“选项”，打开“选项”对话框，单击“扣税设置”页签，单击“编辑”按钮，税款所属期选择“当月”，如图6-11所示。

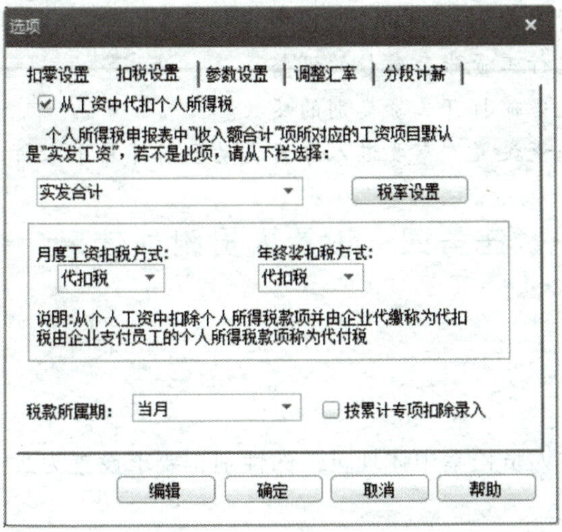

图6-11　选项—扣税设置

（3）单击“参数设置”页签，取消勾选“是否核算计件工资”，如图6-12所示。

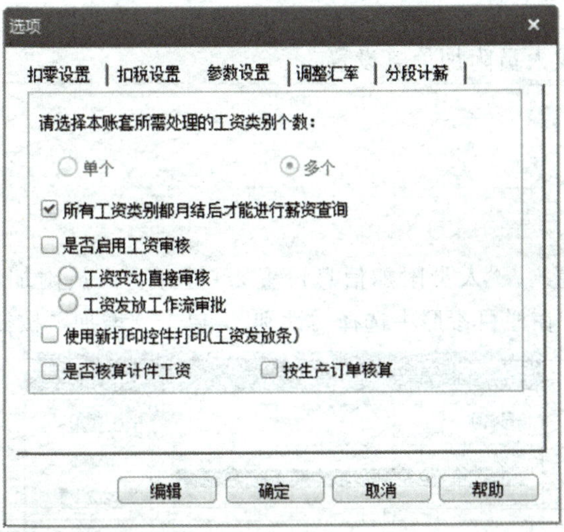

图6-12　选项—参数设置

（4）单击“确定”按钮，弹出提示对话框，如图6-13所示，单击“是”按钮，完成选项参数的设置并退出。

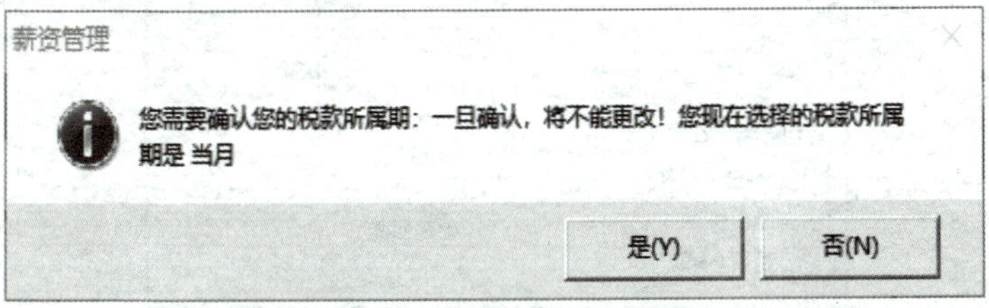

图6-13　确认税款所属期提示

（5）打开“临时人员”工资类别，根据任务内容完成临时人员工资类别的选项设置。

任务贴士：

①建立新的工资账套后，或由于业务变更，发现一些工资参数与核算内容不符，可以通过设置选项进行工资账套参数的调整。

②系统只能修改当前打开工资类别的参数。

③如果修改了扣税设置，需要进入工资变动重新计算个人所得税。

任务四　设置人员附加信息

[任务内容]

新华公司需要在人员档案中体现员工的性别，要求设置为必输项，性别参照档案为“男”和“女”。

[任务要求]

会计张东明完成人员附加信息设置。

[工作示范]

操作步骤：

（1）单击“设置”/“人员附加信息设置”，打开“人员附加信息设置”对话框，单击“增加”按钮，在栏目参照中选择“性别”，单击“增加”按钮，如图6-14所示。

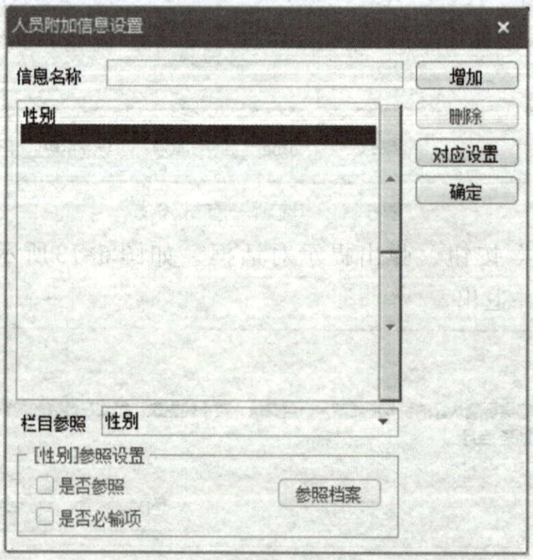

图6-14　人员附加信息设置

（2）选择“性别”记录，勾选“是否参照”与“是否必输项”，如图6-15所示。

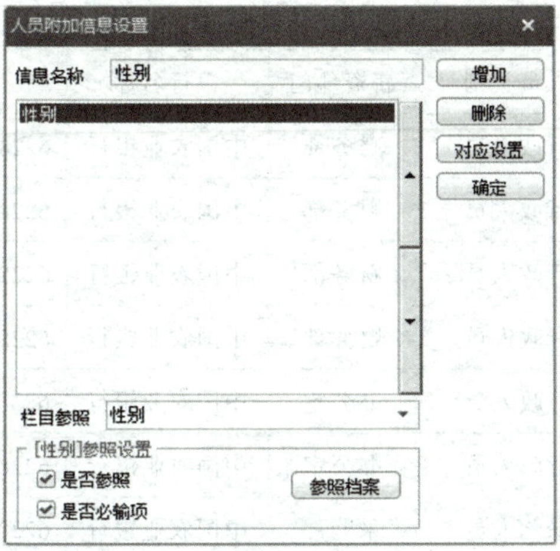

图6-15　人员附加信息设置—参照设置

（3）单击“参照档案”按钮，系统打开“工资人员附加信息”对话框，在参照档案栏录入“男”，单击“增加”按钮。在参照档案栏录入“女”，单击“增加”按钮，结果如图6-16所示。

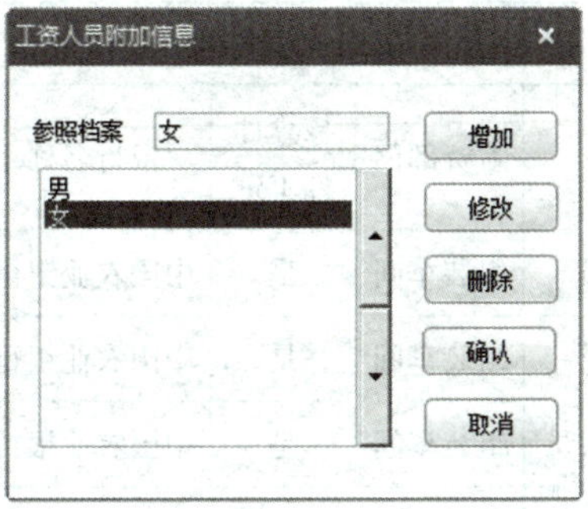

图6-16　工资人员附加信息—参照档案

（4）单击“确认”按钮，返回“人员附加信息设置”对话框，单击“确定”按钮，完成人员附加信息性别的设置。

任务贴士：

①人员附加信息设置功能用于增加人员信息，丰富人员档案的内容，便于对人员进行更加有效的管理。

②若勾选“是否参照”，可以录入参照档案，在录入人员档案时可以参照档案录入相关信息。

③若勾选“是否必输项”，该附加信息在录入人员档案时必须输入。

任务五　设置人员档案

[任务内容]

新华公司人员档案见表6-1和表6-2，据此进行薪资管理系统人员档案设置。

表6-1 正式人员档案

人员编码	人员姓名	人员类别	薪资部门	银行名称	银行账号	性别
101	王志强	行政人员	财务部	中国农业银行	6228480689121110001	男
102	李明轩	行政人员	财务部	中国农业银行	6228480689121110002	男
103	张东明	行政人员	财务部	中国农业银行	6228480689121110003	男
104	孙丹丹	行政人员	财务部	中国农业银行	6228480689121110004	女
201	李明刚	行政人员	办公室	中国农业银行	6228480689121110005	男
202	周永芳	行政人员	办公室	中国农业银行	6228480689121110006	女
301	王思燕	采购人员	采购部	中国农业银行	6228480689121110007	女
401	李振东	销售人员	销售部	中国农业银行	6228480689121110008	男
501	吴启天	车间管理人员	组装车间	中国农业银行	6228480689121110009	男
502	张诚	车间管理人员	调试车间	中国农业银行	6228480689121110010	男

表6-2 临时人员档案

人员编码	人员姓名	人员类别	薪资部门	核算计件工资	银行名称	银行账号	性别
901	李彩云	交换机生产人员	组装车间	是	中国农业银行	6228480689121110011	女
902	陈颖	路由器生产人员	组装车间	是	中国农业银行	6228480689121110012	女
903	赵明浩	基站发射机生产人员	组装车间	是	中国农业银行	6228480689121110013	男
904	李健伟	交换机生产人员	调试车间	是	中国农业银行	6228480689121110014	男
905	王磊	路由器生产人员	调试车间	是	中国农业银行	6228480689121110015	男
906	李志	基站发射机生产人员	调试车间	是	中国农业银行	6228480689121110016	男

[任务要求]

会计张东明完成人员档案设置。

[工作示范]

操作步骤：

（1）打开“正式人员”工资类别，单击“设置”/“人员档案”，打开“人员档案”标签页。

（2）单击“批增”按钮，打开“人员批量增加”对话框，选择所有部门，单击“查询”按钮，去掉生产人员的选择，如图6-17所示。

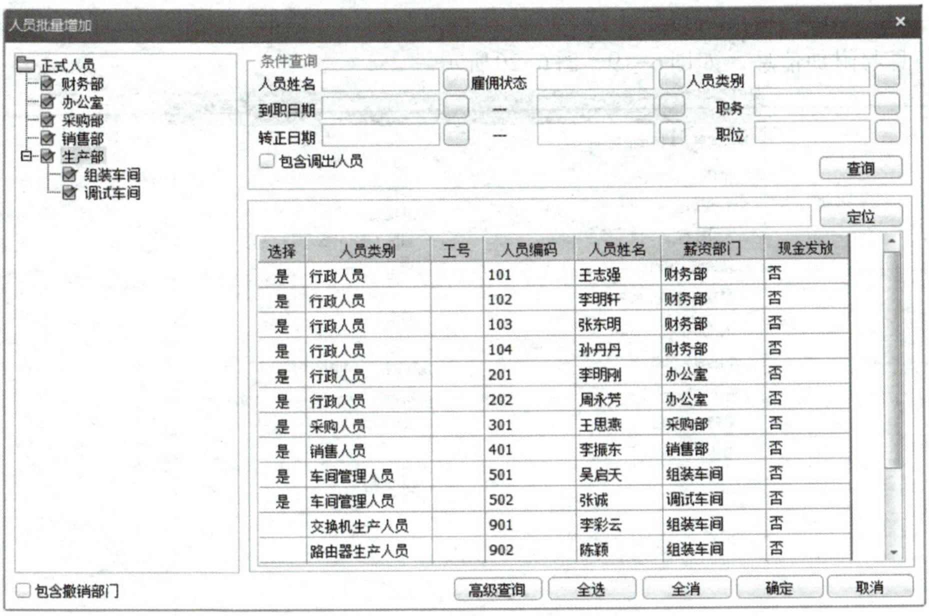

选择	人员类别	工号	人员编码	人员姓名	薪资部门	现金发放
是	行政人员		101	王志强	财务部	否
是	行政人员		102	李明轩	财务部	否
是	行政人员		103	张东明	财务部	否
是	行政人员		104	孙丹丹	财务部	否
是	行政人员		201	李明刚	办公室	否
是	行政人员		202	周永芳	办公室	否
是	采购人员		301	王思燕	采购部	否
是	销售人员		401	李振东	销售部	否
是	车间管理人员		501	吴启天	组装车间	否
是	车间管理人员		502	张诚	调试车间	否
	交换机生产人员		901	李彩云	组装车间	否
	路由器生产人员		902	陈颖	组装车间	否

图6-17 人员批量增加

任务贴士：

①任何查询条件都不录入时，点击“查询”按钮，会将所有未进入本工资类别的人员全部筛选显示。

②人员类别、人员编码、人员姓名来源于公共平台的人员档案信息，薪资管理系统不能修改，要在公共平台中修改，系统会自动将修改信息同步到薪资管理系统。

（3）单击“确定”按钮，完成人员档案的批量导入，如图6-18所示。

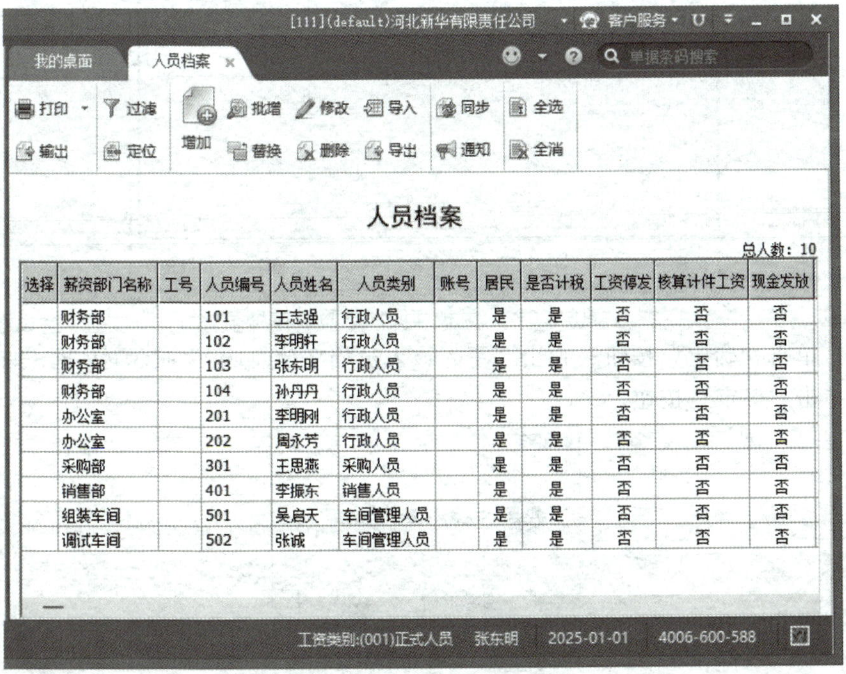

选择	薪资部门名称	工号	人员编号	人员姓名	人员类别	账号	居民	是否计税	工资停发	核算计件工资	现金发放
	财务部		101	王志强	行政人员		是	是	否	否	否
	财务部		102	李明轩	行政人员		是	是	否	否	否
	财务部		103	张东明	行政人员		是	是	否	否	否
	财务部		104	孙丹丹	行政人员		是	是	否	否	否
	办公室		201	李明刚	行政人员		是	是	否	否	否
	办公室		202	周永芳	行政人员		是	是	否	否	否
	采购部		301	王思燕	采购人员		是	是	否	否	否
	销售部		401	李振东	销售人员		是	是	否	否	否
	组装车间		501	吴启天	车间管理人员		是	是	否	否	否
	调试车间		502	张诚	车间管理人员		是	是	否	否	否

图6-18 人员档案—正式人员

（4）单击“修改”按钮，打开“人员档案明细”对话框，根据表6-1补充录入基本信息与附加信息，如图6-19、图6-20所示。

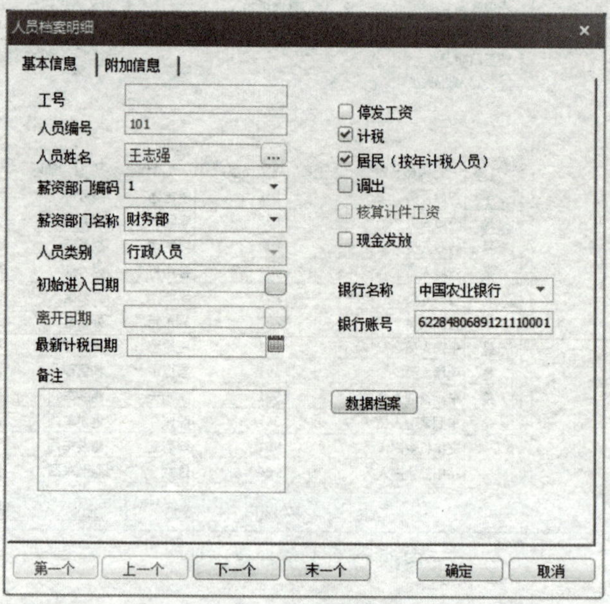

图6-19　人员档案明细—基本信息

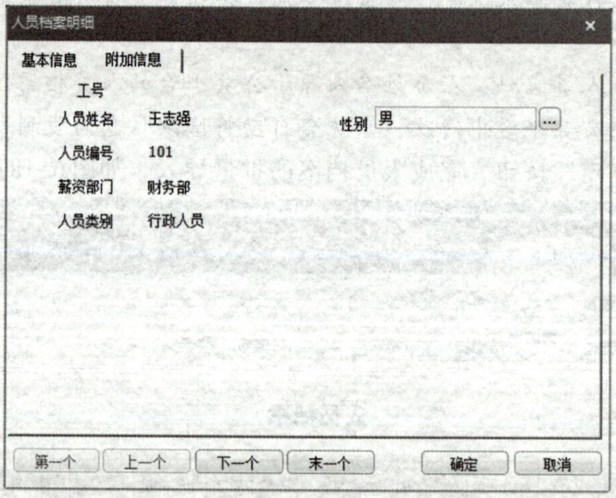

图6-20　人员档案明细—附加信息

（5）单击“确定”按钮，弹出“写入该人员档案信息吗？”提示对话框，如图6-21所示，单击“确定”按钮。

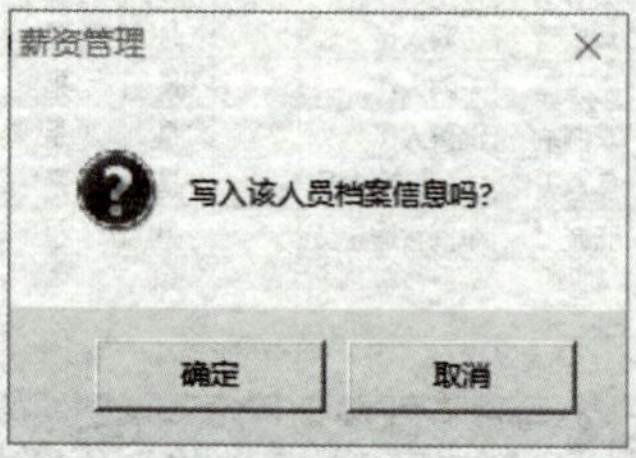

图6-21　确定写入信息提示

（6）根据表6-1完成其他人员档案信息的修改，结果如图6-22所示。

人员档案

总人数：10

选择	薪资部门名称	工号	人员编号	人员姓名	人员类别	账号	居民	是否计税	工资停发	核算计件工资	现金发放	初始进入日期	离开日期	最新计税日期	性别
	财务部		101	王志强	行政人员	6228480689121110001	是	是	否	否	否				男
	财务部		102	李明轩	行政人员	6228480689121110002	是	是	否	否	否				男
	财务部		103	张东明	行政人员	6228480689121110003	是	是	否	否	否				男
	财务部		104	孙丹丹	行政人员	6228480689121110004	是	是	否	否	否				女
	办公室		201	李明刚	行政人员	6228480689121110005	是	是	否	否	否				男
	办公室		202	周永芳	行政人员	6228480689121110006	是	是	否	否	否				女
	采购部		301	王思燕	采购人员	6228480689121110007	是	是	否	否	否				女
	销售部		401	李振东	销售人员	6228480689121110008	是	是	否	否	否				男
	组装车间		501	吴启天	车间管理人员	6228480689121110009	是	是	否	否	否				男
	调试车间		502	张诚	车间管理人员	6228480689121110010	是	是	否	否	否				男

图6-22 正式人员档案设置结果

（7）关闭“人员档案”标签页，打开“临时人员”工资类别，参考操作步骤（1）到操作步骤（6），根据表6-2录入临时人员档案，设置结果如图6-23所示。

人员档案

总人数：6

选择	薪资部门名称	工号	人员编号	人员姓名	人员类别	账号	居民	是否计税	工资停发	核算计件工资	现金发放	初始进入日期	离开日期	最新计税日期	性别
	组装车间		901	李彩云	交换机生产人员	6228480689121110011	是	是	否	是	否				女
	组装车间		902	陈颖	路由器生产人员	6228480689121110012	是	是	否	是	否				女
	组装车间		903	赵明浩	基站发射机生产人员	6228480689121110013	是	是	否	是	否				男
	调试车间		904	李健伟	交换机生产人员	6228480689121110014	是	是	否	是	否				男
	调试车间		905	王磊	路由器生产人员	6228480689121110015	是	是	否	是	否				男
	调试车间		906	李志	基站发射机生产人员	6228480689121110016	是	是	否	是	否				男

图6-23 临时人员档案设置结果

任务六 设置工资项目

[任务内容]

新华公司工资项目见表6-3。

教学视频6-4

工资数据计算的基石——工资项目及公式设置

表6-3 工资项目表

工资项目名称	类型	长度	小数	增减项	正式人员工资项目	临时人员工资项目
基本工资	数字	8	2	增项	√	
职务补贴	数字	8	2	增项	√	
福利补贴	数字	8	2	增项	√	
交通补贴	数字	8	2	增项	√	
加班天数	数字	8	2	其他	√	
加班补贴	数字	8	2	增项	√	
计件工资	数字	10	2	增项		√
应发合计	数字	10	2	增项	√	√
缴费基数	数字	8	2	其他	√	
养老保险扣款	数字	8	2	减项	√	

续表

工资项目名称	类型	长度	小数	增减项	正式人员工资项目	临时人员工资项目
医疗保险扣款	数字	8	2	减项	√	
失业保险扣款	数字	8	2	减项	√	
住房公积金扣款	数字	8	2	减项	√	
子女教育	数字	8	2	其他	√	√
继续教育	数字	8	2	其他	√	√
老人赡养费	数字	8	2	其他	√	√
住房租金	数字	8	2	其他	√	√
住房贷款利息	数字	8	2	其他	√	√
其他合法扣除	数字	8	2	其他	√	√
代扣税	数字	10	2	减项	√	√
扣款合计	数字	10	2	减项	√	√
实发合计	数字	10	2	增项	√	√

[任务要求]

会计张东明完成工资项目设置。

[工作示范]

实训视频6-3

工资项目及公式设置操作演示

操作步骤：

（1）在关闭“工资类别”的前提下，单击“设置”/“工资项目设置”，打开“工资项目设置”对话框，如图6-24所示。

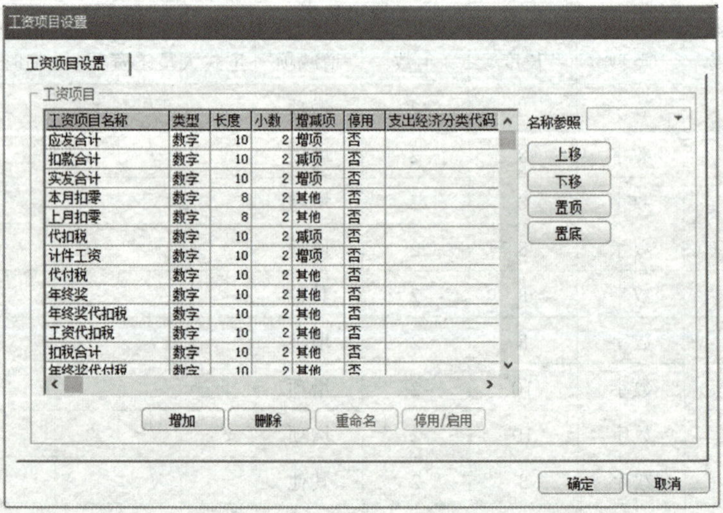

图6-24　工资项目设置

（2）单击“增加”按钮，录入工资项目名称“基本工资”，或者从“名称参照”下拉列表中选择工资项目“基本工资”，并设置其类型、长度、小数及增减项。单击“增加”按钮，根据表6-3继续设置其他工资项目，并通过“上移”“下移”“置顶”“置底”等按钮调整工资项目的排列顺序，设置结果如图6-25所示。

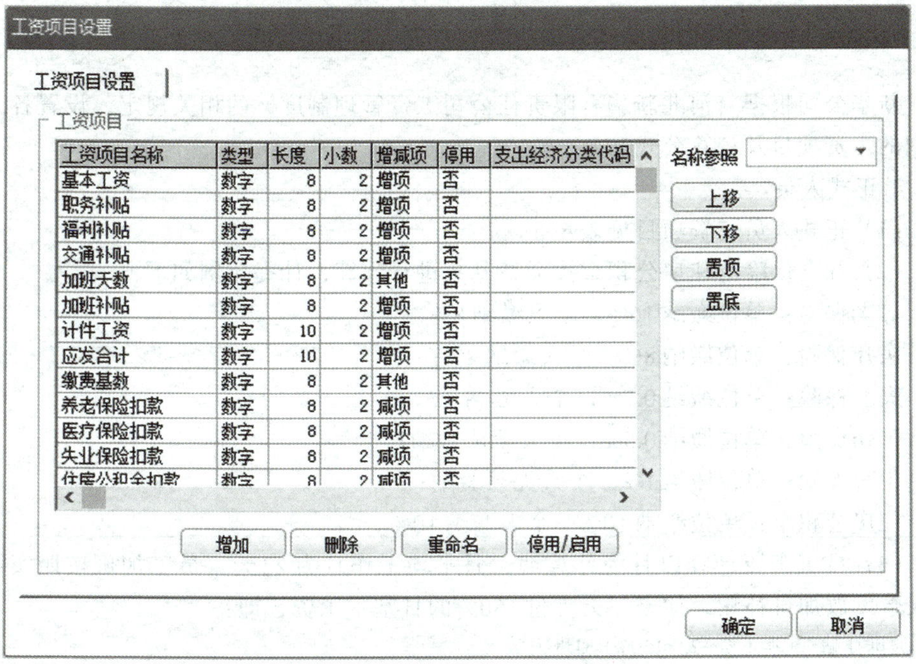

图6-25　工资项目设置结果

（3）单击“确定”按钮，系统弹出提示对话框，如图6-26所示。继续单击“确定”按钮，完成工资项目设置。

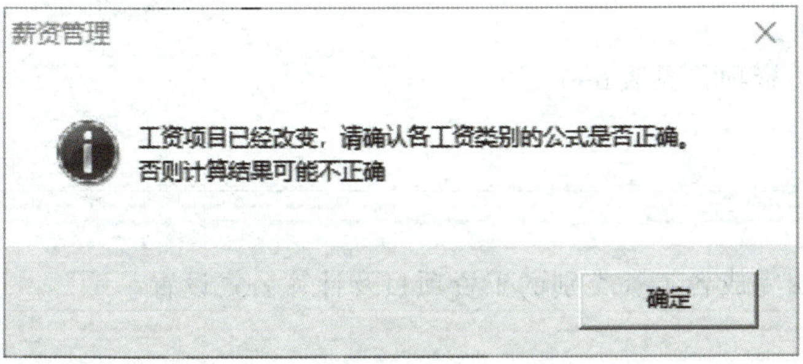

图6-26　工资项目设置提示

任务贴士：

①对于多工资类别账套，需要关闭“工资类别”才能设置所有工资类别需要的公共工资项目。

②若在“选项”中勾选“是否核算计件工资”，则在此可看到“计件工资”项目。

③若在“选项”中勾选“代扣个人所得税”，则在此可看到“代扣税”等预置工资项目。

④增减项：“增项”直接计入应发合计，“减项”直接计入扣款合计，“其他”既不计入应发合计，也不计入扣款合计。

任务七　设置各工资类别的工资项目及计算公式

[任务内容]

新华公司根据《河北新华有限责任公司工资管理制度》的相关规定，设置各工资类别的工资项目及计算公式。

1.正式人员。

（1）正式人员工资项目见表6-3。

（2）社会保险与住房公积金按缴费基数进行计算，计提比例如下：

养老保险：单位缴纳16%，个人缴纳8%；

医疗保险：单位缴纳8%，个人缴纳2%；

失业保险：单位缴纳0.7%，个人缴纳0.3%；

工伤保险：单位缴纳0.5%，个人无须缴纳；

生育保险：单位缴纳1%，个人无须缴纳；

住房公积金：单位缴纳10%，个人缴纳10%。

（3）员工工资计算以月为计算期，月平均工作日为22天，员工加班按照实际加班天数发放加班补贴，加班一天支付150%的日基本工资，即：

加班补贴=基本工资÷22×150%×加班天数

（4）行政人员基本工资为5 500元，其他人员基本工资为6 000元。

（5）采购人员和销售人员每月发放交通补贴200元，其他人员不发放交通补贴。

2.临时人员。

临时人员工资项目见表6-3。

[任务要求]

会计张东明完成各工资类别的工资项目及计算公式设置。

[工作示范]

1.工资项目设置

操作步骤：

（1）打开“正式人员”工资类别，单击“设置”/“工资项目设置”，打开“工资项目设置”对话框。

（2）单击“增加”按钮，从“名称参照”下拉列表中选择本工资类别所需要的工资项目。调整顺序后结果如图6-27、图6-28所示，单击“确定”按钮。

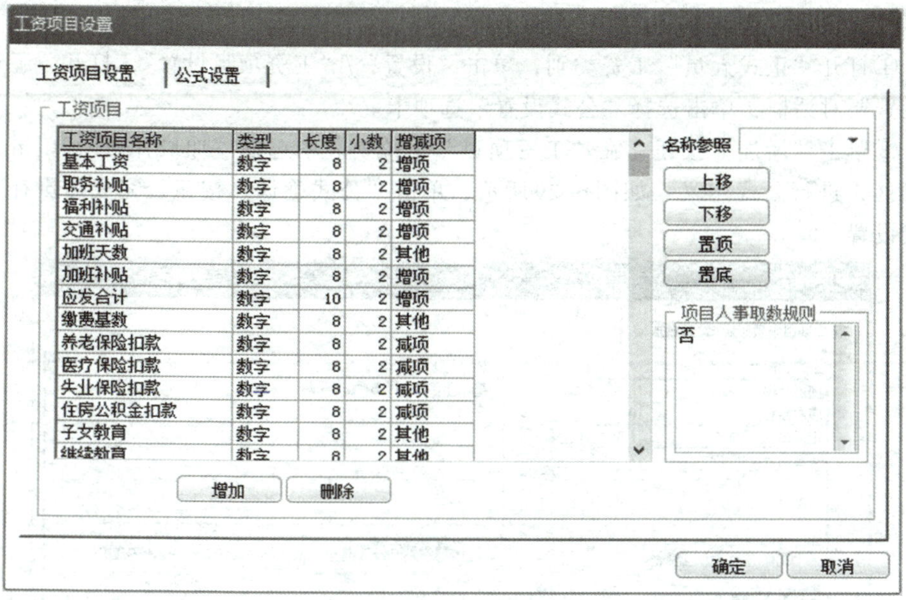

图6-27　正式人员工资项目设置（1）

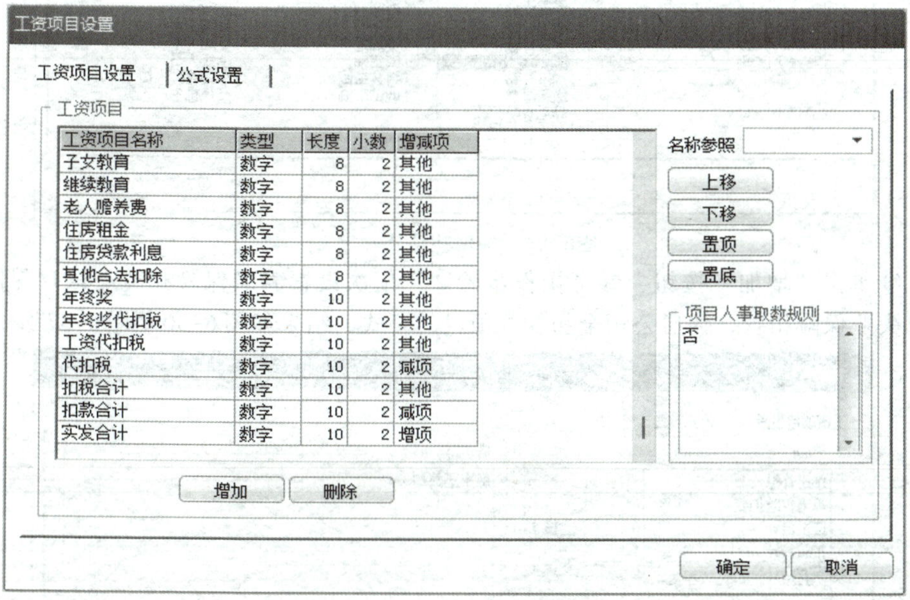

图6-28　正式人员工资项目设置（2）

（3）打开“临时人员”工资类别，参考操作步骤（1）和操作步骤（2），根据表6-3设置临时人员的工资项目。

图片6-1

临时人员工资项目设置

任务贴士：

“名称参照”处的工资项目源自关闭“工资类别”状态下所设置的工资项目，增加某个工资类别下的工资项目时，只能从中选择，不能在此新增工资项目。

2. 公式设置

操作步骤：

（1）为加班补贴、养老保险扣款、医疗保险扣款、失业保险扣款、住房公积金扣款等工资项目设置计算公式。

①打开“正式人员”工资类别，单击“设置”/“工资项目设置”，打开“工资项目设置”对话框，单击选择“公式设置”选项卡。

②单击“增加”按钮，在“工资项目”下拉列表中选择“加班补贴”，单击公式定义区，进行公式定义，如图6-29所示，单击“公式确认”按钮，完成加班补贴的公式设置。

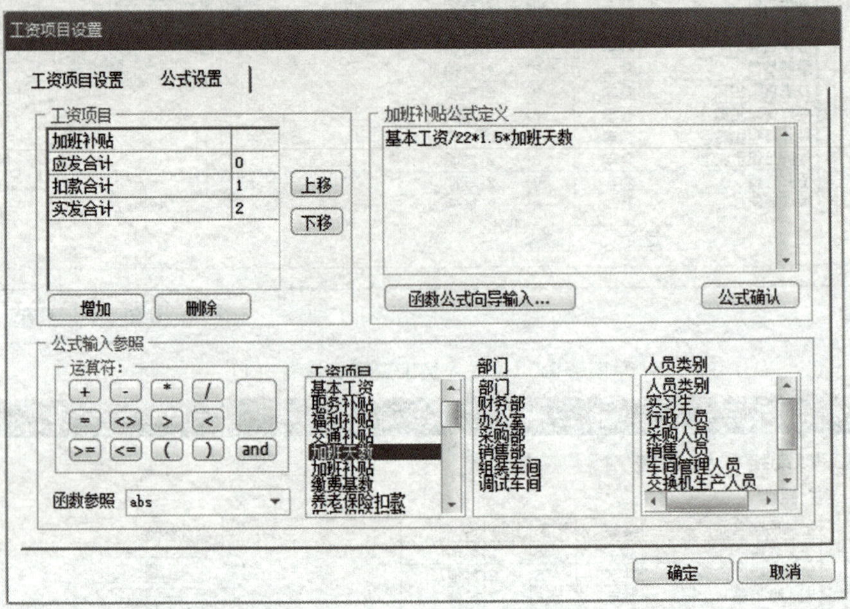

图6-29　加班补贴公式定义

③单击“增加”按钮，参考操作步骤②，依次设置养老保险扣款、医疗保险扣款、失业保险扣款、住房公积金扣款等项目的公式，结果如图6-30至图6-33所示。

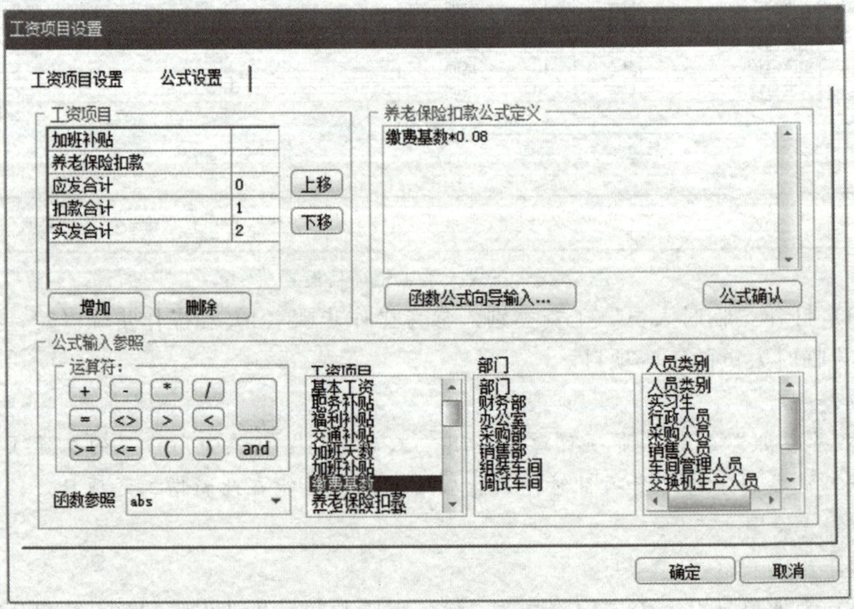

图6-30　养老保险扣款公式定义

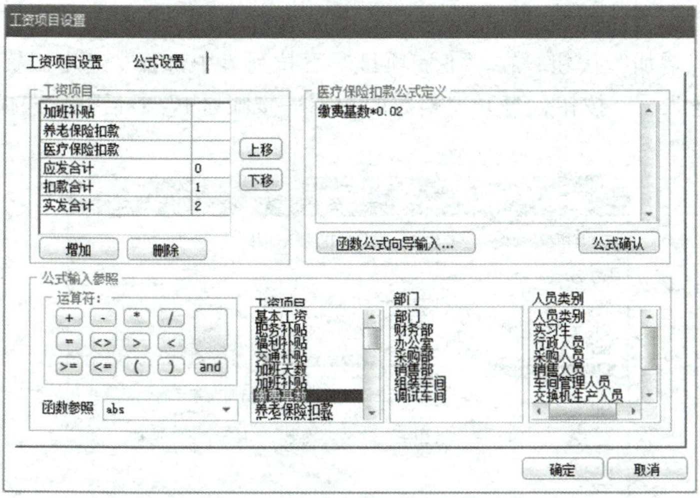

图6-31　医疗保险扣款公式定义

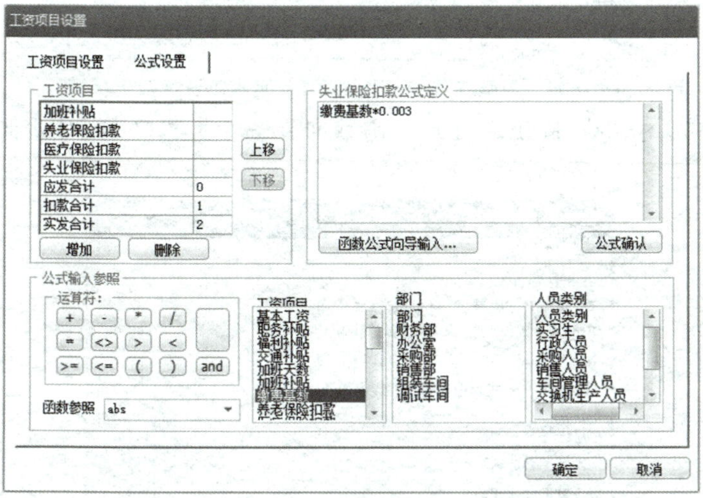

图6-32　失业保险扣款公式定义

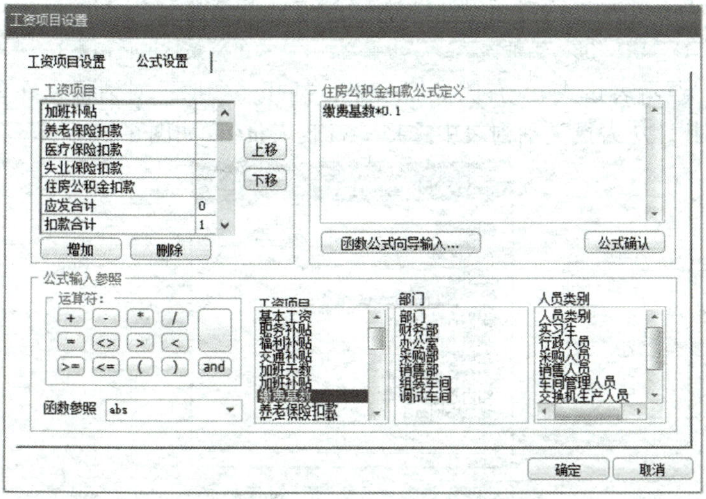

图6-33　住房公积金扣款公式定义

（2）为工资项目基本工资和交通补贴设置函数公式。

①单击“增加”按钮，在“工资项目”下拉列表中选择“基本工资”，单击“函数公式向导输入...”按钮，打开“函数向导——步骤之1”对话框，选择“iff”函数，如图6-34所示。

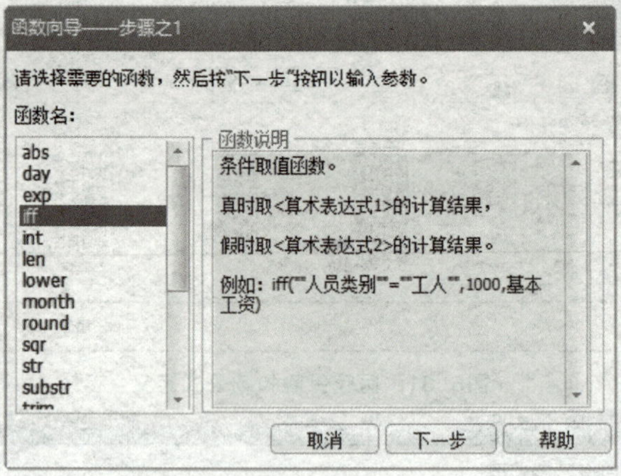

图6-34　函数向导——步骤之1（基本工资函数选择）

②单击“下一步”按钮，打开“函数向导——步骤之2”对话框，如图6-35所示。

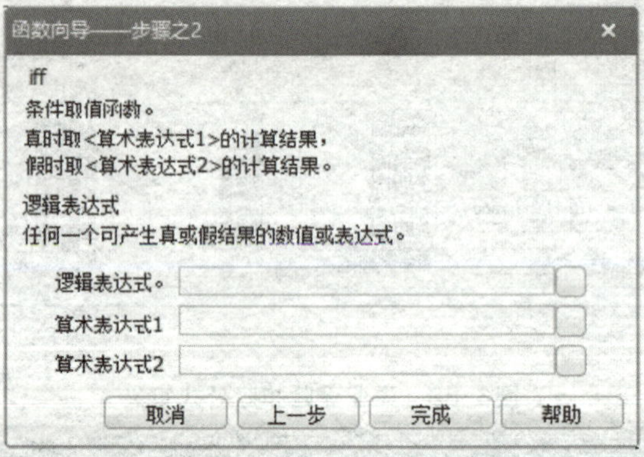

图6-35　函数向导——步骤之2（基本工资条件取值函数）

③单击“逻辑表达式。”右侧参照按钮，打开“参照”对话框，在参照列表中选择“人员类别”，从人员类别列表中选择“行政人员”，如图6-36所示。

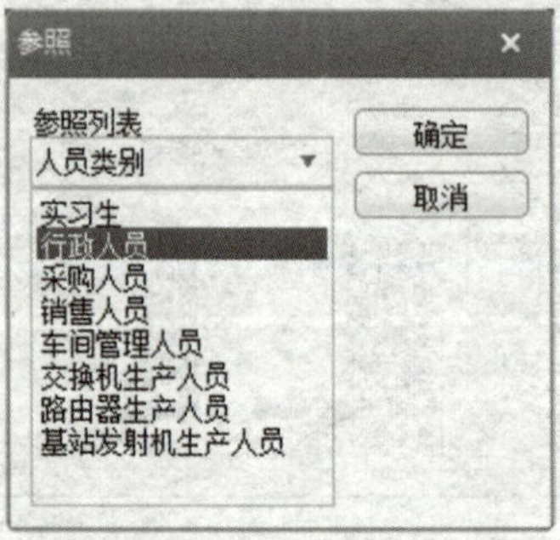

图6-36　“参照”对话框

④单击“确定”按钮，返回“函数向导——步骤之2”对话框。录入“算术表达式1”和“算术表达式2”的数值，如图6-37所示。

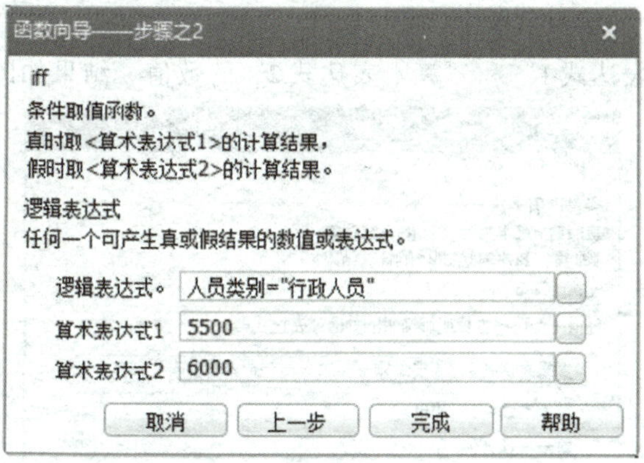

图6-37　函数向导——步骤之2（基本工资表达式录入）

⑤单击“完成”按钮，返回“公式设置”选项卡，结果如图6-38所示。单击“公式确认”按钮，保存公式设置，完成基本工资计算公式录入。

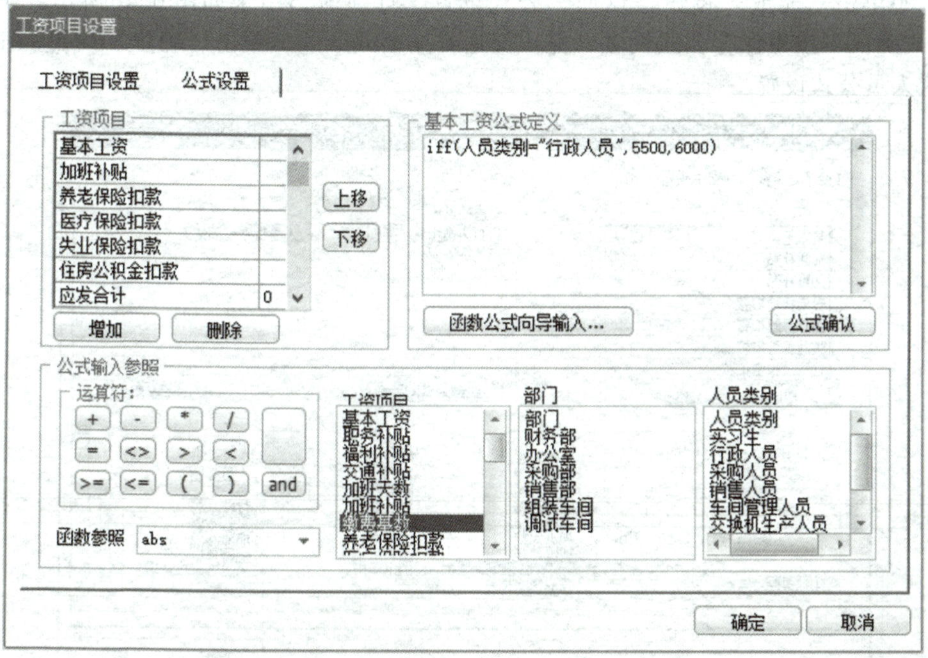

图6-38　基本工资公式定义完成

⑥单击“增加”按钮，在“工资项目”下拉列表中选择“交通补贴”，单击“函数公式向导输入...”按钮，打开“函数向导——步骤之1”对话框，选择“iff”函数。

⑦单击“下一步”按钮，打开“函数向导——步骤之2”对话框。单击“逻辑表达式。”右侧参照按钮，打开“参照”对话框，从参照列表中选择“人员类别”，从人员类别列表中选择“采购人员”。

⑧单击“确定”按钮，返回“函数向导——步骤之2”对话框。在“逻辑表达式。”文本框中录入“or”（“or”的前后需加空格），再单击“逻辑表达式。”右

侧参照按钮，打开“参照”对话框，从参照列表中选择“人员类别”，从人员类别列表中选择“销售人员”，单击“确定”按钮，返回“函数向导——步骤之2”对话框。

⑨录入“算术表达式1”和“算术表达式2”的数值，结果如图6-39所示。

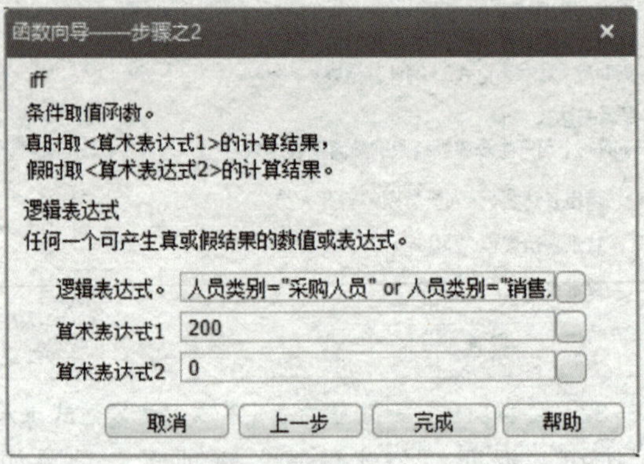

图6-39　函数向导——步骤之2

⑩单击“完成”按钮，返回“公式设置”选项卡，结果如图6-40所示。单击“公式确认”按钮保存公式设置，完成交通补贴公式录入。单击“确定”按钮，完成正式人员公式设置。

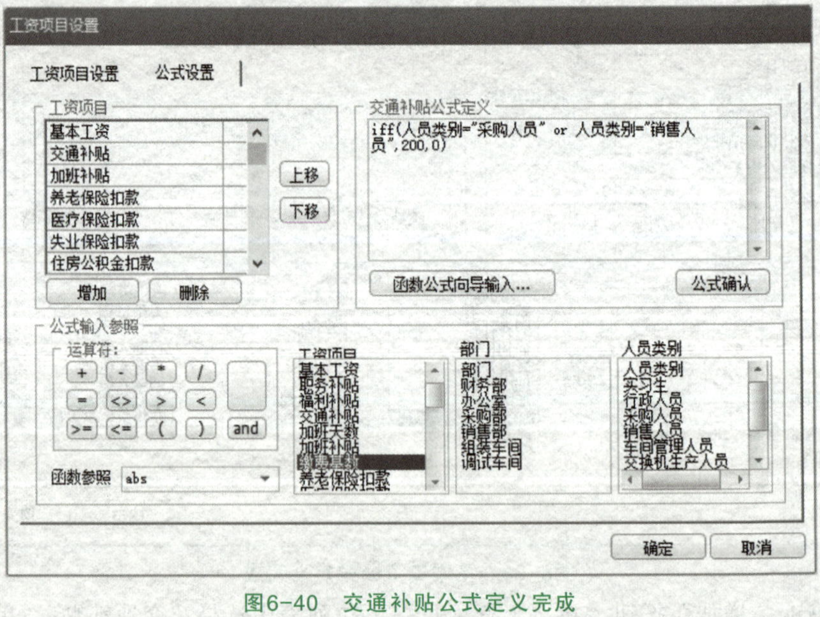

图6-40　交通补贴公式定义完成

任务贴士：

①应发合计、扣款合计和实发合计公式不用设置，工资项目中的增项直接计入“应发合计”，减项直接计入“扣款合计”。

②定义公式时要注意先后顺序，先得到的数应先设置公式，可通过“上移”“下移”按钮调整公式的顺序。应发合计、扣款合计和实发合计公式应是公式定义框的最后3个公式，且实发合计的公式要在应发合计和扣款合计公式之后。

任务八　设置计件工资方案

[任务内容]

新华公司生产工人采用计件工资制，计件工资方案见表6-4，据此进行计件要素设置和计件工价设置。

教学视频6-5

如何设置计件工资方案——计件工资设置

表6-4　**计件工资方案**　单位：元

方案名称	工种	产品	计件工价
组装交换机	装配工	交换机	30.00
组装路由器	装配工	路由器	5.00
组装基站发射机	装配工	基站发射机	150.00
调试交换机	调试工	交换机	10.00
调试路由器	调试工	路由器	5.00
调试基站发射机	调试工	基站发射机	50.00

[任务要求]

会计张东明完成计件要素设置和计件工价设置。

[工作示范]

1.计件要素设置

实训视频6-4

计件工资设置操作演示

操作步骤：

（1）以操作员“03张东明”身份，操作日期“2025-01-01”，登录企业应用平台，在“业务导航”/“业务工作”中选择“人力资源”/“计件工资”，进入计件工资管理系统。

（2）单击“设置”/“计件要素设置”，系统打开“计件要素设置”对话框。先单击“编辑”按钮，再单击“增加”按钮，在空行中录入名称为“工种”、类型为“标准”、数据类型为“字符型”。

（3）启用“产品”“工种”“工价”“合格数量”4个计件要素，将其他要素关闭，并调整要素的排列顺序，结果如图6-41所示。

（4）单击“确定”按钮，系统弹出提示信息，如图6-42所示，单击“确定”按钮，完成计件要素设置。

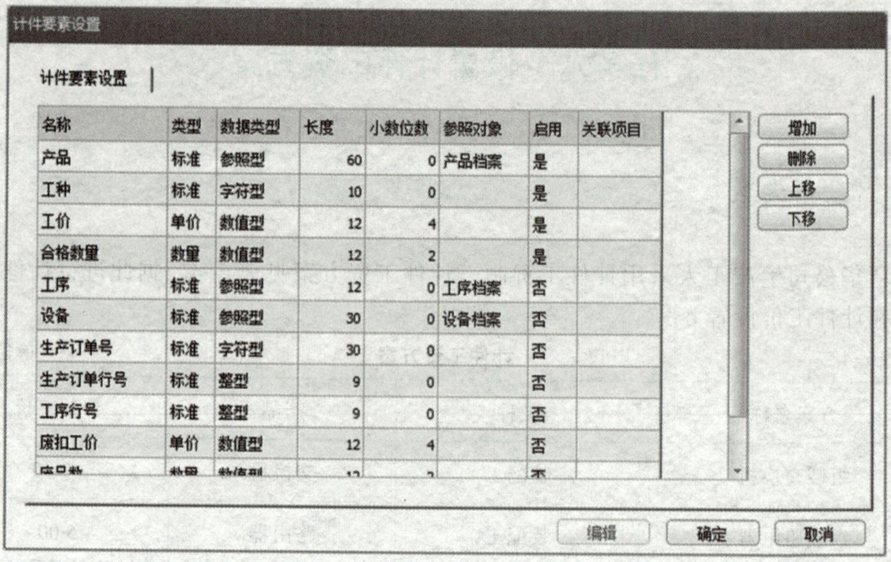

名称	类型	数据类型	长度	小数位数	参照对象	启用	关联项目
产品	标准	参照型	60	0	产品档案	是	
工种	标准	字符型	10	0		是	
工价	单价	数值型	12	4		是	
合格数量	数量	数值型	12	2		是	
工序	标准	参照型	12	0	工序档案	否	
设备	标准	参照型	30	0	设备档案	否	
生产订单号	标准	字符型	30	0		否	
生产订单行号	标准	整型	9	0		否	
工序行号	标准	整型	9	0		否	
废扣工价	单价	数值型	12	4		否	

图6-41　计件要素设置

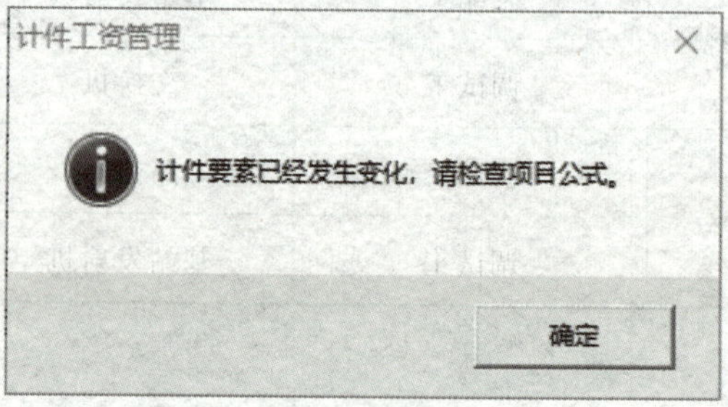

图6-42　计件要素设置提示信息

2.计件工价设置

操作步骤：

（1）单击“设置”/“计件工价设置”，打开“计件工价设置”标签页。

（2）单击“增加”按钮，根据表6-4录入计件工价设置信息，单击“保存”按钮，完成计件工价设置，如图6-43所示。

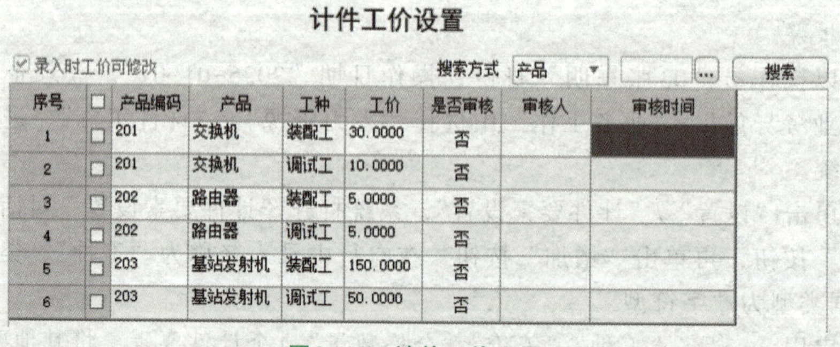

序号	□	产品编码	产品	工种	工价	是否审核	审核人	审核时间
1	□	201	交换机	装配工	30.0000	否		
2	□	201	交换机	调试工	10.0000	否		
3	□	202	路由器	装配工	5.0000	否		
4	□	202	路由器	调试工	5.0000	否		
5	□	203	基站发射机	装配工	150.0000	否		
6	□	203	基站发射机	调试工	50.0000	否		

图6-43　计件工价设置

（3）选择所有记录，单击“审核”按钮，系统提示“确定审核选择的记录?”，单击“是”，完成计件工价审核，结果如图6-44所示。

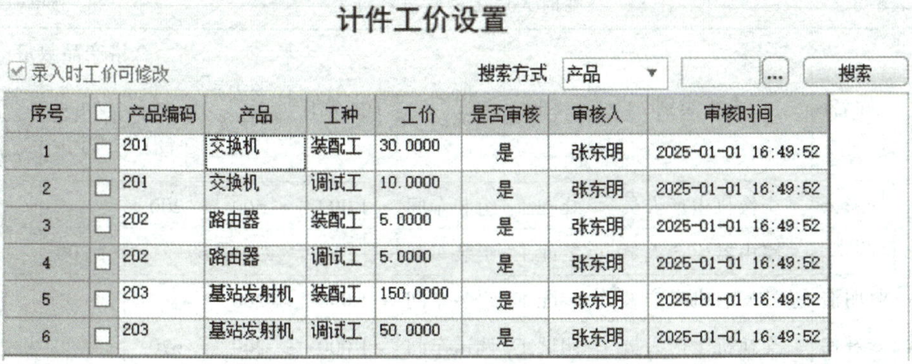
计件工价设置

☑录入时工价可修改　　搜索方式 产品 ▼ … 搜索

序号	□	产品编码	产品	工种	工价	是否审核	审核人	审核时间
1	□	201	交换机	装配工	30.0000	是	张东明	2025-01-01 16:49:52
2	□	201	交换机	调试工	10.0000	是	张东明	2025-01-01 16:49:52
3	□	202	路由器	装配工	5.0000	是	张东明	2025-01-01 16:49:52
4	□	202	路由器	调试工	5.0000	是	张东明	2025-01-01 16:49:52
5	□	203	基站发射机	装配工	150.0000	是	张东明	2025-01-01 16:49:52
6	□	203	基站发射机	调试工	50.0000	是	张东明	2025-01-01 16:49:52

图6-44　计件工价审核

任务贴士：

①用户可根据计件要素确定计件工价，用计件工价乘以产品数量计算出计件工资。

②选择产品时，存货档案须设置“计件”属性。

任务九　录入员工工资数据

[任务内容]

新华公司2025年1月份工资数据见表6-5和表6-6，据此进行工资数据录入。

教学视频6-6

如何得到工资数据——工资数据的录入与计算

表6-5　　正式人员工资数据统计表　　单位：元

职员编号	姓名	所属部门	人员类别	职务补贴	福利补贴	加班天数	缴费基数	子女教育	老人赡养费
101	王志强	财务部	行政人员	2 700	200		5 600	1 000	
102	李明轩	财务部	行政人员	2 500	200		5 400	1 000	200
103	张东明	财务部	行政人员	2 000	200	3	5 400	1 000	400
104	孙丹丹	财务部	行政人员	1 700	200		5 100	1 000	600
201	李明刚	办公室	行政人员	1 900	200	1	5 200	1 000	500
202	周永芳	办公室	行政人员	1 900	200		5 200	1 000	1 000
301	王思燕	采购部	采购人员	3 000	200		6 000	1 000	200
401	李振东	销售部	销售人员	3 400	200		6 500	2 000	
501	吴启天	组装车间	车间管理人员	2 500	200		6 000	1 000	800
502	张诚	调试车间	车间管理人员	2 500	200		6 000		2000

表6-6 **临时人员工资数据统计表** 金额单位：元

职员编号	姓名	人员类别	工种	所属部门	子女教育	老人赡养费	合格产品数量		
							交换机（台）	路由器（个）	基站发射机（架）
901	李彩云	交换机生产人员	装配工	组装车间	1 000	500	200		
902	陈颖	路由器生产人员	装配工	组装车间		2 000		1 200	
903	赵明浩	基站发射机生产人员	装配工	组装车间	1 000	200			52
904	李健伟	交换机生产人员	调试工	调试车间	1 000	200	670		
905	王磊	路由器生产人员	调试工	调试车间	1 000			1 300	
906	李志	基站发射机生产人员	调试工	调试车间		1 000			120

[任务要求]

会计张东明录入并计算汇总新华公司2025年1月的工资数据，其中正式人员的福利补贴利用替换功能录入。

[工作示范]

实训视频6-5

录入薪资管理系统工资数据操作演示

1.正式人员工资数据录入

操作步骤：

（1）以操作员“03张东明”身份，操作日期“2025-01-31”，登录企业应用平台。

（2）在薪资管理系统中，打开“正式人员”类别，单击“业务处理”/“工资变动”，打开“工资变动”标签页。

（3）将光标定位于“职务补贴”，根据表6-5录入职务补贴数据，结果如图6-45所示。

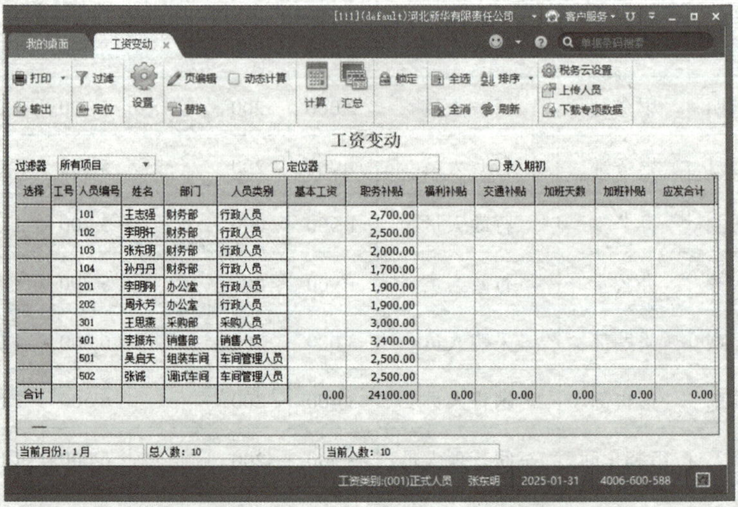

图6-45 工资变动—录入职务补贴数据

（4）录入福利补贴数据。单击“全选”按钮，选择所有人员后，单击“替换”按钮，打开“工资项数据替换”对话框。

（5）在“将工资项目”列表选择“福利补贴”，在“替换成”文本栏录入“200”，设置结果如图6-46所示。

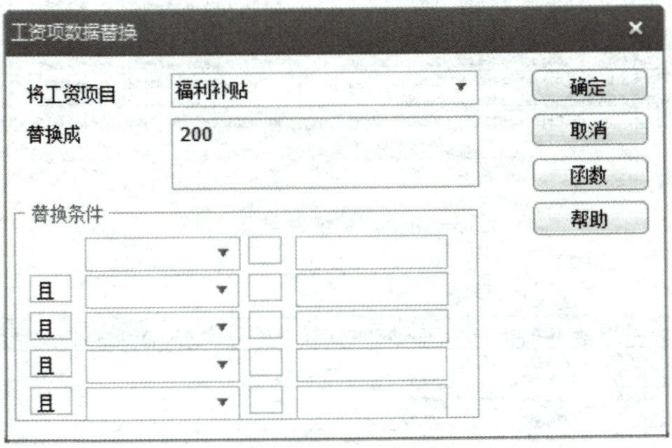

图6-46　工资项数据替换设置结果

（6）单击“确定”按钮，系统提示如图6-47所示。单击“是”按钮，系统再次提示如图6-48所示。单击“是”按钮，完成替换。

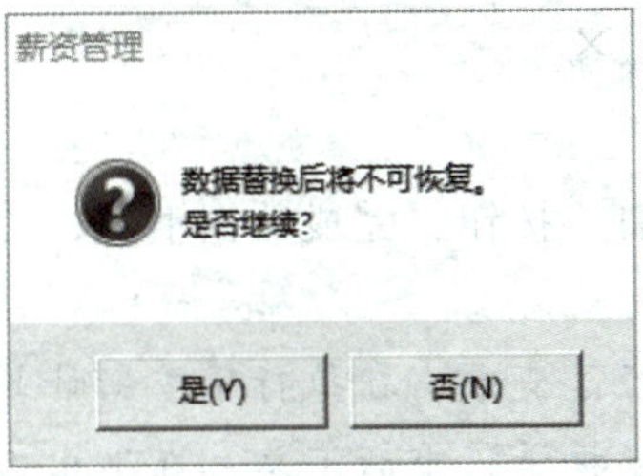

图6-47　数据替换提示

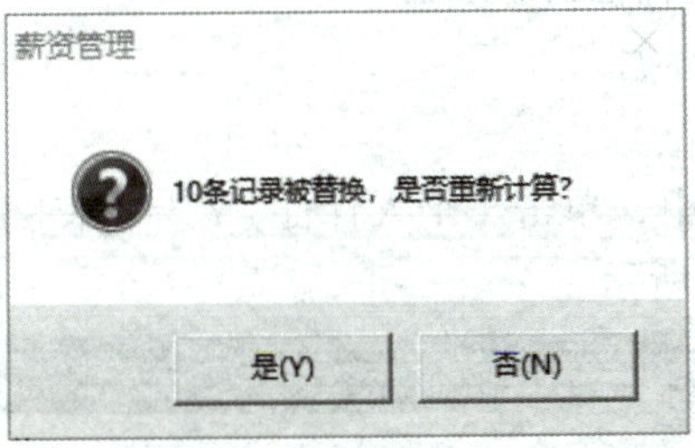

图6-48　是否重新计算提示

任务贴士：

①若需要按某个条件统一调整数据，可使用数据替换功能。

②若修改了某些数据、重新设置了计算公式、进行了数据替换等操作，须调用计算功能对个人工资数据重新计算，以保证数据的准确性。

（7）根据表6-5，录入加班天数、缴费基数、子女教育、赡养老人费等工资项目的数据。

（8）单击“计算”按钮，工资变动结果如图6-49、图6-50所示。

工资变动

过滤器 所有项目　　定位器　　录入期初

选择	工号	人员编号	姓名	部门	人员类别	基本工资	职务补贴	福利补贴	交通补贴	加班天数	加班补贴	应发合计	缴费基数	养老保险扣款	医疗保险扣款	失业保险扣款	住房公积金扣款
		101	王志强	财务部	行政人员	5,500.00	2,700.00	200.00				8,400.00	5,600.00	448.00	112.00	16.80	560.00
		102	李明轩	财务部	行政人员	5,500.00	2,500.00	200.00				8,200.00	5,400.00	432.00	108.00	16.20	540.00
		103	张东明	财务部	行政人员	5,500.00	2,000.00	200.00		3.00	1,125.00	8,825.00	5,400.00	432.00	108.00	16.20	540.00
		104	孙丹丹	财务部	行政人员	5,500.00	1,700.00	200.00				7,400.00	5,100.00	408.00	102.00	15.30	510.00
		201	李明刚	办公室	行政人员	5,500.00	1,900.00	200.00		1.00	375.00	7,975.00	5,200.00	416.00	104.00	15.60	520.00
		202	周永芳	办公室	行政人员	5,500.00	1,900.00	200.00				7,600.00	5,200.00	416.00	104.00	15.60	520.00
		301	王思燕	采购部	采购人员	6,000.00	3,000.00	200.00	200.00			9,400.00	6,000.00	480.00	120.00	18.00	600.00
		401	李振东	销售部	销售人员	6,000.00	3,400.00	200.00	200.00			9,800.00	6,500.00	520.00	130.00	19.50	650.00
		501	吴启天	组装车间	车间管理人员	6,000.00	2,500.00	200.00				8,700.00	6,000.00	480.00	120.00	18.00	600.00
		502	张诚	调试车间	车间管理人员	6,000.00	2,500.00	200.00				8,700.00	6,000.00	480.00	120.00	18.00	600.00
合计						57,000.00	24,100.00	2,000.00	400.00	4.00	1,500.00	85,000.00	56,400.00	4,512.00	1,128.00	169.20	5,640.00

当前月份：1月　总人数：10　当前人数：10

图6-49　工资变动结果（1）

工资变动

过滤器 所有项目　　定位器　　录入期初

选择	工号	人员编号	姓名	部门	人员类别	子女教育	继续教育	老人赡养费	住房租金	住房贷款利息	其他合法扣除	年终奖	年终奖代扣税	工资代扣税	代扣税	扣税合计	扣款合计	实发合计
		101	王志强	财务部	行政人员	1,000.00								37.90	37.90	37.90	1,174.70	7,225.30
		102	李明轩	财务部	行政人员	1,000.00		200.00						27.11	27.11	27.11	1,123.31	7,076.69
		103	张东明	财务部	行政人员	1,000.00		400.00						39.86	39.86	39.86	1,136.06	7,688.94
		104	孙丹丹	财务部	行政人员	1,000.00		600.00									1,035.30	6,364.70
		201	李明刚	办公室	行政人员	1,000.00		500.00						12.58	12.58	12.58	1,068.18	6,906.82
		202	周永芳	办公室	行政人员	1,000.00		1,000.00									1,055.60	6,544.40
		301	王思燕	采购部	采购人员	1,000.00		200.00						59.46	59.46	59.46	1,277.46	8,122.54
		401	李振东	销售部	销售人员	2,000.00								44.42	44.42	44.42	1,363.92	8,436.08
		501	吴启天	组装车间	车间管理人员	1,000.00		800.00						20.46	20.46	20.46	1,238.46	7,461.54
		502	张诚	调试车间	车间管理人员			2,000.00						14.46	14.46	14.46	1,232.46	7,467.54
合计						10,000.00		5,700.00				0.00		256.25	256.25	256.25	11,705.45	73,294.55

当前月份：1月　总人数：10　当前人数：10

图6-50　工资变动结果（2）

（9）单击工具栏上“汇总”按钮，完成数据汇总。

任务贴士：

若对工资数据的内容进行了变更，在执行了重新计算工资后，为保证数据的准确性，可调用汇总功能对工资数据进行重新汇总。在退出工资变动时，如未执行“工资汇总”，系统会自动提示进行汇总操作。

实训视频6-6

录入计件工资系统工资数据操作演示

2.临时人员计件工资数据录入

操作步骤：

（1）在计件工资系统中，单击“个人计件”/“计件工资录入”，打开“计件工资录入”标签页，如图6-51所示。

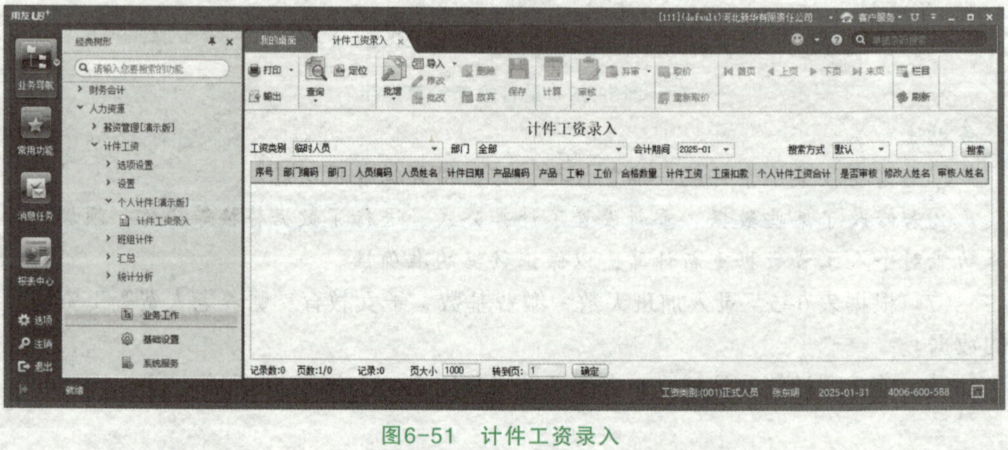

图6-51　计件工资录入

（2）单击工具栏“批增”/“人员录入”，打开“批量增加计件工资（人员）”窗口。

（3）根据表6-6，录入“李彩云”的计件工资数据。录入表头信息后，单击“增行”按钮，依次录入产品编码、产品、工种、工价、合格数量等数据。单击“计算”按钮，系统自动计算计件工资数据，如图6-52所示。单击“确定”按钮保存。

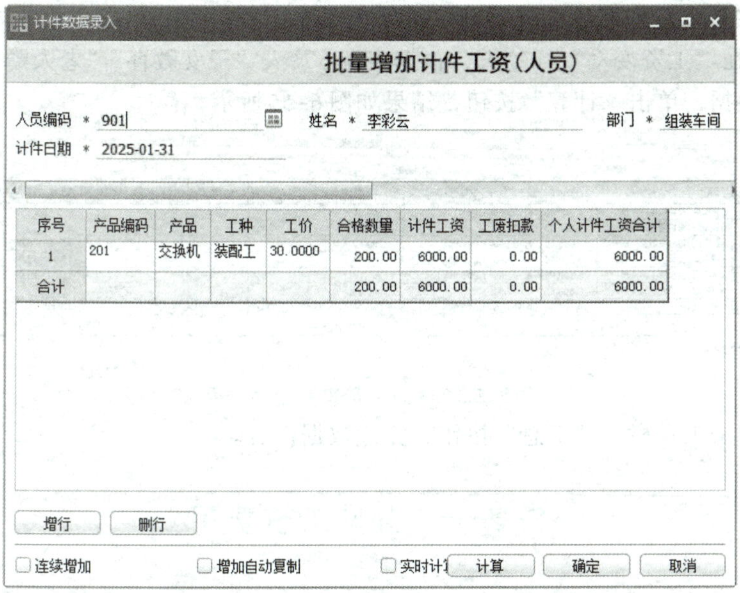

图6-52　批量增加计件工资（人员）

（4）参考操作步骤（2）和操作步骤（3），根据表6-6录入其他人员计件工资数据后，单击工具栏“审核”/“全部审核”，结果如图6-53所示。

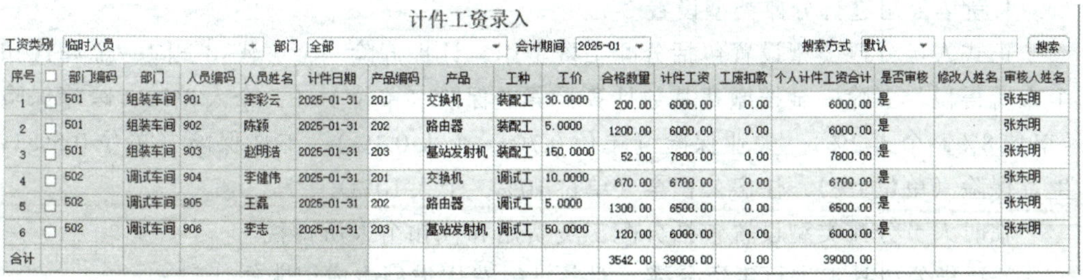

计件工资录入

工资类别 临时人员　部门 全部　会计期间 2025-01　搜索方式 默认　搜索

序号	□	部门编码	部门	人员编码	人员姓名	计件日期	产品编码	产品	工种	工价	合格数量	计件工资	工废扣款	个人计件工资合计	是否审核	修改人姓名	审核人姓名
1	□	501	组装车间	901	李彩云	2025-01-31	201	交换机	装配工	30.0000	200.00	6000.00	0.00	6000.00	是		张东明
2	□	501	组装车间	902	陈颖	2025-01-31	202	路由器	装配工	5.0000	1200.00	6000.00	0.00	6000.00	是		张东明
3	□	501	组装车间	903	赵明浩	2025-01-31	203	基站发射机	装配工	150.0000	52.00	7800.00	0.00	7800.00	是		张东明
4	□	502	调试车间	904	李健伟	2025-01-31	201	交换机	调试工	10.0000	670.00	6700.00	0.00	6700.00	是		张东明
5	□	502	调试车间	905	王磊	2025-01-31	202	路由器	调试工	5.0000	1300.00	6500.00	0.00	6500.00	是		张东明
6	□	502	调试车间	906	李志	2025-01-31	203	基站发射机	调试工	50.0000	120.00	6000.00	0.00	6000.00	是		张东明
合计											3542.00	39000.00	0.00	39000.00			

图6-53　计件工资录入结果

（5）单击“汇总”/“计件工资汇总”，打开“计件工资汇总”标签页。单击“汇总”按钮，完成本月计件工资数据汇总，结果如图6-54所示。

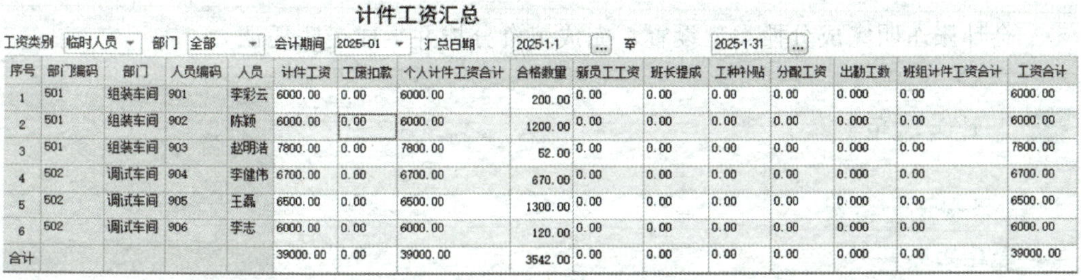

计件工资汇总

工资类别 临时人员　部门 全部　会计期间 2025-01　汇总日期 2025-1-1 至 2025-1-31

序号	部门编码	部门	人员编码	人员	计件工资	工废扣款	个人计件工资合计	合格数量	新员工工资	班长提成	工种补贴	分配工资	出勤工数	班组计件工资合计	工资合计
1	501	组装车间	901	李彩云	6000.00	0.00	6000.00	200.00	0.00	0.00	0.00	0.00	0.000	0.00	6000.00
2	501	组装车间	902	陈颖	6000.00	0.00	6000.00	1200.00	0.00	0.00	0.00	0.00	0.000	0.00	6000.00
3	501	组装车间	903	赵明浩	7800.00	0.00	7800.00	52.00	0.00	0.00	0.00	0.00	0.000	0.00	7800.00
4	502	调试车间	904	李健伟	6700.00	0.00	6700.00	670.00	0.00	0.00	0.00	0.00	0.000	0.00	6700.00
5	502	调试车间	905	王磊	6500.00	0.00	6500.00	1300.00	0.00	0.00	0.00	0.00	0.000	0.00	6500.00
6	502	调试车间	906	李志	6000.00	0.00	6000.00	120.00	0.00	0.00	0.00	0.00	0.000	0.00	6000.00
合计					39000.00	0.00	39000.00	3542.00	0.00	0.00	0.00	0.00	0.000	0.00	39000.00

图6-54　计件工资汇总

任务贴士：

①录入的计件工资数据需要审核后才能汇总计件工资。

②对每天的计件工资结果进行汇总，生成个人当月的计件工资，汇总完毕，系统自动将汇总后的计件工资合计数据同步到当前工资类别当前月份的工资变动表计件工资项目中。

（6）在薪资管理系统中，打开“临时人员”工资类别，单击“业务处理”/“工资变动”。在“工资变动”标签页，根据表6-6录入“子女教育”“老人赡养费”等工资项目的数据，单击“计算”按钮，结果如图6-55所示。

工资变动

过滤器 所有项目 ▾　　□定位器　　□录入期初

选择	工号	人员编号	姓名	部门	人员类别	计件工资	应发合计	子女教育	继续教育	老人赡养费	住房租金	住房贷款利息	其他合法扣除	年终奖	年终奖代扣税	工资代扣税	代扣税	扣税合计	扣款合计	实发合计
		901	李彩云	组装车间	交换机生产人员	6,000.00	6,000.00	1,000.00		500.00										6,000.00
		902	陈颖	组装车间	路由器生产人员	6,000.00	6,000.00			2,000.00										6,000.00
		903	赵明浩	组装车间	基站发射机生产人员	7,800.00	7,800.00	1,000.00		200.00						48.00	48.00	48.00	48.00	7,752.00
		904	李健伟	调试车间	交换机生产人员	6,700.00	6,700.00	1,000.00		200.00						15.00	15.00	15.00	15.00	6,685.00
		905	王磊	调试车间	路由器生产人员	6,500.00	6,500.00	1,000.00								15.00	15.00	15.00	15.00	6,485.00
		906	李志	调试车间	基站发射机生产人员	6,000.00	6,000.00			1,000.00										6,000.00
合计						39,000.00	39,000.00	4,000.00		3,900.00						78.00	78.00	78.00	78.00	38,922.00

当前月份：1月　总人数：6　当前人数：6

图6-55　临时人员工资变动结果

（7）单击工具栏上“汇总”按钮，完成数据汇总。

任务十　分摊工资费用

[任务内容]

教学视频6-7

账务处理大显身手——工资分摊

1.新华公司进行分摊类型设置。

正式人员分摊类型设置包括分配工资费用、计提五险一金、代扣三险一金和代扣个人所得税。五险一金按缴费基数计算：养老保险（单位16%，个人8%），医疗保险（单位8%，个人2%），失业保险（单位0.7%，个人0.3%），工伤保险（单位0.5%），生育保险（单位1%），住房公积金（单位10%，个人10%）。

临时人员分摊类型设置包括分配工资费用和代扣个人所得税。

2.新华公司月末进行工资分摊，对各计提费用类型生成记账凭证。

[任务要求]

会计张东明完成分摊类型设置，完成工资分摊并生成记账凭证。

[工作示范]

实训视频6-7

工资分摊操作演示

1.分摊类型设置

操作步骤：

（1）在薪资管理系统中，打开“正式人员”工资类别，单击“设置”/“分摊类型设置”，打开“分摊类型设置”标签页，如图6-56所示。

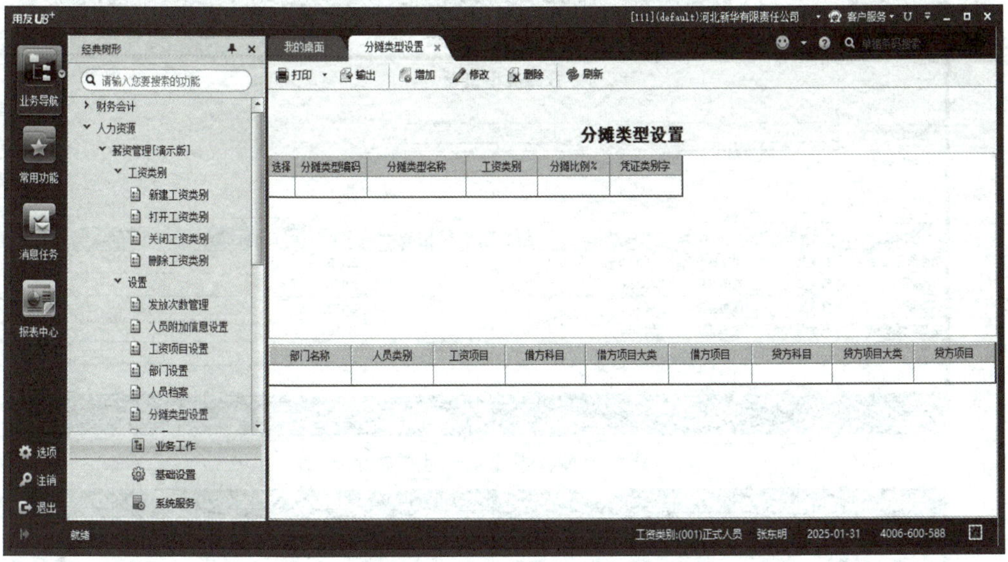

图6-56　分摊类型设置

（2）单击“增加”按钮，增加新的分摊类型，录入分摊类型编码、分摊类型名称、分摊比例、凭证类别字、部门名称、人员类别、工资项目、借方科目、贷方科目等信息，单击“保存”按钮，完成设置，结果如图6-57所示。

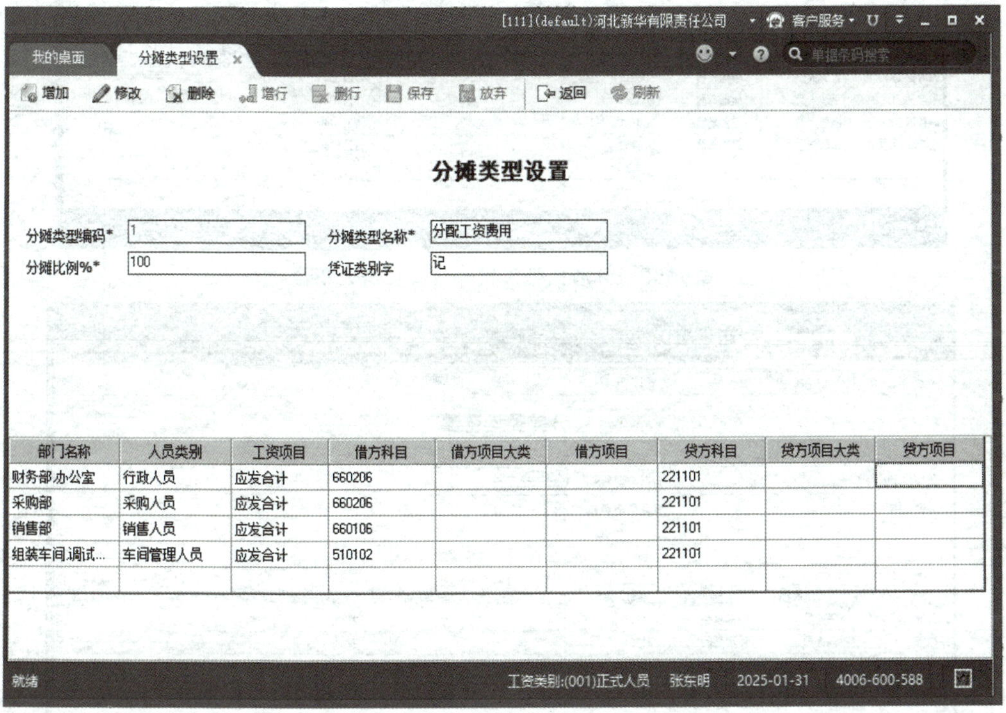

图6-57　分摊类型设置—分配工资费用

（3）单击“增加”按钮，进行计提社会保险、计提住房公积金、代扣三险一金和代扣个人所得税的分摊类型设置，结果如图6-58至图6-61所示。

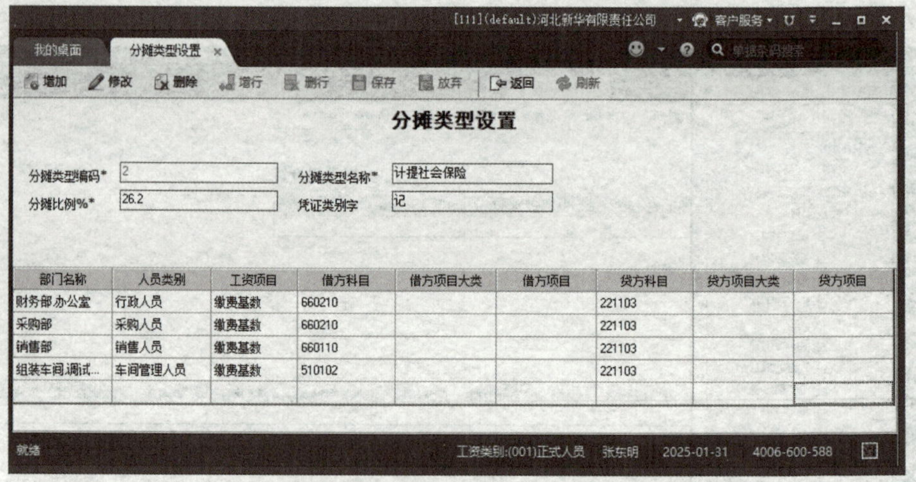

图6-58 分摊类型设置—计提社会保险

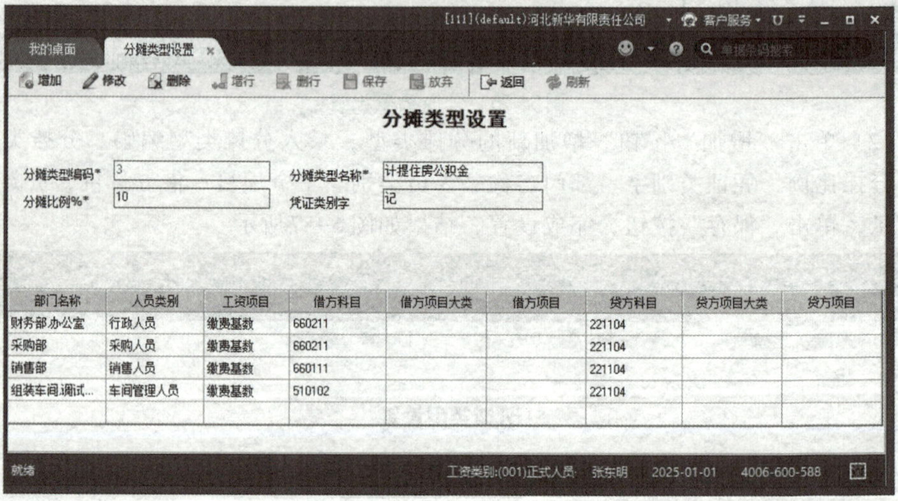

图6-59 分摊类型设置—计提住房公积金

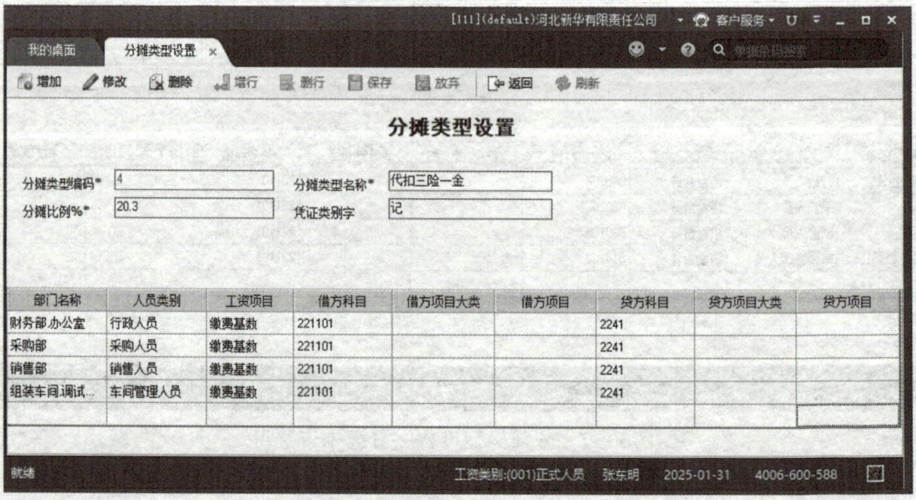

图6-60 分摊类型设置—代扣三险一金

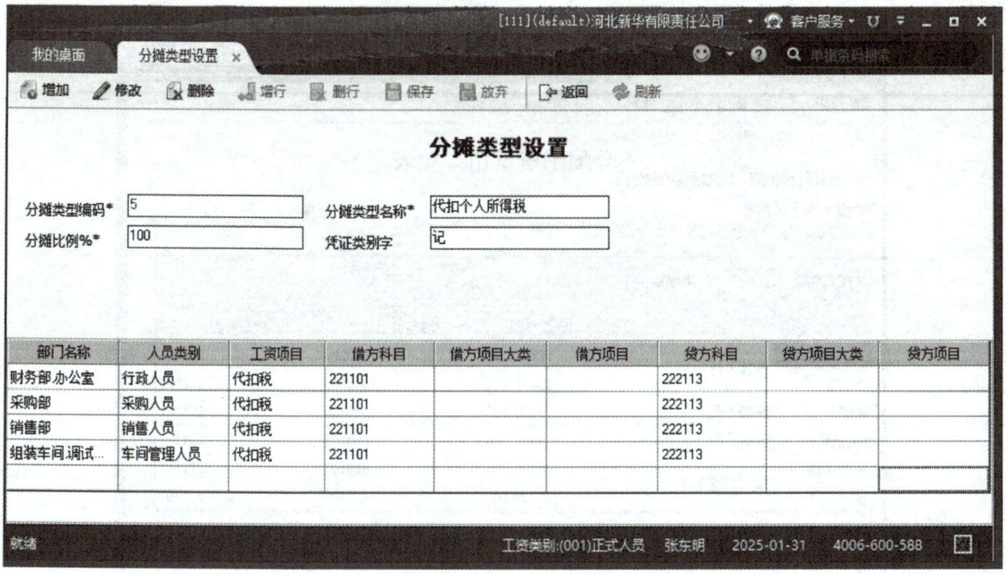

图6-61　分摊类型设置—代扣个人所得税

（4）打开“临时人员”工资类别，参考操作步骤（1）到操作步骤（3），根据任务内容进行分摊类型设置，包括分配工资费用和代扣个人所得税。

图片6-2

临时人员分摊类型设置

任务贴士：

①部门名称：选择部门，一次可选择多个部门。

②人员类别：选择费用分配人员类别。

③工资项目：对应选中的部门、人员类别，选择计提分配的工资项目。

2.工资分摊

操作步骤：

（1）打开“正式人员”工资类别，单击“业务处理”/“工资分摊”，打开“工资分摊”对话框，计提费用类型勾选“分配工资费用”，选择核算的部门，选择计提分配方式为“分配到部门”，勾选“明细到工资项目”，如图6-62所示。

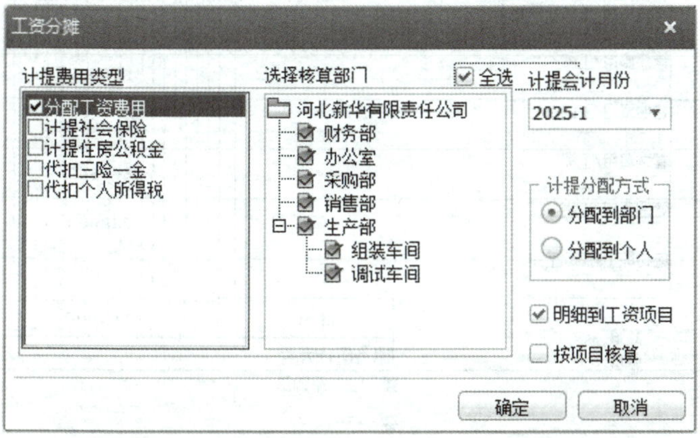

图6-62　工资分摊—选择计提费用类型

（2）单击“确定”按钮，打开“分配工资费用一览表”，勾选“合并科目相同、辅助项相同的分录”，如图6-63所示。

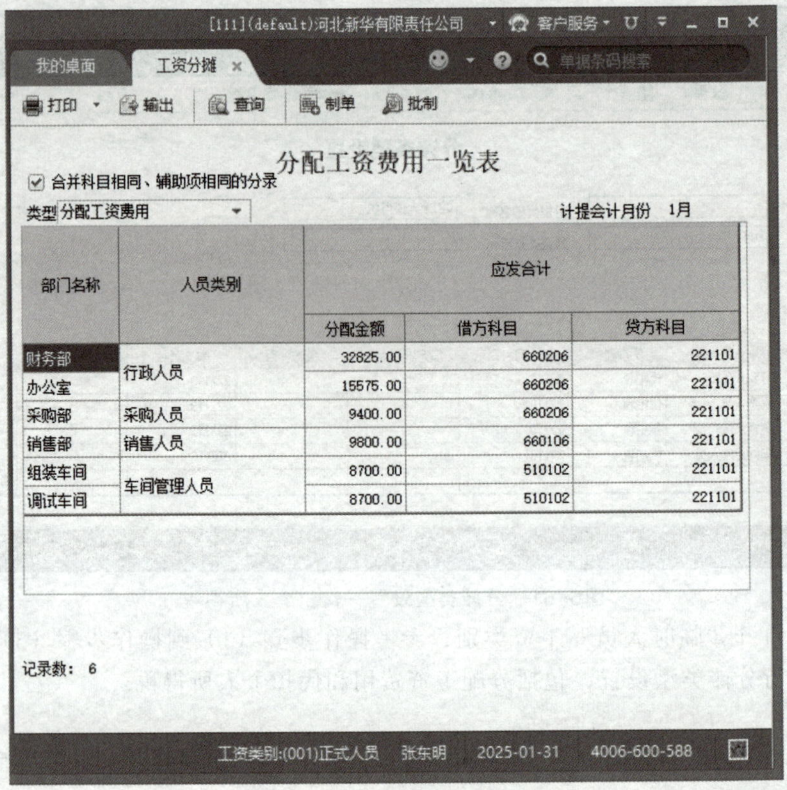

图6-63 分配工资费用一览表

（3）单击“制单”按钮，打开“填制凭证”对话框，单击“保存”按钮，结果如图6-64所示。

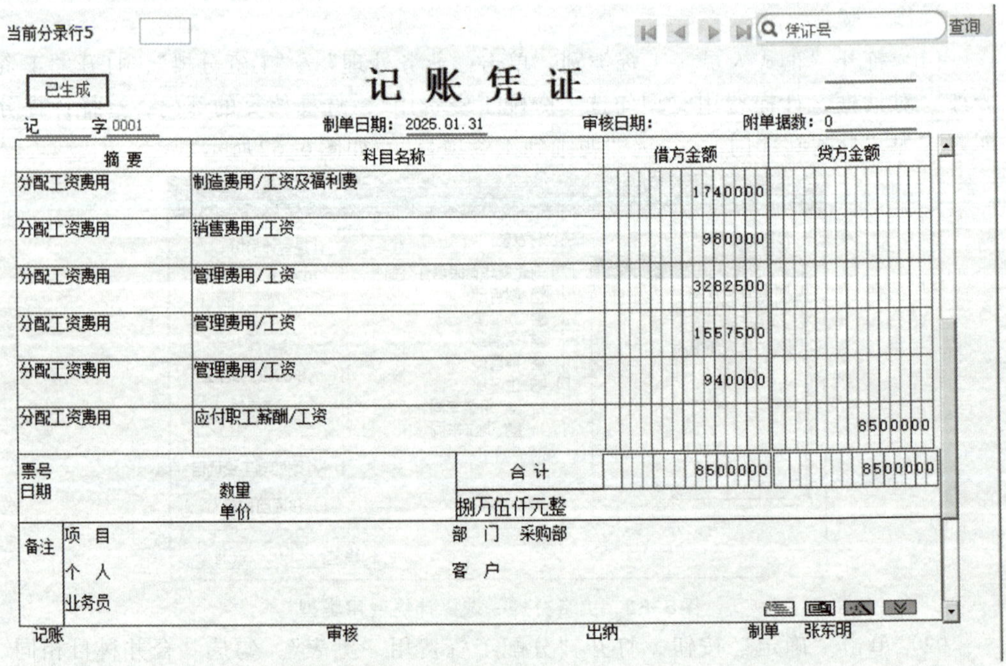

图6-64 分配工资费用记账凭证

(4) 参考操作步骤（1）到操作步骤（3），生成其他凭证，结果如图6-65至图6-68所示。

当前分录行1　　　　凭证号　查询

已生成

记 账 凭 证

记　字 0002　　制单日期：2025.01.31　　审核日期：　　附单据数：0

摘要	科目名称	借方金额	贷方金额
计提社会保险	制造费用/工资及福利费	314400	
计提社会保险	销售费用/社会保险	170300	
计提社会保险	管理费用/社会保险	563300	
计提社会保险	管理费用/社会保险	272480	
计提社会保险	管理费用/社会保险	157200	
计提社会保险	应付职工薪酬/社会保险费		1477680
票号 日期　数量 单价	合计	1477680	1477680
	壹万肆仟柒佰柒拾陆元捌角整		

备注　项目　　部门
个人　　客户
业务员

记账　　审核　　出纳　　制单　张东明

图6-65　计提社会保险记账凭证

当前分录行1　　　　凭证号　查询

已生成

记 账 凭 证

记　字 0003　　制单日期：2025.01.31　　审核日期：　　附单据数：0

摘要	科目名称	借方金额	贷方金额
计提住房公积金	制造费用/工资及福利费	120000	
计提住房公积金	销售费用/住房公积金	65000	
计提住房公积金	管理费用/住房公积金	215000	
计提住房公积金	管理费用/住房公积金	104000	
计提住房公积金	管理费用/住房公积金	60000	
计提住房公积金	应付职工薪酬/住房公积金		564000
票号 日期　数量 单价	合计	564000	564000
	伍仟陆佰肆拾元整		

备注　项目　　部门
个人　　客户
业务员

记账　　审核　　出纳　　制单　张东明

图6-66　计提住房公积金记账凭证

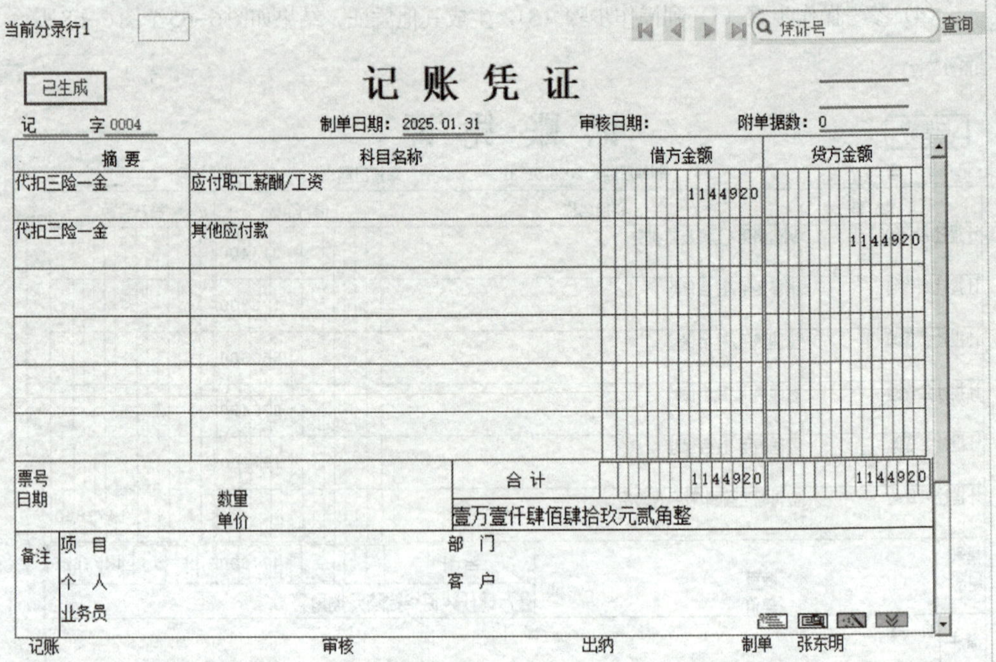
当前分录行1　　　　　　　　　　　　　　　　　　　　凭证号　查询

已生成

记账凭证

记　字 0004　　　　制单日期：2025.01.31　　　　审核日期：　　　　附单据数：0

摘要	科目名称	借方金额	贷方金额
代扣三险一金	应付职工薪酬/工资	1144920	
代扣三险一金	其他应付款		1144920
票号 日期	数量 单价	合计 1144920	1144920
		壹万壹仟肆佰肆拾玖元贰角整	

备注　项目　　　　　　部门

　　　个人　　　　　　客户

　　　业务员

记账　　　　审核　　　　出纳　　　　制单　张东明

图6-67　代扣三险一金记账凭证

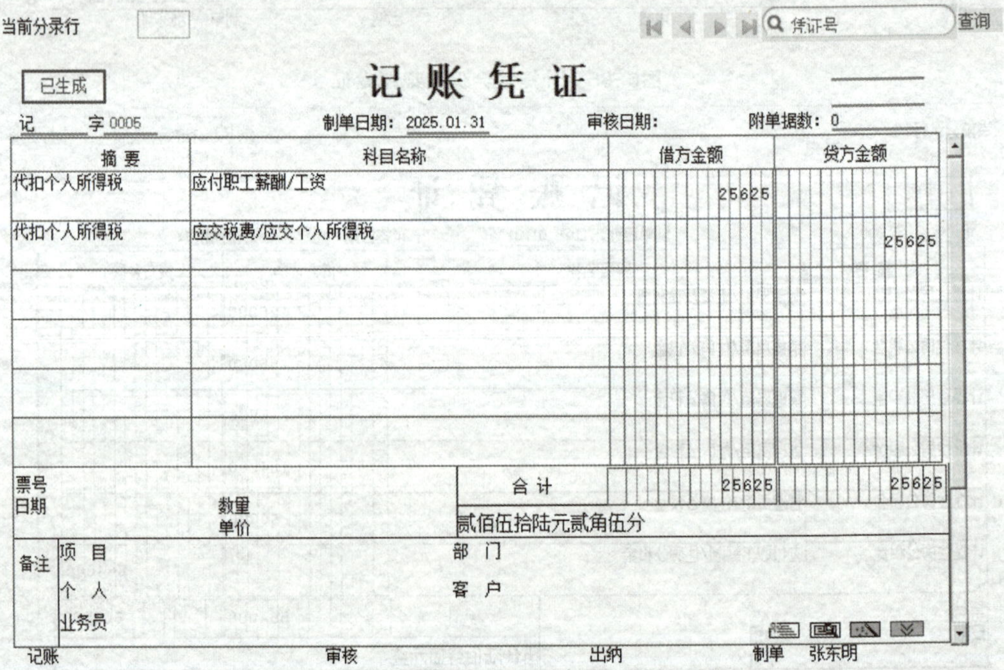
当前分录行　　　　　　　　　　　　　　　　　　　　凭证号　查询

已生成

记账凭证

记　字 0005　　　　制单日期：2025.01.31　　　　审核日期：　　　　附单据数：0

摘要	科目名称	借方金额	贷方金额
代扣个人所得税	应付职工薪酬/工资	25625	
代扣个人所得税	应交税费/应交个人所得税		25625
票号 日期	数量 单价	合计 25625	25625
		贰佰伍拾陆元贰角伍分	

备注　项目　　　　　　部门

　　　个人　　　　　　客户

　　　业务员

记账　　　　审核　　　　出纳　　　　制单　张东明

图6-68　代扣个人所得税记账凭证

图片6-3

临时人员工资分摊记账凭证

（5）打开“临时人员”工资类别，根据任务内容进行工资分摊操作，参考操作步骤（1）到操作步骤（3），在“工资分摊”对话框，选择计提分配方式为“分配到部门”，勾选“明细到工资项目”和“按项目核算”，生成临时人员分配工资费用和代扣个人所得税的记账凭证。

任务十一　月末结账

[任务内容]

31日，对新华公司薪资管理系统1月份数据进行月末处理，将正式人员类别中的加班天数清零，临时人员类别中的计件工资清零。

教学视频6-8

本月的结束，下月的开始——月末处理与反结账

[任务要求]

会计张东明完成薪资管理系统月末结账。

[工作示范]

实训视频6-8

月末处理与反结账操作演示

操作步骤：

（1）在薪资管理系统中，打开“正式人员”工资类别，单击“业务处理”/“月末处理”，打开“月末处理”对话框，如图6-69所示。

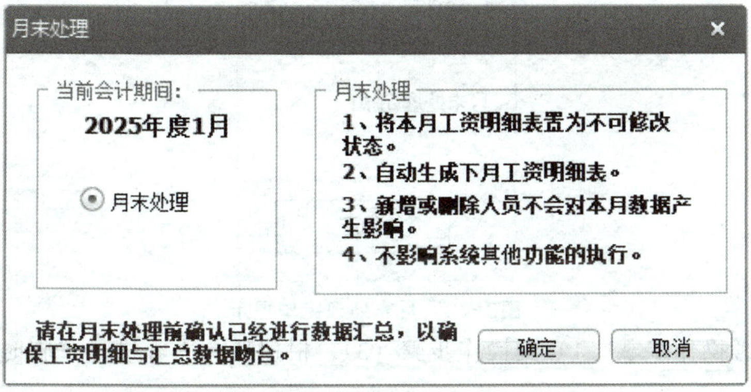

图6-69　月末处理

（2）单击“确定”按钮，弹出提示对话框，如图6-70所示。单击“是”按钮，系统提示“是否选择清零项”，如图6-71所示。

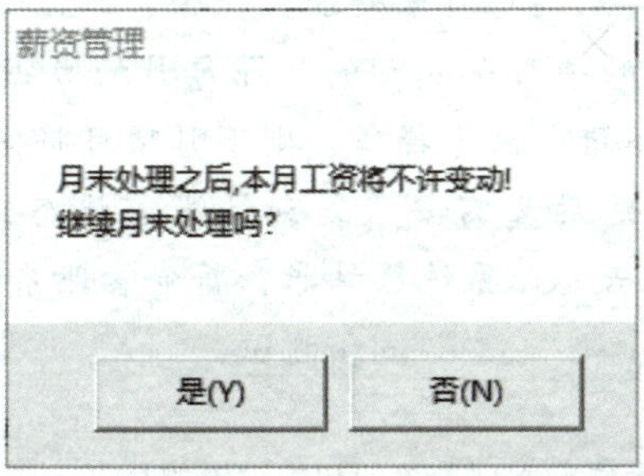

图6-70　月末处理提示

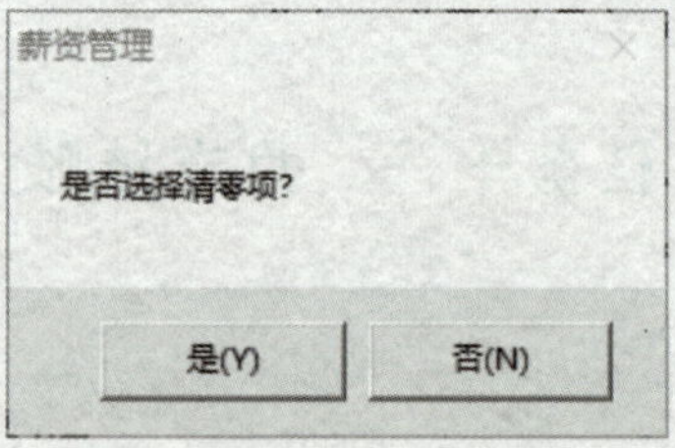

图6-71　是否选择清零项

（3）单击“是”按钮，选择“加班天数”为清零项目，如图6-72所示。单击“确定”按钮，系统提示“月末处理完毕!”，单击“确定”按钮，完成“正式人员”类别的月末处理，如图6-73所示。

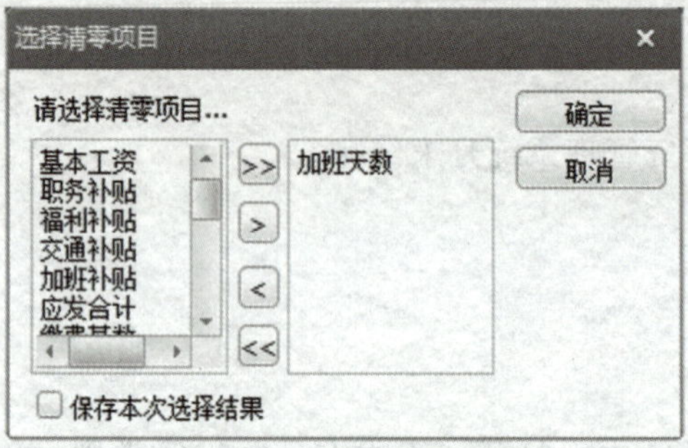

图6-72　选择清零项目

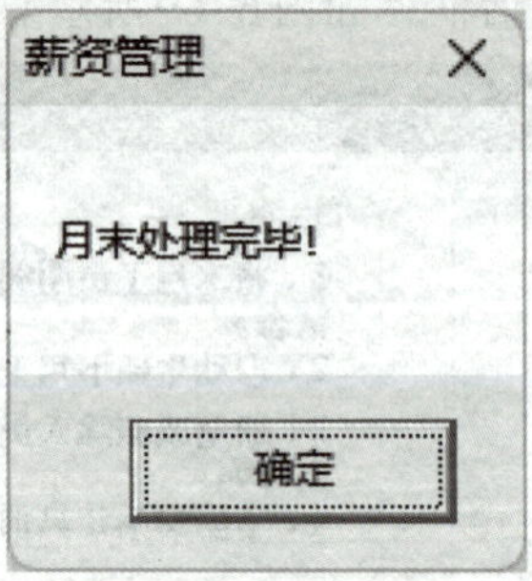

图6-73　月末处理完毕提示

（4）参考操作步骤（1）到操作步骤（3），根据任务内容进行“临时人员”类别的月末处理。

任务贴士：

①处理多个工资类别时，若未打开工资类别，则进入月结批量处理；若打开具体工资类别，则对当前工资类别进行月末处理。

② 在工资项目中，有的项目是变动的，即每月的数据均不相同，须将其数据清零后录入当月的数据。若不进行清零操作，则下月项目将完全继承当前月数据。

③若薪资管理系统结账后又需要恢复到结账前状态，可以通过“业务处理”/“反结账”进行反结账。但若总账系统已结账，薪资管理系统不允许反结账。

工作领域六

同步测试及参考答案

同步测试

一、单项选择题

1.以下各项工作中，不属于薪资管理系统的初始设置的是（　　）。

A.工资项目设置　　B.计件工资录入　　C.人员档案设置　　D.选项参数设置

2.分摊类型设置时，不需要设置（　　）。

A.人员类别　B.部门　C.借贷方科目　D.人员档案

3.设置工资项目时，（　　）计入应发合计。

A.增项　B.减项　C.其他

4.设置工资项目时，（　　）计入扣款合计。

A.增项　B.减项　C.其他

5.若工资项目类型为字符型，则小数位不可用，增减项为（　　）。

A.增项　B.减项　C.其他

二、多项选择题

1.多工资类别的工资账套，必须在打开工资类别的情况下进行的操作有（　　）。

A.增加人员档案　B.设置选项参数　C.工资变动　D.定义工资项目公式

2.建立工资账套时，选择的参数包括（　　）。

A.是否核算计件工资　B.是否代扣个人所得税

C.是否扣零　D.是否进行客户分类

3.录入计件工资时，系统提供了多种形式，包括（　　）。

A.人员录入　B.标准录入　C.混合录入　D.批量生成

4.计件工资管理系统初始设置包括（　　）。

A.计件要素设置　B.计件工价设置　C.计件项目设置　D.计件工资录入

5.可以向总账系统传递记账凭证的系统有（　　）。

A.薪资管理系统　B.计件工资管理系统　C.固定资产管理系统　D.应收款管理系统

三、判断题

1.应发工资、实发工资等工资项目的数据类型可以是数字型也可以是字符型。（　　）

2.工资项目中应发合计与扣款合计的公式是系统根据工资项目的增减属性自动生成的。（　　）

3.薪资管理系统进行月末处理时必须将所有工资项目的数据进行清零处理。（　　）

4.总账系统结账后，仍可进行薪资管理系统的反结账处理。（　　）

5.薪资管理系统传递到总账系统的记账凭证发现错误，可直接在总账系统中进行修改。（　　）

综合实训

[实训内容]

石家庄正道轮胎有限公司决定2025年1月启用薪资管理系统和计件工资管理系统，核算要求如下：

1.核算本位币为人民币，该公司所有人员的工资统一管理，生产部生产人员发放计件工资；需要从工资中代扣个人所得税，税款所属期为当月；由中国工商银行代发工资。

2.人员档案见表6-7。

表6-7　**职员信息表**

人员编码	人员姓名	部门	人员类别	银行账号	核算计件工资
101	张朋宇	综合部	行政人员	6222020402030763001	否
102	高贵玲	综合部	行政人员	6222020402030763002	否
201	王强	财务部	行政人员	6222020402030763003	否
202	李华强	财务部	行政人员	6222020402030763004	否
203	朱军勇	财务部	行政人员	6222020402030763005	否
204	田甜	财务部	行政人员	6222020402030763006	否

续表

人员编码	人员姓名	部门	人员类别	银行账号	核算计件工资
30101	王立辉	一车间	车间管理人员	6222020402030763007	否
30102	高琳琳	一车间	生产人员YH型	6222020402030763008	是
30103	孙思芳	一车间	生产人员YH型	6222020402030763009	是
30104	胡自强	一车间	生产人员YH型	6222020402030763010	是
30201	高超	二车间	车间管理人员	6222020402030763011	否
30202	李振伟	二车间	生产人员EH型	6222020402030763012	是
30203	王军磊	二车间	生产人员EH型	6222020402030763013	是
30204	陈志朋	二车间	生产人员EH型	6222020402030763014	是
401	邓玲	采购部	采购人员	6222020402030763015	否
501	高雅静	销售部	销售人员	6222020402030763016	否
601	周瑞雪	仓储部	行政人员	6222020402030763017	否

3.工资项目及计算公式。

（1）工资项目构成见表6-8。

表6-8 **工资项目**

工资项目名称	类型	长度	小数	增减项
基本工资	数字	8	2	增项
岗位工资	数字	8	2	增项
交通补贴	数字	8	2	增项
计件工资	数字	10	2	增项
应发合计	数字	10	2	增项
缴费基数	数字	8	2	其他
养老保险扣款	数字	8	2	减项
医疗保险扣款	数字	8	2	减项
失业保险扣款	数字	8	2	减项
住房公积金扣款	数字	8	2	减项
社保公积金扣款合计	数字	8	2	其他
子女教育	数字	8	2	其他
继续教育	数字	8	2	其他
老人赡养费	数字	8	2	其他

续表

工资项目名称	类型	长度	小数	增减项
住房租金	数字	8	2	其他
住房贷款利息	数字	8	2	其他
其他合法扣除	数字	8	2	其他
代扣税	数字	10	2	减项
扣款合计	数字	10	2	减项
实发合计	数字	10	2	增项

（2）《石家庄正道轮胎有限公司工资管理制度》的规定如下：

岗位工资：行政人员3 000元，车间管理人员3 500元，生产人员、采购人员和销售人员均为3 200元。

交通补贴：采购部和销售部的交通补贴是100元，其他部门是80元。

（3）社会保险与住房公积金按缴费基数进行计算，计提比例为：

养老保险：单位缴纳16%，个人缴纳8%；

医疗保险：单位缴纳8%，个人缴纳2%；

失业保险：单位缴纳0.7%，个人缴纳0.3%；

工伤保险：单位缴纳0.5%，个人无须缴纳；

生育保险：单位缴纳1%，个人无须缴纳；

住房公积金：单位缴纳10%，个人缴纳10%。

社保公积金扣款合计=养老保险扣款+医疗保险扣款+失业保险扣款+住房公积金扣款

4.计件工资设置。

（1）计件要素见表6-9。

表6-9　**计件要素表**

名称	类型	数据类型	长度	小数位数	参照对象	启用
产品	标准	参照型	60	0	产品档案	是
工艺	标准	字符型	10	0		是
工价	单价	数值型	12	4		是
合格数量	数量	数值型	12	2		是

（2）计件工价见表6-10。

表6-10　**计件工价表**

编号	工艺	产品	计件单价（元）
01	成型	子午线轮胎（YH型）	30
02	成型	子午线轮胎（EH型）	40
03	硫化	子午线轮胎（YH型）	15
04	硫化	子午线轮胎（EH型）	20

5.2025年1月份职工工资数据见表6-11和表6-12。

表6-11 **2025年1月职工工资数据** 单位：元

人员编号	姓名	部门	人员类别	基本工资	缴费基数	子女教育	老人赡养费
101	张朋宇	综合部	行政人员	5 500	6 300	1 000	
102	高贵玲	综合部	行政人员	4 800	5 800	1 000	200
201	王强	财务部	行政人员	4 800	5 800	1 000	400
202	李华强	财务部	行政人员	4 800	5 800	1 000	600
203	朱军勇	财务部	行政人员	4 800	5 800	1 000	500
204	田甜	财务部	行政人员	4 800	5 800	1 000	1 000
30101	王立辉	一车间	车间管理人员	4 200	6 700	1 000	200
30102	高琳琳	一车间	生产人员-YH型	2 200	6 000	1 000	800
30103	孙思芳	一车间	生产人员-YH型	2 200	6 000		2 000
30104	胡自强	一车间	生产人员-YH型	2 500	6 000	2 000	200
30201	高超	二车间	车间管理人员	4 200	6 700	2 000	
30202	李振伟	二车间	生产人员-EH型	2 200	6 000	1 000	500
30203	王军磊	二车间	生产人员-EH型	2 300	6 000		1 000
30204	陈志朋	二车间	生产人员-EH型	2 300	6 000		1 000
401	邓玲	采购部	采购人员	4 200	6 500		2 000
501	高雅静	销售部	销售人员	4 700	7 000	1 000	500
601	周瑞雪	仓储部	行政人员	3 800	6 100	1 000	500

表6-12 **2025年1月计件工资数据**

职员编号	姓名	部门	人员类别	工艺	合格产品数量（条）	
					子午线轮胎（YH型）	子午线轮胎（EH型）
30102	高琳琳	一车间	生产人员-YH型	成型	50	
30103	孙思芳	一车间	生产人员-YH型	成型	45	
30104	胡自强	一车间	生产人员-YH型	硫化	100	
30202	李振伟	二车间	生产人员-EH型	成型		35
30203	王军磊	二车间	生产人员-EH型	成型		40
30204	陈志朋	二车间	生产人员-EH型	硫化		85

6.工资分摊设置。

分配工资费用；按缴费基数计提五险一金：养老保险（单位16%，个人8%），医疗保险（单位8%，个人2%），失业保险（单位0.7%，个人0.3%），工伤保险（单位0.5%），生育保险（单位1%），住房公积金（单位10%，个人10%）；代扣三险一金；代扣个人所得税。

7.工资分摊生成记账凭证。

［实训要求］

1.账套主管王强启用薪资管理系统和计件工资管理系统。

2.会计朱军勇进行初始设置、工资日常业务处理和月末处理。

【互动课堂】

请将本工作领域实训完成结果按要求上传至课程平台。

1.提交工资变动结果截图。

2.提交分配工资费用的分摊类型设置结果截图。

3.提交工资分摊生成的分配工资费用记账凭证截图。

互动课堂提示

工作领域七

应收款管理

【学习目标】

教学视频 7-1

客户往来管理专家——应收款管理概述

掌握应收款管理系统的操作流程和应收款业务的具体处理方法；能够完成参数设置、基础信息设置、期初余额录入、应收业务处理、收款业务处理、坏账处理、核销应收款、月末结账等操作；能够对系统操作中出现的问题进行简单维护；培养诚信经营意识、责任担当精神和高效管理能力。

【系统思话】

工作领域七

工作过程与岗位对照图

应收款管理系统通过销售发票、应收单、收款单等原始单据的录入，实现企业对往来账款的综合管理，及时、准确地提供客户的往来账款余额资料。应收款管理系统通过提供各种分析报表，帮助企业合理地进行资金调配，提高资金的利用效率。同时，它支持客户回收催收及收款提醒等功能，确保收款及时，降低坏账风险。信息系统的使用，极大地提升了财务人员的工作效率与质量。然而，技术虽强，诚信与责任更不可或缺。企业应坚守诚信原则，确保每笔应收款项记录准确无误，保证财务数据的真实可靠。财务人员亦需要勇担管理重任，利用系统数据分析功能，及时识别潜在风险，为企业稳健发展保驾护航。应收款管理系统，不仅是财务管理的得力工具，更是构筑诚信、高效商业环境的重要基石，助力企业行稳致远。

【案例概说】

在激烈竞争的市场经济中，赊销成为企业拓展市场的常见方式，应收账款的发生在所难免。企业管理者需要在坏账风险与市场份额下降风险之间权衡，制定切实可行的信用管理制度，从源头上加强应收账款的管理和催收。为此，新华公司决定于2025年1月1日启用应收款管理系统，详细记录应收、收款、核销情况，以数据助力管理落实。此举不仅提升了财务效率，更体现了企业诚信为本的经营理念。通过精准记录每一笔交易，新华公司以数据为支撑，构建科学信用体系，既保障了自身权益，又促进了市场公平竞争。这既是企业对社会责任的担当，也是对诚信、法治精神的生动实践，展现了新时代企业的管理智慧与价值追求。

任务一　设置系统参数

教学视频 7-2

日常工作前的准备——初始设置

[任务内容]

新华公司根据业务需要决定于2025年1月1日启用应收款管理系统，并按如下要求设置系统参数：

应收单据审核日期依据“单据日期”；坏账处理方式选择“应收余额百分比法”；受控科目制单方式为“明细到单据”，月末结账前全部生成凭证，核销生成凭证，预收冲应收生成凭证，红票对冲生成凭证，单据审核后立即制单；应收款核销方式为“按单据”；其他内容保持默认设置。

[任务要求]

引入已录入总账系统期初余额的账套后，账套主管王志强启用应收款管理系统，会计张东明完成应收款管理系统的参数设置。

[工作示范]

操作步骤：

实训视频 7-1

参数设置操作演示

（1）以操作员“01王志强”身份，操作日期“2025-01-01”，登录企业应用平台。在“业务导航”中，单击“基础设置”/“基本信息”/“系统启用”，启用“应收款管理”系统，启用时间为“2025-01-01”。

（2）以操作员“03张东明”身份，操作日期“2025-01-01”，登录企业应用平台。在“业务工作”中单击“财务会计”/“应收款管理”系统，单击“设置”/“选项”，打开“账套参数设置”对话框，单击“编辑”按钮，系统提示“选项修改需要重新登录才能生效”，单击“确定”按钮。根据要求进行系统参数设置，结果如图7-1、图7-2、图7-3所示。

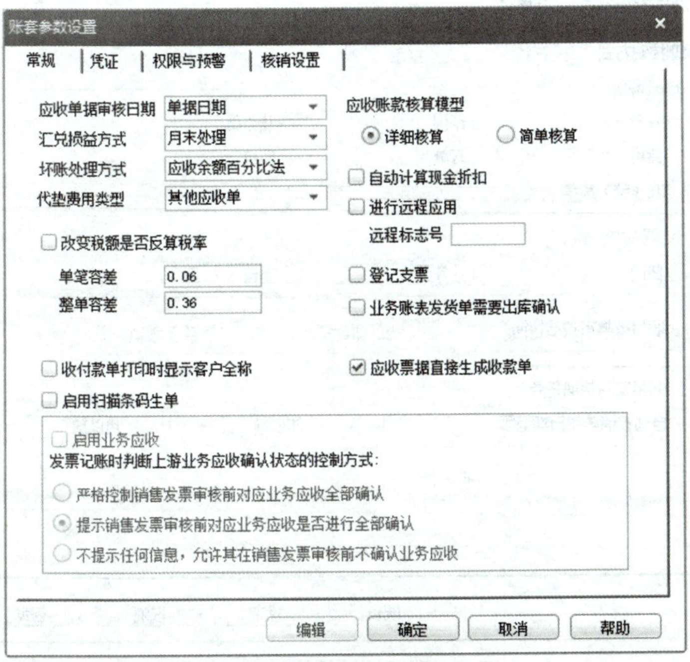

图7-1　账套参数设置—常规

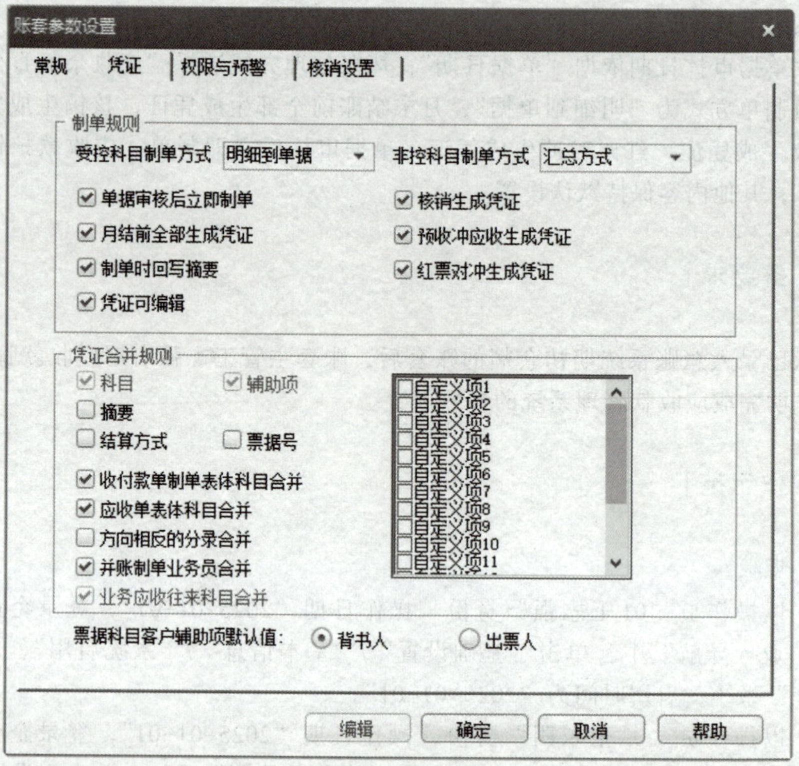

图7-2　账套参数设置—凭证

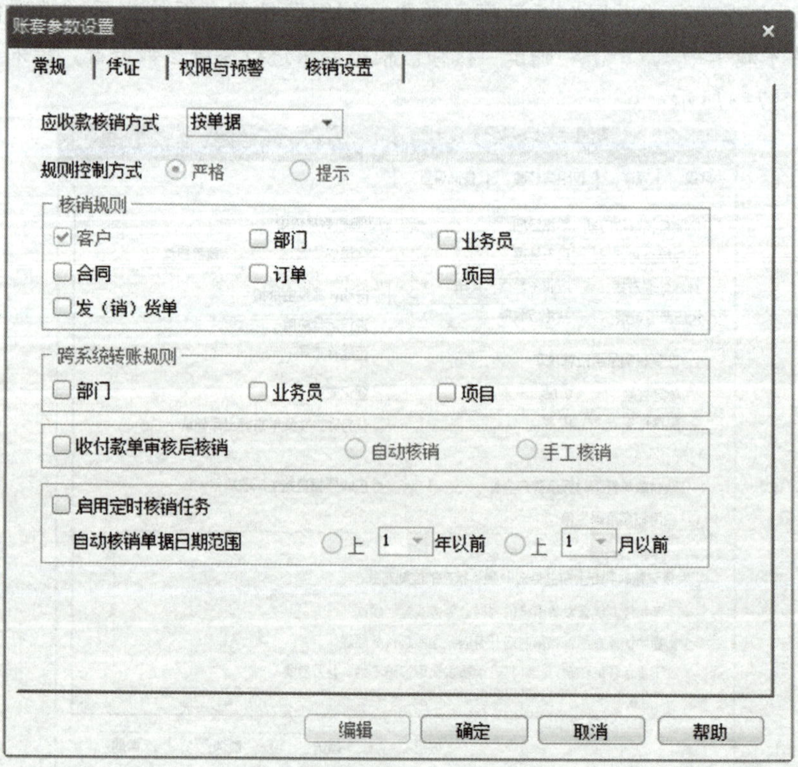

图7-3　账套参数设置—核销设置

任务贴士：

①应收单据审核日期：如果选择单据日期，则进行单据审核时，自动将单据的审核日期（即入账日期）记为该单据的单据日期；如果选择业务日期，则进行单据审核时，自动将单据的审核日期（即入账日期）记为当前业务日期（即登录日期）。

②坏账处理方式：只有选择应收余额百分比法、销售收入百分比法、账龄分析法这3种备抵法中的一种，才能在“初始设置”中进行坏账准备设置，并在“坏账处理”中进行后续处理。

③受控科目制单方式：选择明细到客户时，如果所选多笔业务的控制科目相同，系统自动将其合并成一条分录。选择明细到单据时，系统会每一笔业务形成一条分录。因此，若想核销生成凭证，需要选择明细到单据。

任务二　设置基础信息

[任务内容]

1.基本科目设置（见表7-1）。

表7-1　基本科目设置

基本科目种类	科目编码	科目名称	币种
应收科目	1122	应收账款	人民币
预收科目	2203	预收账款	人民币
税金科目	22210107	应交税费/应交增值税/销项税额	人民币

2.对方科目设置（见表7-2）。

表7-2　对方科目设置

存货分类	税率	销售收入科目	应交增值税科目	销售退回科目
产成品	13%	主营业务收入	应交税费/应交增值税/销项税额	主营业务收入

3.结算科目设置。

现金——1001；现金支票——100201；转账支票——100201；网银——100201；支付宝——100201；电汇——100201；其他——100201。

4.坏账准备设置。

坏账准备提取比率为0.5%，坏账准备期初余额为678元，坏账准备科目为“1231坏账准备”，对方科目为“6702信用减值损失”。

5.修改销售专用发票的编号方式为“手工改动，重号时自动重取”。

6.修改销售专用发票的格式：表头栏目“销售类型”改为非必输项；表头栏目“税率”改为必输项；表体栏目“税率”改为必输项。

7.修改银行档案：中国农业银行企业账号定长17。

8.本单位开户银行设置：编码为01，开户银行为农行天山支行，银行账号为62284806310458899，账户名称为河北新华有限责任公司，币种为人民币。

[任务要求]

会计张东明完成应收款管理系统基础信息设置。

[工作示范]

实训视频7-2

基础信息设置操作演示

1.基本科目设置

操作步骤：

以操作员“03张东明”身份，操作日期“2025-01-01”，登录企业应用平台。在“应收款管理”系统中，单击“设置”/“科目设置”/“基本科目”，打开“应收基本科目”标签页。单击“增行”按钮，依次进行基本科目设置，结果如图7-4所示。

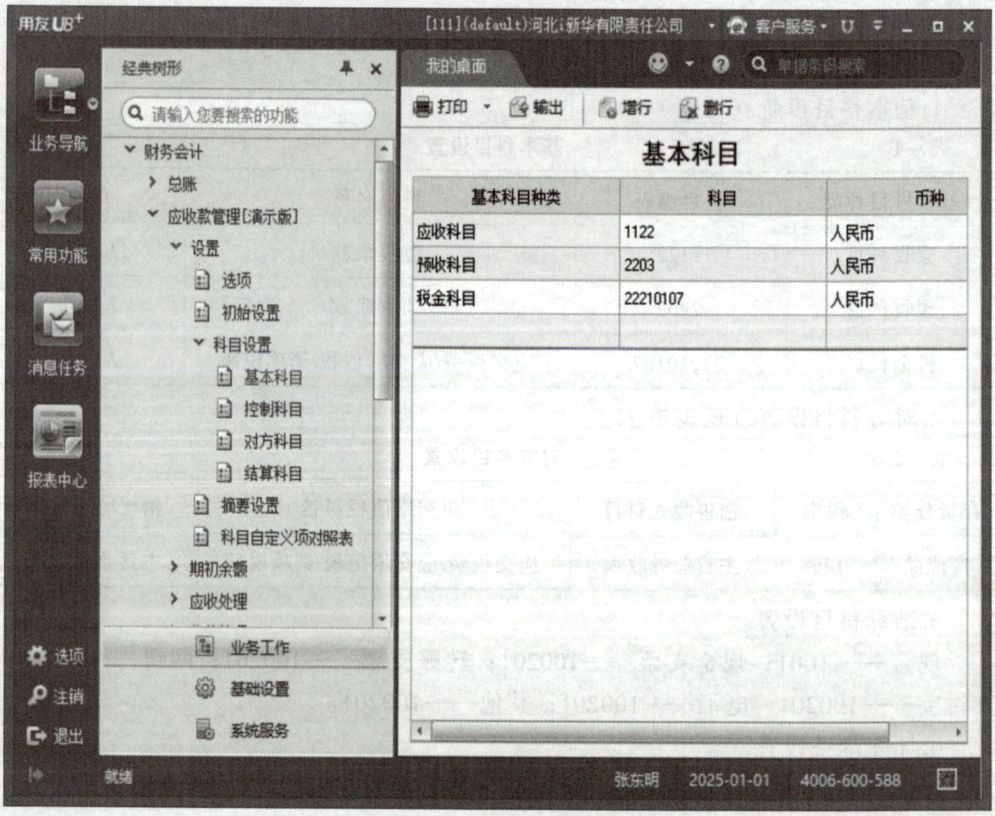

图7-4　应收基本科目

2.对方科目设置

操作步骤：

单击“设置”/“科目设置”/“对方科目”，打开“应收对方科目”标签页。单击“增行”按钮，进行对方科目设置，结果如图7-5所示。

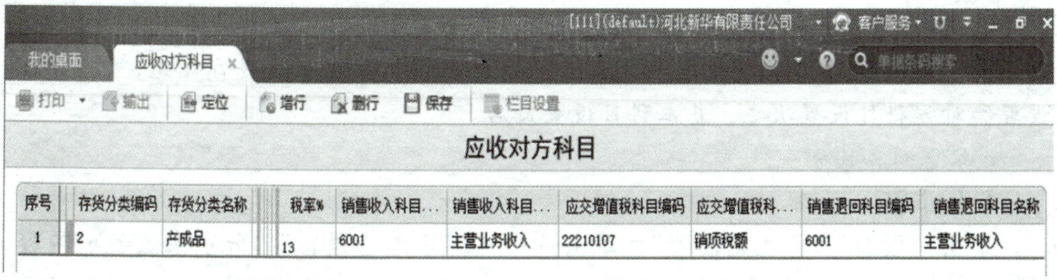

图7-5 应收对方科目

3.结算科目设置

操作步骤：

单击“设置”/“科目设置”/“结算科目”，打开“应收结算科目”标签页。单击“增行”按钮，依次进行结算科目设置，结果如图7-6所示。

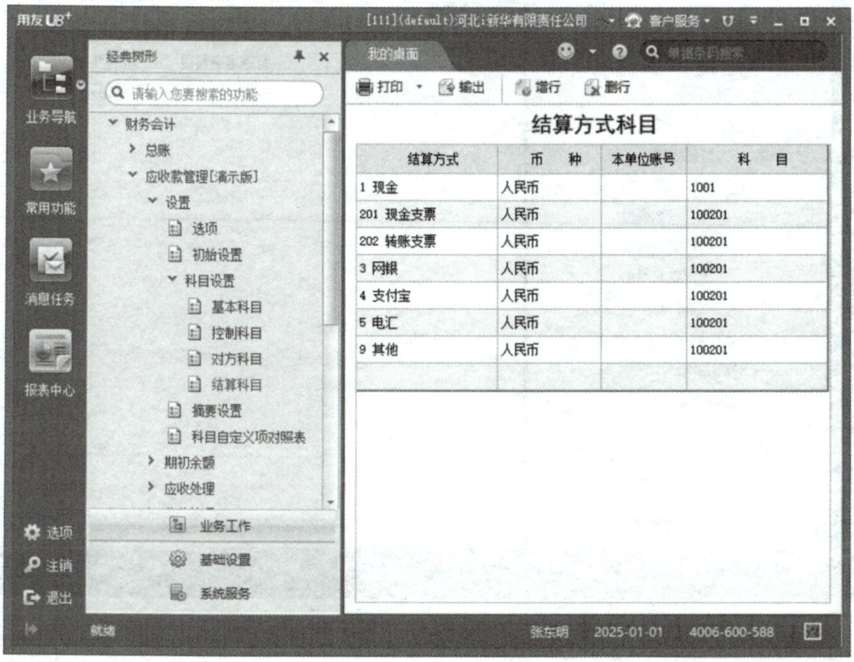

图7-6 应收结算科目

任务贴士：

①科目设置是为了简化凭证生成操作，同时满足企业对不同业务类型、客户、存货等的精细化管理需求。预先将各业务类型凭证中的常用科目设置好，系统将依据制单规则在生成凭证时自动带入。

②基本科目设置用于定义应收款管理系统凭证制单所需的基本科目，适用于所有未进行特殊设置的业务场景。控制科目设置可以根据不同的客户、客户分类、地区分类、销售类型、存货分类等条件，设置不同的应收账款科目和预收账款科目，以满足企业对不同客户或业务类型的精细化管理需求。对方科目设置主要用于设置销售收入科目、应交增值税科目和销售退回科目等。可以根据不同的存货、客户、销售类型、税率等条件，设置不同的对方科目，以适应不同业务场景下的核算需求。

③用友U8应收款管理系统的制单科目带出顺序规则为：单据上的科目＞控制科目设置和对方科目设置＞基本科目设置。也就是说，单据上的科目优先，控制科目设置和对方科目设置次之，基本科目设置最后。

4.坏账准备设置

操作步骤：

单击“设置”/“初始设置”，单击选中“坏账准备设置”。分别录入各项内容，如图7-7所示。设置完毕单击“确定”按钮，系统提示“储存完毕”。

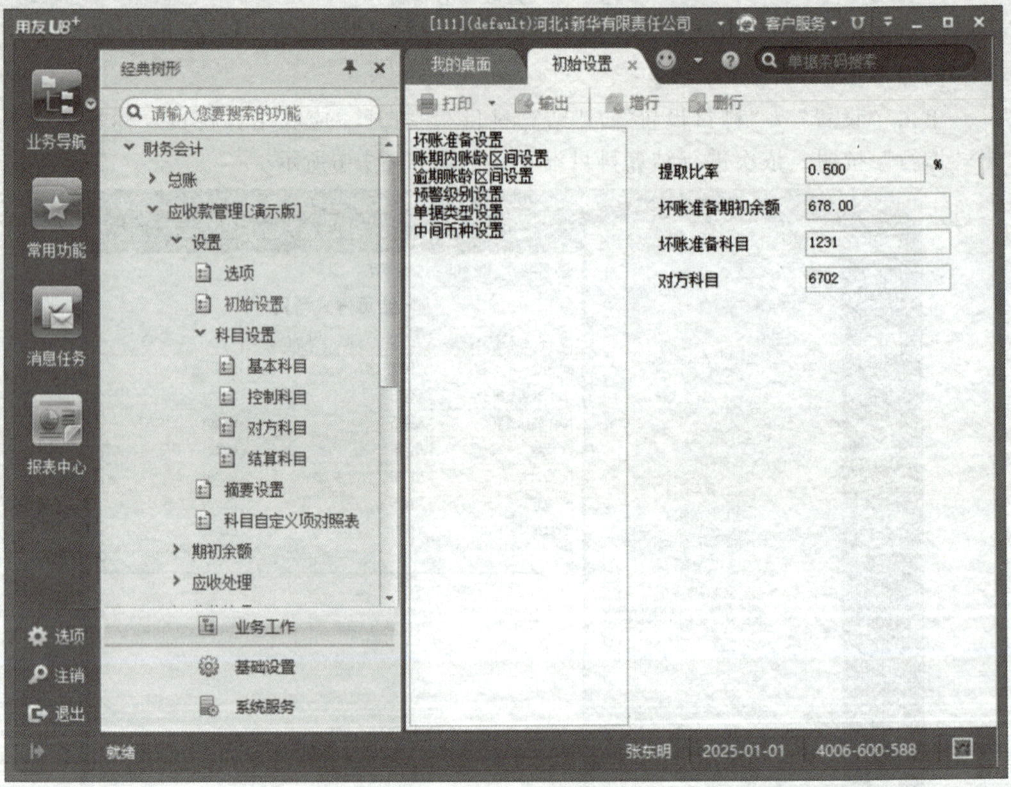

图7-7 坏账准备设置

任务贴士：

①坏账准备设置因应收款管理系统选项中设置的坏账处理方式的不同而不同。若选项中坏账处理方式选择的是直接转销法，则此处不需要进行坏账准备设置；若选项中坏账处理方式选择的是应收余额百分比法、销售收入百分比法或账龄分析法，则此处需要录入坏账准备期初余额、坏账计提比率等信息。

②进行过任意一种坏账处理（坏账计提、坏账发生、坏账收回）后，就不能再修改坏账准备数据，只能查询。

5.修改销售专用发票的编号方式

操作步骤：

在“业务导航”中单击“基础设置”/“单据设置”/“单据编号设置”，打开“单据编号设置”对话框，在“单据类型”中选择“销售管理”/“销售专用发票”，单击“”按钮修改，勾选“手工改动，重号时自动重取”，单击“”按钮保存，结果如图7-8所示。

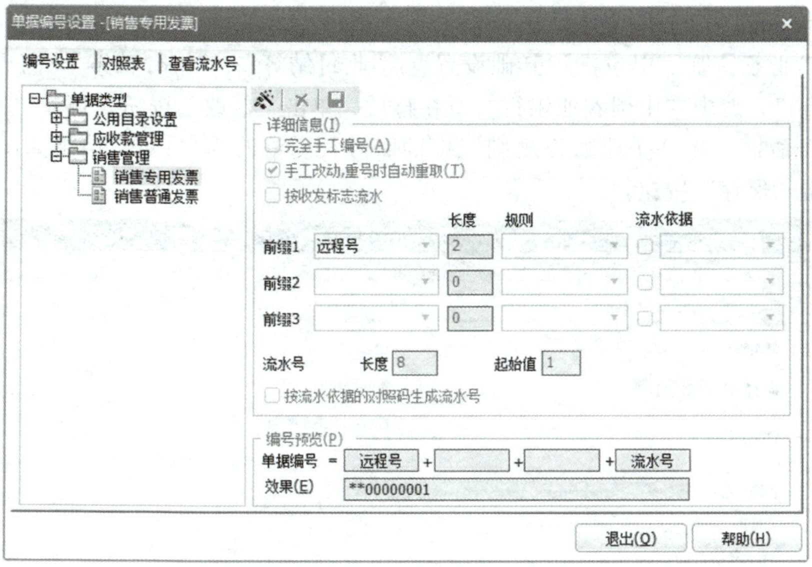

图7-8　单据编号设置—销售专用发票

6.修改销售专用发票的格式

操作步骤：

（1）在“业务导航”中单击“基础设置”/“单据设置”/“单据格式设置”，打开“单据格式设置”标签页，在“U8单据目录分类”中单击“供应链”/“销售管理”/“销售专用发票”/“显示”/“销售专用票”，调出“销售专用发票”。

（2）单击“表头栏目”按钮，系统打开“表头：”对话框，先选中“销售类型”，将“必输”复选框中的“√”去掉，结果如图7-9所示；继续选中“税率”，在“必输”复选框中打“√”，单击“确定”按钮对设置结果进行保存。

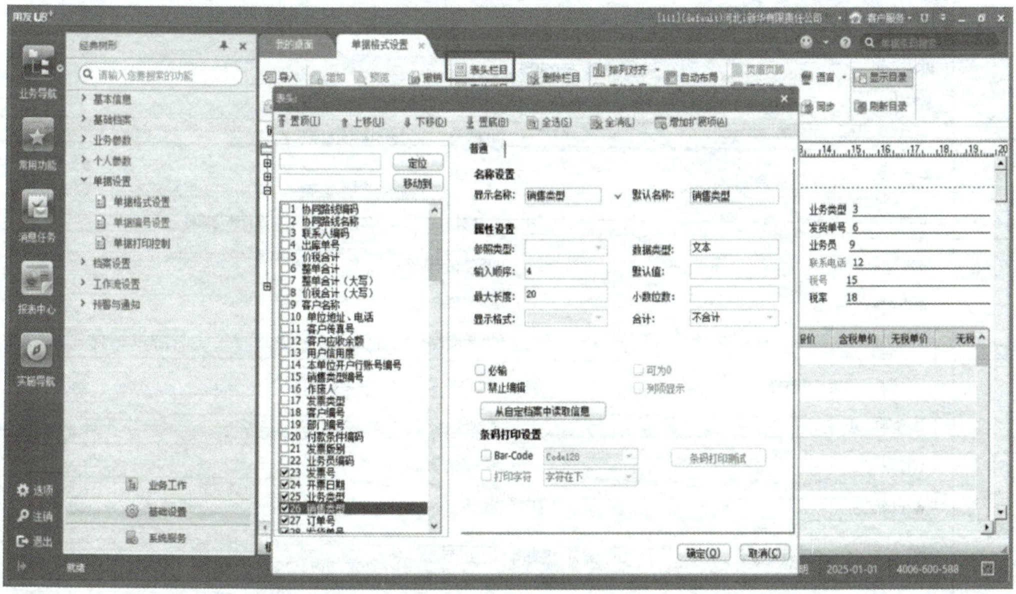

图7-9　表头栏目

7.修改银行档案

操作步骤：

在“业务导航”中单击“基础设置”/“收付结算”/“银行档案”，打开“银行档案”窗口，选中“中国农业银行”所在行后，单击“修改”按钮，打开“修改银行档案”对话框，将“企业账户规则”中的账号长度修改为“17”，结果如图7-10所示，单击“保存”按钮。

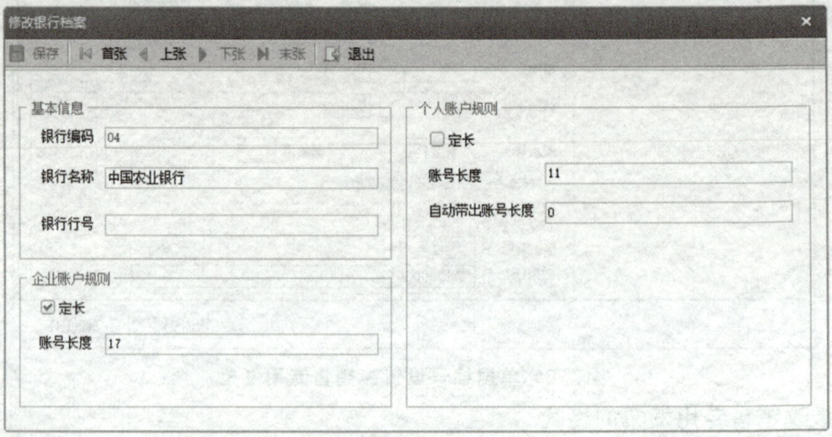

图7-10 修改银行档案

8.本单位开户银行设置

操作步骤：

在“业务导航”中单击“基础设置”/“收付结算”/“本单位开户银行”，打开“本单位开户银行”窗口，单击“增加”按钮，打开“增加本单位开户银行”对话框，录入本单位开户银行信息，结果如图7-11所示，单击“保存”按钮。

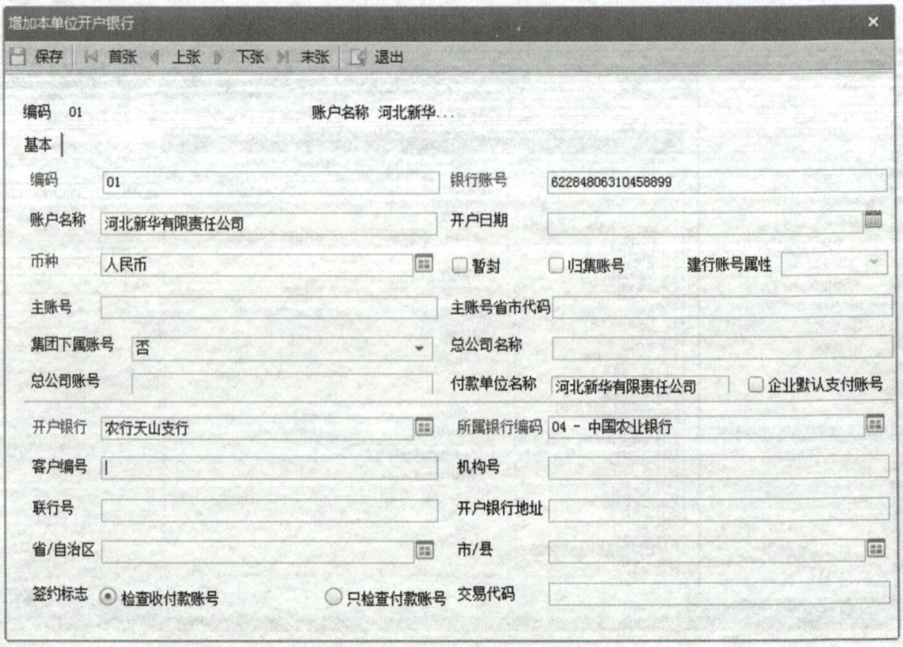

图7-11 增加本单位开户银行

任务三　录入期初余额

[任务内容]

新华公司1月份有3笔期初单据需要录入：

1.2024年12月13日，向启明公司销售交换机80台，不含税单价1 000元，增值税税率为13%，价税合计90 400元。增值税专用发票票号为13222890。

2.2024年12月15日，向卓越公司销售基站发射机5台，不含税单价8 000元，增值税税率为13%，价税合计45 200元。增值税专用发票票号为13222899。

3.2024年12月17日，收到亚圣公司以网银转账方式支付的基站发射机订金5 000元。

[任务要求]

会计张东明完成应收款管理系统期初余额录入。

[工作示范]

操作步骤：

实训视频7-3

期初余额录入操作演示

（1）在应收款管理系统中，单击“期初余额”/“期初余额”，打开“期初余额—查询”对话框，单击“确定”按钮，打开“期初余额”标签页。单击“增加”按钮，打开“单据类别”对话框，选择单据名称为“销售发票”，单据类型为“销售专用发票”，方向为“正向”，如图7-12所示。

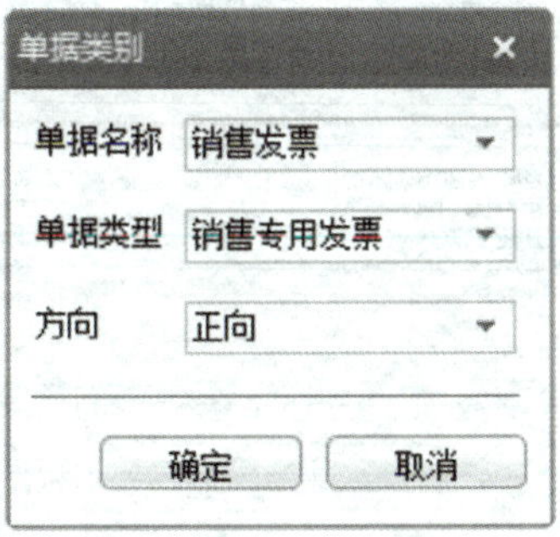

图7-12　单据类别

（2）单击“确定”按钮，打开“期初销售发票”页签，单击“增加”按钮，输入销售专用发票信息，单击“保存”按钮，结果如图7-13所示。

（3）重复上面的操作步骤，增加第二笔期初销售专用发票信息。

（4）回到“期初余额”页签，单击“增加”按钮，再次打开“单据类别”对话框，选择单据名称为“预收款”，单据类型为“收款单”，方向为“正向”，如图7-14所示。

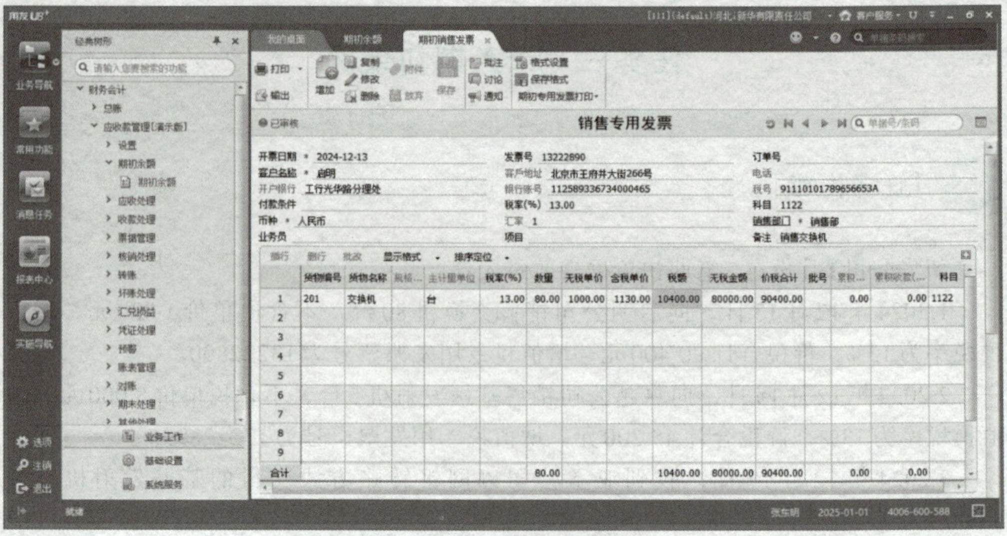

图7-13 期初销售专用发票

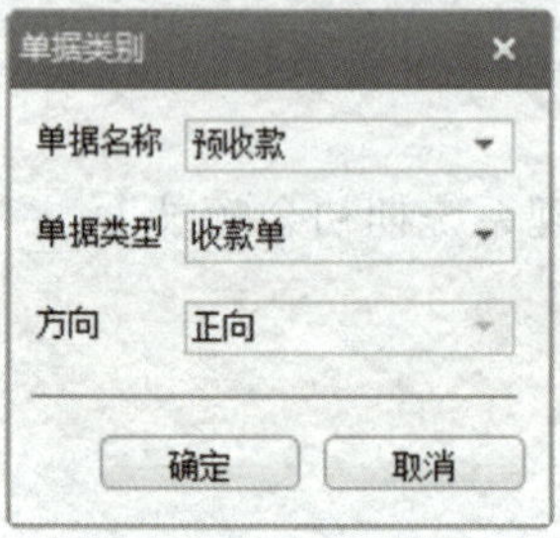

图7-14 单据类别

（5）单击“确定”按钮，打开“期初单据录入”标签页，单击“增加”按钮，输入收款单信息，单击“保存”按钮，结果如图7-15所示。

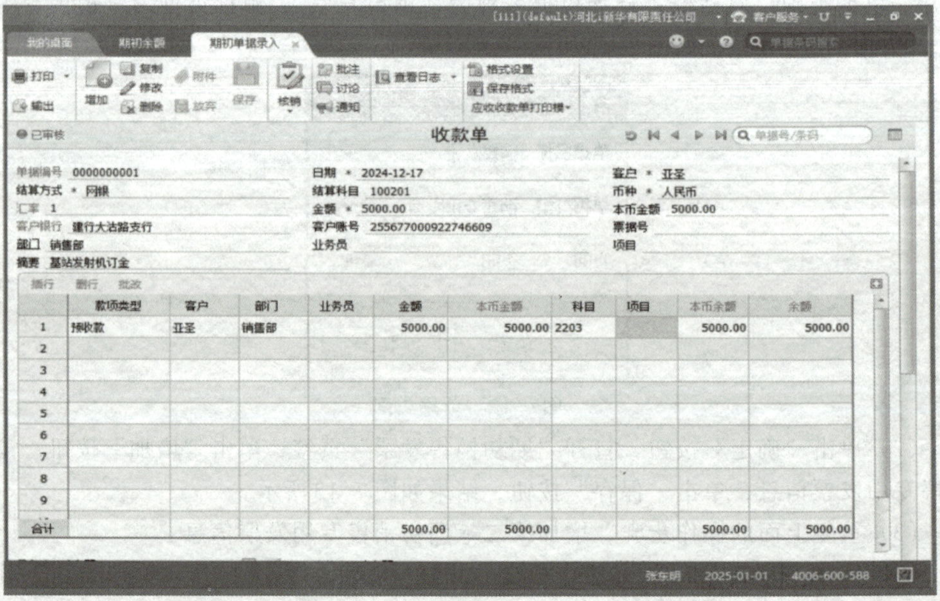

图7-15 期初单据录入—收款单

（6）在“期初余额”标签页，单击“刷新”按钮，显示全部期初余额，如图7-16所示。

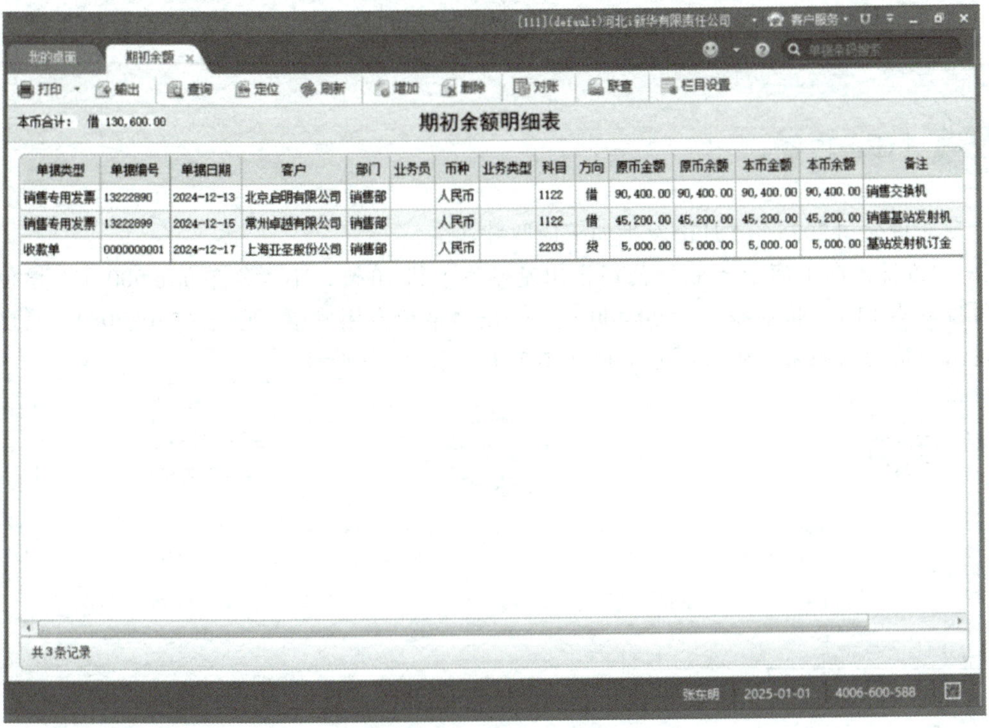

单据类型	单据编号	单据日期	客户	部门	业务员	币种	业务类型	科目	方向	原币金额	原币余额	本币金额	本币余额	备注
销售专用发票	13222890	2024-12-13	北京启明有限公司	销售部		人民币		1122	借	90,400.00	90,400.00	90,400.00	90,400.00	销售交换机
销售专用发票	13222899	2024-12-15	常州卓越有限公司	销售部		人民币		1122	借	45,200.00	45,200.00	45,200.00	45,200.00	销售基站发射机
收款单	0000000001	2024-12-17	上海亚圣股份公司	销售部		人民币		2203	贷	5,000.00	5,000.00	5,000.00	5,000.00	基站发射机订金

图7-16 期初余额明细表

（7）单击“对账”按钮，将应收系统与总账系统进行期初对账，如图7-17所示。

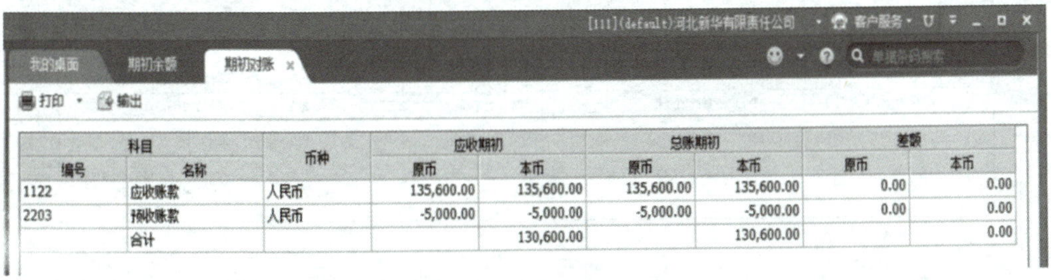

科目		币种	应收期初		总账期初		差额	
编号	名称		原币	本币	原币	本币	原币	本币
1122	应收账款	人民币	135,600.00	135,600.00	135,600.00	135,600.00	0.00	0.00
2203	预收账款	人民币	-5,000.00	-5,000.00	-5,000.00	-5,000.00	0.00	0.00
	合计			130,600.00		130,600.00		0.00

图7-17 期初对账

任务贴士：

①应收款管理系统期初余额的单据类别包括：销售发票、应收单、预收款和应收票据4种。

②发票和应收单的方向包括正向和负向，类型包括系统预置的各类型及用户定义的类型。如果是预收款和应收票据，则不用选择方向，系统均默认为正向。

③期初单据中的科目栏目，用于输入该笔业务的入账科目，可以为空，但最好录入科目信息，这样不仅可以执行与总账的对账功能，而且可以查询正确的科目明细账。

④录入的期初单据日期必须早于该系统启用期间（第一年使用）或者该年度会计期初日期（以后年度使用）。

任务四　处理应收业务

[任务内容]

教学视频7-3

应收债权确认了——应收单据处理

新华公司2025年1月份发生如下应收款业务：

1.5日，向上海亚圣股份公司售出基站发射机10架，不含税单价8 000元，增值税税率为13%，价税款合计90 400元，开出增值税专用发票（票号65405208），货已发出，价税款尚未收到。原始单据如图7-18、图7-19所示。

电子发票（增值税专用发票）

发票号码：65405208

开票日期：2025年01月05日

购买方信息	销售方信息
名称：上海亚圣股份公司 统一社会信用代码/纳税人识别号：668904500665676	名称：河北新华有限责任公司 统一社会信用代码/纳税人识别号：050011330228890

项目名称	规格型号	单位	数量	单价	金额	税率/征收率	税额
*货物*基站发射机		架	10	8000	80000.00	13%	10400.00
合　计					¥80000.00		¥10400.00
价税合计（大写）	⊗玖万零肆佰元整				（小写）	¥90400.00	

备注：

开票人：张东明

图7-18　增值税专用发票（1）

出库单

出货单位：河北新华有限责任公司　日期：2025年01月05日　单号：327

提货单位(部门)：上海亚圣股份公司　销售单号：28　发货仓库：成品仓　出库日期：2025年01月05日

编码	名称	规格	单位	数量 应发	数量 实发	单价	金额
1	基站发射机		架	10	10	8,000.00	80,000.00
合计	人民币（大写）：捌万元整						¥80,000.00

会计联

部门经理：　会计：李明轩　仓库：赵达　经办人：吴晓迪

图7-19　出库单（1）

2.10日，2024年12月份向北京启明有限公司出售的交换机因存在质量问题，对方要求全部退货，新华公司开出红字增值税专用发票（票号65405211，数量80，不含税单价1 000元）。原始单据如图7-20、图7-21所示。

电子发票（增值税专用发票）

发票号码：65405211

开票日期：2025年01月10日

购买方信息	名称：北京启明有限公司 统一社会信用代码/纳税人识别号：91110101789656653A	销售方信息	名称：河北新华有限责任公司 统一社会信用代码/纳税人识别号：050011330228890

项目名称	规格型号	单位	数量	单价	金额	税率/征收率	税额
*货物*交换机		台	-80	1000	-80000.00	13%	-10400.00
合　计					-¥80000.00		-¥10400.00
价税合计（大写）	⊗（负数）玖万零肆佰元整				（小写）	-¥90400.00	
备注							

开票人：张东明

图7-20　增值税专用发票（2）

出库单

出货单位：河北新华有限责任公司　　日期：2025年01月10日　　单号：330

提货单位(部门)：北京启明有限公司　　销售单号：40　　发货仓库：成品仓　　出库日期：2025年01月10日

编码	名称	规格	单位	数量		单价	金额
				应发	实发		
1	交换机		台	-80	-80	1,000.00	-80,000.00
合计	人民币（大写）：（负数）捌万元整						¥-80,000.00

会计联

部门经理：　　会计：李明轩　　仓库：赵达　　经办人：吴晓追

图7-21　出库单（2）

[任务要求]

会计张东明完成应收业务处理。

[工作示范]

实训视频7-4

应收业务处理操作演示

1.业务1的处理（销售专用发票）

操作步骤：

（1）以操作员“03张东明”身份，操作日期“2025-01-05”，登录企业应用平台。在应收款管理系统中，单击“应收处理”/“销售发票”/“销售专用发票录入”，打开“销售发票”标签页。

（2）单击“增加”按钮，依次输入各个项目，输入完成后，单击“保存”按钮，结果如图7-22所示。

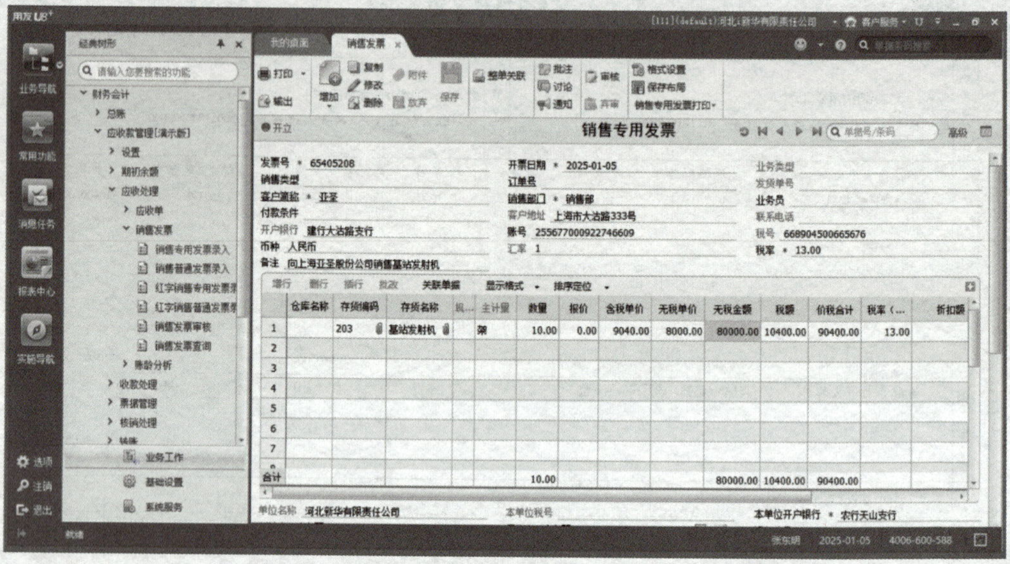

图7-22　销售专用发票

（3）单击“审核”按钮，对销售专用发票进行审核。系统提示“是否立即制单?”，单击“是”按钮，打开“填制凭证”标签页，修改附单据数后，单击“保存”按钮，系统保存自动生成的凭证，结果如图7-23所示。

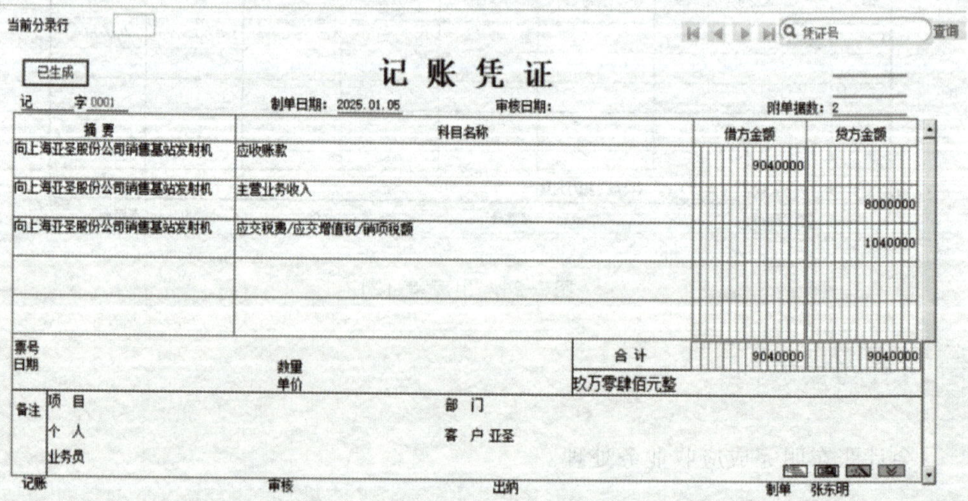

图7-23　应收账款确认记账凭证

任务贴士：

①因“账套参数设置—常规”页签中已设置应收单据审核日期为单据日期，所以该销售专用发票的入账日期为单据日期。

②因“账套参数设置—凭证”页签中已自动勾选“单据审核后立即制单”，所以

应收单据审核后系统提示“是否立即制单”。选择立即制单，则打开凭证卡片；选择不立即制单，以后需要在“凭证处理”中统一制单。

2.业务2的处理（红字销售专用发票）

操作步骤：

以操作员“03张东明”身份，操作日期“2025-01-10”，登录企业应用平台。在应收款管理系统中，单击“应收处理”/“销售发票”/“红字销售专用发票录入”，打开“销售发票”标签页。填制、审核红字销售专用发票并保存系统自动生成的凭证，结果如图7-24、图7-25所示。

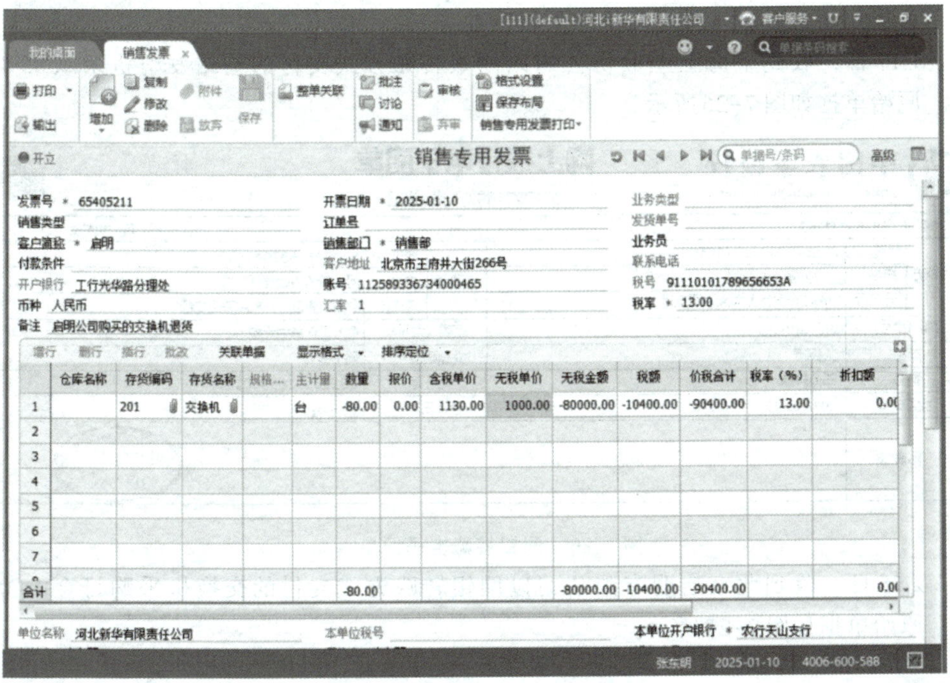

图7-24　红字销售专用发票

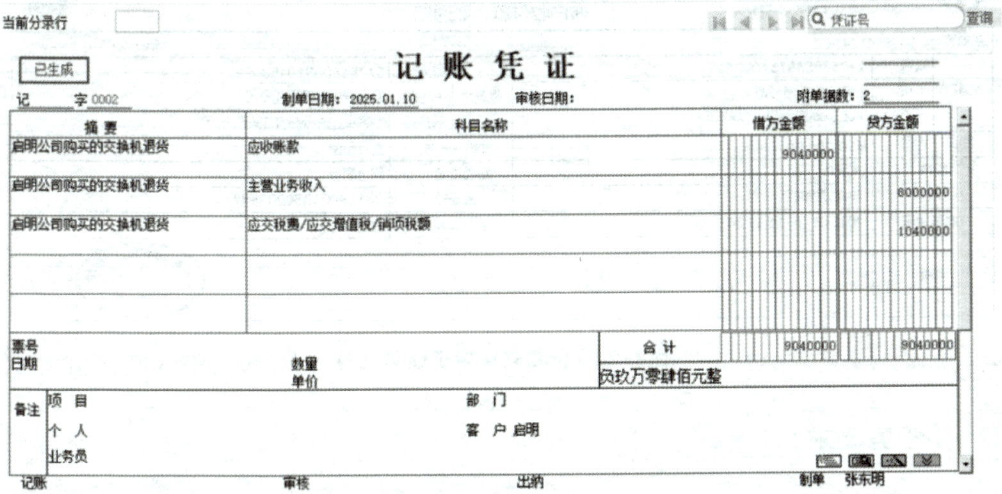

图7-25　应收账款冲销记账凭证

任务贴士：

红字销售专用发票中的数量只有录入负数，才能保证价税合计金额小于0。

任务五　处理收款业务

[任务内容]

教学视频7-4

应收债权收回了——收款单据处理

新华公司2025年1月份发生如下收款业务：

1.17日，收到上海亚圣股份公司以网银转账方式支付的基站发射机余款85 400元。原始单据如图7-26所示。

中国农业银行 AGRICULTURAL BANK OF CHINA

网上银行电子回单

客户收付款入账通知

回单编号：68188141799					第一次打印
付款方	账号	255677000922746609	收款方	账号	62284806310458899
	户名	上海亚圣股份公司		户名	河北新华有限责任公司
	开户行	中国建设银行上海大沽路支行		开户行	中国农业银行石家庄天山支行
金额（小写）		¥85,400.00	金额（大写）		捌万伍仟肆佰元整
币种		人民币	交易渠道		网上银行
摘要		货款转账	凭证号		23113001050001002
交易时间		2025-01-17 14:50:27	会计日期		20250117
附言					

图7-26　网银转账电子回单（1）

2.25日，收到北京启明有限公司以网银转账方式支付的交换机采购订金10 000元。原始单据如图7-27所示。

中国农业银行 AGRICULTURAL BANK OF CHINA

网上银行电子回单

客户收付款入账通知

回单编号：34361413414					第一次打印
付款方	账号	112589336734000465	收款方	账号	62284806310458899
	户名	北京启明有限公司		户名	河北新华有限责任公司
	开户行	中国工商银行北京光华路支行		开户行	中国农业银行石家庄天山支行
金额（小写）		¥10,000.00	金额（大写）		壹万元整
币种		人民币	交易渠道		网上银行
摘要		货物订金转账	凭证号		23113001050003567
交易时间		2025-01-25 11:12:34	会计日期		20250125
附言					

图7-27　网银转账电子回单（2）

[任务要求]

会计张东明完成收款业务处理。

[工作示范]

实训视频 7-5

收款业务处理操作演示

1.业务1的处理（收到应收款）

操作步骤：

（1）以操作员“03张东明”身份，操作日期“2025-01-17”，登录企业应用平台。在应收款管理系统中，单击“收款处理”/“收款单据录入”，打开“收款单据录入”标签页。

（2）单击“增加”按钮，依次输入各个项目，输入后，单击“保存”按钮，结果如图7-28所示。

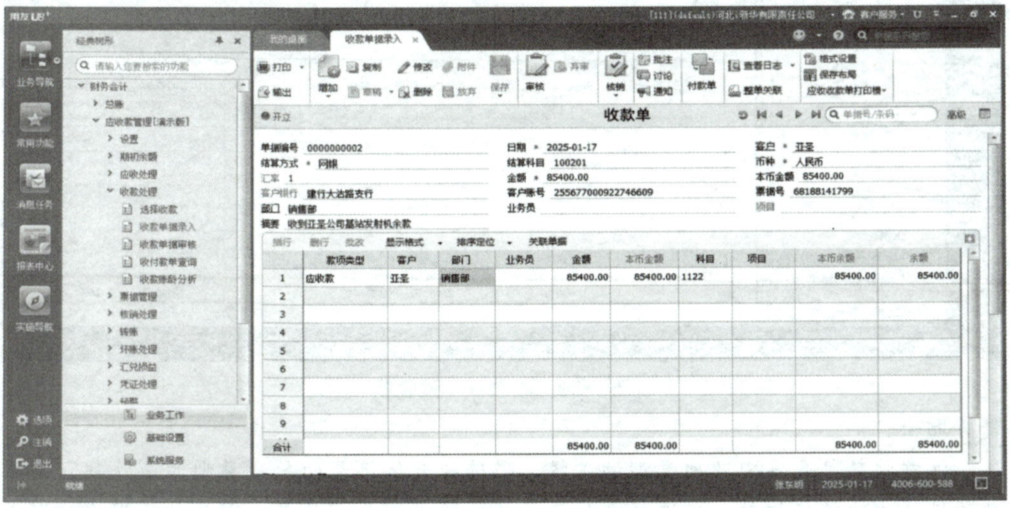

图7-28　收款单—应收款

（3）单击“审核”按钮，对收款单进行审核。系统提示“是否立即制单?”，单击“是”按钮，打开“填制凭证”页签，单击“保存”按钮，系统保存自动生成的凭证，结果如图7-29所示。

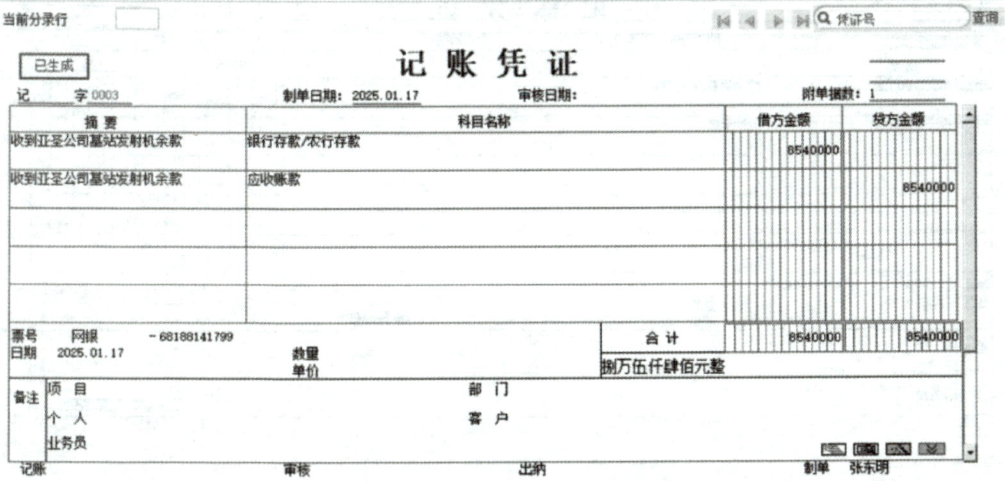

当前分录行

已生成

记账凭证

记　字 0003　制单日期：2025.01.17　审核日期：　附单据数：1

摘要	科目名称	借方金额	贷方金额
收到亚圣公司基站发射机余款	银行存款/农行存款	8540000	
收到亚圣公司基站发射机余款	应收账款		8540000
票号 网银 - 68188141799 日期 2025.01.17　数量 单价	合计	8540000	8540000
	捌万伍仟肆佰元整		

备注　项目　部门　个人　客户　业务员

记账　审核　出纳　制单 张东明

图7-29　收回应收款记账凭证

2.业务2的处理（收到预收款）

操作步骤：

（1）以操作员“03张东明”身份，操作日期“2025-01-25”，登录企业应用平台。在应收款管理系统中，填制收款单并审核，结果如图7-30所示。

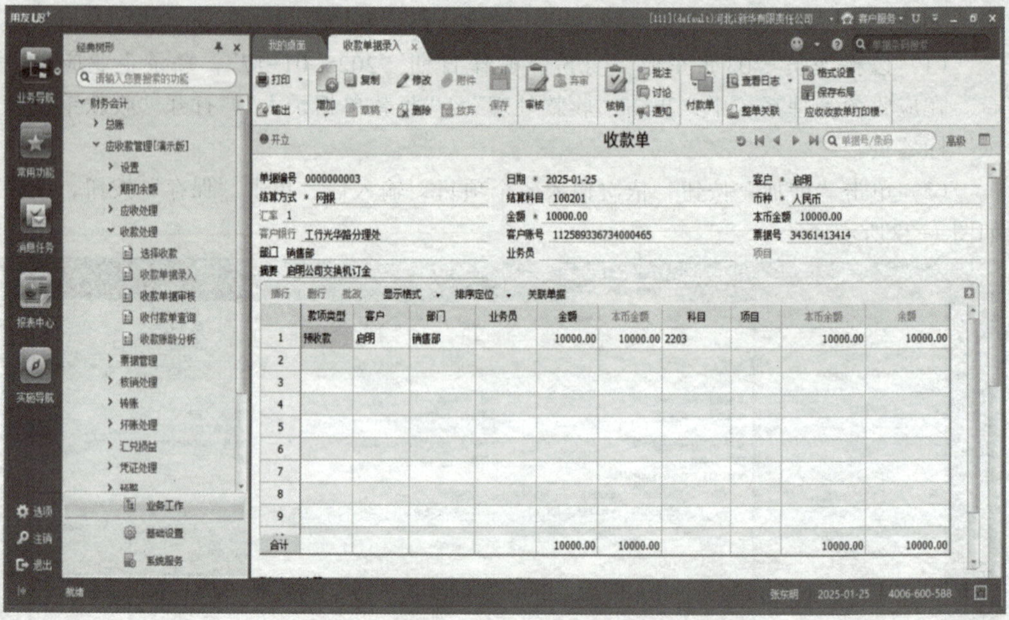

图7-30　收款单—预收款

任务贴士：

注意收款单表体中款项类型的选择。若选择表体记录的款项类型为应收款，则该款项性质为冲销应收款；若选择表体记录的款项类型为预收款，则该款项用途为形成预收款；若选择表体记录的款项类型为其他费用，则该款项用途为其他费用。

（2）保存系统自动生成的凭证，结果如图7-31所示。

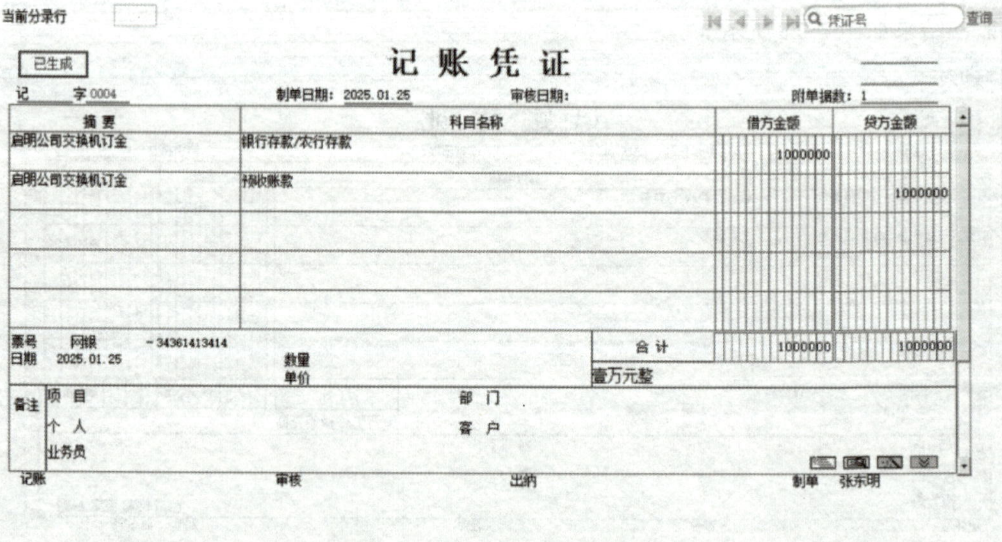

图7-31　收到预收款记账凭证

任务六　核销应收款

教学视频 7-5

清楚了解欠款收回情况——核销处理

教学视频 7-6

应收款结清的另一种方式——转账

[任务内容]

1.30 日，用上海亚圣股份公司的预收账款冲抵其应收款项。

2.30 日，冲销北京启明有限公司的应收款。

3.30 日，核销上海亚圣股份公司的应收款。

[任务要求]

会计张东明完成核销应收款业务。

[工作示范]

1. 业务 1 的处理（预收冲应收）

实训视频 7-6

核销应收款操作演示

操作步骤：

（1）以操作员“03 张东明”身份，操作日期“2025-01-30”，登录企业应用平台。在应收款管理系统中，单击“转账”/“预收冲应收”，打开“预收冲应收”对话框。

（2）在“预收款”页签中，单击“客户”栏参照按钮，选择“0102-上海亚圣股份公司”，单击“过滤”按钮，结果如图 7-32 所示。

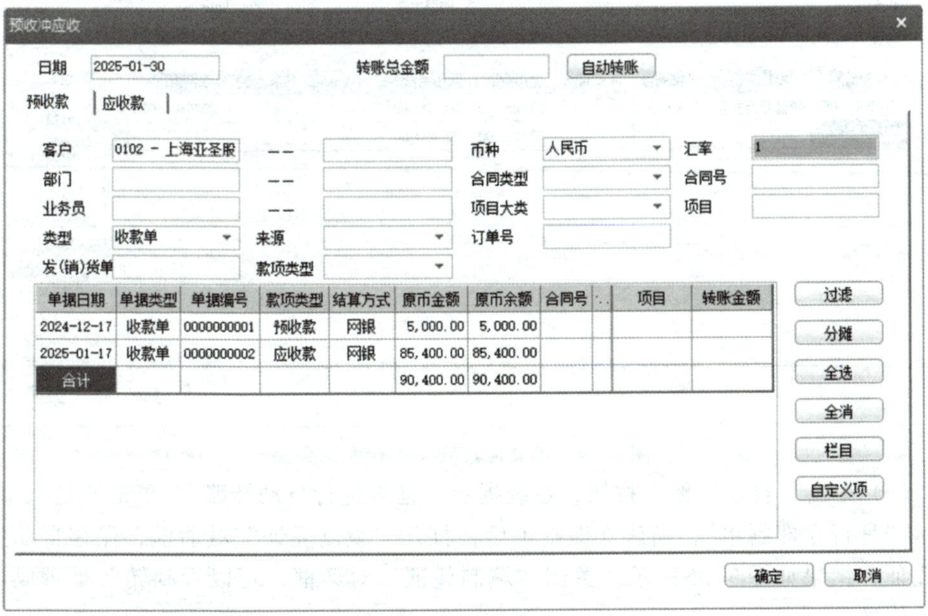

图7-32　预收冲应收—预收款

（3）在“应收款”页签中单击“过滤”按钮，结果如图7-33所示。

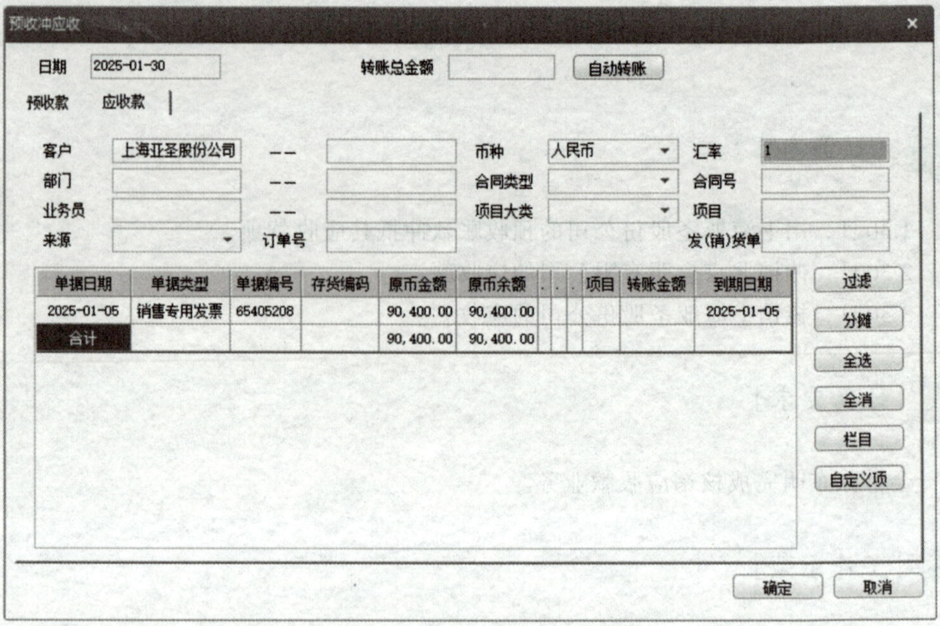

图7-33　预收冲应收—应收款

（4）在“转账总金额”栏目中输入“5 000”，如图7-34所示。

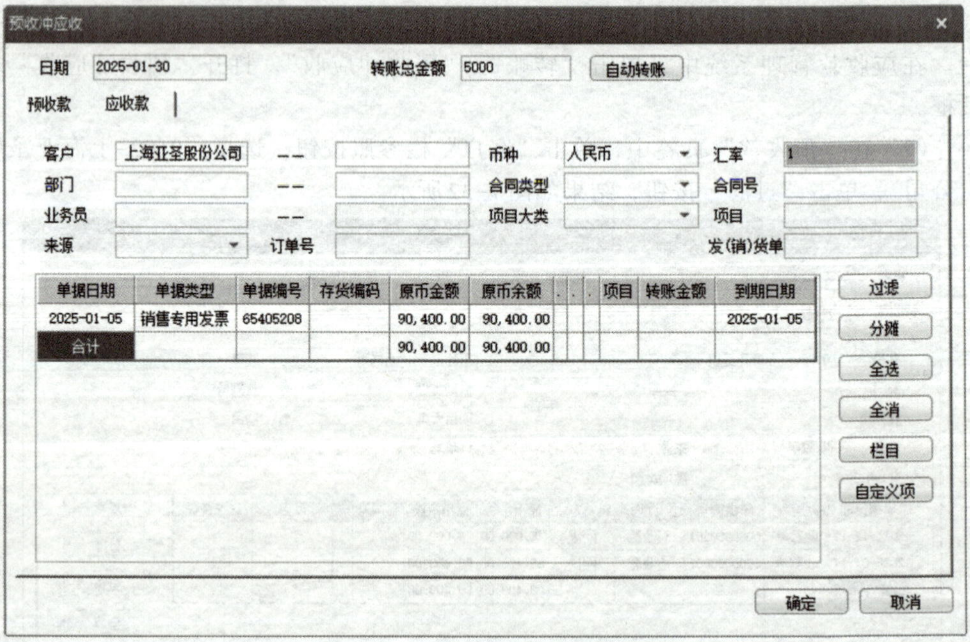

图7-34　预收冲应收输入转账总金额

（5）单击“自动转账”按钮，系统提示“是否进行自动转账”。单击“是”，系统提示“是否立即制单”，确认立即制单后，打开“填制凭证”对话框，保存自动生成的凭证，结果如图7-35所示。关闭“填制凭证”对话框，可以看到转账是否成功的提示信息。

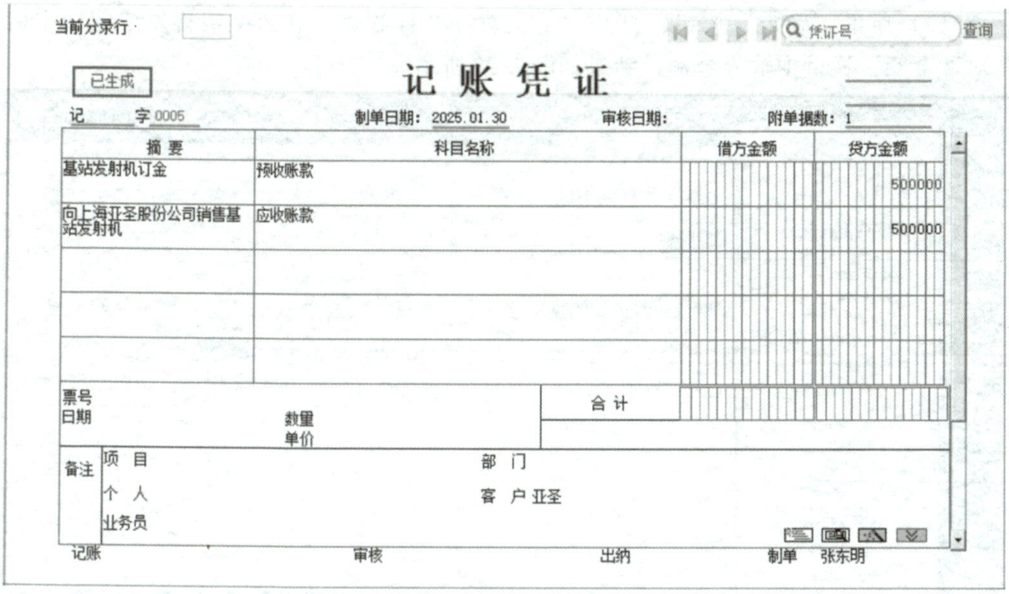

图7-35　预收冲应收记账凭证

任务贴士：

①除了可以在“转账总金额”栏目中输入金额，自动分摊该转账总金额到具体单据上外，还可以分别在“预收款”和“应收款”两个页签中的“转账金额”栏目中输入各笔预收款和应收款的转账金额。

②每一笔预收款和应收款的转账金额均不能大于其余额，且应收款的转账金额合计应该等于预收款的转账金额合计。

2. 业务2的处理（红票对冲）

操作步骤：

（1）在应收款管理系统中，单击“转账”/“红票对冲”/“手工对冲”，打开“红票对冲条件”对话框。

（2）单击“客户”栏参照按钮，选择“0101-北京启明有限公司”，如图7-36所示。

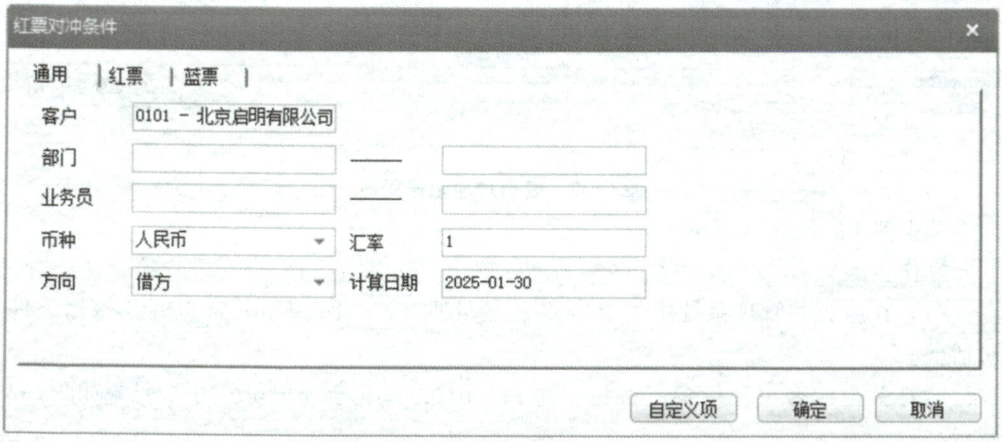

图7-36　红票对冲条件

（3）单击“确定”按钮，打开“手工对冲”标签页，在蓝字销售发票记录中的“对冲金额”栏目中输入金额，结果如图7-37所示。

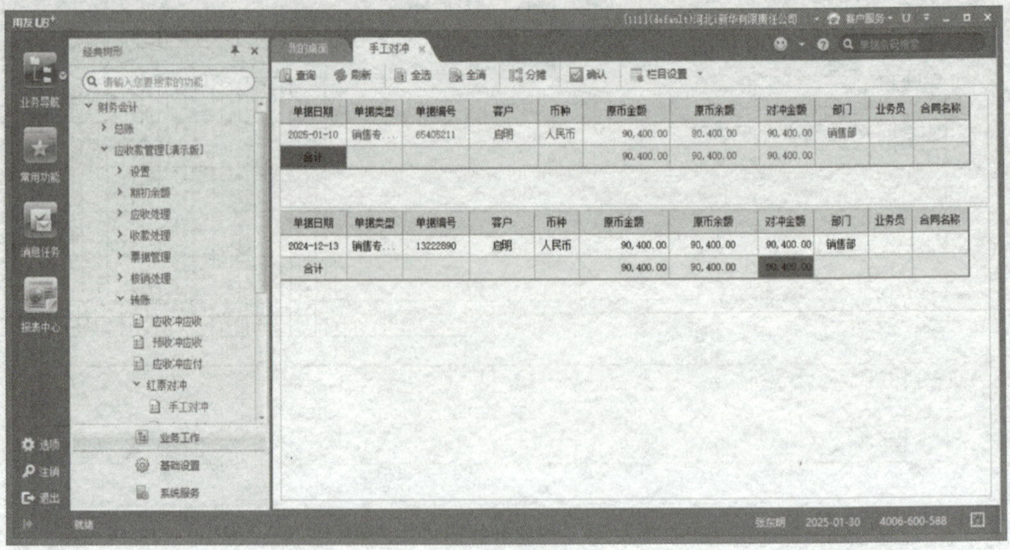

图7-37 手工对冲

（4）单击“确认”按钮，系统提示“是否立即制单”，确认立即制单后，打开“填制凭证”标签页，保存自动生成的凭证，结果如图7-38所示。

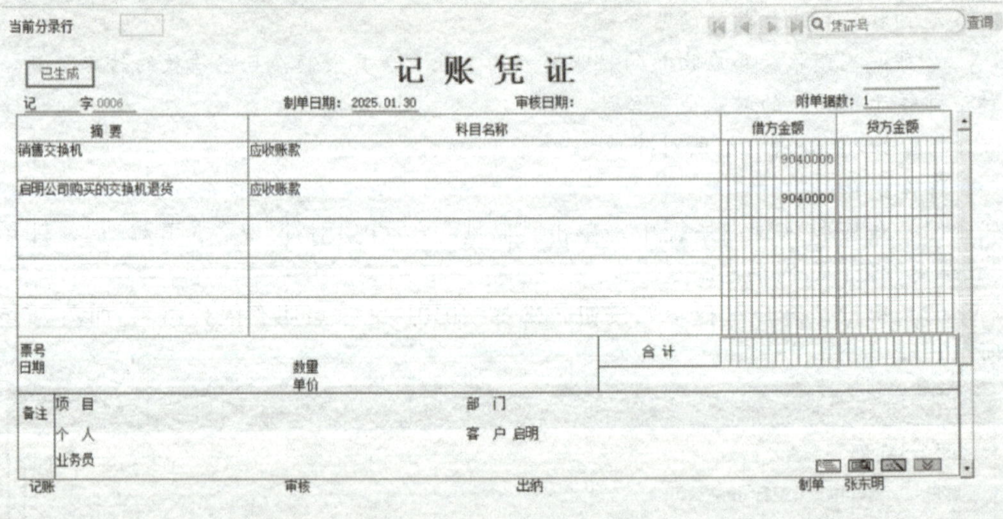

图7-38 红票对冲记账凭证

3.业务3的处理（核销）

操作步骤：

（1）在应收款管理系统中，单击“核销处理”/“手工核销”，打开“核销条件”对话框。

（2）单击“客户”栏参照按钮，选择“0102-上海亚圣股份公司”，结果如图7-39所示。

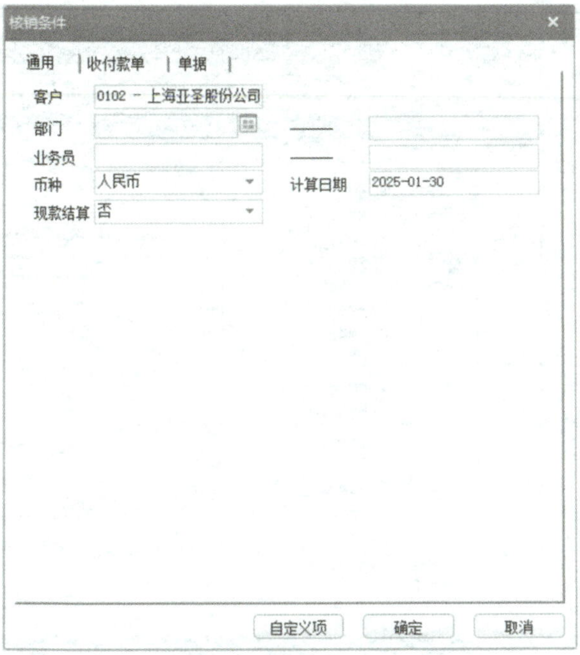

图7-39　核销条件

（3）单击“确定”按钮，打开“手工核销”页签。根据收款单记录选择要核销的应收单据，并在销售专用发票的“本次结算”栏录入结算金额，结果如图7-40所示。

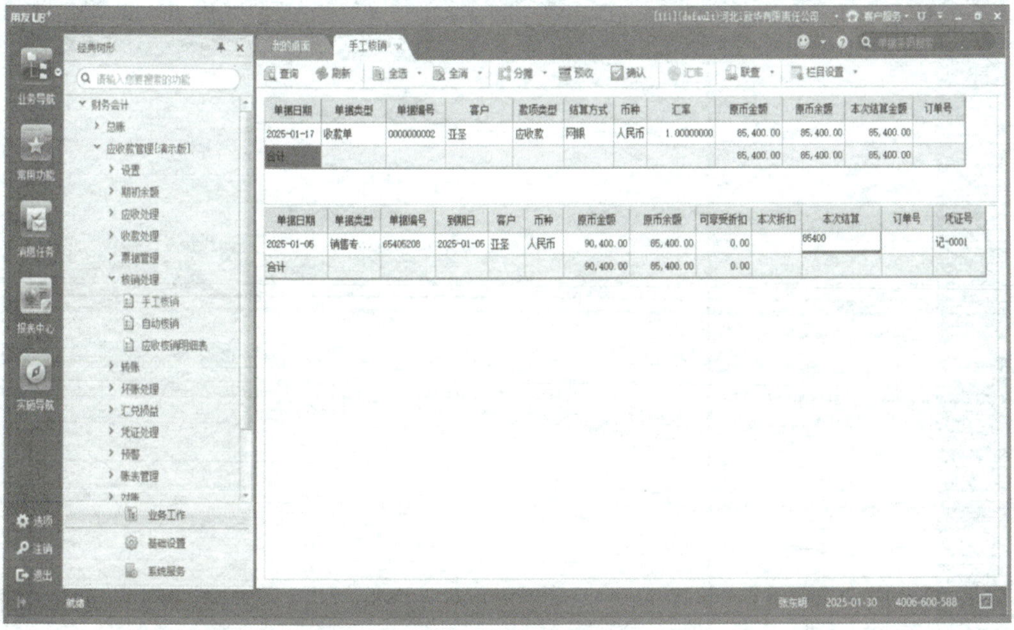

图7-40　手工核销

（4）单击“确认”按钮，系统自动保存该收付款单核销信息。

（5）单击“凭证处理”/“生成凭证”，打开“制单查询”对话框，勾选“核销”，如图7-41所示。

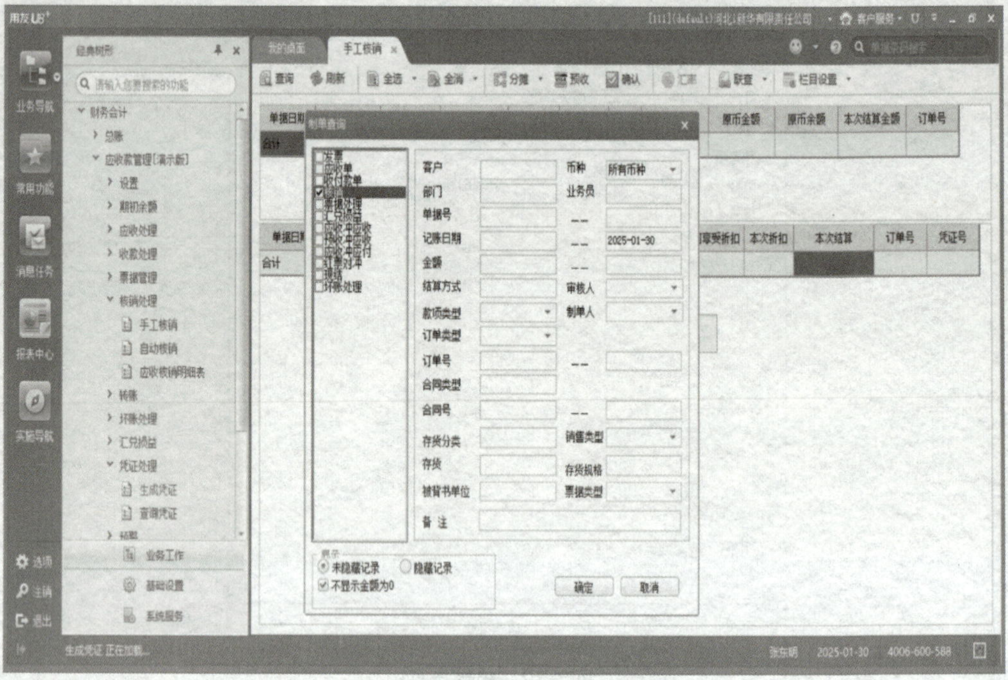

图7-41 生成凭证—制单查询

（6）单击“确定”按钮，打开“生成凭证”标签页。单击“全选”按钮，结果如图7-42所示。

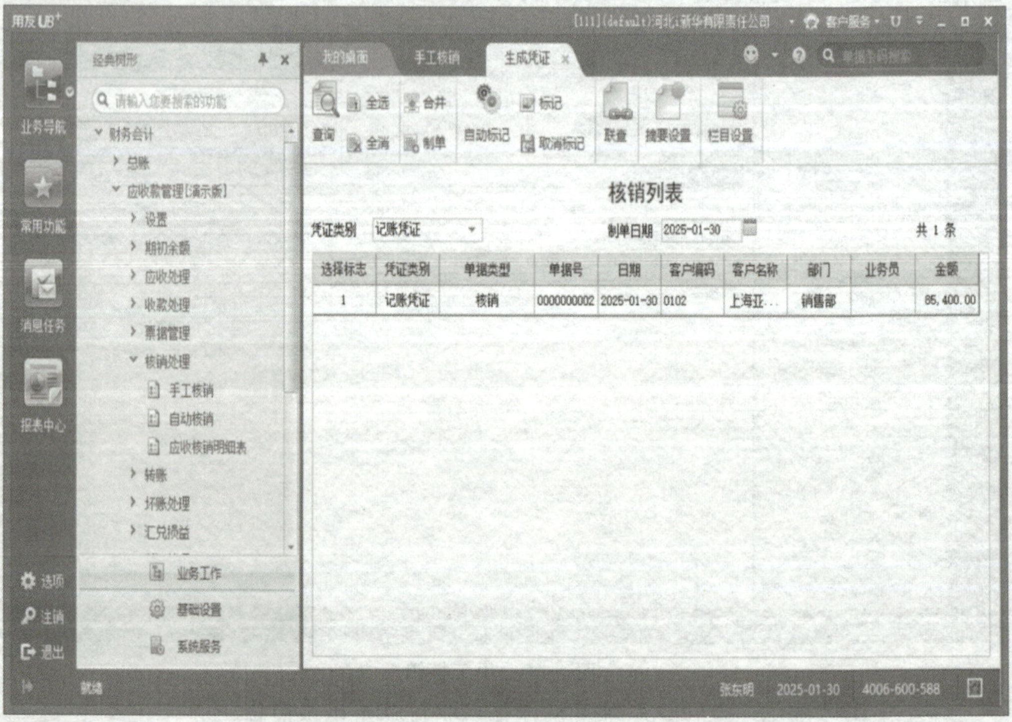

图7-42 生成凭证—核销列表

（7）单击“制单”按钮，打开“填制凭证”标签页，保存自动生成的凭证，结果如图7-43所示。

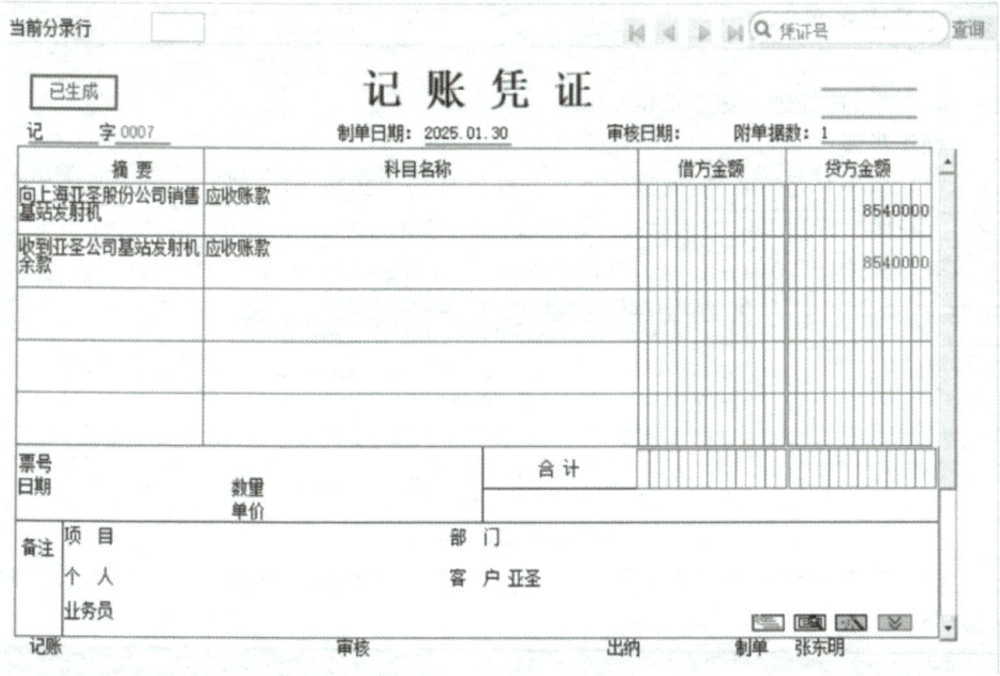

当前分录行　　凭证号　查询

已生成

记账凭证

记　字 0007　　制单日期：2025.01.30　　审核日期：　　附单据数：1

摘要	科目名称	借方金额	贷方金额
向上海亚圣股份公司销售基站发射机	应收账款		8540000
收到亚圣公司基站发射机余款	应收账款		8540000

票号
日期
数量
单价
合计

备注　项目　　部门
个人　　客户 亚圣
业务员

记账　　审核　　出纳　　制单 张东明

图7-43　核销记账凭证

任务贴士：

①只有应收款和预收款才允许核销，收付款单表体中其他款项类型的记录不允许在此作为核销记录。

②用户需要手工输入本次结算金额，上下列表中的结算金额合计必须保持一致。

③核销记录可以在“核销处理”/“应收核销明细表”中查询。

任务七　处理坏账业务

[任务内容]

新华公司2025年1月份进行了如下坏账处理：

1.30日，得到确切消息常州卓越有限公司因经营不善出现资金断流，应收常州卓越有限公司的货款中有10 000元无法收回，经公司董事会研究决定确认为坏账。（董事会决议略）

2.31日，计提坏账准备。

教学视频7-7

赊销带来的隐患——坏账处理

[任务要求]

会计张东明完成坏账业务处理。

[工作示范]

实训视频 7-7

坏账业务处理操作演示

1. 业务1的处理（坏账发生）

操作步骤：

（1）以操作员“03张东明”身份，操作日期“2025-01-30”，登录企业应用平台。在应收款管理系统中，单击“坏账处理”/“坏账发生”，打开“坏账发生”对话框。客户栏选择“0103-常州卓越有限公司”，结果如图7-44所示。

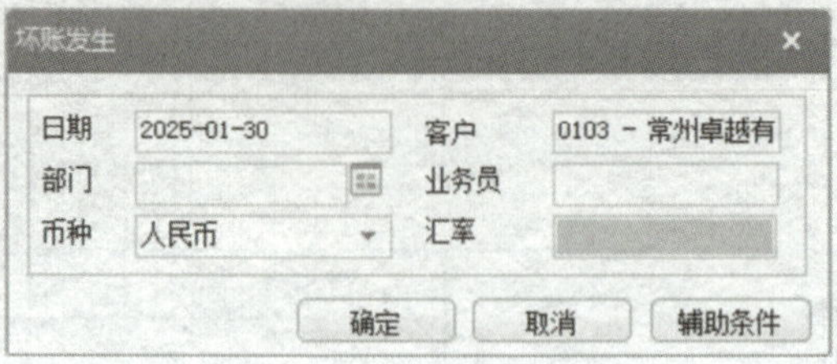

图7-44 坏账发生（1）

（2）单击“确定”按钮，打开“坏账发生”标签页，输入本次发生坏账金额“10 000”，结果如图7-45所示。

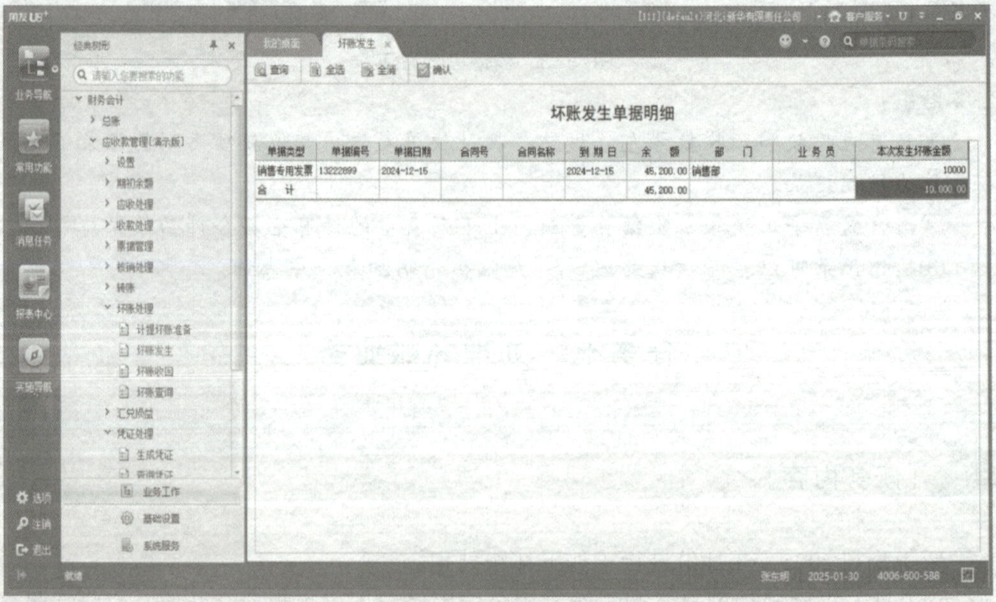

图7-45 坏账发生（2）

（3）单击“确认”按钮，系统提示“是否立即制单”，确认立即制单后，打开“填制凭证”标签页，保存自动生成的凭证，结果如图7-46所示。

2. 业务2的处理（计提坏账准备）

操作步骤：

（1）以操作员“03张东明”身份，操作日期“2025-01-31”，登录企业应用平台。在应收款管理系统中，单击“坏账处理”/“计提坏账准备”，打开“计提坏账准备”标签页。系统显示坏账计提结果，如图7-47所示。

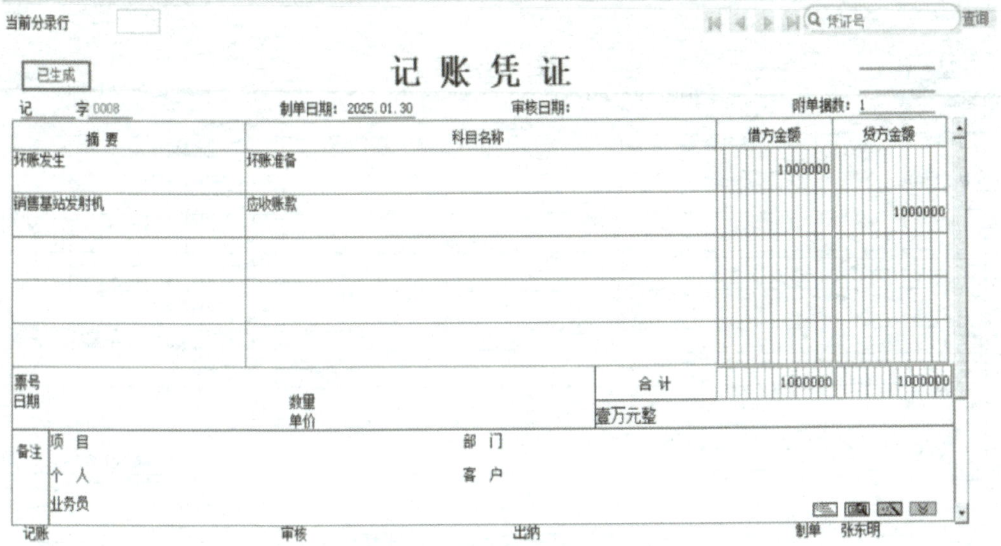

图7-46　坏账发生记账凭证

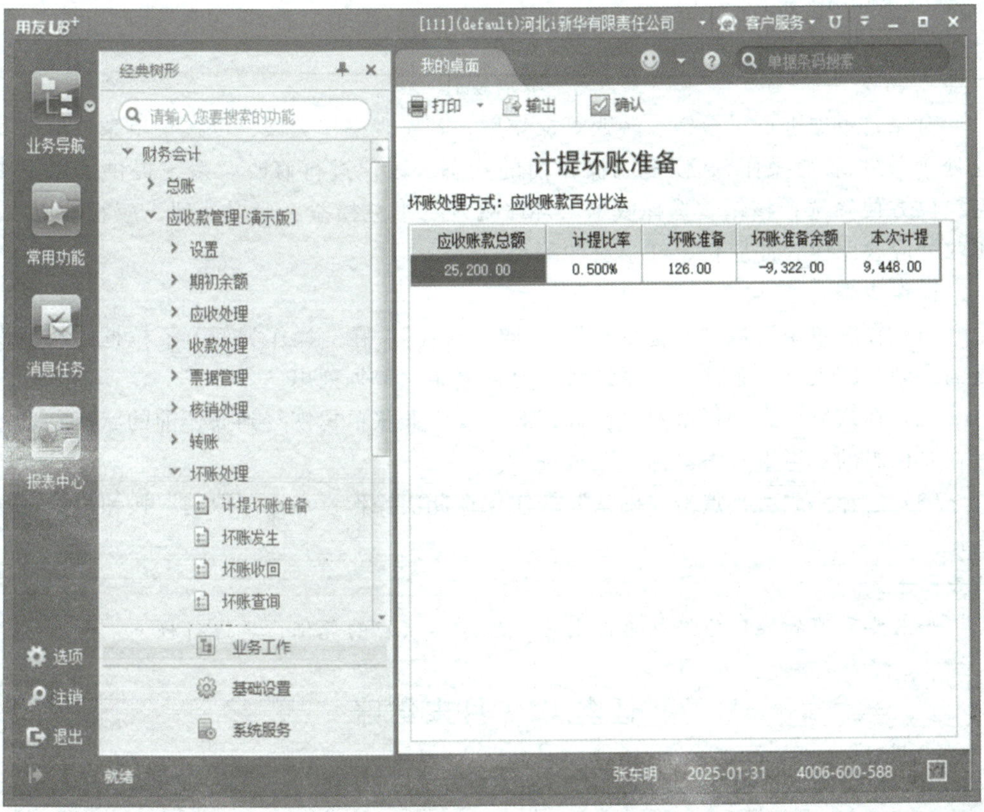

图7-47　计提坏账准备

（2）单击“确认”按钮，系统提示“是否立即制单”，确认立即制单后，打开“填制凭证”标签页，保存自动生成的凭证，结果如图7-48所示。

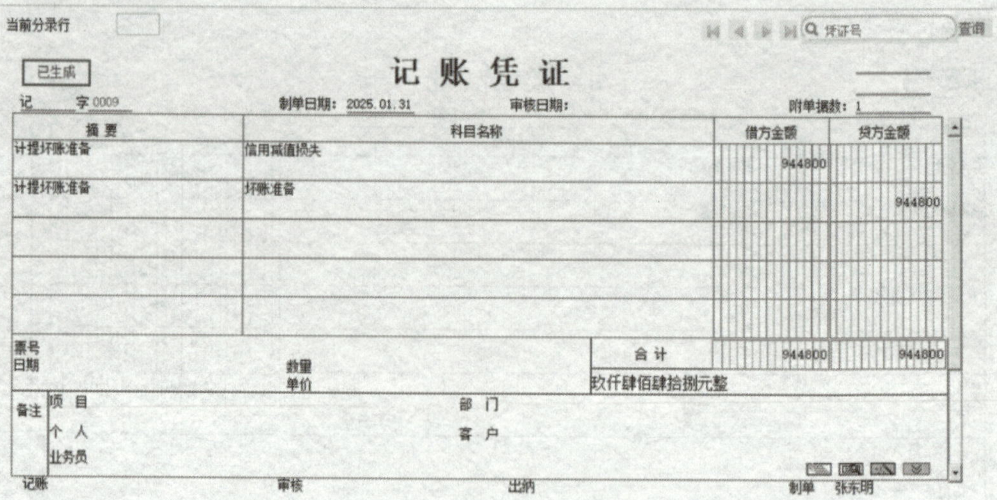
当前分录行

凭证号 查询

已生成

记账凭证

记 字 0009　　制单日期：2025.01.31　　审核日期：　　附单据数：1

摘要	科目名称	借方金额	贷方金额
计提坏账准备	信用减值损失	944800	
计提坏账准备	坏账准备		944800
票号 日期	数量 单价	合计 944800	944800
		玖仟肆佰肆拾捌元整	

备注　项目　部门

个人　客户

业务员

记账　审核　出纳　制单 张东明

图7-48　坏账准备计提记账凭证

[知识拓展]

取消操作

教学视频7-8 错误操作更正方法——取消操作

对原始单据进行了核销、转账等操作后，若发现操作失误，可在菜单条选取“其他处理”/“取消操作”，恢复到操作前的状态，以便进行修改。系统提供了以下类型，以方便筛选：核销、选择收款、坏账处理、汇兑损益、票据处理、应收冲应收、预收冲应收、应收冲应付、红票对冲等。

操作步骤：

（1）在菜单条选取“其他处理”/“取消操作”。在“操作类型”下拉框中选择恢复的类型，输入过滤条件后，系统将满足恢复条件单据列出。

（2）在恢复标志一栏里双击鼠标，表示要将此张单据恢复到操作前的状态；也可以在有标志的一栏里双击鼠标，取消选择。

（3）选择完成后，点击“确认”按钮保存此次操作；点击“取消”按钮取消此次操作。

任务贴士：

如果要取消的操作已经制单，则应先删除其对应的凭证，再进行恢复。

任务八　月末结账

教学视频7-9 站好最后一班岗——月末处理

[任务内容]

31日，进行应收款管理系统与总账系统期末对账；完成应收款管理系统月末结账。

[任务要求]

会计张东明完成系统对账、应收款管理系统月末结账。

[工作示范]

实训视频7-8

月末结账操作演示

操作步骤：

（1）以操作员“03张东明”身份，操作日期“2025-01-31”，登录企业应用平台。在应收款管理系统中，单击“对账”/“与总账对账”，打开“对账条件”对话框，如图7-49所示。

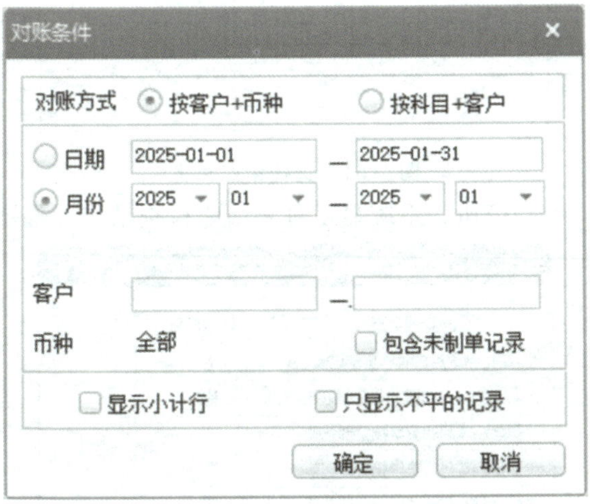

图7-49　对账条件

（2）单击“确定”按钮，打开“与总账对账”标签页，系统显示与总账对账结果，如图7-50所示。

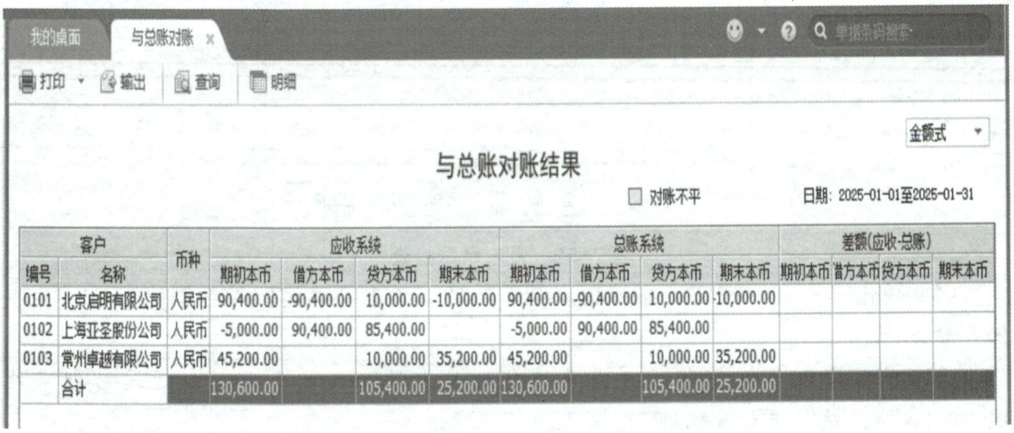

与总账对账结果

客户		币种	应收系统				总账系统				差额(应收-总账)			
编号	名称		期初本币	借方本币	贷方本币	期末本币	期初本币	借方本币	贷方本币	期末本币	期初本币	借方本币	贷方本币	期末本币
0101	北京启明有限公司	人民币	90,400.00	-90,400.00	10,000.00	-10,000.00	90,400.00	-90,400.00	10,000.00	-10,000.00				
0102	上海亚圣股份公司	人民币	-5,000.00	90,400.00	85,400.00		-5,000.00	90,400.00	85,400.00					
0103	常州卓越有限公司	人民币	45,200.00		10,000.00	35,200.00	45,200.00		10,000.00	35,200.00				
	合计		130,600.00		105,400.00	25,200.00	130,600.00		105,400.00	25,200.00				

图7-50　与总账对账结果

（3）单击“期末处理”/“月末结账”，打开“月末处理”对话框。

（4）选择结账月份，单击“结账标志”一栏，结果如图7-51所示。

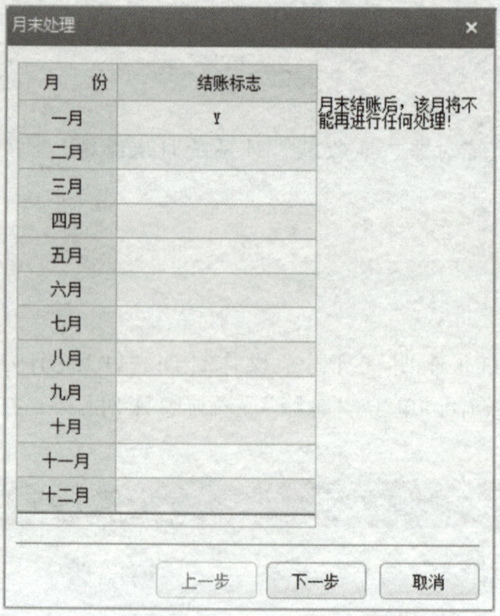

图7-51　选择结账月份

（5）单击“下一步”按钮，系统显示月末结账检查结果，如图7-52所示。

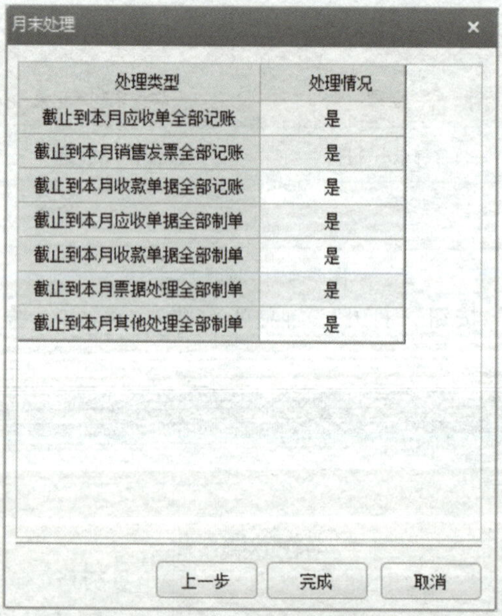

图7-52　月末结账检查

（6）单击“完成”按钮，系统提示结账成功，单击“确定”按钮退出。

任务贴士：

若应收款管理系统结账后又需要恢复到月末结账前状态，可以通过“期末处理”/“取消月结”进行反结账。

工作领域七

同步测试及参考答案

同步测试

一、单项选择题

1.应收款系统的启用会计期间应满足的条件是（　　）。

A.晚于或等于账套的启用期间　　B.早于或等于账套的启用期间
C.晚于或等于业务日期　　D.早于或等于业务日期

2.下列不属于应收款管理系统和总账系统对账科目的是（　　）。

A.应收票据　　B.应收账款　　C.预收账款　　D.预付账款

3.在应收款管理系统的对方科目设置中，销售收入科目应该设置为（　　）。

A.主营业务收入　　B.其他业务收入　　C.库存现金　　D.银行存款

4.如果需要了解一定期间内发生的应收坏账业务处理情况及处理结果，加强对坏账的监督，可以在应收款管理系统中，通过（　　）功能处理。

A.计提坏账　　B.坏账发生　　C.坏账收回　　D.坏账查询

5.关于预收冲应收，以下说法中正确的是（　　）。

A.每一笔应收款的转账金额应大于其余额
B.每一笔预收款的转账金额应大于其余额
C.应收款的转账金额合计应该等于预收款的转账金额合计
D.当预收款大于等于应收款时，自动冲销的金额以预收款总额为准

二、多项选择题

1.在应收款管理系统中，只要做过（　　）中任意一种操作，就不能修改坏账准备数据，只能查询。

A.录入期初余额　　B.坏账收回　　C.坏账计提　　D.坏账发生

2.在应收款管理系统中，转账处理功能主要包括（　　）。

A.应收冲应收　　B.应收冲预付　　C.预收冲应收　　D.红票对冲

3.在应收款管理系统中，系统提供的计提坏账的方法主要有（　　）。

A.销售收入百分比法　　B.应收账款百分比法　　C.账龄分析法　　D.直接转销法

4.在应收款管理系统中，收款单用来记录企业所收到的客户款项，款项性质包括（　　）等。

A.预收款　　B.预付款　　C.应付款　　D.应收款

5.在应收款管理系统中，结算单列表显示的是款项类型为（　　）的记录，而其他款项类型的记录，不允许在此作为核销记录。

A.预收款　　B.预付款　　C.应收款　　D.应付款

三、判断题

1.某客户付了一笔货款的同时还付了一笔以前的坏账款项，这时，应录入两张收款单，分别记录收到的货款和坏账款项。（　　）

2.应收款管理系统，选项中设置审核日期为单据日期时，本月的单据（发票和应收单）在结账前应该全部审核。（　　）

3.在应收款管理系统中手工核销及自动核销一次均可对多个客户进行核销处理。（　　）

4.销售发票和收款单是最常见的、能证明应收款项发生的单据。（　　）

5.取消操作时，如果该处理已经制单，则应先删除其对应的凭证，再进行恢复。（　　）

综合实训

[实训内容]

石家庄正道轮胎有限公司2025年1月1日启用应收款管理系统。

1.根据业务需要，应收款管理系统系统参数设置为：

应收单据审核日期依据“单据日期”；坏账处理方式选择“应收余额百分比法”；受控科目制单方式为“明细到单据”，月末结账前全部生成凭证，核销生成凭证，预收冲应收生成凭证，红票对冲生成凭证，单据审核后立即制单；应收款核销方式为“按单据”；其他内容保持默认设置。

2. 基本科目设置见表7-3。

表7-3 基本科目设置

基本科目种类	科目编码	科目名称	币种
应收科目	1122	应收账款	人民币
预收科目	2203	预收账款	人民币
税金科目	22210107	应交税费/应交增值税/销项税额	人民币
销售收入科目	6001	主营业务收入	人民币
销售退回科目	6001	主营业务收入	人民币

3. 结算科目：现金——1001；现金支票——100201；转账支票——100201；商业汇票——100201；支付宝——100201；电汇——100201；网银——100201；其他——100201。

4. 坏账准备：提取比率为0.5%，坏账准备期初余额为139.43元，坏账准备科目为“1231坏账准备”，对方科目为“6702信用减值损失”。

5. 修改销售专用发票的编号方式为“手工改动，重号时自动重取”。

6. 修改销售专用发票的格式：将表头项目“销售类型”改为非必输项。

7. 修改银行档案：中国工商银行企业账号定长为19。

8. 本单位开户银行信息见表7-4。

表7-4 本单位开户银行

编码	银行账号	账户名称	币种	开户银行	所属银行
01	0326662220003336710	石家庄正道轮胎有限公司	人民币	工商银行裕华路支行	中国工商银行

9. 本月有4笔期初单据需要录入：

（1）2024年12月22日，向江苏中通公司销售子午线轮胎（YH型）50条，不含税单价490元，增值税税率13%，价税合计27 685元。增值税专用发票票号22331121。

（2）2024年12月22日，向江苏中通公司销售子午线轮胎（YH型）时代垫运费200元。

（3）2024年12月27日，收到石家庄正新公司以网银转账方式支付的子午线轮胎（EH型）订金5 000元（网银转账电子回单号23326770091）。

（4）2024年12月28日，向上海理诚公司销售子午线轮胎（EH型）60条，不含税单价780元，增值税税率13%，价税合计52 884元，增值税专用发票票号22331132。收到上海理诚公司交来的商业承兑汇票（票号1123324554560089），票面金额52 884元，票面利率5%，到期日2025年3月28日。

10. 石家庄正道轮胎有限公司2025年1月份发生如下经济业务：

（1）5日，向江苏中通公司销售子午线轮胎（EH型）50条，不含税单价790元，增值税税率13%，价税款合计44 635元，开出增值税专用发票（发票号88782234），货已发出，货税款尚未收到。

（2）13日，收到江苏中通公司以网银转账方式支付的欠子午线轮胎（YH型）货税款和运费27 885元（网银转账电子回单号43451675215）。

（3）15日，向石家庄正新公司销售子午线轮胎（EH型）20条，不含税单价790元，增值税税率13%，价税款合计17 854元，开出增值税专用发票（发票号88782235），货已发出，货税款尚未收到。

（4）18日，收到石家庄正新公司以网银转账方式支付子午线轮胎（EH型）货税款余款12 854元（网银转账电子回单号56691145312）。

（5）31日，用石家庄正新公司的预收账款冲抵其应收款项。

（6）31日，核销各客户的应收款。

（7）31日，计提坏账准备。

［实训要求］

1. 会计朱军勇完成应收款管理初始设置。

2. 会计朱军勇完成应收款日常业务处理。

3. 会计朱军勇完成应收款管理系统1月份结账。

【互动课堂】

请将本工作领域实训完成结果按要求上传至课程平台。

1. 提交计提坏账准备生成的记账凭证截图。

2. 提交月末结账前与总账对账结果截图。

3. 提交月末结账时，各处理类型处理情况结果截图。

互动课堂提示

工作领域八

应付款管理

【学习目标】

教学视频8-1

供应商往来管理专家——应付款管理概述

掌握应付款管理系统的操作流程和应付款业务的具体处理方法；能够完成参数设置、基础信息设置、期初余额录入、应付业务处理、付款业务处理、核销应付款、月末结账等操作；能够对系统操作中出现的问题进行简单维护；培养诚信经营意识、法治观念和社会责任感。

【系统思话】

工作领域八

工作过程与岗位对照图

应付款管理系统通过发票、应付单、付款单等原始单据的录入，及时、准确地为企业提供供应商的往来账款资料，帮助企业实现对往来账款的综合管理。它还通过提供各种分析报表，帮助企业合理地进行资金调配，提高资金的利用效率。其供应商管理功能，能够建立信用档案，促进诚信交易，强化商业伦理。其账龄分析与预警机制，能够实时监控账款动态，确保企业恪守契约，避免拖欠，维护供应链健康生态。其付款审批流程则通过多层权限控制，保障资金支付透明、规范，筑牢廉洁防线。应付款管理系统不仅优化了财务管理流程，更是企业诚信经营的基石。它助力企业构建良好商业信誉，实现可持续发展，是企业在激烈市场竞争中稳步前行的坚实后盾。

【案例概说】

在21世纪，供应链间的竞争已成为企业制胜的关键。新华公司深谙此道，于2025年1月1日毅然启用应付款管理系统，以战略眼光强化供应商关系管理。通过精细化记录每笔业务的应付、付款、核销，新华公司不仅实现了财务的透明与规范，更彰显了诚信立企的企业文化。此举不仅提升了资金运作效率，更在业界树立了良好信誉，为企业长远发展奠定了坚实基础。新华公司以实际行动践行社会主义核心价值观，展现了新时代企业的责任担当与追求卓越的精神风貌。

任务一　设置系统参数

教学视频8-2

日常工作前的准备——初始设置

[任务内容]

新华公司根据业务需要决定于2025年1月1日启用应付款管理系统，并按如下要求设置系统参数：

应付单据审核日期选择“单据日期”；受控科目制单方式选择“明细到单据”，单据审核后立即制单，月结前全部生成凭证，核销生成凭证，预付冲应付生成凭证，红票对冲生成凭证；应付款核销方式为“按单据”；其他按系统默认。

[任务要求]

引入已录入总账系统期初余额的账套后，账套主管王志强启用应付款管理系统，会计张东明完成应付款管理系统参数设置。

[工作示范]

实训视频 8-1

参数设置操作演示

操作步骤：

(1) 以操作员“01王志强”身份，操作日期“2025-01-01”，登录企业应用平台，启用“应付款管理”系统，启用时间为“2025-01-01”。

(2) 以操作员“03张东明”身份，操作日期“2025-01-01”，登录企业应用平台。在“业务导航”/“业务工作”中单击“应付款管理”系统，单击“设置”/“选项”，打开“账套参数设置”对话框，根据要求进行系统参数设置，结果如图8-1、图8-2、图8-3所示。

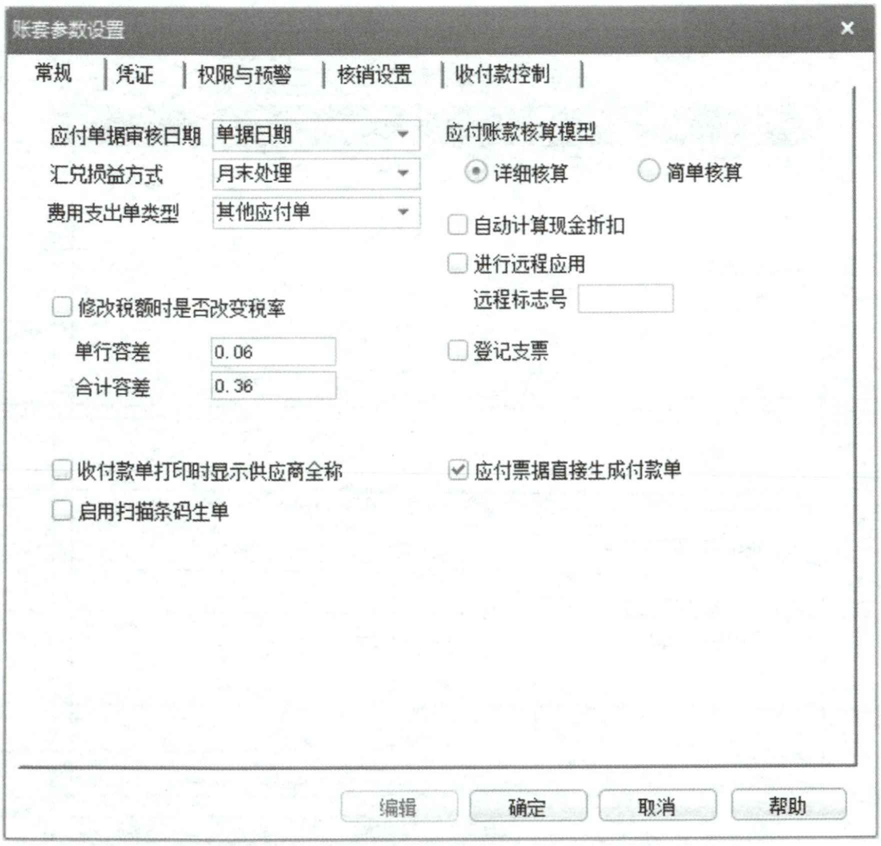

图8-1　账套参数设置—常规

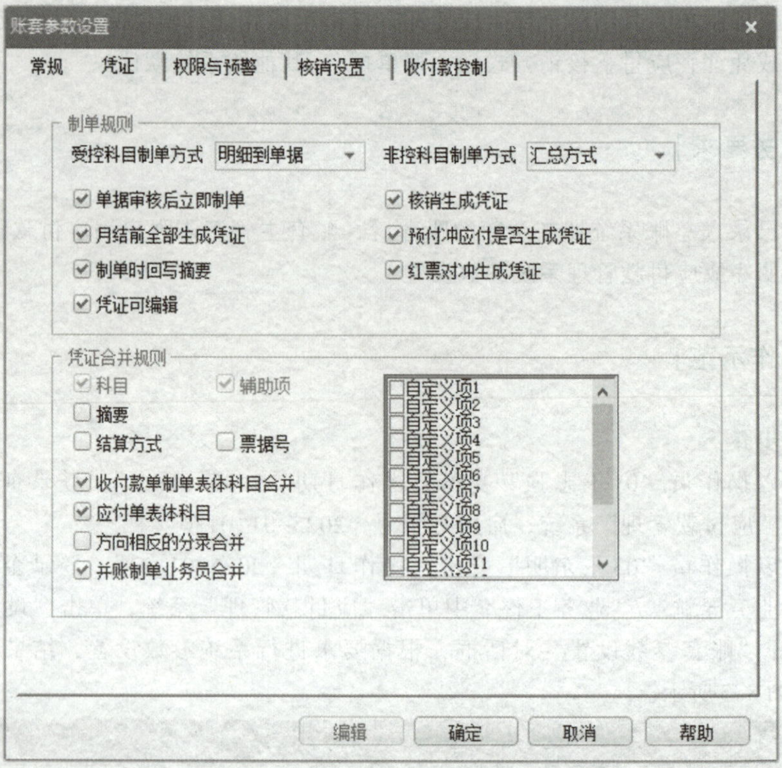

图8-2 账套参数设置—凭证

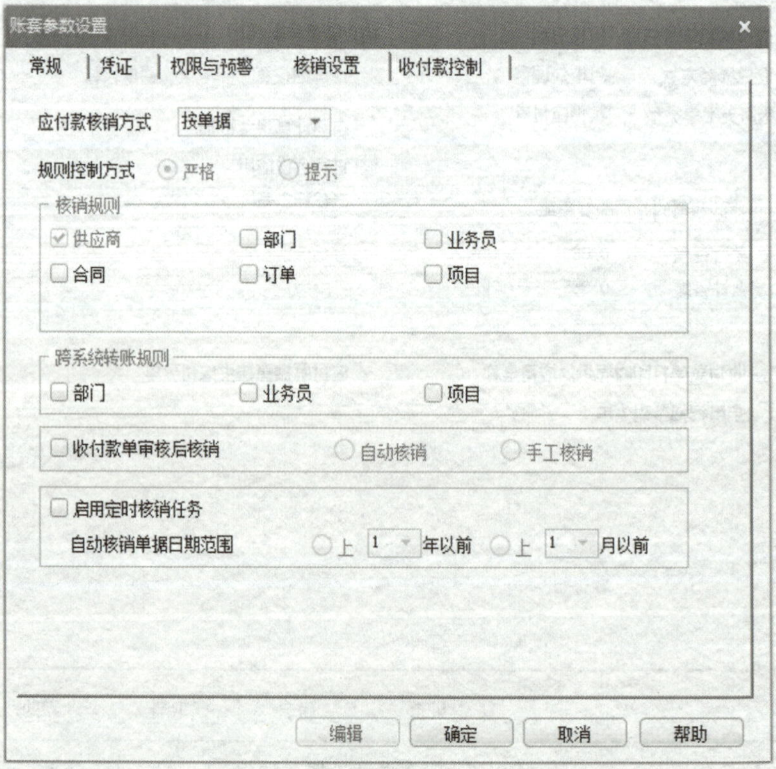

图8-3 账套参数设置—核销设置

任务二　设置基础信息

[任务内容]

1.基本科目设置（见表8-1）。

表8-1　基本科目设置

基本科目种类	科目编码	科目名称	币种
应付科目	220201	应付账款/应付供应商	人民币
预付科目	1123	预付账款	人民币
税金科目	22210101	应交税费/应交增值税/进项税额	人民币

2.对方科目设置（见表8-2）。

表8-2　对方科目设置

存货分类名称	税率	采购科目名称
原材料	13%	原材料

3.结算科目设置。

现金——1001；现金支票——100201；转账支票——100201；网银——100201；支付宝——100201；电汇——100201；其他——100201。

4.修改采购专用发票的编号方式为“手工改动，重号时自动重取”。

5.修改银行档案：中国农业银行企业账号定长17。

6.本单位开户银行：编码为01，开户银行为农行天山支行，银行账号为62284806310458899，账户名称为河北新华有限责任公司，币种为人民币。

[任务要求]

会计张东明完成应付款管理系统基础信息设置。

[工作示范]

1.基本科目设置

操作步骤：

以操作员“03张东明”身份，操作日期“2025-01-01”，登录企业应用平台。在应付款管理系统中，单击“设置”/“科目设置”/“基本科目”，打开“应付基本科目”标签页。单击“增行”按钮，依次进行基本科目设置，结果如图8-4所示。

实训视频8-2

基础信息设置操作演示

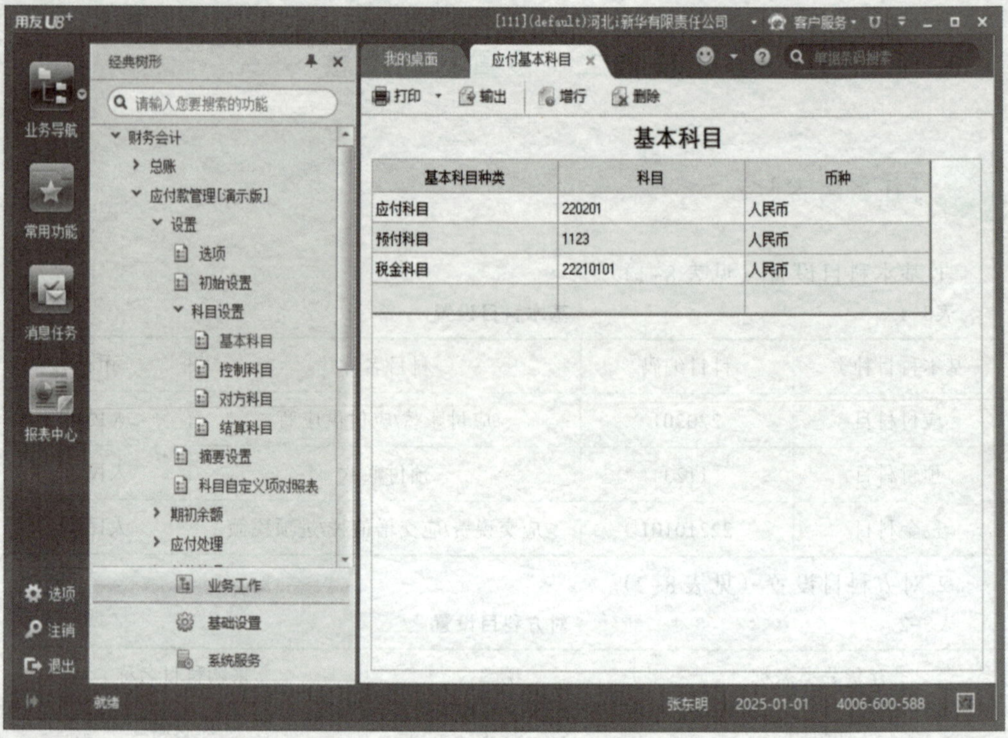

图8-4　应付基本科目

2.对方科目设置

操作步骤：

单击“设置”/“科目设置”/“对方科目”，打开“应付对方科目”标签页。单击“增行”按钮，依次进行对方科目设置，结果如图8-5所示。

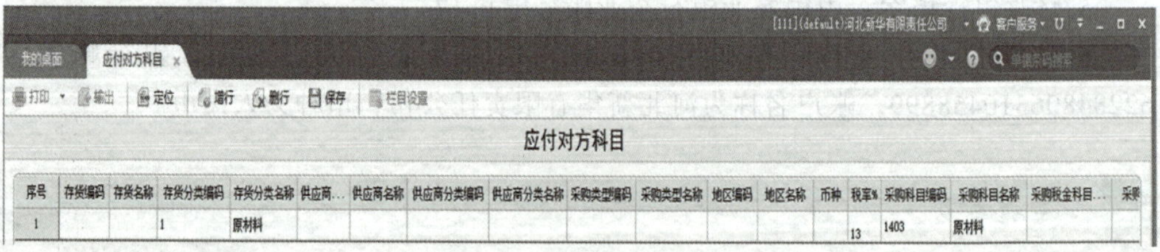

图8-5　应付对方科目

3.结算科目设置

操作步骤：

单击“设置”/“科目设置”/“结算科目”，打开“应付结算科目”标签页。单击“增行”按钮，依次进行结算科目设置，结果如图8-6所示。

4.修改采购专用发票的编号方式

操作步骤：

在“业务导航”中单击“基础设置”/“单据设置”/“单据编号设置”，打开“单据编号设置”对话框，在“单据类型”中选择“采购管理”/“采购专用发票”，单击“ ”按钮修改，选择“手工改动，重号时自动重取”，单击“ ”按钮保存。结果如图8-7所示。

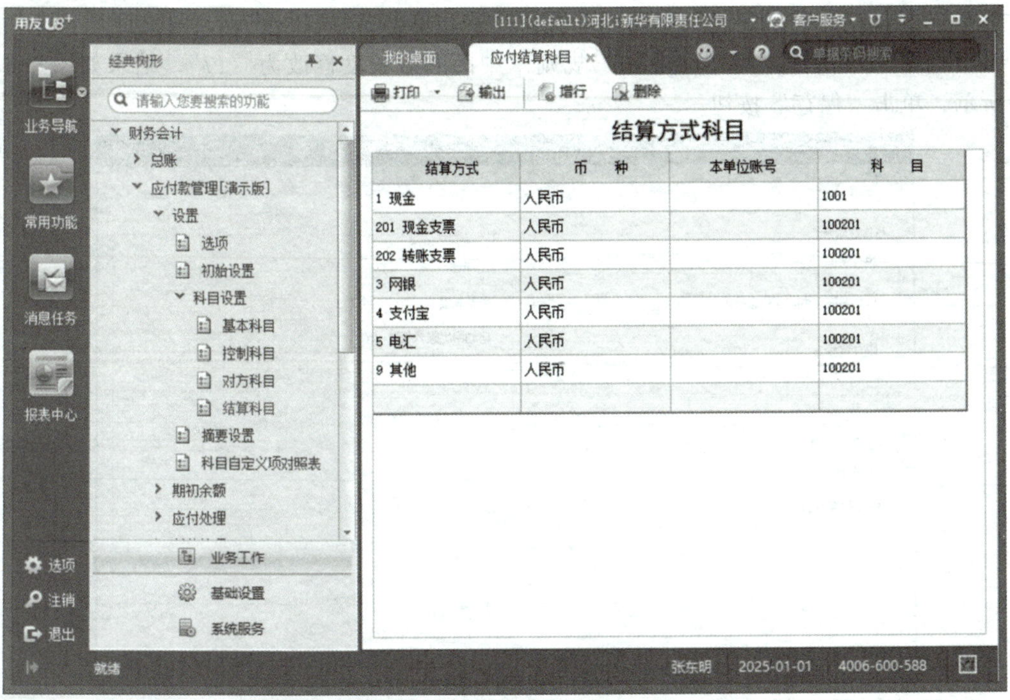

图8-6　应付结算科目

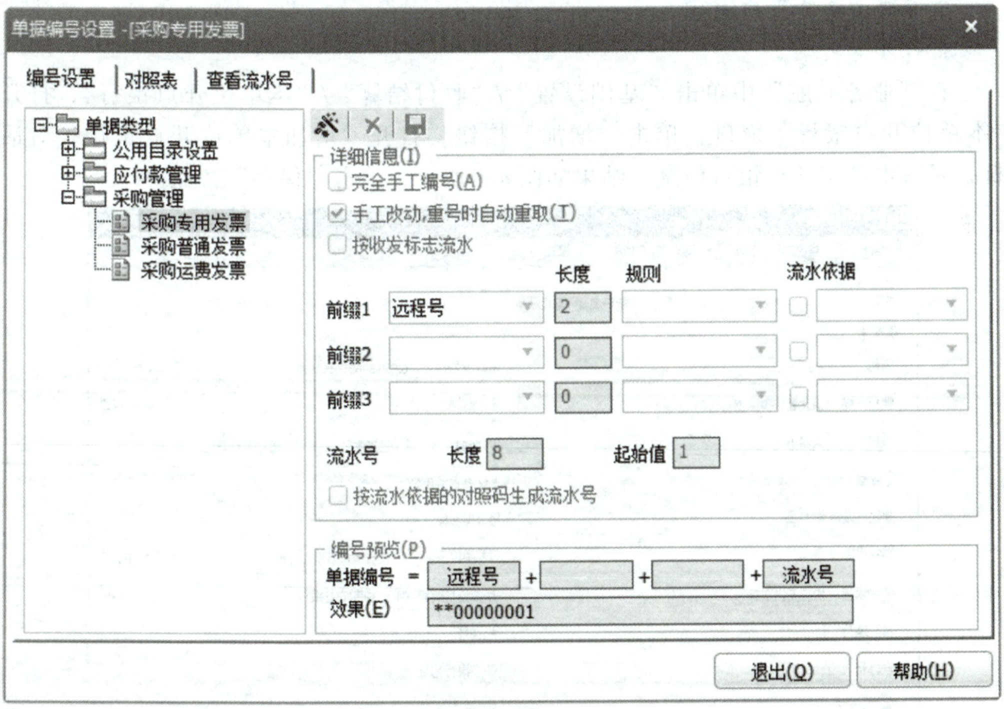

图8-7　单据编号设置—采购专用发票

5. 修改银行档案

操作步骤：

在“业务导航”中单击“基础设置”/“收付结算”/“银行档案”，打开“银行档案”窗口，选中“中国农业银行”所在行后，单击“修改”按钮，系统打开“修改银行档案”对话框，将“企业账户规则”中的账号长度修改为“17”，结果如图8-8所示，单击“保存”按钮。

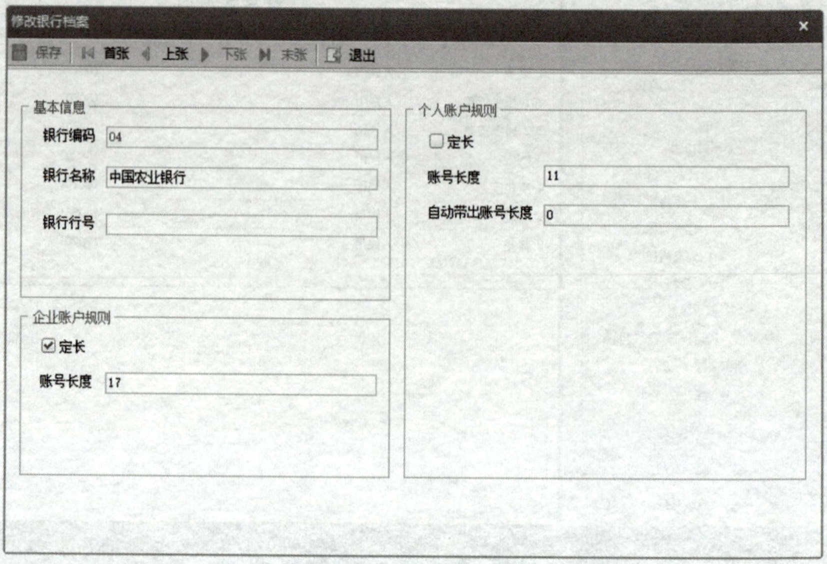

图8-8　修改银行档案

6.设置本单位开户银行

操作步骤：

在“业务导航”中单击“基础设置”/“收付结算”/“本单位开户银行”，打开“本单位开户银行”窗口，单击“增加”按钮，打开“增加本单位开户银行”对话框，录入本单位开户银行信息，结果如图8-9所示，单击“保存”按钮。

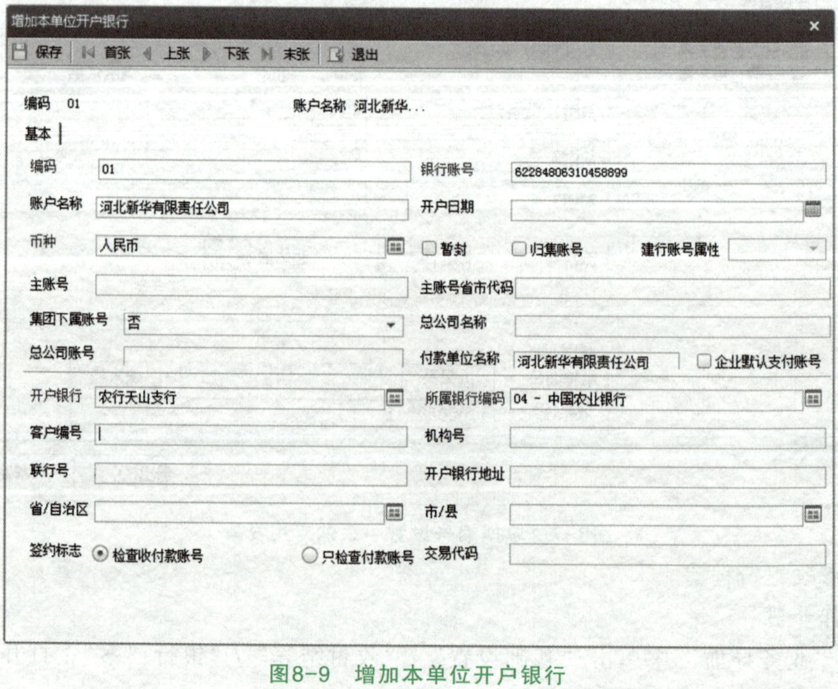

图8-9　增加本单位开户银行

任务三　录入期初余额

[任务内容]

新华公司1月份有两笔期初单据需要录入：

1.2024年12月14日，向沈阳强盛有限公司购买线缆5 000米，单价25元，价税合计141 250元，增值税专用发票票号为22483356，货款未付。

2.2024年12月20日，以网银转账方式向石家庄东成有限公司支付芯片订金2 000元。

[任务要求]

会计张东明完成应付款管理系统期初余额录入。

[工作示范]

实训视频8-3

期初余额录入操作演示

操作步骤：

（1）以操作员“03张东明”身份，操作日期“2025-01-01”，登录企业应用平台。在应付款管理系统中，单击“期初余额”/“期初余额”，打开“期初余额—查询”对话框，单击“确定”按钮，打开“期初余额”标签页。单击“增加”按钮，打开“单据类别”对话框，选择单据名称为“采购发票”，单据类型为“采购专用发票”，方向为“正向”，如图8-10所示。

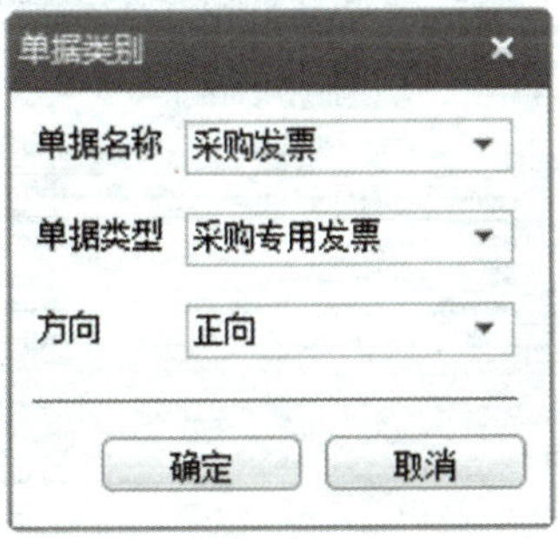

图8-10　单据类别

（2）单击“确定”按钮，打开“采购发票”标签页，单击“增加”按钮，输入采购专用发票信息，单击“保存”按钮，结果如图8-11所示。

（3）回到“期初余额”标签页，单击“增加”按钮，打开“单据类别”对话框，选择单据名称为“预付款”，单据类型为“付款单”，方向为“正向”，如图8-12所示。

（4）单击“确定”按钮，打开“期初单据录入”标签页，单击“增加”按钮，输入付款单信息，单击“保存”按钮，结果如图8-13所示。

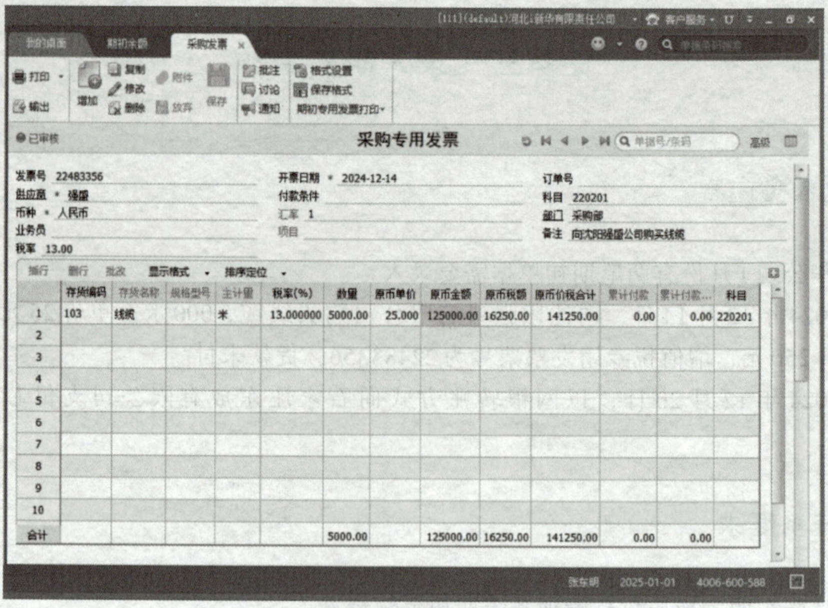

图8-11　采购发票—采购专用发票

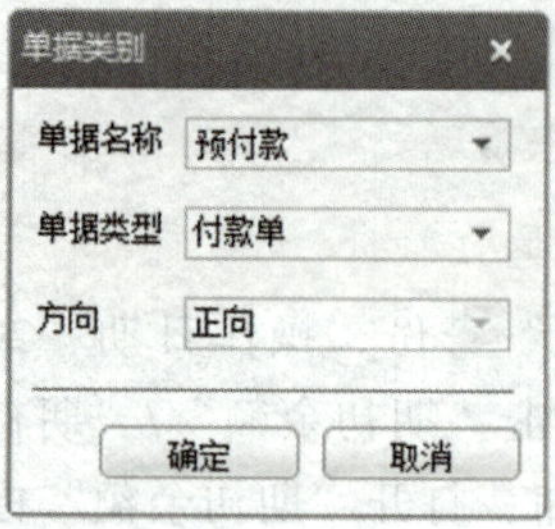

图8-12　单据类别

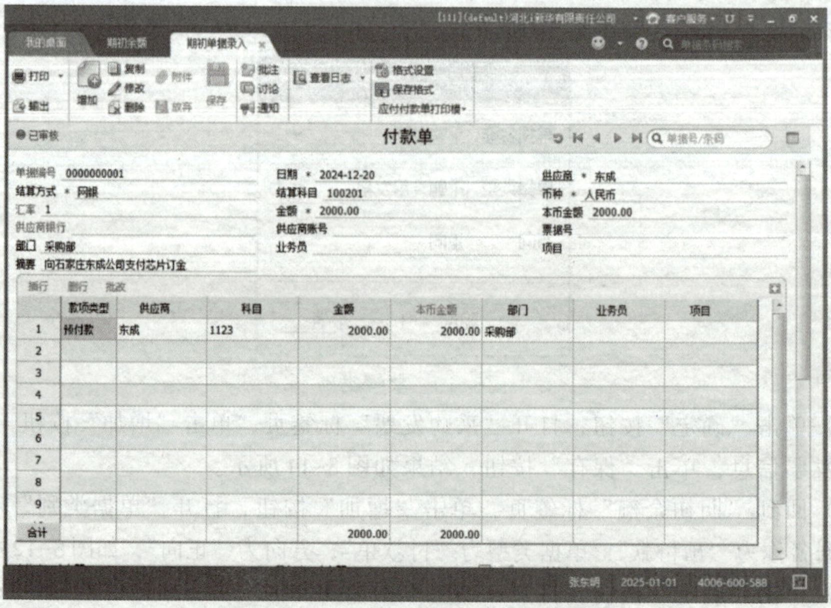

图8-13　期初单据录入—付款单

（5）在“期初余额”标签页，单击“刷新”按钮，显示期初余额明细表，如图8-14所示。

单据类型	单据编号	单据日期	供应商	部门	..	币种	科目	方向	原币金额	原币余额	本币金额	本币余额	备注
采购专用发票	22483356	2024-12-14	沈阳强盛有限公司	采购部		人民币	220201	贷	141,250.00	141,250.00	141,250.00	141,250.00	向沈阳强盛公司购买线缆
付款单	0000000001	2024-12-20	石家庄东成有限公司	采购部		人民币	1123	借	2,000.00	2,000.00	2,000.00	2,000.00	向石家庄东成公司支付芯片订

图8-14 期初余额明细表

（6）单击“对账”按钮，将应收款管理系统与总账系统进行期初对账，如图8-15所示。

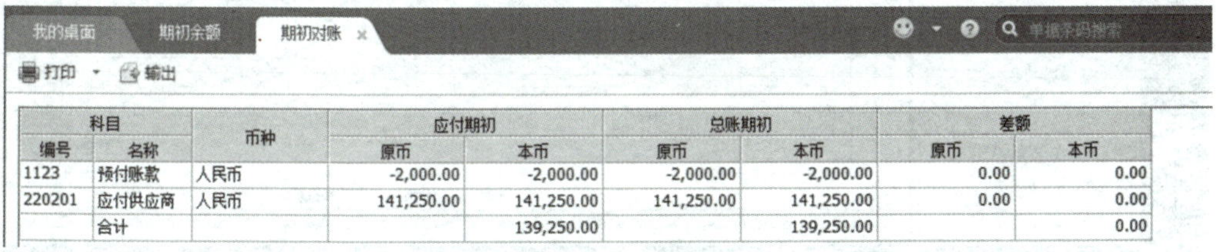

科目		币种	应付期初		总账期初		差额	
编号	名称		原币	本币	原币	本币	原币	本币
1123	预付账款	人民币	-2,000.00	-2,000.00	-2,000.00	-2,000.00	0.00	0.00
220201	应付供应商	人民币	141,250.00	141,250.00	141,250.00	141,250.00	0.00	0.00
	合计			139,250.00		139,250.00		0.00

图8-15 期初对账

任务四 处理应付业务

[任务内容]

新华公司2025年1月份发生如下应付款业务：

8日，向石家庄东成有限公司购买芯片10 000片，不含税单价15元，增值税税率为13%，价税款合计169 500元，收到增值税专用发票（发票号24833878），商品已入库，货款尚未支付。（增值税专用发票和入库单略）

教学视频8-3

发生赊购业务怎么办——应付单据处理

[任务要求]

会计张东明完成应付单据业务处理。

[工作示范]

操作步骤：

实训视频8-4

应付业务处理操作演示

（1）以操作员“03张东明”身份，操作日期“2025-01-08”，登录企业应用平台。在应付款管理系统中，单击“应付处理”/“采购发票”/“采购专用发票录入”，打开“采购发票”标签页。单击“增加”按钮，填制采购专用发票并保存，结果如图8-16所示。

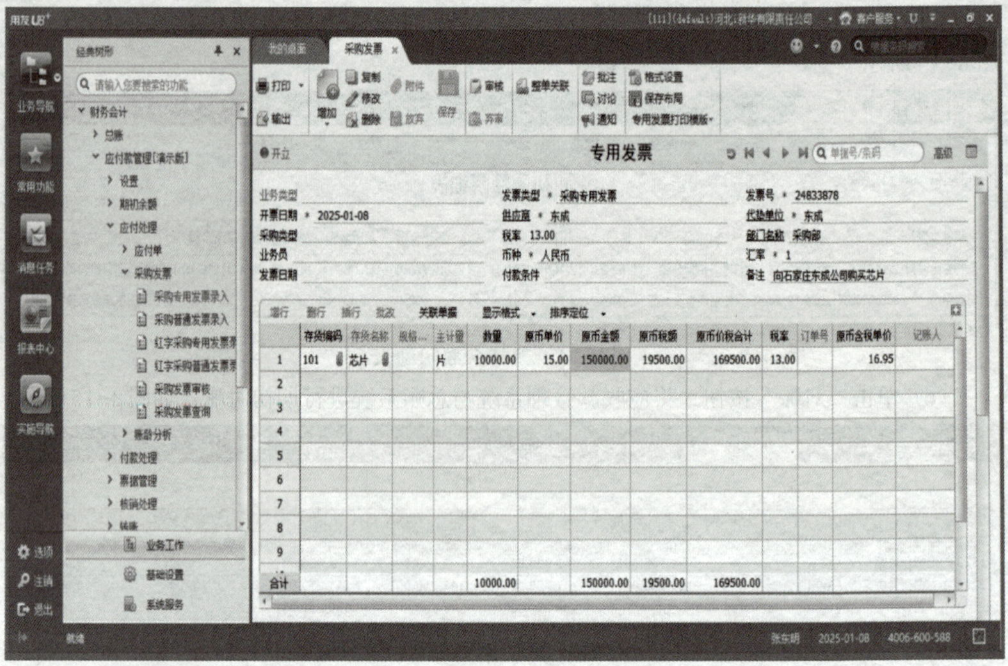

图8-16　采购发票—专用发票

（2）单击“审核”按钮，对采购专用发票进行审核，系统提示“是否立即制单?”，单击“是”按钮，打开“填制凭证”标签页，修改附单据数后，单击“保存”按钮，系统保存自动生成的凭证，结果如图8-17所示。

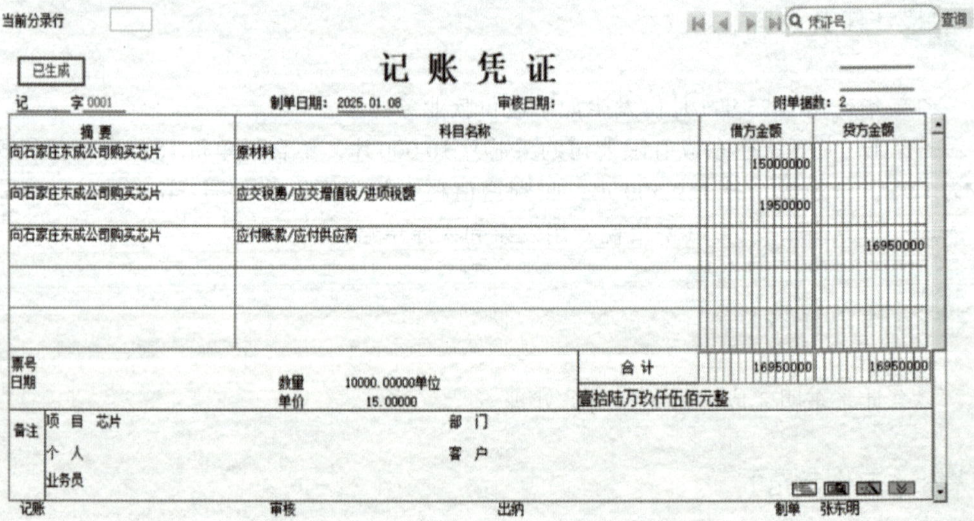

图8-17　应付账款确认记账凭证

任务贴士：

因为在“账套参数设置—凭证”页签中已自动勾选“单据审核后立即制单”，所以采购发票审核后系统提示“是否立即制单”。选择立即制单，则系统弹出凭证卡片；选择不立即制单，以后需要在“凭证处理”中统一制单。

任务五　处理付款业务

[任务内容]

新华公司2025年1月份发生如下付款业务：

1.15日，以网银转账方式向石家庄东成有限公司支付购买芯片的货款（含税）余额167 500元。（网银转账电子回单略）

2.25日，向沈阳强盛有限公司网银转账支付150 000元，其中141 250元用以偿还所欠线缆价税款，8 750元作为预付款。（网银转账电子回单略）

教学视频8-4

货款已付请处理——付款单据处理

[任务要求]

会计张东明完成付款业务处理。

[工作示范]

1.业务1的处理（支付应付款）

实训视频8-5

付款业务处理操作演示

操作步骤：

（1）以操作员“03张东明”身份，操作日期“2025-01-15”，登录企业应用平台。在应付款管理系统中，单击“付款处理”/“付款单据录入”，打开“付款单据录入”标签页。单击“增加”按钮，依次输入各个项目，输入后，单击“保存”按钮，结果如图8-18所示。

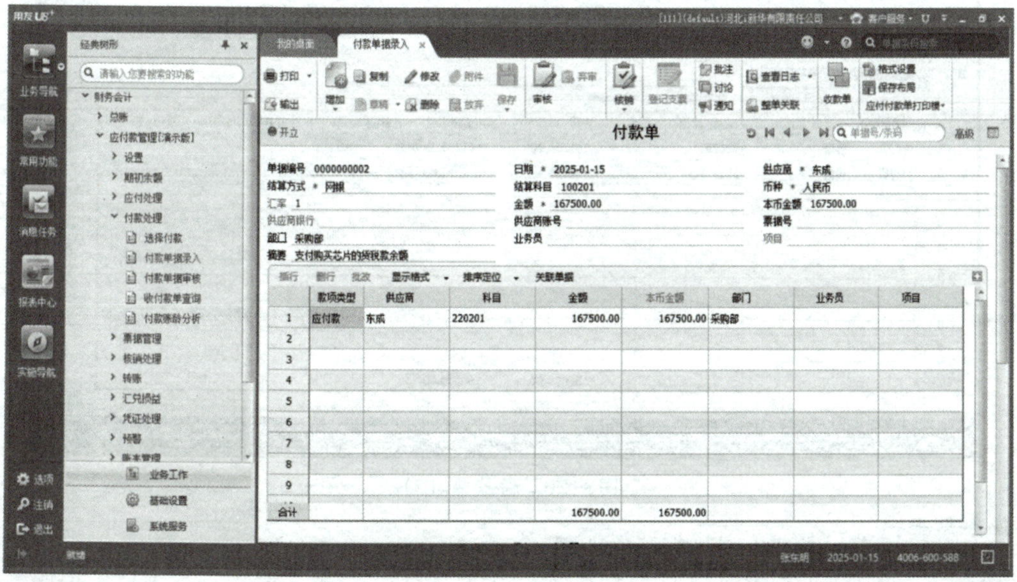

图8-18　付款单（1）

（2）审核付款单，并保存系统自动生成的凭证，结果如图8-19所示。

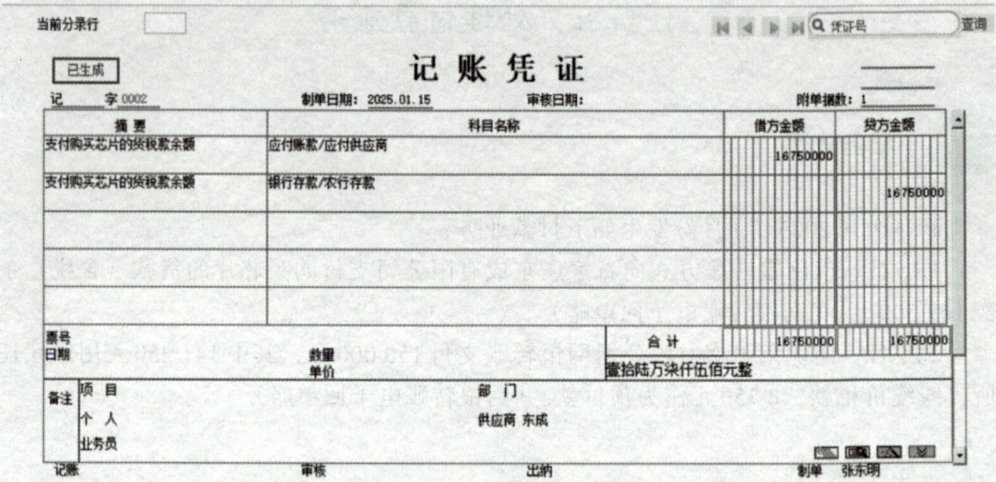

图8-19 支付应付款记账凭证

2.业务2的处理（支付应付款和预付款）

操作步骤：

（1）以操作员“03张东明”身份，操作日期“2025-01-25”，登录企业应用平台。在应付款管理系统中，填制付款单，结果如图8-20所示。

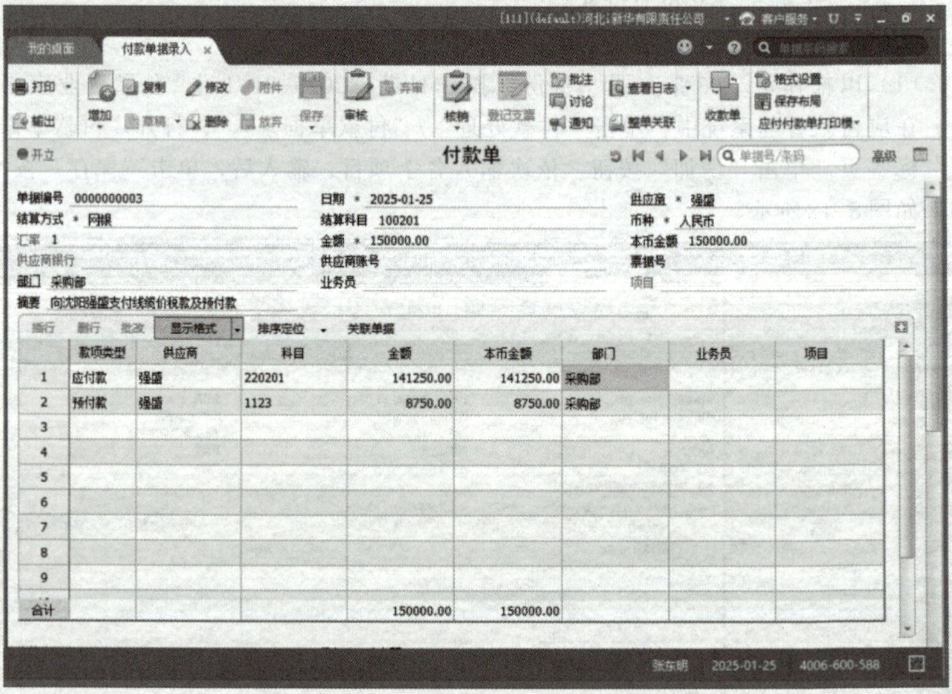

图8-20 付款单（2）

任务贴士：

注意付款单表体中款项类型的选择。若款项类型为应付款，则该收款是冲销应付款；若款项类型为预付款，则该款项形成预付款；若款项类型为其他费用，则该款项是其他费用。

（2）审核付款单，并保存系统自动生成的凭证，结果如图8-21所示。

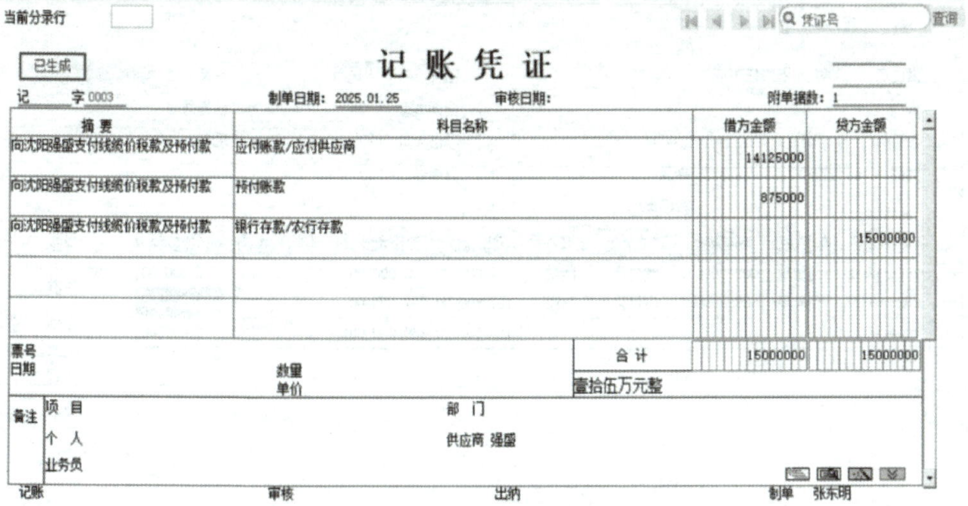

当前分录行

已生成

记账凭证

记 字 0003　制单日期：2025.01.25　审核日期：　附单据数：1

摘要	科目名称	借方金额	贷方金额
向沈阳强盛支付线缆价税款及预付款	应付账款/应付供应商	14125000	
向沈阳强盛支付线缆价税款及预付款	预付账款	875000	
向沈阳强盛支付线缆价税款及预付款	银行存款/农行存款		15000000
票号 日期　数量 单价	合计	15000000	15000000
	壹拾伍万元整		

备注　项目　部门

个人　供应商 强盛

业务员

记账　审核　出纳　制单 张东明

图8-21　支付应付款和预付款记账凭证

任务六　核销应付款

[任务内容]

1.30日，用石家庄东成有限公司的预付款冲抵其应付款。

2.30日，核销石家庄东成有限公司和沈阳强盛有限公司的应付款。

教学视频8-5

欠账还钱，往来两清——核销和转账

[任务要求]

会计张东明完成核销应付款业务。

[工作示范]

1.业务1的处理（预付冲应付）

实训视频8-6

核销应付款操作演示

操作步骤：

（1）以操作员“03张东明”身份，操作日期“2025-01-30”，登录企业应用平台。在应付款管理系统中，单击“转账”/“预付冲应付”，打开“预付冲应付”对话框。

（2）在预付款页签中，单击“供应商”栏参照按钮，选择“0201-石家庄东成有限公司”，单击“过滤”按钮，在“转账金额”栏目中输入预付款的转账金额，结果如图8-22所示。

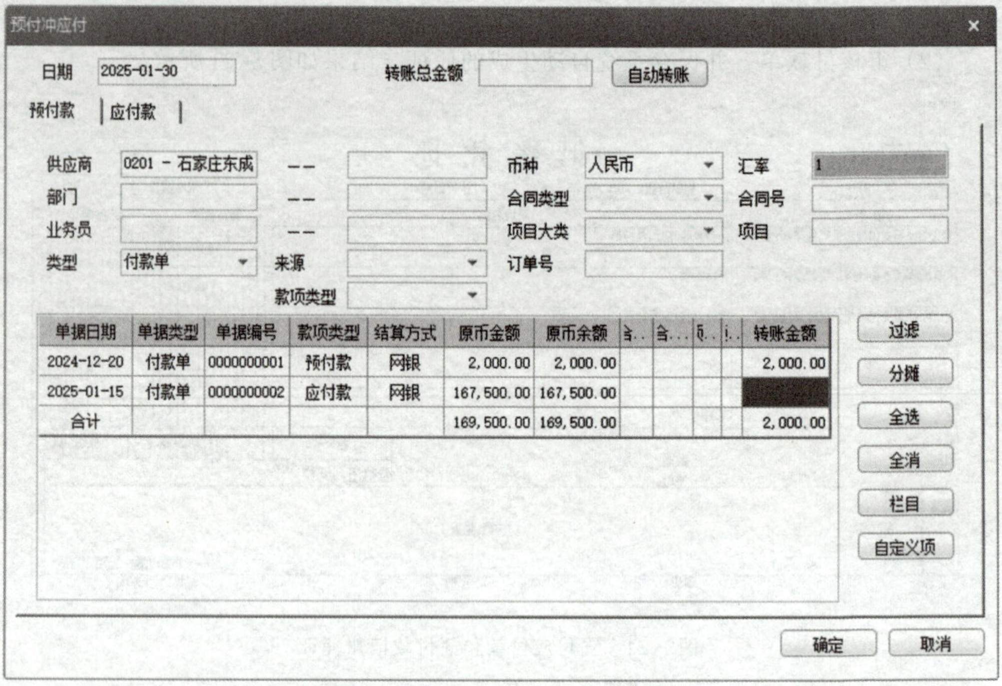

图8-22　预付冲应付—预付款

（3）在应付款页签中单击“过滤”按钮，在“转账金额”栏目中输入应付款的转账金额，结果如图8-23所示。

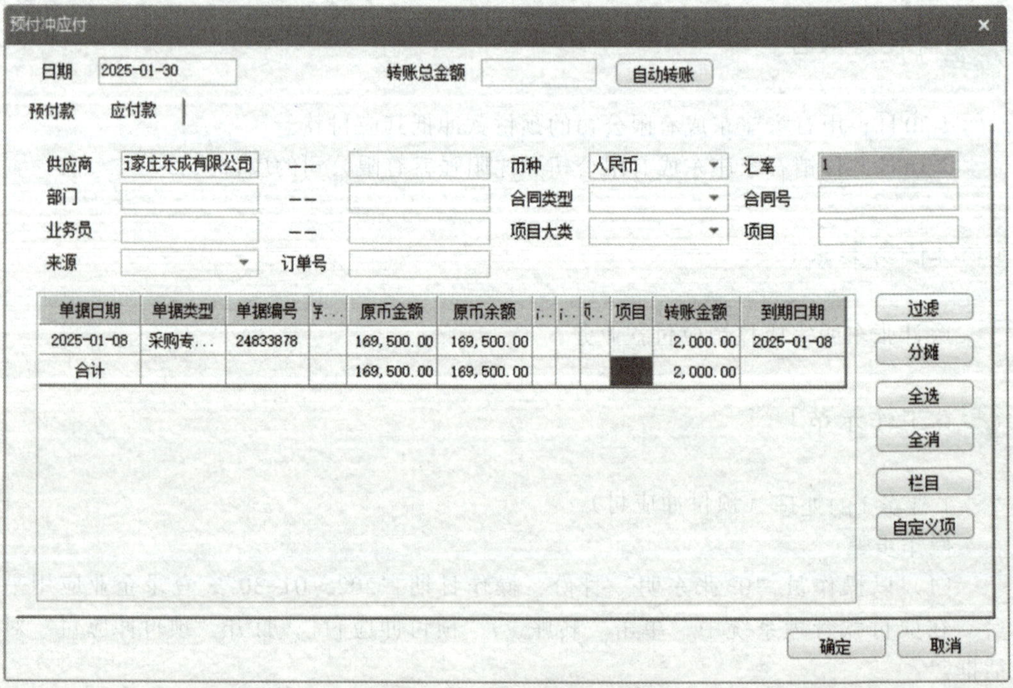

图8-23　预付冲应付—应付款

（4）单击“确定”按钮，系统提示“是否立即制单”，确认立即制单后，打开“填制凭证”对话框，保存自动生成的凭证，结果如图8-24所示。

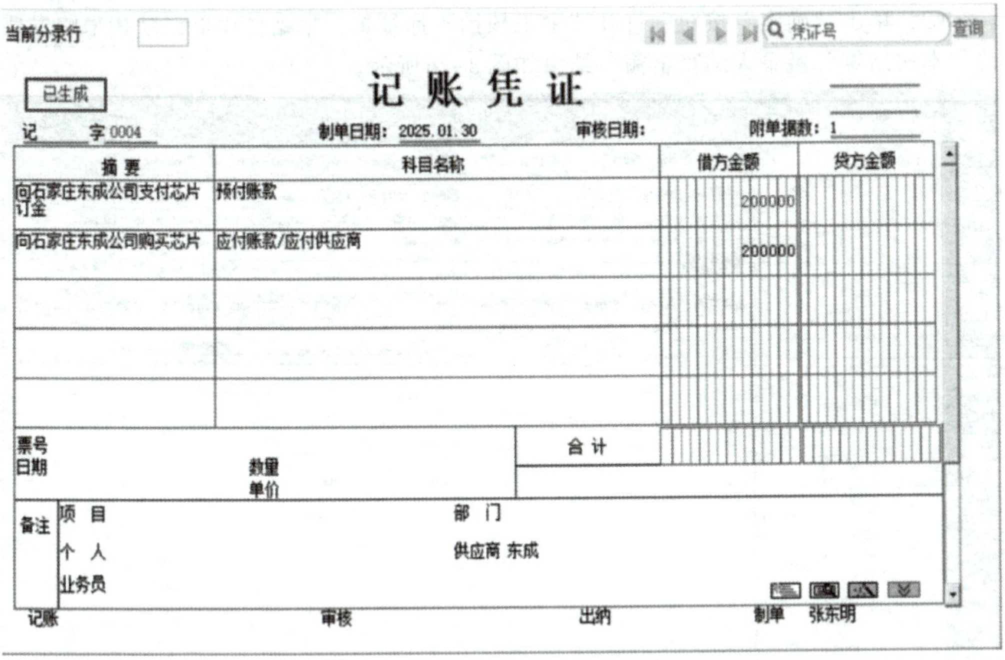

图8-24　预付冲应付记账凭证

2.业务2的处理（核销）

操作步骤：

（1）在应付款管理系统中，单击“核销处理”/“手工核销”，打开“核销条件”对话框。

（2）单击“供应商”栏参照按钮，选择“0101-沈阳强盛有限公司”，结果如图8-25所示。

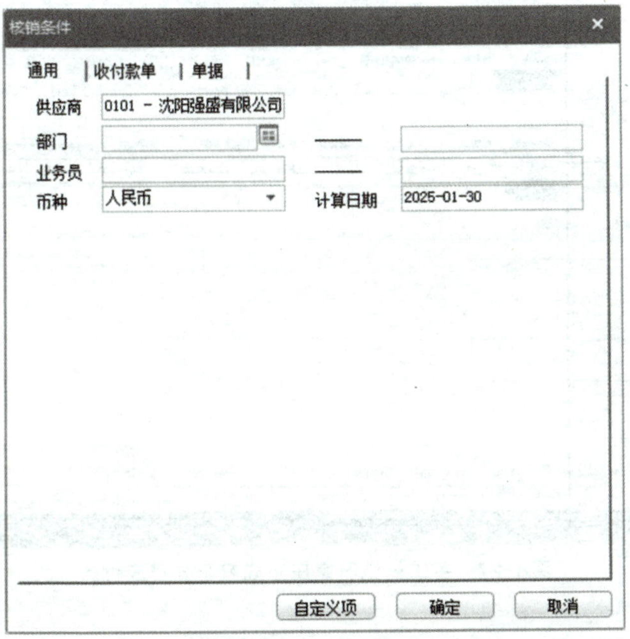

图8-25　核销条件

（3）单击“确定”按钮，打开“手工核销”标签页。根据付款单记录在采购发票的“本次结算”栏录入结算金额，结果如图8-26所示。

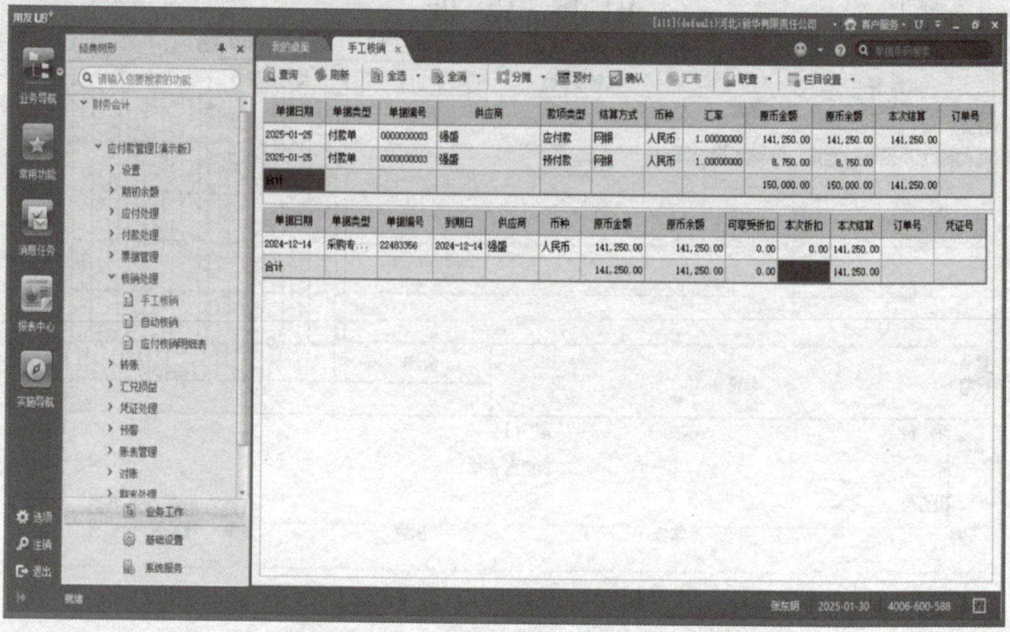

图8-26　手工核销沈阳强盛有限公司应付款

（4）单击“确认”按钮，系统自动保存该收付款单核销信息。

（5）参照以上操作步骤，录入石家庄东成有限公司应付款本次结算金额，如图8-27所示，单击“确认”按钮，系统自动保存该收付款单核销信息。

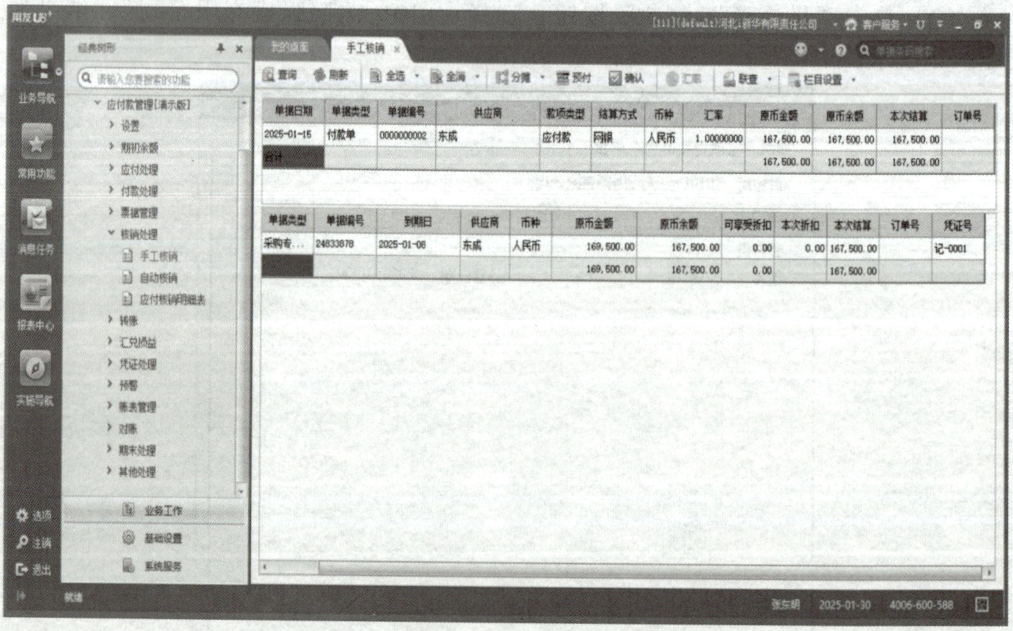

图8-27　手工核销石家庄东成有限公司应付款

特别提示：

①只有应付款和预付款才允许核销，收付款单表体中款项类型为其他费用的记录

不允许在此作为核销记录。

②用户需要手工输入本次结算金额，上下列表中的结算金额合计必须保持一致。

③核销记录可以在“核销处理”/“应付核销明细表”中查询。

（6）单击“凭证处理”/“生成凭证”，打开“制单查询”对话框。选择单据类型“核销”，单击“确定”按钮，打开“生成凭证”标签页。单击“全选”按钮，结果如图8-28所示。

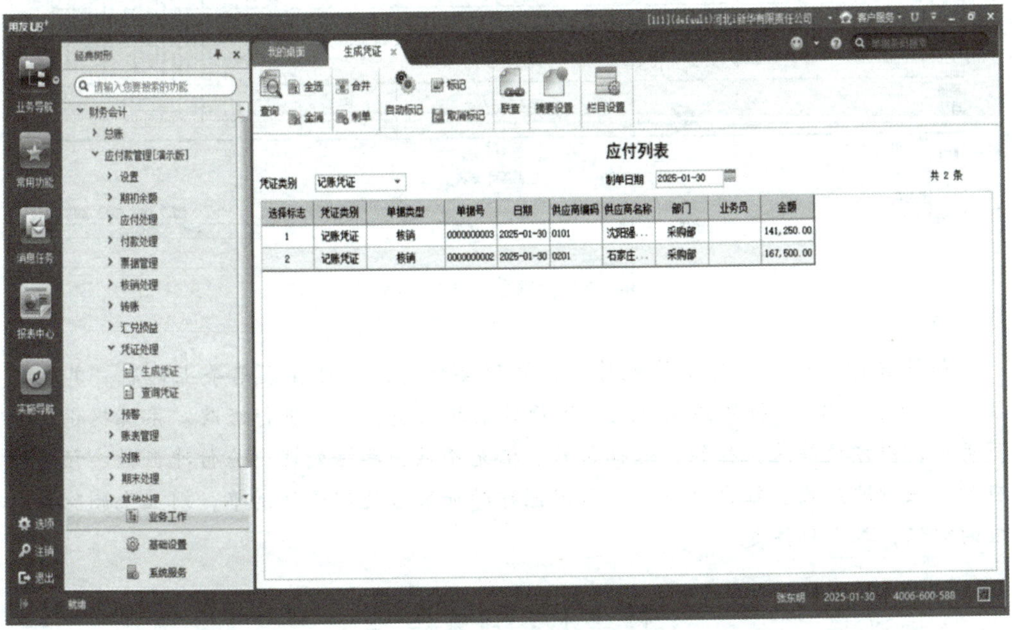

图8-28　生成凭证

（7）单击“制单”按钮，打开“填制凭证”标签页，依次保存2张记账凭证，结果如图8-29、图8-30所示。

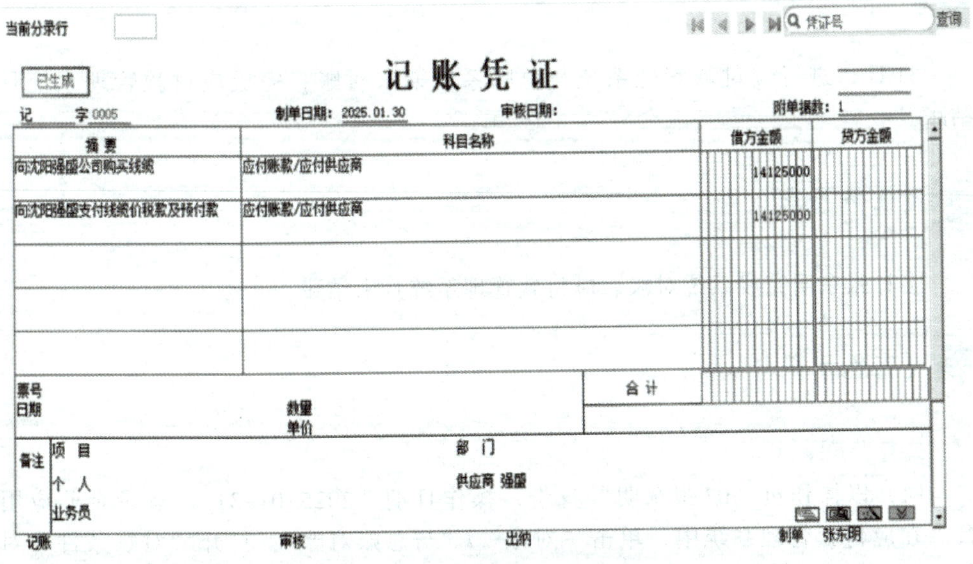

图8-29　核销记账凭证—强盛

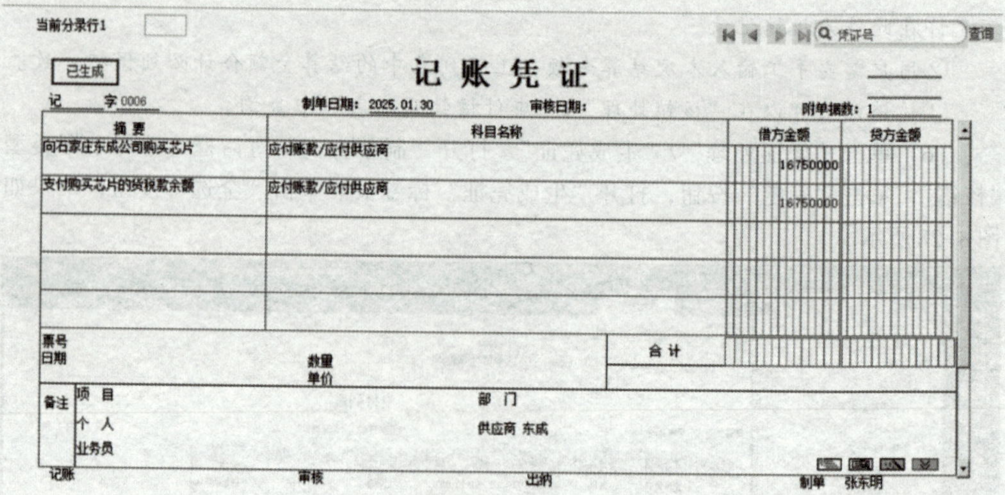

图8-30　核销记账凭证—东成

任务贴士：

如果进行了核销、转账等操作后，发现操作失误，可在菜单条上选取“其他处理”/“取消操作”，将错误操作恢复到操作前的状态，以便进行修改。系统提供了以下类型，以方便筛选：核销、选择付款、汇兑损益、票据处理、应付冲应付、预付冲应付、应付冲应收、红票对冲等。取消操作时如果该处理已经制单，则应先删除其对应的凭证，再进行恢复。

任务七　月末结账

［任务内容］

教学视频8-6

为工作画一个句号——期末处理

31日，进行应付款管理系统与总账系统期末对账；完成应付款管理系统月末结账。

［任务要求］

会计张东明完成系统对账、应付款管理系统月末结账。

［工作示范］

实训视频8-7

月末结账操作演示

操作步骤：

（1）以操作员“03张东明”身份，操作日期“2025-01-31”，登录企业应用平台。在应付款管理系统中，单击“对账”/“与总账对账”，打开“对账条件”对话框，如图8-31所示。

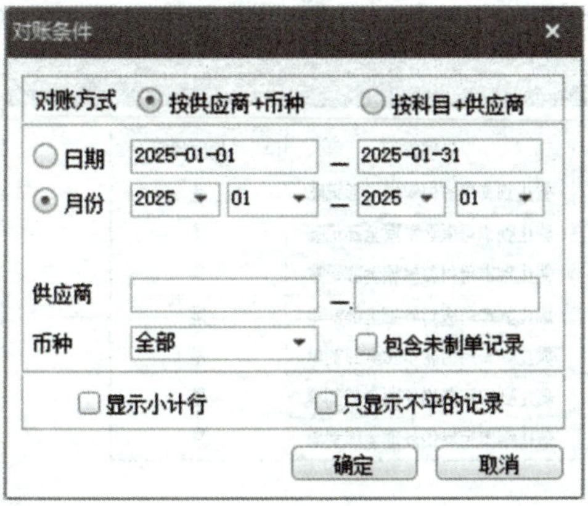

图8-31　对账条件

（2）单击“确定”按钮，打开“与总账对账”标签页，系统显示“与总账对账结果”，如图8-32所示。

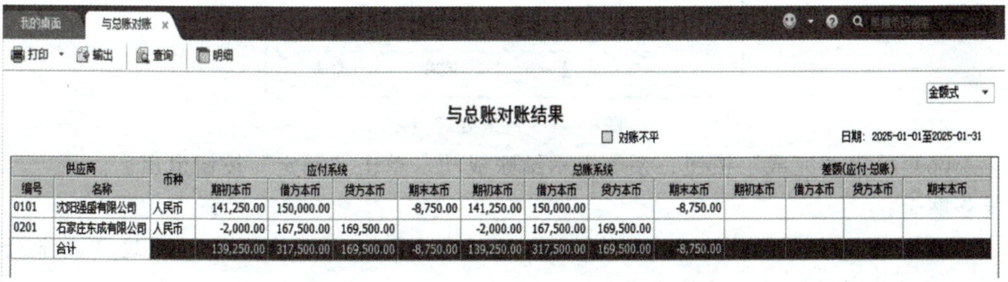

与总账对账结果

供应商		币种	应付系统				总账系统				差额(应付-总账)			
编号	名称		期初本币	借方本币	贷方本币	期末本币	期初本币	借方本币	贷方本币	期末本币	期初本币	借方本币	贷方本币	期末本币
0101	沈阳强盛有限公司	人民币	141,250.00	150,000.00		-8,750.00	141,250.00	150,000.00		-8,750.00				
0201	石家庄东成有限公司	人民币	-2,000.00	167,500.00	169,500.00		-2,000.00	167,500.00	169,500.00					
	合计		139,250.00	317,500.00	169,500.00	-8,750.00	139,250.00	317,500.00	169,500.00	-8,750.00				

图8-32　与总账对账结果

（3）单击“期末处理”/“月末结账”，打开“月末处理”对话框。

（4）选择结账月份，单击“结账标志”一栏，结果如图8-33所示。

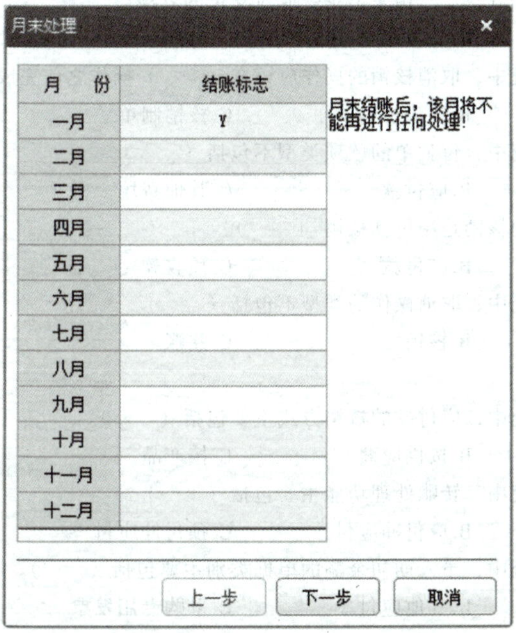

图8-33　月末处理（1）

（5）单击“下一步”按钮，系统显示月末结账检查结果，如图8-34所示。

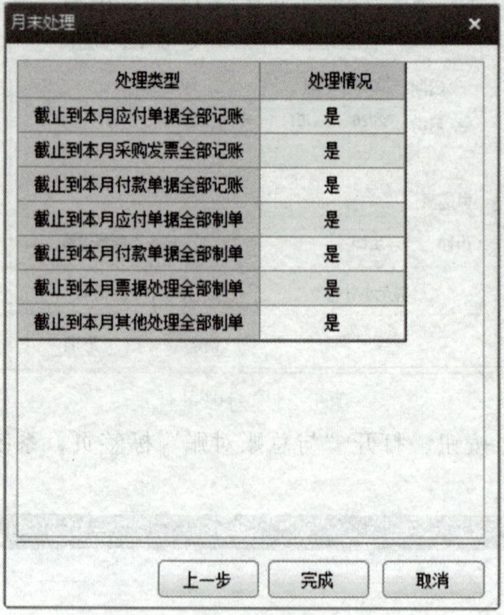

图8-34　月末处理（2）

（6）单击“完成”按钮，系统提示结账成功。单击“确定”按钮退出。

任务贴士：

若应付款管理系统结账后又需要恢复到月末结账前状态，可以通过“期末处理”/“取消月结”进行反结账。

同步测试

工作领域八

同步测试及参考答案

一、单项选择题

1.应付款管理系统的（　　）用来记录企业所支付的款项。

A.采购发票　B.收款单　C.付款单　D.应付单

2.在应付款管理系统中，取消核销的操作应该在（　　）操作之前完成。

A.收款单据审核　B.手工核销　C.核销制单　D.收款单据录入

3.在应付款管理系统中，付款单的款项类型不包括（　　）。

A.预付款　B.应付款　C.其他费用　D.应收款

4.应付款管理系统的核销是用付款核销（　　）。

A.应收款　B.应付款　C.预收款　D.银行存款

5.在应付款管理系统中，取消操作的类型不包括（　　）。

A.记账　B.核销　C.并账　D.转账

二、多项选择题

1.在应付款管理系统中，应付款的核销方式主要包括（　　）。

A.按单据　B.按供应商　C.按产品　D.按单据日期

2.在应付款管理系统中，转账处理功能主要包括（　　）。

A.应付冲应收　B.应付冲应付　C.预付冲应付　D.红票对冲

3.在应付款管理系统中，录入期初余额的单据类别主要包括（　　）。

A.销售专用发票　B.其他应付单　C.采购专用发票　D.其他应收单

4.在应付款管理系统中，删除凭证的前提条件是（　　）。

A.未核销　　B.未审核　　C.未经出纳签字　　D.未在总账中记账

5.在应付款管理系统中，结算单列表显示的是款项类型为（　　）的记录，而款项类型为其他费用的记录，不允许在此作为核销记录。

A.预收款　　B.预付款　　C.应收款　　D.应付款

三、判断题

1.在应付款管理系统中，应付和预付科目必须是有“供应商”往来且受控于应付款管理系统的科目。（　　）

2.在应付款管理系统中，在付款单录入界面执行单据审核后，可以直接进行核销处理，也可以在“核销处理”中进行核销处理。（　　）

3.在应付款管理系统中手工核销及自动核销均可一次对多个供应商进行核销处理。（　　）

4.如果应付款管理系统采用详细核算的应用方案，则在应付款管理系统中可以对应付业务进行记录和管理。（　　）

5.应付款管理系统进行月末结账后，该月将不能再进行日常业务处理。（　　）

综合实训

[实训内容]

石家庄正道轮胎有限公司于2025年1月1日启用应付款管理系统。

1.根据业务需要，应付款管理系统的系统参数设置为：

应付单据审核日期选择“单据日期”；受控科目制单方式选择“明细到单据”，单据审核后立即制单，月结前全部生成凭证，核销生成凭证，预付冲应付生成凭证，红票对冲生成凭证；应付款核销方式为“按单据”；其他按系统默认。

2.基本科目设置（见表8-3）。

表8-3　基本科目设置

基本科目种类	编码	科目名称	币种
应付科目	220201	应付账款/应付供应商	人民币
预付科目	1123	预付账款	人民币
税金科目	22210101	应交税费/应交增值税/进项税额	人民币
采购科目	1403	原材料	人民币

3.结算科目设置。

现金——1001；现金支票——100201；转账支票——100201；商业汇票——100201；网银——100201；支付宝——100201；电汇——100201；其他——100201。

4.修改采购专用发票的编号方式为“手工改动，重号时自动重取”。

5.修改银行档案：中国工商银行企业账号定长19。

6.本单位开户银行信息见表8-4。

表8-4　开户银行信息

编码	银行账号	账户名称	币种	开户银行	所属银行
01	0326662220003336710	石家庄正道轮胎有限公司	人民币	工商银行裕华路支行	中国工商银行

7.本月有4笔期初单据需要录入：

（1）2024年12月13日，向石家庄鑫鹏厂购买内胎面（EH型）1 000个，单价30元，增值税税率13%，价税合计33 900元，增值税专用发票票号为88900023，货款未付。

（2）2024年12月13日，向石家庄鑫鹏厂购买内胎面（EH型）时应支付对方搬运费100元，暂未支付。

（3）2024年12月25日，以网银转账方式向广东金润公司支付叶轮（YH型）订金2 000元（网银转账电子回单号21520034702）。

（4）2024年12月26日，向山西顺捷公司购买外胎面（EH型）500个，单价100元，增值税税率13%，价税合计56 500元。向山西顺捷公司交付商业承兑汇票（票号2232991267120056），票面金额56 500元，到期日2025年6月26日。

8. 石家庄正道轮胎有限公司2025年1月份发生如下经济业务：

（1）2日，向石家庄鑫鹏厂网银转账支付40 000元，其中34 000元用以偿还内胎面（EH型）货款及对方的搬运费，6 000元作为预付款（网银转账电子回单号22120000815）。

（2）18日，向广东金润公司购买叶轮（YH型）2 000个，不含税单价10元，增值税税率13%，价税款合计22 600元。当日收到增值税专用发票，发票号为56769980，商品已入库，货税款尚未支付。

（3）20日，以网银转账方式向广东金润公司支付购买叶轮（YH型）的货税款余额20 600元（网银转账电子回单号22120200603）。

（4）31日，用广东金润公司的预付账款冲抵其应付款项。

（5）31日，核销各供应商的应付款。

［实训要求］

1. 会计朱军勇完成应付款管理初始设置。

2. 会计朱军勇完成应付款日常业务处理。

3. 会计朱军勇完成应付款管理系统1月份月结。

【互动课堂】

请将本工作领域实训完成结果按要求上传至课程平台。

1. 提交核销沈阳强盛有限公司应付款生成的记账凭证截图。

2. 提交月末结账前与总账对账结果截图。

3. 提交月末结账时检查结果截图即各处理类型的处理情况。

互动课堂提示

主要参考文献

［1］曾玲芳，李骁寅．会计信息系统应用［M］．大连：东北财经大学出版社，2023.

［2］王新玲，汪刚．会计信息系统实验教程（用友U8 V10.1）［M］．2版．北京：清华大学出版社，2019.

［3］宋红尔．会计信息化综合实训（用友ERP-U8 V10.1版）［M］．2版．大连：东北财经大学出版社，2022.

［4］张洪波．会计信息化［M］．北京：高等教育出版社，2011.